·本书出版受到北京市支持中央在京高校共建

U0668547

财经税收基础

CAIJING SHUISHOU JICHU

程 瑶 ◎著

九州出版社
JIUZHOUPRESS

图书在版编目（CIP）数据

财经税收基础 / 程瑶著. -- 北京：九州出版社，2018.3

ISBN 978-7-5108-6828-3

Ⅰ.①财… Ⅱ.①程… Ⅲ.①财政法—基本知识—中国②经济法—基本知识—中国③税法—基本知识—中国 Ⅳ.①D922.2

中国版本图书馆CIP数据核字(2018)第061616号

财经税收基础

作　者	程瑶　著
出版发行	九州出版社
地　址	北京市西城区阜外大街甲35号（100037）
发行电话	（010）68992190/3/5/6
网　址	www.jiuzhoupress.com
电子信箱	jiuzhou@jiuzhoupress.com
印　刷	北京建宏印刷有限公司
开　本	710毫米×1000毫米　16开
印　张	24.25
字　数	380千字
版　次	2018年5月第1版
印　次	2018年5月第1次印刷
书　号	ISBN 978-7-5108-6828-3
定　价	46.00元

目　录

第一章

税收基本理论

【章节简介】

　　本章节主要介绍税收的基本理论知识，包括税收的基本概念，特征，税收法律关系的特点、税法的层次和体系、我国现行税收分类及管理体系等，通过本章节的学习，可以让初学者对税收有一个正确的认识，对我国现行的税制体系有一个总体上的把握。

第一节　税收概述

知识目标：理解、掌握税收的基本概念、税收的基本特征和税收的职能。

能力目标：正确认识税收在国家，社会、个人经济生活中的重要性。

【小节分析】

作为公民，你有义务纳税，同时你也必须了解你作为纳税人的权利。

——唐纳德.C.亚历山大

税收与你获得的得益如影随形。

——爱默生

税收这一经济现象贯穿于我们国家、个人生活中的方方面面，无论是从专业学习角度考虑，还是从个人对经济活动的理解角度考虑，我们都有必要了解税收的相关知识，要学习税收的相关知识，首先要正确认识税收：什么是税收？它与政府职能部门的各类收费有什么本质区别？它在国家政权的运行和社会经济活动中发挥着怎样不可替代的作用？

【相关知识】

1.1　税收的概念

一、税收的概念

税收是国家为了实现其职能，凭借政治权力，按照法定的标准和程序参与社会剩余产品和国民收入分配，强制无偿地取得财政收入的一种规范形式。

二、税收的含义

1.税收是国家为实现其职能的需要，即社会公共需要而取得财政收入的基本形式。

税收是国家财政收入的主要来源。国家需要依靠稳定的税收，去维系政权机构、国防力量、公检法机关等国家机器的正常运作；并为社会全体成员提供公共产品和公共服务，如建设公共基础设施、发展科教文卫事业、完善社会福利等。

2.国家征税凭借的是政治权力。

税收伴随国家的产生而产生，是国家区别于原始氏族组织的特征之一。国家是征税权的主体，而国家权力是税收的依托。国家对这部分社会财富的占有，不是因为财产权利，而是因为政治权力。

3.税收是国家依据税法而征收的，国家征税和纳税人纳税，都必须遵循税法的有关规定，否则将受到法律的制裁。

税收是一种国家行为，需要借助法律的权威性来保障实施。征税和纳税双方不可避免地存在利益冲突，只有通过法律形式，才能使国家的税收活动健康有序地进行。

4.国家征税以后，不再直接返还给具体的纳税人，也不对纳税人付出任何代价。

1.2　税收的特征

一、税收的基本特征

税收作为国家财政收入的最主要形式，与其他财政收入方式相比，具有三个明显的基本特征，即强制性、无偿性和固定性。

1.税收的强制性

税收是依靠国家的政治权力而强制征收的，并非是自愿缴纳。税收的强制性主要体现在：国家凭借政治权力依法征税，纳税人必须依法纳税，否则将受到法律制裁。在社会产品的分配过程中，存在着两种权力：所有者权力和国家政治权力。前者依据对生产资料和劳动力的所有权而取得收入。如，奴隶主占有生产资料和奴隶本身，他们就占有奴隶劳动的全部成果。又如，地主占有土地，就上吸农民的剩余劳动或收到地租。再如，资本家占有生产资料，就占有工人创造的剩余价值。国家以税收形式参与分配，就意味着政治权力凌驾于所有权之一，这就是强制。强制性是国家取得财政收入的基本前提，也是国家满足社会公共需要的保证。国家征税不受所有权的限制，对不同的所有者都普遍适用，税收是国家取得财政收入的最普遍的形式。

强制性是税收作为公共产品的价格这一基本性质所决定的，由于公共产品的消费具有非竞争性和非排他性的特征，公共产品在其提供过程中，经常会出现"搭便车"的行为。这就决定了公共产品不可能由某个企业或个人来提供，只能由国家来提供，而国家提供公共产品大多数情况下是无偿的，所以其取得收入也只能是无偿的，无偿的获取收入则只能依靠国家的政治权力来强制执行才能得以实现。

💡 知识链接："搭便车"的起源

"搭便车（free riding）"问题据说起源于早期的美国西部。当时，西部盗马贼横行，牧主们自发出钱组织骑队巡逻，盗马贼就失业了。于是，部分牧主开始不愿意出钱养骑队。接着，更多的人不愿意出钱，骑队只好解散，结果盗马贼又回来了。在英文中，"rider"既可以作"骑士"解，也可以解释为"搭车"。部分牧主不愿意出钱的行为，是想要享受免费的骑士服务（free riders），这就是"free riding"行为。该行为实则是坐享其成的心理作祟。"搭便车"、"免费搭车"、"揩油"、"白搭车"等字样，就是形容这种坐享其成的心理和行为。后来，人们就用"搭便车"问题来概括人人都不想出钱，而又要享受公共产品的好处，结果导致公共产品不能充分有效地提供出来的现象。

2.税收的无偿性

国家征税以后，税款就成为国家所有，不再直接归还纳税人，也不支付任何报酬。税收的无偿特征是从直观的角度，对具体的纳税人来说。税收的这个特征，是由国家财政支出的无偿性决定的。从税收的产生看，国家为了行使其职能，需要大量的物质资料，而国家机器本身又不进行物质资料的生产，不能创造物质财富，只能通过征税来取得财政收入，以保证国家机器的正常运转，这种支出只能是无偿的，国家拿不出任何东西来偿还公民个人的缴纳的税款。当然，国家的征税也只能是无偿的。税收的无偿性，使得国家可以把分散的资金集中起来统一安排使用。这种无偿的分配，可以贯彻国家的政策，改变国民收入使用额的构成和比例，正确处理积累和消费的比例关系。可见，税收的无偿性是至关重要的，体现了财政分配的本质，它是税收三个基本特征的核心。

3. 税收的固定性

国家在征税之前就通过法律形式，预先规定了征税对象和征收数额之间的数量比例，不经批准不能随意改变。税收的固定性既是对国家的约束，也是对纳税人的约束。国家以法律形式规定了经济组织和个人应不应纳税、应纳什么税、纳多少税，这表明国家与纳税人的根本关系具有固定性。而纳税人只要取得了税法规定的应税收入，或发生应税行为，或拥有应税财产，就必须按规定的比例或定额纳税，不能自行减免和降低标准，这也体现了税收的固定性。

税收的三个基本特征之间的相互关系：税收的无偿性要求它必须具有强制性。税收的无偿性，必然要求征税方式的强制性。强制性是无偿性和固定性得以实现的保证。税收的强制性和无偿性又决定它必须具有固定性，强制性往往是对所有者财产的无偿占有，如果国家可以随意征税，没有一个标准，就会造成经济秩序的混乱，最终将危及国家的利益。所以，征税必须具有固定性。总之，税收的"三性"是一个相互联系、缺一不可的统一体。

二、税收与其他财政收入形式的区别

税收的三个特征是税收区别于其他财政收入形式的主要标志，区别税与非税的基本标志是看这一财政收入形式是否同时具备了税收的"三性"特征。同时具备"三性"特征的是税收，否则就不是税收。下面，我们就以此为主要标准，列表说明税收与其他财政收入形式的区别。

财政收入形式及其内容	各种财政收入形式的区别
税收	依据：国家政治权力具有强制性、无偿性、固定性三个基本特征
国有企业利润上缴	依据：国家对国有企业财产的所有权 根据企业盈利状况上缴，不具有强制性和固定性
国家发行债券收入	依据：国家信用根据财政状况发行，由投资者自愿的购买，举债要还本付息，不具有强制性、无偿性，固定性
行政事业收费	依据：行政部门提供服务或资源 等价有偿交换，一般专款专用，不具有强制性和无偿性
罚没收入（包括罚款和没收财产）	依据：国家的行政管理职权 罚款和没收是一次性和不连续的，不具有固定性

1.3 税收的职能

税收职能是税收所具有的满足国家需要的能力。它以税收的内在功能为基础，以国家行使职能的需要为转移，是税收内在功能与国家行使职能需要的有机统一。税收的职能一般有三种。

一、财政职能

亦称"收入手段职能"。国家为了实现其职能，需要大量的财政资金。税收作为国家依照法律规定参与剩余产品分配的活动，承担起筹集财政收入的重要小节。税收自产生之日起，就具备了筹集财政收入的职能，并且是最基本的职能。

税收收入具有及时、充裕、稳定、可靠的特点，因此，税收一直都是政府财政收入的主要来源。在各国历史上，税收一直是财政收入的重要组成部分。自然经济占统治地位时期，政府一方面向土地所有者收取地租，另一方面向工商业者征收税收，地租与税收占财政收入的比重不相上下。这个时期的财政收入也因此被统称为租税。商品经济时期，地租占财政收入的比重不断下降，税收占财政收入的比重持续上升，最终成为财政收入的主要来源。中国现阶段，税收占财政收入的比重，一直高达90%以上。

二、经济职能

亦称"调节手段职能"。国家为了执行其管理社会和干预经济的职能，除需筹集必要的财政资金作为其物质基础外，还要通过制定一系列正确的经济政策，以及体现并执行诸政策的各种有效手段，才能得以实现。

国家通过税收的课征，必然改变国民收入在各部门、各地区、各纳税人之间的比例，改变利益格局，从而对经济产生影响。如对生产结构、消费结构、生产关系结构等方面产生一定的影响。

为实现调控目标而可供利用的税收手段很多，但从原则上说，不外乎两种：增税和减税。而具体的增税、减税措施则五花八门：开征新税、扩大征收范围、提高税率、减少优惠等。

由于税收是以国家法律形式规定的，这就决定了国家可以自觉地运用税收来贯彻既定的经济政策，达到调节经济的预期目的，并保证这种调节得以顺利实现，使税收调节经济具有权威性。由于税收的征收不受所有制的限制，可以伸展到国民经济各个部门及行业和再生产的各个环节，这就决定了税收调节经济具有广泛性。由于税收的调节对象和调节要求可以在税收制度中规定和体现，在实际执行中还可以根据客观的经济需要加以调整，这就决定了税收调节经济具有灵活性。正是税收调节经济的权威性、广泛性和灵活性，构成税收调节经济的特殊功能。税收的这种调节功能是国家运用的其他调节手段所无法比拟的。

三、监督职能

监督职能是指通过税收对国民经济的总体运行和纳税人的行为进行监督、控制可以为有关经济部门和单位提供决策信息或政策反馈。税收的监督职能在现代具有特别重要的意义。

税收监督分为微观和宏观两个层次。在微观层次，主要是指通过税收的课征过程，对日常税收活动进行有计划地组织、管理、检查等，指导纳税人正确履行纳税义务，遵守国家财经纪律。税收监督主要表现在税务登记、纳税申报、发货票管理、税收统计、税源调查、纳税检查，以及对偷税、滞纳、抗税等违法行为的处理等具体方面。

在宏观层次，主要通过税收收入总量分析可以窥测国民经济发展的总体状况及其发展趋势。如经济增长速度及与税收增长的关系。通过税收收入结构的分析，可以从部门结构、行业结构的变化看出产业结构的变化，以及通过收入速度的分析，看出年度经济发展的均衡状况，并从中捕捉到经济发展中若干问题的信号。所以税收可为国家提供宏观决策的信息。

再者，国家重大经济政策的施行也可从税收方面得到实施的效应，为政策的修订与完善提供有关资料。

财政职能、经济职能、监督管理职能是相辅相成的，是寓于税收分配活动中的一个统一的整体。筹集财政收入是税收的最基本职能，而随着国家职能中经济职能的进一步加强和商品经济的进一步发展，税收的经济调节职能、监督管理职能也具有越来越重要的地位。如果失去了筹集财政收入的职能，税收自身就无须存在，其他两个职能就自然消失；如果失去经济调节职能，国民经济的发展就不可能正常进行，税收也就成了无本之木、无源之水；如果失去监督管理职能，财政收入和经济调节职能的实现也就没有了保障。

【趣味税收】

税收名词的演进

中国历史上税收有许多名称，如贡、助、彻、赋、税、租、捐、课、调、役、银、钱等，其中使用范围较广的是贡、赋、租、税、捐几种。奴隶社会一般称贡、助、彻；封建社会用租、调、赋、税；社会主义社会则用税。

1. 税

"税"字最早出现在《春秋》所记的"初亩税"（公元前 594 年），"税"字是由"禾"、"兑"两个字组成。"禾"指农产品，"兑"有送达和交换的意思。

2. 租

在古代，税与租的含义是通用的。所谓的租税合一，在很长一段时期里，人们一直使用"租税"这个名称。

3. 捐

捐是一种自愿的交纳，后来由于用于筹措军饷、赈济灾民等工程而带有强制性。

4. 赋

赋在古代有特定的含义。由字的组成可以看出（"贝"加"武"字组成），用来满足军事需要征收的军需品叫作赋，之后，才逐渐混用，通称为赋税。

【技能训练】

一、单项选择

1. 列宁说"所谓赋税，就是国家不出任何报酬而向居民取得东西。"这句话体现了税收的哪项基本特征？（   ）

A. 固定性　　　B. 强制性　　　C. 无偿性　　　D. 合法性

2. 税收参与社会产品分配的依据是（   ）

A. 政治权力　　B. 经济权力　　C. 财产权力　　D. 所有者权力

3. 我国财政收入的近 90% 来源于税收收入，这反映了税收所具备的基本职能是（   ）

A. 财政职能　　B. 经济职能　　C. 监督职能　　D. 调节职能

4. 税收可以为国家相关经济管理和调控部门提供与决策相关的信息，体现了税收的（   ）职能

A. 财政职能　　B. 经济职能　　C. 监督职能　　D. 调节职能

第二节　税收制度与税法

知识目标：了解税收法律关系的特点，我国税收法律规范体系；熟悉理解税收的分类方法；掌握税制的构成要素和我国现行的税制结构。

能力目标：能够从宏观上把握税收法律制度的体系，掌握我国现行税收制度的基本结构。

【小节分析】

企业要正常经营，就要依法履行纳税义务，那么，企业应该依据哪些法律法规完成纳税义务？国家哪些职能部门有代表国家征收税款的权利和义务？企业从事各类生产经营活动，需要交哪些税，去哪些政府部门申报缴纳？通过完成本小节的学习，对这些问题同学们会有一个总体上的认识和把握。

【相关知识】

2.1　税收制度和税法

一、税收制度与税法的概念

（一）税收制度

税收制度简称"税制"，它是国家以法律或法令形式确定的各种课税办法的总和，反映国家与纳税人之间的经济关系，是国家财政制度的主要内容。

税制的内容有广义和狭义之分，广义的税制包括税收法规、税收条例、税收征管制度和税收管理体制等；狭义的税制主要是指税收法规和税收条例，是税收制度的核心。

税收制度的内容主要包括税种的设计、税种之间的匹配关系、各个税种的具体内容，如征税对象、纳税人、税率、纳税环节、纳税期限、违章处理等。从经济角度而言税收制度是税种体系的构成，也称税制结构。

（二）税法

税法是国家制定的用以调整国家与纳税人之间在征税方面的权利与义务关系的法律规范的总称。它是国家及纳税人依法征税、依法纳税的行为准则，其目的是保障国家利益和纳税人的合法权益，维护正常的税收秩序，保证国家的财政收入。

（三）税收制度与税法的关系

从税收制度所体现的经济内容看，任何国家的税收制度都是由具体的税种组成的，其中每一个税种又是由最基本的要素构成，这些要素既是税收制度最基本的单元，也是各种税种税法条文的基本内容。

从税收制度的表现形式看，税收制度是国家各种税收法律、法规和征收管理办法的总称。任何国家的税收制度都要采取法律的形式，各个税种的各要素都要通过法律条文来体现，通过法律的实施来实现。

税法内容十分丰富，涉及范围也极为广泛，各单行税收法律法规结合起来，形成了完整配套的税法体系，共同规范和制约税收分配的全过程，是实现依法治税的前提和保证。从法律角度来讲，一个国家在一定时期内、一定体制下以法定形式规定的各种税收法律、法规的总和，被称之为税法体系。但从税收工作的角度来讲，所谓税法体系往往被称之为税收制度。即，一个国家的税收制度是指在既定的管理体制下设置的税种以及与这些税种的征收、管理有关的，具有法律效力的各级成文法律、行政法规、部门规章等的总和。换句话说，税法体系就是通常所说的税收制度（简称税制）。

二、税收法律关系

（一）概念

税收法律关系是由税收法律规范确认和调整的，国家和纳税人之间发生的具有权利和义务内容的社会关系。税收法律关系的一方主体始终是国家，税收法律关系主体双方具有单方面的权利与义务内容，税收法律关系的产生以纳税人发生了税法规定的行为或者事实为根据。

（二）税收法律关系的要素

1.税收法律关系的主体，也称为税法主体。是指在税收法律关系中享有权利和承担义务的当事人，主要包括国家、征税机关、纳税人和扣缴义务人。

2. 税收法律关系的内容。是指税收法律关系主体所享有的权利和所承担的义务，主要包括纳税人的权利义务和征税机关的权利义务。

3. 税收法律关系的客体。是指税收法律关系主体的权利义务所指向的对象，主要包括货币、实物和行为。

（三）税收法律关系的特点

1. 主体的一方只能是国家

构成税收法律关系主体的一方可以是任何负有纳税义务的法人和自然人，但是另一方只能是国家。固定有一方主体为国家，成为税收法律关系的特点之一。

2. 体现国家单方面的意志

税收法律关系只体现国家单方面的意志，不体现纳税人一方主体的意志。税收法律关系的成立、变更、消灭不以主体双方意思表示一致为要件。

3. 权利义务关系具有不对等性

纳税人和国家法律地位是平等的，但在权利义务方面具有不对等性。

4. 具有财产所有权或支配权单向转移的性质

税收法律关系中的财产转移，具有无偿、单向、连续等特点，只要纳税人不中断税法规定应纳税的行为，税法不发生变更，税收法律关系就将一直延续下去。

三、税法分类

通常按税法的内容、职能和管辖权的区别将税法分为如下几类。

分类依据	具体分类	分类说明	类别包含内容
按照税法的基本内容和效力的不同	税收基本法	属税法体系中的母法	目前没有统一制定
	税收普通法	对税收基本法规定的事项分别立法进行实施的法律	如个人所得税法、税收征管法等
按照税法的职能作用的不同	税收实体法	确定税种立法	个人所得税法、企业所得税法
	税税收程序法	税务管理方面的法律	税收征管法，发票管理办法等
按照主权国家行使税收管辖权的不同	国内税法	国家的内部税收制度	
	国际税法	国家间形成的税收制度	双边或者多边的国际税收协定、条约、国家管理
	外国税法	外国各国家形成的税收制度	

四、我国现行税法体系

我国现行税法体系由税收实体法和税收征收管理的程序法两大部分组成。

（一）税收实体法

是规定税收法律关系主体的实体权利、义务的法律规范的总称。其主要内容包括纳税主体、征税客体、计税依据、税目、税率、减免税等，是国家向纳税人行使征税权和纳税人负担纳税义务的要件，只有具备这些要件时，纳税人才负有纳税义务，国家才能向纳税人征税。税收实体法直接影响到国家与纳税人之间权利义务的分配，是税法的核心部分，没有税收实体法，税法体系就不能成立。

我国现行税种除企业所得税、个人所得税是以国家法律的形式发布实施外，其他各税种都是经全国人民代表大会授权立法，由国务院以暂行条例的形式发布实施的。这些税收法律、法规组成了我国的税收实体法体系。

（二）税收程序法

税收程序法是税收实体法的对称，指以国家税收活动中所发生的程序关系为调整对象的税法，是规定国家征税权行使程序和纳税人纳税义务履行程序的法律规范的总称。其内容主要包括税收确定程序、税收征收程序、税收检查程序和税务争议的解决程序。

1. 由税务机关负责征收的税种的征收管理，按照全国人大常委会发布实施的《税收征收管理法》执行。

2. 由海关机关负责征收的税种的征收管理，按照《海关法》及《进出口关税条例》等有关规定执行。

五、税收法律制度的法律级次

目前，中国有权制定税收法律法规和政策的国家机关主要有全国人民代表大会及其常务委员会，国务院，财政部、国家税务总局、海关总署、国务院关税税则委员会等。

（一）全国人民代表大会及其常务委员会制定的法律和有关规范性文件

《中华人民共和国宪法》规定，全国人民代表大会和全国人民代表大会常务委员会行使国家立法权。《中华人民共和国立法法》第8条规定，税收事项属于基本制度，只能由全国人民代表大会及其常务委员会通过制定法律方式确立。税收法律在中华人民共和国主权范围内普遍适用，具有最高法律效力。目前，由全国人民代表大会及其常务委员会制定的税收实体法有两部，即《中华人民共和国个人所得税法》和《中华人民共和国企业所得税法》；税收程序法有一部，即《中华人民共和国税收征收管理法》。

全国人民代表大会及其常务委员会做出的规范性决议、决定以及全国人民代表大会常务委员会的法律解释，同其制定的法律具有同等法律效力。比如，1993年12月全国人民代表大会常务委员会审议通过的《关于外商投资企业和外国企业适用增值税、消费税、营业税等税收暂行条例的决定》，等等。

（二）国务院制定的行政法规和有关规范性文件

我国现行税法绝大部分都是国务院制定的行政法规和规范性文件。归纳起来，可以区分为以下几种类型：

一是税收的基本制度。全国人大及其常委会尚未制定法律的，授权国务院制定行政法规。比如，现行增值税、消费税、营业税、车辆购置税、土地增值税、房产税、城镇土地使用税、耕地占用税、契税、资源税、车船税、船舶吨税、印花税、城市维护建设税、烟叶税、关税等诸多税种，都是国务院制定的税收条例。

二是法律实施条例或细则。全国人大及其常委会制定的个人所得税法、企业所得税法、税收征管法，国务院相应制定实施条例或实施细则。

三是税收的非基本制度。国务院根据实际工作需要制定的规范性文件，包括国务院或者国务院办公厅发布的通知、决定等。

四是对税收行政法规具体规定所做的解释。如国务院办公厅对《中华人民共和国城市维护建设税暂行条例》第五条解释的复函（国办函【2004】23号）。

五是国务院所属部门发布的，经国务院批准的规范性文件，视同国务院文件。如2006年3月财政部、国家税务总局经国务院批准发布的《关于调整和完善消费税政策的通知》。

（三）国务院财税主管部门制定的规章和规范性文件

国务院财税主管部门，主要是财政部、国家税务总局、海关总署和国务院关税税则委员会。它们根据法律和国务院行政法规或者规范性文件的要求，在本部门权限范围内发布的有关税收事项的规章和规范性文件，包括命令、通知、公告、通告、批复、意见、函等文件形式。

具体为，一是根据行政法规的授权，制定行政法规的实施细则。二是对税收法律或者行政法规在具体适用过程中，为进一步明确界限或者补充内容以及如何具体运用做出的解释。三是在部门权限范围内发布对税收政策和税收征管具体事项做出规定的规章和规范性文件。

（四）地方人民代表大会及其常务委员会制定的地方性法规和有关规范性文件

省、自治区、直辖市人民代表大会及其常务委员会和省、自治区人民政府所在地的市以及经国务院批准的较大的市的人民代表大会及其常务委员会，可以制定地方性法规。但根据《中华人民共和国税收征收管理法》规定，只有经由税收法律和税收行政法规授权，地方各级人民代表大会及其常务委员会才有权制定地方性税收法规。

（五）地方人民政府制定的地方政府规章和有关规范性文件

省、自治区、直辖市人民政府，以及省、自治区人民政府所在地的市和经国务院批准的较大的市的人民政府，可以根据法律和国务院行政法规，制定规章。

根据中国现行体制，税收立法权，无论中央税、中央地方共享税还是地方税，立法权都集中在中央，地方只能根据中央的授权制定税收法规、规章或者规范性文件。比如，城镇土地使用税和车船税暂行条例规定，税额标准由省、自治区、直辖市人民政府在规定幅度内确定。

此外，民族区域自治法第35条规定，在民族自治地方，自治机关（省级人民代表大会和省级人民政府）在国家统一审批减免税章节之外，对属于地方财政收入的某些需要从税收上加以照顾和鼓励的，可以实行减税或者免税，自治州、自治县决定减税或者免税，须报省或者自治区人民政府批准。

（六）省级以下税务机关制定的规范性文件

这是指省级或者省级以下税务机关在其权限范围内制定的适用于其管辖区域内的具体税收规定。通常是有关税收征管的规定，在特定区域内生效。这些规范性文件的制定依据，往往是税收法律、行政法规和规章的规定或者上级税务机关的文件要求。

（七）中国政府与外国政府签订的税收协定

税收协定是两个以上的主权国家，为了协调相互之间在处理跨国纳税人征税事务和其他涉税事项，依据国际关系准则，签订的协议或条约。税收协定属于国际法中"条约法"的范畴，是划分国际税收管辖权的重要法律依据，对当事国具有同国内法效力相当的法律约束力。目前，中央人民政府不在特别行政区征税，特别行政区实行独立税收制度，参照原在香港、澳门实行的税收政策，自行立法规定税种、税率、税收宽免和其他税务事项。立法会是特别行政区的立法机关，它制定的税收法律在特别行政区内具有最高法律效力。特别行政区法律须报全国人民代表大会常务委员会备案，但备案不影响生效。

2.2　税制的构成要素

税制的构成要素，是指各个税种在立法时必须载明的、不可缺少的基本内容。一般都由征税对象、纳税义务人、税率、纳税环节、纳税期限、纳税地点、减免税、法律责任等章节构成，了解这些要素的构成有助于全面掌握和执行税法的规定。其中，征收对象，纳税人和税率是最基本的要素，解决了各个税种对什么征、对谁征、征多少这些最核心的问题。

一、征税对象

又称"课税对象"、"征税客体"，指税法规定对什么征税，是征纳税双方权利义务共同指向的客体或标的物。是区别一种税与另一种税的重要标志，是税法最基本的要素，体现着征税的最基本界限，决定着某一种税的基本征税范围，同时，征税对象也决定了各个不同税种的名称。

与课税对象相关的几个概念：

（一）税目

税目是各个税种所规定的具体征税章节，它是征税对象的具体化，反映具体的征税范围，代表征税的广度。

不是所有的税种都规定税目，有些税种的征税对象简单、明确，没有另行规定税目必要，如房产税、烟叶税等等。但是，从大多数税种来看，一般课税对象都比较复杂，且税种内部不同征税对象之间又需要采取不同的税率档次进行调节。这样就需要对课税对象作进一步的划分，做出具体的界限规定，这个规定的界限范围，就是税目。

（二）税基

也称计税依据，是据以计算征税对象应纳税款的直接数量依据，它解决对征税对象课税的计算问题，是对课税对象的量的规定。

计税依据在表现形态上有两种。

1. 价值形态

即按征税对象的货币价值量计算税金，如增值税等，这种计算方法称为从价计征。

2. 实物形态

即直接按征税对象的数量、面积、重量等计算，如我国的消费税中对黄酒征税，征税对象是黄酒，而计税依据是销售吨数，这种计算方法称为从量计征。

（三）税源

税源是指税收的源泉，即税收的最终来源。在商品经济条件下，税收收入总是当年新创造的国民收入的构成部分。能够成为税源的只能是国民收入分配中形成的各种收入，如工资、资金、利润、利息等。

二、纳税人

纳税人是纳税义务人的简称，又称纳税主体，是税法中规定的直接负有纳税义务的单位和个人。无论什么税都有关于纳税义务人的规定，通过规定纳税义务人落实税收负担和法律责任。纳税义务人包括自然人和法人。

自然人指依法享有民事权利，并承担民事义务的公民个人。如在我国从事工商活动的个人，以及工资和劳务报酬的获得者等，都是以个人身份来承担法律规定的民事责任及纳税义务。法人指依法成立，有一定的组织机构，具有能够独立支配的财产，并能以自己的名义享受民事权利和承担民事义务的社会组织。如企业、社会组织和社会团体，都是以其社会组织的名义承担民事责任的。法人是符合一定条件的社会组织在法律关系中的人格化。

在实际纳税过程中，与纳税人相关的概念有代扣代缴义务人、负税人。

一般情况下，国家税务机关和纳税人是直接发生纳税关系的。但在某些特殊情况下，为了简化征税手续，减少税款流失，需要由和纳税人发生经济关系的单位和个人代国家扣缴税款，即代扣代缴义务人（扣缴义务人）。

1. 代扣代缴义务人

代扣代缴义务人是指有义务从纳税人收入中扣除其应纳税款并代为交纳的企业或单位。

对税法规定的扣缴义务人，税务机关向其颁发代扣代缴证书，明确其代扣代缴义务。代扣代缴义务人必须严格履行扣缴义务，对不履行扣缴义务的，税务机关应视情节轻重予以适当处置，并责令其补缴税款。

如个人所得税规定：个人所得税以所得人为纳税义务人，以支付所得的单位或个人为扣缴义务人。

2. 负税人

纳税人和负税人是既有联系又有区别的概念。纳税人是直接向税务机关交纳税款的单位和个人；负税人是指税款的最终承担者或实际负担者。二者在税负可以发生转嫁时是分离的，如流转税，纳税人是销售商品或提供劳务的单位或个人，负税人则是最终消费者；在税负不能转嫁时则是一致的，如所得税纳税人本身即是负税人。

三、税率

税率是指应纳税额与征税对象数额之间的法定比例，是计算税额的尺度，体现着征税的强度。税率的高低既影响纳税人的负担，又影响国家的财政收入，是最活跃、最有力的税收杠杆，是税收制度的中心环节。

我国税率的设计，主要是根据国家的经济政策和财政需要，产品的盈利水平和我国生产力发展不平衡的现状，以促进国民经济协调发展，兼顾国家、部门、企业的利益为目的，做到合理负担，取之适度。税率的类型有如下几种：

（一）比例税率

比例税率就是对同一征税对象不分数额大小，规定相同的征收比例的税率。我国的增值税、营业税、企业所得税等采用的是比例税率。

1. 产品比例税率

产品比例税率即一种（或一类）产品采用一个税率。我国现行的消费税、增值税等都采用这种税率形式。在产品比例税率中又可分类、分级、分档确定税率，如消费税中，酒按类别设计税率，卷烟按级设计税率，原油按档次设计税率等等。

2. 行业比例税率

行业比例税率即对不同行业采用不同的税率。它一般适用于营业收入的征收，如建筑业税率为3%，金融保险企业税率为5%。

3. 有幅度的比例税率

有幅度的比例税率是指对同一征税对象，税法只规定最低税率和最高税率，在这个幅度内，各地区可以根据自己的实际情况确定适用的税率。如娱乐业的营业税税率为5% ~ 20%，在此幅度内，各省（市）、自治区、直辖市可根据自己的实际情况确定适当的税率。

（二）定额税率

定额税率又称固定税额。这种税率先根据课税对象计量单位直接规定固定的征税数额，一般适用于从量征税的情况。

定额税率课税对象的计量单位可以是重量、数量、面积、体积等自然单位，也可以是专门规定的复合单位。例如，土地使用税、耕地占用税分别以"平方米"和"亩"这些自然单位为计量单位，资源税中的天然气以"千立方米"这一复合单位为计量单位。按定额税率征税，税额的多少只同课税对象的数量有关。

1. 地区差别定额税率

地区差别定额税率即对同一课税对象按照不同地区分别规定不同的征税数额。

现行的资源税、城镇土地使用税、耕地占用税都属于这种税率。其中，土地使用税和耕地占用税又是有幅度的地区差别税率，采用这种税率制度，能够对不同地区同一应税品种盈利高低悬殊的情况，进行有力的直接调节，有利于把价格中所含的级差收入收归国家。

2. 分类分项定额税率

分类分项定额税率首先按某标志把课税对象分为几类，每一类再按一定标志分为若干项，然后对每一项分别规定不同的征税数额。现行税制中车船使用税即属于这种税率。它把车船分为机动车、非机动车、机动船、非机动船四大类。对机动车又再分为乘人汽车、载货汽车等项。各类车船有的按辆规定每年固定税额，有的按载净吨位的大小，分为不同等级，分别规定每年净吨位每吨的固定税额。

（三）累进税率

是指按征税对象数额的大小划分若干等级，并相应规定不同等级的税率。征税对象越大，税率越高。采用累进税率时，表现为税额增长速度大于征税对象数量的增长速度。它有利于调节纳税人的收入和财富。通常多用于所得税和财产税。累进税率因计算方法和依据不同，又可分为全额累进税率、超额累进税率、全率累进税率、超率累进税率四种类型。

1. 全额累进税率

全额累进税率是将课税对象的全部数额都按其所在的等级对应的税率计征税款的一种累进税率。

全月应纳税所得额	税率	速算扣除数（元）
全月应纳税额不超过 1500 元	3%	0
全月应纳税额超过 1500 元至 4500 元	10%	105
全月应纳税额超过 4500 元至 9000 元	20%	555
全月应纳税额超过 9000 元至 35000 元	25%	1005

全月应纳税额超过 35000 元至 55000 元	30%	2755
全月应纳税额超过 55000 元至 80000 元	35%	5505
全月应纳税额超过 80000 元	45%	13505

假定上表适用的税率形式为全额累进税率，则应纳税额的计算如下例所示：

【例 2-1】小王是一家公司的白领，月工资收入为 7800 元，适用的个人所得税的费用扣除标准为 3500 元，则其每月应缴纳的个人所得税额是多少？

解：应纳税所得额 = 7800-3500 = 4300（元）

应纳税额 = 4300 × 10% = 430（元）

由此可见，全额累进税率在确定应纳税所得额后，相当于按照比例税率计征，计算方法简单。

但这种税率税收负担不合理，特别是在累进分界点上税负呈跳跃式递增，甚至会出现增加的税额超过增加的课税对象数额的现象，这对鼓励纳税人增加收入的积极性是不利的。

【例 2-2】沿上例，假设一年后小王的月工资增长为 8100 元，其余条件不变，则其应纳个人所得税额是多少？

解：应纳税所得额 = 8100-3500 = 4600（元）

应纳税额 = 4600 × 20% = 920（元）

通过对比我们可以发现，例 2-2 中小王月工资与例 2-1 中相比增加了 300 元，但应纳税额却增加了 490 元，出现了增加的税额超过增加的课税对象数额的现象，所以这种累进税率形式在实务中已经不再使用。

2. 超额累进税率

超额累进税率是把征税对象按数额的大小分成若干等级，每一级距规定一个税率，税率依次提高。当征税对象的数额每超过一个规定的级距时，仅就超过的部分按高一级的税率计算征收，分别计算各个级距的税额。一定数量的征税对象可以同时适用几个级距的税率，各级距税额之和，即为纳税人的应纳税额。如：我国现行的个人所得税采用这种税率。

【例 2-3】沿例 2-1 的资料，假设表 2-3 为七级超额累进税率表，则小王应缴纳的个人所得税额计算如下：

解：应纳税所得额 = 7800-3500 = 4300（元）

应纳税额 = 1500 × 3% +（4300-1500）× 10% = 325（元）

【例2-4】沿例2-2资料,假设表2-3为七级超额累进税率表,则小王应缴纳的个人所得税额计算如下:

解:应纳税所得额 = 8100–3500 = 4600(元)

应纳税额 = $1500 \times 3\% + (4500–1500) \times 10\% + (4600–4500) \times 20\% = 365$(元)

在使用超额累进税率的情形下,小王月收入增加了300元,应纳税额增加了40元,这就比较容易让纳税人接受了。

超额累进税率累进幅度比较缓和,税收负担较为合理,但计算方法较复杂,数额越大,等级越多,计算步骤越多。

超额累进税率是各国普遍采用的一种税率。为解决超额累进税率计算税款比较复杂的问题,在实际工作中一般采用"速算扣除法"。即按全额累进的方法计算出税额,再从中减去一个"速算扣除数",其差额即为超额累进的应纳税额。

应纳税额 = 应纳税所得额 × 适用税率 – 速算扣除数

如例2-4的计算过程采用速算扣除法,则计算过程如下:

解:应纳税所得额 = 8100–3500 = 4600(元)

应纳税额 = $4600 \times 20\%–555 = 365$(元)

3. 超率累进税率

超率累进税率是把征税对象数额的相对量划分为若干级距,分别规定相应的税率,在征税对象比率增加,需要提高一级税率时,仅对增加的部分按规定的等级税率计征。如:我国现行的土地增值税采用这种税率。

超额累进税率与超率累进税率两者的设计原理相似,它们的区别是:超额累进税率是按征税对象的绝对额累进计算;超率累进税率是以征税对象的相对量作为累进计算的依据。

4. 全率累进税率

全率累进税率,是"超率累进税率"的对称。全率累进税率是指按课税对象的相对额划分若干级距,每个级距规定的税率随课税对象相对额的增大而提高,纳税人的全部课税对象都按与课税对象相对额所对应的税率计算纳税的税率制度。

这种税率计算简便,纳税人课税对象的相对数仅作为确定适用税率的依据,税率确定后,实际上直接按课税对象的绝对额乘适用税率,等于按比例税率计税;累进急剧,纳税人全部课税对象都适用相应等级的最高税率;在累进级距的分界点附近会出现税款增加额超过课税对象增加额的不合理现象。全率累进税率在我国尚未使用过。

四、减免税

减税、免税是根据国家政策，对某些纳税人和征税对象给予鼓励和照顾的一种特殊规定。减税是从应征税款中减征部分税款，免税是免征全部税款。

减税、免税的具体形式有三种：

（一）税基式减免

即缩小计税依据来实现，常用手段包括：

1.起征点，即征税对象达到一定数额开始征税的起点；征税对象达不到起征点的不征税，达到或超过起征点的应就其全部数额来计税。

2.免征额，即在征税对象的全部数额中免予征税的数额；征税对象达不到免征额的不征税，超过免征额的仅就超过部分进行计税。

3.项目扣除，即在征税对象中扣除一定项目的数额，以其余额为依据计税。

4.跨期结转，即将以前纳税年度的经营亏损等在本纳税年度经营利润中扣除。

（二）税率式减免

降低税率或归于低税率，如对高新技术企业适用 15% 的优惠税率。

（三）税额式减免

直接减免应纳税额。如企业所得税中对一些投资于公共基础设施建设的企业实行的三免两减半政策。

五、纳税环节

纳税环节是税法规定的课税对象从生产到消费的流转过程中，具体确定在哪个环节应当缴纳税款，该被确定的环节，就称纳税环节。

国家对不同的商品课税往往确定不同的纳税环节。按纳税环节的多少，可将税收课征制度划分为两类，一次课征制和多次课征制。

六、纳税地点

纳税地点是指各个税种纳税对象的纳税环节和有利于税款的源泉控制而规定的纳税人（包括代征、代扣、代缴义务人）的具体纳税地点。比如营业税的纳税地点原则上采取属地征收的方法，就是纳税人在经营行为发生地缴纳税款。纳税地点的确定，便于交纳税款和防止偷税、漏税等行为的发生。

七、纳税期限

纳税期限指税法规定的纳税人向国家缴纳税款的法定期限。国家对各个税种都有纳税期限的明确规定，这对保证财政收入的稳定性和及时性有重要作用。我国现行税制的纳税期限有三种形式：

（一）按期纳税

根据纳税义务的发生时间，通过确定纳税间隔期，实行按期纳税。按期纳税间隔期分为 1 天、3 天、5 天、10 天、15 天和 1 个月、一个季度等多种。纳税人的具体纳税间隔期限由其主管税务机关按规定核定。

（二）按次纳税

根据纳税行为的发生次数确定纳税期限，如耕地占用税、个人所得税等。

（三）按年计征、分期预交

按规定的期限预缴税款，年度结束后汇算清缴，多退少补。这是对按年度计算税款的税种，为了及时平衡地取得税收收入而采取的一种纳税期限。分期预缴一般是按月或按季预缴，如企业所得税等。

八、法律责任

所谓税收法律责任，是指税收法律关系的主体因违反税收法律规范所应承担的法律后果。税收法律责任依其性质和形式的不同，可分为经济责任、行政责任和刑事责任；依承担法律责任主体的不同，可分为纳税人的责任、扣缴义务人的责任、税务机关及其工作人员的责任。

明确规定税收法律责任，不仅有利于维护正常的税收征纳秩序，确保国家的税收收入及时足额入库，而且有利于增强税法的威慑力，为预防和打击税收违法犯罪行为提供有力的法律武器，也有利于维护纳税人的合法权益。

根据现行规定，税收法律责任的形式主要有三种，即经济责任、行政责任和刑事责任。

2.3 税收的分类

一个国家的税收体系通常是由许多不同的税种构成的。每个税种都具有自身的特点和功能，但用某一个特定的标准去衡量，有些税种具有共同的性质、特点和相近的功能，从而区别于其他各种税收而形成一"类"。

由于研究的目的不同，对税收分类可以采用各种不同的标准，从而形成不同的分类方法。通过对税收进行科学的分类，不仅能够揭示各类税收的性质、特点、功能以及各类税收之间的区别与联系，有利于建立合理的税收结构，充分发挥各类税收的功能与作用，而且对于研究税收发展的历史过程、税源的分布与税收负担的归宿以及中央与地方政府之间税收管理和支配权限的划分都具有重要的意义。税收分类的方法主要有以下几种：

一、按征税对象的性质为标准划分

征税对象是税法的一个基本要素，是一种税区别于另一种税的主要标志。因此，按征税对象的不同来分类，是税种最基本和最主要的分类方法。按照这个标准，我国税种大体可分为以下五类：

（一）商品和劳务税

商品和劳务税亦称流转税。它是对销售商品或提供劳务的流转额征收的一类税。流转税与商品（或劳务）的交换相联系，商品无处不在，又处于不断流动之中，这决定了流转税的征税范围十分广泛；流转税的计征，只问收入有无，而不管经营好坏、成本高低、利润大小；流转税都采用比例税率或定额税率，计算简便，易于征收；流转税形式上由商品生产者或销售者缴纳，但其税款常附着于卖价，易转嫁给消费者负担，而消费者却不直接感到税负的压力。由于以上这些原因，流转税对保证国家及时、稳定、可靠地取得财政收入有着重要的作用。同时，它对调节生产、消费也有一定的作用。因此，流转税一直是我国的主体税种。一方面体现在它的收入在全部税收收入中所占的比重一直较大；另一方面体现在它的调节面比较广泛，对经济的调节作用一直比较显著。

我国当前开征的流转税主要有：增值税、消费税、营业税和关税。

（二）所得税

对所得额的征税简称所得税。税法规定应当征税的所得额，一般是指下列方面：一是指有合法来源的所得。合法的所得大致包括生产经营所得（如利润等），提供劳务所得（如工资、薪金、劳务报酬等），投资所得（如股息、利息、特许权使用费收入等）和其他所得（如财产租赁所得、遗产继承所得等）四类。二是指纳税人的货币所得，或能以货币衡量或计算其价值的经济上的所得。不包括荣誉性、知识性的所得和体质上、心理上的所得。三是指纳税人的纯所得，即纳税人在一定时期的总收入扣除成本、费用以及纳税人个人的生活费用和赡养近亲的费用后的净所得。这样，使税负比较符合纳税人的负担能力。四是指增强纳税能力的实际所得。例如利息收入可增加纳税人能力，可作为所得税的征收范围；而存款的提取，就不应列入征税范围。总的来说，所得税是对纳税人在一定时期（通常为一年）的合法收入总额减除成本费用和法定允许扣除的其他各项支出后的余额，即应纳税所得额征收的税。

所得税按照纳税人负担能力（即所得）的大小和有无来确定税收负担，实行"所得多的多征，所得少的少征，无所得的不征"的原则。因此，它对调节国民收入分配，缩小纳税人之间的收入差距有着特殊的作用；同时，所得税的征收面也较为广泛．故此成为经济发达国家的主要收入来源。在我国，随着经济的发展，人民所得的增加，所得税已成为近年来收入增长较快的一类税。

我国当前开征的所得税主要有：企业所得税、个人所得税。

（三）资源税

对资源的征税是对开发、利用和占有国有自然资源的单位和个人征收的一类税。征收这类税有两个目的：一是为了取得资源消耗的补偿基金，保护国有资源的合理开发利用；二是为了调节资源级差收入，以利于企业在平等的基础上开展竞争。

我国对资源的征税主要有：城镇土地使用税、耕地占用税、资源税、土地增值税。

（四）财产税

对财产的征税是对纳税人所拥有或属其支配的财产数量或价值额征收的税。包括对财产的直接征收和对财产转移的征收。开征这类税收除为国家取得财政收入外，对提高财产的利用效果、限制财产的不必要的占有量有一定作用。

我国对财产的征税主要有：房产税、契税、车船使用税。

（五）行为目的税

对行为的征税也称行为税，它一般是指以某些特定行为为征税对象征收的一类税收。征收这类税，或是为了对某些特定行为进行限制、调节，使微观活动符合宏观经济的要求；或只是为了开辟地方财源，达到特定的目的。这类税的设置比较灵活，其中有些税种具有临时税的性质。

我国对行为的征税主要有：烟叶税、印花税、车辆购置税、城市维护建设税

二、以计税依据为标准划分

税收按其计税依据的不同，可分为从价税和从量税。从价税是以征税对象

的价值量为标准计算征收的税收。税额的多少将随着价格的变动而相应增减。从量税，是按征税对象的重量、件数、容积、面积等为标准，采用固定税额征收的税收。从量税具有计算简便的优点。但税收收入不能随价格高低而增减。

三、以税收与价格的关系为标准划分

按税收与价格的关系划分，税收可分为价内税和价外税。在市场经济条件下，税收与商品、劳务或财产的价格有着密切的关系，对商品和劳务课征的税收既可以包含于价格之中也可以在价格之外。凡税收构成价格组成部分的税收称为价内税；凡税收是价格之外的附加额的税收称为价外税。前者，其价格的组成＝成本＋利润＋税金，后者其价格等于成本加利润。价内税，有利于国家通过对税负的调整，直接调节生产和消费，但往往容易造成对价格的扭曲。价外税与企业的成本核算和利润、价格没有直接联系，能更好地反映企业的经营成果，不致因征税而影响公平竞争；同时，不干扰价格对市场供求状况的正确反映，因此，更适应市场经济的要求。

四、以税收的管理和支配权限的归属为标准

税收按其管理和使用权限划分，可分为中央税、地方税、中央地方共享税。这是在分级财政体制下的一种重要的分类方法。通过这种划分，可以使各级财政有相应的收入来源和一定范围的税收管理权限，从而有利于调动各级财政组织收入的积极性，更好地完成一级财政的小节。一般的做法是，将税源集中、收入大、涉及面广，而由全国统一立法和统一管理的税种，划作中央税。一些与地方经济联系紧密，税源比较分散的税种，列为地方税。一些既能兼顾中央和地方经济利益，又有利于调动地方组织收入积极性的税种，列为中央地方共享税。当前我国的中央税主要有关税、消费税；地方税主要有营业税以及一些对财产和行为的课税；中央地方共享税主要有增值税、资源税等。

五、以税收负担是否易于转嫁为标准划分

税收按其负担是否易于转嫁分，可分为为直接税和间接税。所谓税负转嫁是指纳税人依法缴纳税款之后，通过种种途径将所缴税款的一部分或全部转移给他人负担的经济现象和过程，它表现为纳税人与负税人的非一致性。由纳税人直接负担的税收为直接税。在这种情况下纳税人即负税人，如所得税、遗产税等；可以由纳税人转嫁给负税人的税收为间接税，即负税人通过纳税人间接缴纳的税

收，如增值税、消费税、营业税、关税等。

除上述主要分类外，还有一些其他分类方法。例如在我国按征收机关划分，税收可分为工商税系、关税税，工商税收由各级国家税务机关和地方税务机关征收管理；关税由海关负责征收管理；又如，按缴纳形式分，税收可分为力役税、实物税和货币税等。

2.4　我国现行税收管理制度

一、税收管理体系

（一）税务机构设置

根据我国经济和社会发展及实行分税制财政管理体制的需要，现行税务机构设置是中央政府设立国家税务总局（正部级），省及省以下税务机构分为国家税务局和地方税务局两个系统。

国家税务总局对国家税务局系统实行机构、编制、干部、经费的垂直管理，协同省级人民政府对省级地方税务局实行双重领导。

1.国家税务局系统包括省、自治区、直辖市国家税务局，地区、地级市、自治州、盟国家税务局，县、县级市、旗国家税务局，征收分局、税务所。征收分局、税务所是县级国家税务局的派出机构，前者一般按照行政区划、经济区划或者行业设置，后者一般按照经济区划或者行政区划设置。

省级国家税务局是国家税务总局直属的正厅（局）级行政机构，是本地区主管国家税收工作的职能部门，负责贯彻执行国家的有关税收法律、法规和规章，并结合本地实际情况制定具体实施办法。局长、副局长均由国家税务总局任命。

2.地方税务局系统包括省、自治区、直辖市地方税务局，地区、地级市、自治州、盟地方税务局。县、县级市、旗地方税务局，征收分局、税务所。省以下地方税务局实行上级税务机关和同级政府双重领导、以上级税务机关垂直领导为主的管理体制，即地区（市）、县（市）地方税务局的机构设置、干部管理、人员编制和经费开支均由所在省（自治区、直辖市）地方税务局垂直管理。

省级地方税务局是省级人民政府所属的主管本地区地方税收工作的职能部门，一般为正厅（局）级行政机构，实行地方政府和国家税务总局双重领导，以地方政府领导为主的管理体制。

国家税务总局对省级地方税务局的领导，主要体现在税收政策、业务的指导和协调，对国家统一的税收制度、政策的监督，组织经验交流等方面。省级地方税务局的局长人选由地方政府征求国家税务总局意见之后任免。

（二）税收征收管理范围划分

目前，我国的税收分别由财政、税务、海关等系统负责征收管理。

1.国家税务局系统负责征收和管理的章节有：增值税，消费税，车辆购置税，铁道部门、各银行总行、各保险总公司集中缴纳的营业税、所得税、城市维护建设税，中央企业缴纳的所得税，中央与地方所属企业、事业单位组成的联营企业、股份制企业缴纳的所得税，地方银行、非银行金融企业缴纳的所得税，海洋石油企业缴纳的所得税、资源税，证券交易税（开征之前为对证券交易征收的印花税），个人所得税中对储蓄存款利息所得征收的部分，中央税的滞纳金、补税、罚款。

2.地方税务局系统负责征收和管理的章节有：营业税、城市维护建设税（不包括上述由国家税务局系统负责征收管理的部分），地方国有企业、集体企业、私营企业缴纳的所得税、个人所得税（不包括对银行储蓄存款利息所得征收的部分），资源税，城镇土地使用税，耕地占用税，土地增值税，房产税，车船税，印花税，契税，及其地方附加，地方税的滞纳金、补税、罚款。

为了加强税收征收管理，降低征收成本，避免工作交叉，简化征收手续，方便纳税人，在某些情况下，国家税务局和地方税务局可以相互委托对方代征某些税收。

3.在部分地区，地方附加、耕地占用税，仍由地方财政部门征收和管理。

4.海关系统负责征收和管理的章节有关税、行李和邮递物品进口税，同时负责代征进出口环节的增值税和消费税。

（三）中央政府与地方政府税收收入划分

根据国务院关于实行分税制财政管理体制的规定，我国的税收收入分为中央政府固定收入、地方政府固定收入和中央政府与地方政府共享收入。

1.中央政府固定收入包括消费税（含进口环节海关代征的部分）、车辆购置税、关税、海关代征的进口环节增值税等。

2.地方政府固定收入包括城镇土地使用税、耕地占用税、土地增值税、房产税、车船税、契税。

3.中央政府与地方政府共享收入主要包括：

（1）增值税（不含进口环节由海关代征的部分）：中央政府分享75%，地方政府分享 25%。

（2）营业税：铁道部、各银行总行、各保险总公司集中缴纳的部分归中央政府，其余部分归地方政府。

（3）企业所得税：铁道部、各银行总行及海洋石油企业缴纳的部分归中央政府，其余部分中央与地方政府按 60% 与 40% 的比例分享。

（4）个人所得税：除储蓄存款利息所得的个人所得税外，其余部分的分享比例与企业所得税相同。

（5）资源税：海洋石油企业缴纳的部分归中央政府。其余部分归地方政府。

（6）城市维护建设税：铁道部、各银行总行、各保险总公司集中缴纳的部分归中央政府，其余部分归地方政府。

（7）印花税：证券交易印花税收入的 94% 归中央政府，其余 6% 和其他印花税收入归地方政府。

二、我国现行税制结构

所谓税制结构，是指构成税制的各税种在社会再生产中的分布状况及相互之间的比重关系。

税制结构的研究范围主要包括主体税种的选择以及主体税与辅助税的配合等问题。一般而言，税制的类型根据一国开征税种的多少和类别，分为单一税制与复合税制。单一税制是指以一种课税对象为基础设置税种所形成的税制，它表现为单一的土地税、单一的财产税、单一的消费税、单一的所得税等较为单纯的税种构成形式；复合税制则是指由多种征税对象为基础设置税种所形成的税制，它是由主次搭配、层次分明的多个税种构成的税收体系。

在实践中，单一税制由于其自身缺乏弹性，难以发挥税收筹集财政收入和调节经济的作用，还从未被哪一个国家真正采用过。因此，只有在复合税制下才涉及税制结构问题，即税制体系内部税种之间的协调与配合问题，特别是税收体系中主体税种的选择及与其他税种的相互关系问题。现阶段主要形成了以所得税为主体税的税制结构和以商品税为主体税的税制结构两种类型。

目前，我国的税制结构仍然表现出以流转税为主体的税制结构特征，同时伴随着国家财税体制改革的发展，所得税体系得以重点发展，财产税体系也在逐步完善。总之，优化税制结构的核心在于正确地选择主体税种及建立一个与其他税种相互协调，相互配合的税制体系。我国主体税种的确定和税制模式的选择首先应立足于我国的基本国情，具体分析我国税收制度运行的外部环境和各税种的功能作用及其适应条件，使我国的税制结构真正适应社会主义市场经济体制运行的需要。

【趣味税收】

世界上千奇百怪的税种

在各类税种中，有一些是我们熟悉的，比如增值税、个人所得税、印花税、燃油税、关税等等之外，还有一些税非常特别，有的也着实有趣。

1. 洗脸税

土耳其总统塞泽尔 2007 年 5 月批准了税法修改条例。根据该条例，土耳其人在打开水龙头洗脸的时候要同时缴三种税！首先是"环境清洁税"，它在土耳其老百姓中一直被叫作"垃圾税"；第二种税叫"污水费"，由政府按自来水费 50% 的标准收取；第三种税是"增值税"，不论是家庭还是写字楼都要支付这个费用，按水费的 18% 收取。

2. 肥尸税

英国伯明翰市规定死者使用棺材宽度为 23 英寸（58 厘米），超过 1 英寸得付税 7.5 英镑。工党议员为工人说话，便弄出这条奇特的肥尸税。

3. 无子女税

苏联自 1987 年 2 月 11 日起对已婚未育的夫妇征收无子女税，税率为本人月工资的 16%。

4. 离婚税

美国加利福尼亚州实行一项简便的离婚法，规定结婚不满两年，未生养又无贵重财产的夫妻，欲离婚只要向州政府法律部门邮寄 30 美元离婚税，并保证双方无争执地分割好私产，其离婚即自动生效。

5. 垃圾税

为减少垃圾的数量，瑞士苏黎世市政府决定征收"垃圾税"。按照规定，市民必须根据扔出垃圾的"量"与"质"（如是否引起严重环境污染等）缴税。结果显示，在开征此税后，苏黎世市的生活垃圾量减少了 1 / 4，市民乱丢垃圾现象已鲜见。

6. 外国新娘税

在阿拉伯联合酋长国颁布了这么一条规定，如果娶外国女子，就必须向政府上缴一笔数量可观的"外国新娘税"。阿联酋政府为什么要出这项规定呢？原来在该国，男子结婚要送给女方家高达数万美元的彩礼，许多男子因无法支付如此厚重的彩礼，转而娶外国女子为妻，为了对这一行为进行控制，阿联酋政府才出此怪招。

7. 开窗税

窗税是一种按窗计税的房屋税，1696 年产生于英国。在当时窗户是奢侈的象征，富人们的房屋都有许多窗户，而穷人的房屋窗户是很少的。所得税的管理在当时是十分困难的，政府很难确定每个人有多少收入。当时个人也从不记录自己收入有多少。这样用窗户计税便是一个十分简便有效的办法，那些拥有很多窗户的人，就需付较高的所得税，所以许多人都把自己的窗户砌上，人们在建房时也尽可能地少砌窗户。这种窗税导致室内昏暗。

8. 风景税

美国加州的有个小镇规定，凡是住在海滨，住宅面向海洋的居民，每年须缴纳 66 至 184 美元的风景税。

9. 胡须税

在俄国某个时期蓄胡须者要纳税，如果拒交，检查人员一定会把他的胡须剪掉。

10. 老鼠税

由于鼠害严重，印度尼西亚西部地区首长曾经在 1987 年 7 月颁布了一项关于缴纳老鼠税的法令。这项法令规定：每耕作一公顷稻田，需缴交 75 只活的或死的老鼠才能开耕；凡向银行贷款或办理旅行手续的，也要缴交 75 只老鼠才能获得批准。甚至连结婚或离婚也要缴交 50 只老鼠才能办理有关手续。

【技能训练】

一、单项选择题

1. 按照税法的职能作用不同，税法可以分为（　　）。

A. 税收基本法和税收普通法　　　　B. 所得税法和流转税法

C. 实体法和程序法　　　　　　　　D. 中央税和地方税

2. 属于国家税务系统征收的税收是（　　）。

A. 资源税　　　　B. 个人所得税　　　　C. 印花税　　　　D. 车辆购置税

3. 区分不同税种的主要标志是（　　）。

A. 税目　　　　B. 征税对象　　　　C. 纳税地点　　　　D. 纳税义务人

4. 下列税法构成要素中，衡量纳税义务人税收负担轻重与否的重要标志是（　　）。

    A. 纳税期限　　　B. 减税免税　　　　　C. 税率　　　　D. 纳税环节

5. 有权制定税收部门规章的税务主管机关是（　　）。

    A. 地方各级人民政府　　　　　　B. 财政部、国家税务总局和海关总署

    C. 省级财政部门　　　　　　　　D. 省级税务部门

6. 有权制定税收法律的是（　　）。

    A. 全国人民代表大会及其常务委员会

    B. 地方人民代表大会及其常务委员

    C. 国务院　　　　　　　　D. 税务总局

7. 下列完全由地方税务机关负责征收的税种是（　　）。

    A. 个人所得税　　　B. 城市建设维护税　　　C. 营业税　　　D. 房产税

8.《中华人民共和国个人所得税法》在税法不同类型中属于（　　）。

    A. 既是实体法，又是普通法　　　　　B. 既是实体法，又是程序法

    C. 既是实体法，又是基本法　　　　　D. 既是程序法，又是普通法

9. 税收行政法规由（　　）制定

    A. 全国人大及其常委会　　　　　　B. 地方人大及其常委会

    C. 国务院　　　　　　　　D. 财政部、税务总局

10. 下列税收要素，属于税收基本的三要素是（　　）。

    A. 纳税义务人　征税对象　税率　　　B. 纳税义务人　征税对象　纳税环节

    C. 纳税义务人　税率　纳税期限　　　D. 纳税义务人　税率　减免税

二、多项选择题

1. 下列税种，全部属于中央政府固定收入的有（　　）。

    A. 消费税　　　　B. 增值税　　　　C. 车辆购置税　　　　D. 资源税

2. 代表国家行使征税职责的机关包括（　　）。

    A. 税务机关　　　B. 工商管理机关　　　C. 海关　　　　D. 财政机关

3. 我国现行税法体系中在使用的累进税率形式有（　　）。

    A. 比例税率　　　　　　B. 超额累进税率

    C. 超率累进税率　　　　D. 定额税率

4. 按税收的与价格的关系划分，税收可分为（　　）。

    A. 价内税　　　　B. 价外税　　　　C. 直接税　　　　　D. 间接税

5. 税收减免可以分为（　　）。

    A. 税基式减免　　　　B. 税率式减免

C. 税额式减免　　　　　　D. 法定减免

6. 按照税收不同分类标准，增值税属于（　　）。

A. 中央与地方共享税　　B. 流转税　　　C. 价外税　　　D. 间接税

三、判断题

1. 定额税率的最大优点是计算简单，但税额会受商品价格变动的影响。（　　）

2. 纳税人和扣缴义务人都是实际承担税负的单位或者个人。（　　）

3. 起征点是指征税对象达到一定数额开始征税的界限，征税对象的数额达到规定数额的只对其超过起征点的部分数额征税。（　　）

4. 增值税、消费税、营业税都属于流转税，也都属于中央与地方共享税。（　　）

5. 税率是应纳税额与课税对象之间的比例，反映了税收的范围与广度。（　　）

6. 税收法律关系中权利主体双方的权利与义务对等，因而税收法律关系的保护对权利主体双方也是对等的。（　　）

7. 我国现行个人所得税由地方税务局负责征收管理。（　　）

8.《增值税暂行条例》和《增值税暂行条例实施细则》都是部门规章。（　　）

9. 所有的中央税都由国家税务局负责征收。（　　）

10. 国家税务局和地方税务局征管范围划分明确。但为方便纳税人，在某些情况下国家税务局和地方税务局可以相互委托对方代征某些税种。（　　）

第二章
税收实体法

【章节简介】

本章节主要介绍税收实体法的相关知识，税收实体法是规定税收法律关系主体的实体权利、义务的法律规范的总称。其主要内容包括纳税主体、征税客体、计税依据、税目、税率、减免税等，是国家向纳税人行使征税权和纳税人负担纳税义务的要件，只有具备这些要件时，纳税人才负有纳税义务，国家才能向纳税人征税。税收实体法直接影响到国家与纳税人之间权利义务的分配，是税法的核心部分，没有税收实体法，税法体系就不能成立。

税收实体法的结构具有规范性和统一性的特点，主要表现在：一是税种与税收实体法的一一对应，一税一法，例如《中华人民共和国企业所得税法》、《中华人民共和国个人所得税法》。二是税收要素的固定性，每一税种其税制的基本构成都由征税对象、纳税人、税率、减免税、纳税期限等几大要素构成。

本章节在教学过程中按每一具体税种来进行相关实体法法律及实施细则等相关知识的学习，具体小节安排如下表所示：

第一节　增值税

按征税对象进行分类	小节安排	税种
商品劳务税（流转税）	小节一	增值税
	小节二	消费税
	小节三	营业税
	小节四	关税
所得税	小节五	企业所得税
	小节六	个人所得税
资源税	小节七	资源税
		耕地占用税
		城镇土地使用税
		土地增值税
财产税	小节八	房产税
		契税
		车船使用税
行为目的税	小节九	烟叶税
		车辆购置税
		印花税
		城市维护建设税

知识目标：掌握增值税税制要素的基本内容，理解并能熟练运用增值税的计算方法完成增值税应纳税额的计算，掌握增值税专用发票管理的相关规定。

能力目标：学生通过学习可以正确判断哪些企业或个人需要缴纳增值税，企业从事哪些业务经营需要缴纳增值税，能够根据企业发生的相关业务熟练进行增值税应纳税额的计算，能够完成增值税的纳税申报工作。

【小节分析】

在我们日常生活中，很多人对自己到底是不是纳税人搞不清楚，有媒体统计我国人均宏观税负达 6000 余元，而普通人日常生活中几乎从未和税务部门打过交道，这些税是怎么交的呢？通过这个网络话题我们可以略窥一斑。

在某门户网站上，一篇关于《山东政协委员称馒头税率达 17% 应降税》的新闻引发网民热议。济南市政协委员、济南某面粉公司副总经理兼总工程师潘耀民已经是连续第三年提交类似提案了。潘耀民表示，大背景是，面粉、馒头的价格在上涨，国家对很多商品有补贴，却对市民一日三餐离不开的馒头征过高的税，显然不合理。

在网上，已有网民对相关报道缺乏税务知识表示不满。"馒头税"的说法是错误的，照"馒头税"的理论，生产馒头的企业交的是馒头税，那生产水泥的企业就应叫"水泥税"，生产豆腐的企业就应叫"豆腐税"，根本不应该这么提。还有网友表示，希望税务部门就此出来澄清。

山东省国家税务局有关人士在接受采访时，对该事件做出了解释。

第一，我国没有"馒头税"这一税种，山东省各级国税机关未擅自开征"馒头税"。潘耀民委员在政协提案中反映的是馒头税率的问题。媒体所称的"馒头税"其实是对销售馒头征收的增值税，而并非专门针对馒头这一食品单独开征的税种。根据《增值税暂行条例》的规定，生产和销售馒头应当缴纳增值税。

第二，馒头产品执行 17% 的增值税税率符合国家税法规定。我国的增值税设置了三档税率，基本税率为 17%，对出口货物适用零税率，对粮食等产品实行 13% 的低税率。根据《财政部、国家税务总局关于印发〈农业产品征税范围注释〉的通知》（财税字〔1995〕52 号）规定："以粮食为原料加工的速冻食品、方便面、副食品和各种熟食品，不属于'粮食'的征税范围。"馒头是粮食加工制成的熟食品，适用的增值税税率为 17%。

第三，消费者购买馒头承担增值税的计算问题。新闻报道中所称："购买一元钱的馒头就要缴纳 2 毛钱的税"，这种说法是不准确的。我国增值税纳税人分为小规模纳税人和一般纳税人。小规模纳税人按照 3% 的征收率计算应纳税额，一般纳税人按照适用税率计算应纳税额，由于增值税是价外税，应换算为不含税价之后再计算。对小规模纳税人来讲，消费者最终承担的增值税为 3%；对一般纳税人来讲，由于国家对初级农产品实行免税政策，生产企业可以按照 13% 抵扣，消费者最终承担的增值税为 4% 左右。

第四，食品加工企业的增值税税负问题。按照规定，一般纳税人实行税款抵扣政策，其应纳税额为当期销项税额减去当期进项税额后的余额，虽然税率为 17%，但实际税负远远低于 17%。从我省食品加工企业的实际情况来看，实际税负在 3% 左右。

消费者消费馒头即要承担相应的税负，那这些税到底是怎么缴纳的呢？税务局所解释的税负金额又是如何计算出来的呢？通过对本小节的学习，大家对这些问题即可有一个清晰的认识。

【相关知识】

1.1 增值税概述

一、增值税的概念和特征

（一）概念

增值税是以商品和应税劳务在流转过程中产生的增值额作为计税依据而征收的一种流转税。对于增值额的概念，我们可以从不同的角度进行理解，如下表所示：

角度	对增值额的理解
从理论上讲	增值额是企业在生产经营过程中新创造的那部分价值，及货物或劳务价值中 $V+M$ 部分，在我国相当于净产值或国民收入部分。
从一个生产经营单位来看	增值额是指该单位销售货物或提供劳务的收入额扣除为生产经营这种货物（包括劳务，下同）而外购的那部分货物价款后的余额
从一项货物来看	增值额是该货物经历的生产和流通的各环节所创造的增值额之和，也就是该货物的最终销售价值

（二）特征

1.以增值额为课税对象。从征税对象看，无论各国的法定增值额有多大差别，增值税都是以增值额而不是以销售金额为课税对象。以增值额为课税对象是增值税最基本的特点。

2. 实行普遍征税。增值税有着广阔的税基，从生产经营的横向关系看，无论工业、商业或者劳务服务活动，只要有增值收入就要纳税；从生产经营的纵向关系看，每一货物无论经过多少生产经营环节，都要按各道环节上发生的增值额逐次征税。

3. 实行多环节征税。从纳税环节看，增值税实行多环节征税，即在生产、批发、零售、劳务提供和进口等各个经营环节分别课税，而不是只在某一环节征税。

二、增值税的计税原理

1. 按全部销售额计税，但只对其中的新增价值部分征税。但实际工作中很难去对货物各环节的增值额进行精确计量，因而，多数实行增值税的国家都在税金计算上采用税款抵扣制。

2. 实行税款抵扣制。所谓税款抵扣制，即每一纳税环节的纳税人，都以自己的销售额计算销项税额，然后从中扣除采购时向上一环节支付的进项税额，以差额作为本环节增值额的应纳税额。

3. 税款随货物销售逐环节转移，最终消费者承担全部税款。

下面我们以钢材的生产销售环节为例来分析一下增值税的计税原理，假设从采矿到加工成钢材对外零售所需环节及各环节的进销价如下表所示：

环节	进价（元/吨）	售价（元/吨）	全额纳税（17%）	增值额（元）	增值额纳税（17%）
铁矿石开采	0	200	34	200	34
铁锭的生产	200	400	68	200	34
钢材的生产	400	700	119	300	51
钢材的批发	700	800	136	100	17
钢材的零售	800	1000	170	200	34
共计纳税			527		170

如果采用全额计税的方法，则每一环节的计税依据都包含了上一环节已纳

税的计税依据在内，商品最终税负高达 52.7%（527÷1000 = 52.7%），而且可以看出商品流转环节越多，则重复征税的环节越多，税负也就越重，不利于商品的流通和专业化分工生产；若采用增值额进行纳税则无论经过多少流转环节，每一环节都只就本环节的增值额进行交税，如钢材的零售商以 800 元购进货物，以 1000 元售出，则其应纳税额 = 1000×17%–800×17% = 200 元，无论商品经过多少流转环节，最终税负始终保持为 17%。

基于增值税的计税原理，可以看出增值税有其他计税方法所不具备的优点：

（1）对经济活动有较强的适应性。由于增值税应用了税款抵扣制，对纳税人征税时，允许纳税人抵扣购买货物和劳务时已支付的增值税税款，避免了阶梯式征税可能造成重复征税的弊端，使同一商品或劳务的税收负担具有一致性。这种一致性，首先表现在同一商品或劳务，不论纳税人的生产、经营方式或组织方式有何差异，其最终的税收负担是一致的。其次，同一商品和劳务，不论纳税人经营活动的投入物或劳务的构成状况如何，最终的税收负担也是一致的。也就是说，增值税的征税结果不会对纳税人的生产、经营活动和消费者的消费选择产生影响，具有中性特征。也正是这种中性特征，使增值税对经济活动有较强的适应性。

（2）有较好的收入弹性。税收的收入弹性，是指税收收入的增减与经济发展状况的内在联系。一个税种的税收弹性好坏，取决于税收对经济的适应程度和它所产生的收入规模与国民收入的联系程度。增值税不仅对经济活动有较强的适应性，而且它所产生的收入规模与同期的国民收入规模有一个相对稳定的比例关系。由于增值税实行了税款抵扣制，就一个商品或一项劳务而言，各环节征收的增值税之和，等于它进入消费领域的价格乘以它所适用的增值税税率；就全社会而言，某一时期的所有社会商品或劳务的最终价格之和，近乎同期全社会的国民收入。这就说明，增值税的税率一经确定，就相应地确定了增值税的收入规模与国民收入的比例。国民收入增加，增值税的收入规模也自然扩大。反之，国民收入下降，增值税的税收规模也随之下降。增值税这种良好的收入弹性，在国民收入增长时，能为政府取得更多的财政收入；在国民收入下降时，有利于经济的恢复和发展。

（3）有利于本国商品和劳务公平地参与国际竞争。由于增值税的税率反映的是某一商品或劳务的最终税收负担水平，所以，对出口商品和劳务适用零税率，就可以使出口商品或劳务完全以不含税的价格进入国际市场，即使进口国按本国的税收规定对进口商品或劳务征税，征税后的税收负担也不会高于进口国的同类商品或劳务的税收负担；同样，对进口商品或劳务按本国的同类商品或劳务的税率征税后，进口商品或劳务与本国的商品或劳务的税收负担是一致的，这就有利于本国的商品和劳务在税收待遇一致的前提下公平竞争。

（4）有内在的自我控制机制。由于增值税实行的是税款抵扣制，一般情况下，纳税人能否取得购买货物或劳务已付税款的抵扣权，取决于他能否提供购买货物或劳务时已付增值税的有效凭证（通常是指注明增值税税额的专用发票）。如果供应商销售货物或劳务没有按规定开具增值税发票，他就可能有偷税的动机。但只要这种情况不是发生在商品或劳务供应的最终环节，对政府而言，不会造成税收损失。因为，在此情况下，对购买者来说，因没有购买时已付增值税的凭证，就自然失去了购买货物或劳务的税款抵扣权。如果供应商开具发票，而他自己又不缴纳增值税，在这种情况下，可以通过对购买方进货凭证的交叉审计发现供应商的偷税行为。实行增值税后，通过加强对纳税人的扣税凭证的管理，就可以建立起纳税人之间的利益制约机制，使增值税具有自我控制机制。

三、增值税的类型

根据对外购固定资产所含税金扣除方式的不同，增值税可以分为：

1. 生产型增值税。生产型增值税指在征收增值税时，只能扣除属于非固定资产章节的那部分生产资料的税款，不允许扣除固定资产价值中所含有的税款。该类型增值税的征税对象大体上相当于国民生产总值，因此称为生产型增值税。

2. 收入型增值税。收入型增值税指在征收增值税时，只允许扣除固定资产折旧部分所含的税款，未提折旧部分不得计入扣除章节金额。该类型增值税的征税对象大体上相当于国民收入，因此称为收入型增值税。

3. 消费型增值税。消费型增值税指在征收增值税时，允许将固定资产价值中所含的税款全部一次性扣除。这样，就整个社会而言，生产资料都排除在征税范围之外。该类型增值税的征税对象仅相当于社会消费资料的价值，因此称为消费型增值税。2008年11月5日，国务院常务会议决定，自2009年1月1日起，在全国所有地区、所有行业推行增值税转型改革，自此，我国增值税类型从生产型增值税转为消费型增值税。

1.2　增值税税制的基本内容

一、征税对象

增值税的征收范围，包括在中华人民共和国境内销售货物、提供加工、修理修配劳务、进口货物。

（一）销售货物

1.一般销售货物

一般销售货物，是指通常情况下，在中国境内有偿转让货物的所有权。货物，是指除土地、房屋和其他建筑物等不动产之外的有形动产，包括电力、热力、气体在内；有偿，是指从购买方取得货币、货物或者其他经济利益。

【例1-1】根据增值税法律制度的规定，下列各项中，不属于增值税征税范围的是（　　）。

A.销售电力　　　B.销售热力　　　C.销售天然气　　D.销售房地产

『正确答案』D

『答案解析』本题考核增值税的征税范围。增值税的征税范围包括销售货物、提供加工、修理修配劳务；货物，是指除土地、房屋和其他建筑物等不动产之外的有形动产；销售不动产不是增值税征税范围。

2.视同销售货物

视同销售货物，是指某些行为虽然不同于有偿转让货物所有权的一般销售，但基于保障财政收入、防止避税以及保持经济链条的连续性和课税的连续性等考虑，税法仍将其视同销售货物的行为，缴纳增值税。

（1）单位或者个体工商户的下列行为，虽然没有取得销售收入，也视同销售货物，依法应当缴纳增值税：

①将货物交付其他单位或者个人代销；

②销售代销货物（手续费缴纳营业税）；

③设有两个以上机构并实行统一核算的纳税人，将货物从一个机构移送其他机构用于销售，但相关机构设在同一县（市）的除外；

④将自产或者委托加工的货物用于非增值税应税章节；

非增值税应税章节，是指提供非增值税应税劳务、转让无形资产、销售不动产和不动产在建工程。纳税人新建、改建、扩建、修缮、装饰不动产，均属于不动产在建工程。

⑤将自产、委托加工的货物用于集体福利或者个人消费；

⑥将自产、委托加工或者购进的货物作为投资，提供给其他单位或者个体工商户；

⑦将自产、委托加工或者购进的货物分配给股东或者投资者；

⑧将自产、委托加工或者购进的货物无偿赠送其他单位或者个人。

（2）以上视同销售货物行为，可以归纳为下列三种情形：

①转让货物但未发生所有权转移；

②虽然货物所有权发生了变动，但货物的转移不一定采取直接销售的方式；

③货物所有权没有发生变动，货物的转移也未采取销售的形式，而是用于类似销售的其他用途。

【例1-2】根据增值税法律制度的规定，增值税一般纳税人的下列行为中，不应视同销售的是（　　）。

A. 将购进的货物用于本单位的办公楼建设

B. 将自产的货物捐赠给贫困地区的儿童

C. 将委托加工收回的货物用于个人消费

D. 将自产的货物分配给投资者

『正确答案』A

『答案解析』本题考核点是增值税视同销售。选项A：将购进的货物用于本单位的办公楼建设，属于将外购货物用于非增值税应税章节，不得抵扣进项税额，不视同销售；选项B：将自产的货物捐赠给贫困地区的儿童，属于将自产货物无偿赠送其他单位或个人，属于视同销售的情形；选项C：将委托加工收回的货物用于个人消费，属于视同销售的情形；选项D：将自产的货物分配给投资者，属于视同销售的情形。

3.增值税特殊应税章节

（1）货物期货，应当征收增值税，在期货的实物交割环节纳税。

交割时采取由期货交易所开具发票的，以期货交易所为纳税人；交割时采取由供货的会员单位直接将发票开给购货会员单位的，以供货会员单位为纳税人。

（2）银行销售金银的业务，应当征收增值税。

（3）典当业的死当物品销售业务和寄售业代委托人销售寄售物品的业务，

均应征收增值税。

（4）集邮商品的生产，以及邮政部门以外的其他单位和个人销售的，均征收增值税。

（5）邮政部门发行报刊，征收营业税；其他单位和个人发行报刊，征收增值税。

（6）电力公司向发电企业收取的过网费，应当征收增值税，不征收营业税。

（7）融资租赁业务。

融资性售后回租业务中承租方出售资产的行为，不属于增值税和营业税征收范围，不征收增值税和营业税。

（8）对从事热力、电力、燃气、自来水等公用事业的增值税纳税人收取的一次性费用，凡与货物的销售数量有直接关系的，征收增值税；凡与货物的销售数量无直接关系的，不征收增值税。

（9）纳税人代有关行政管理部门收取的费用，凡同时符合条件的，不属于价外费用，不征收增值税。

（10）纳税人销售货物的同时代办保险而向购买方收取的保险费，以及从事汽车销售的纳税人向购买方收取的代购买方缴纳的车辆购置税、牌照费，不作为价外费用征收增值税。

（11）纳税人销售软件产品并随同销售一并收取的软件安装费、维护费、培训费等收入，应按照增值税混合销售的有关规定征收增值税，并可享受软件产品增值税即征即退政策。

对软件产品交付使用后，按期或按次收取的维护、技术服务费、培训费等不征收增值税。

纳税人受托开发软件产品，著作权属于受托方的征收增值税，著作权属于委托方或属于双方共同拥有的不征收增值税。

（12）印刷企业接受出版单位委托，自行购买纸张，印刷有统一刊号（CN）以及采用国际标准书号编序的图书、报纸和杂志，按货物销售征收增值税。

（13）对增值税纳税人收取的会员费收入不征收增值税。

（14）各燃油电厂从政府财政专户取得的发电补贴不属于增值税规定的价外费用，不计入应税销售额，不征收增值税。

（15）纳税人提供的矿产资源开采、挖掘、切割、破碎、分拣、洗选等劳务，属于增值税应税劳务，应当缴纳增值税。

（16）纳税人转让土地使用权或者销售不动产的同时一并销售的附着于土地

或者不动产上的固定资产中，凡属于增值税应税货物的，缴纳增值税；凡属于不动产的，按"销售不动产"税目计算缴纳营业税。

（17）纳税人在资产重组过程中，通过合并、分立、出售、置换等方式，将全部或者部分实物资产以及与其相关联的债权、负债和劳动力一并转让给其他单位和个人，不属于增值税的征税范围，其中涉及的货物转让，不征收增值税。

（18）纳税人受托开发软件产品，著作权属于受托方的征收增值税，著作权属于委托方或属于双方共同拥有的不征收增值税；对经过国家版权局注册登记，纳税人在销售时一并转让著作权、所有权的，不征收增值税。

（19）供电企业利用自身输变电设备对并入电网的企业自备电厂生产的电力产品进行电压调节，属于提供加工劳务，应当征收增值税，不征收营业税。

（20）企业销售电梯（自产或购进的）并负责安装及保养、维修取得的收入，一并征收增值税；对不从事电梯生产、销售，只从事电梯保养和维修的专业公司对安装运行后电梯进行的保养、维修收取的收入，征收营业税。

（21）经批准允许从事二手车经销业务的纳税人，收购二手车时将其办理过户登记到自己名下，销售时再将该二手车过户登记到买家名下的行为，属于销售货物的行为，应按照现行规定征收增值税。

除上述行为以外，纳税人受托代理销售二手车，凡符合条件的，不征收增值税。

（22）关于罚没物品征免增值税问题：

①执罚部门和单位查处的属于一般商业部门经营的商品，具备拍卖条件的，由执罚部门或单位商同级财政部门同意后，公开拍卖。其拍卖收入作为罚没收入由执罚部门和单位如数上缴财政，不予征税。对经营单位购入拍卖物品再销售的应照章征收增值税。

②执罚部门和单位查处的属于一般商业部门经营的商品，不具备拍卖条件的，由执罚部门、财政部门、国家指定销售单位会同有关部门按质论价，交由国家指定销售单位纳入正常销售渠道变价处理。执罚部门按商定价格所取得的变价收入作为罚没收入如数上缴财政，不予征税。国家指定销售单位将罚没物品纳入正常销售渠道销售的，应照章征收增值税。

③执罚部门和单位查处的属于专管机关管理或专管企业经营的财物，如金银（不包括金银首饰）、外币、有价证券、非禁止出口文物，应交由专管机关或专营企业收兑或收购。执罚部门和单位按收兑或收购价所取得的收入作为罚没收入如数上缴财政，不予征税。专管机关或专营企业经营上述物品中属于应征增值

税的货物，应照章征收增值税。

（二）提供应税劳务

现行增值税侧重于对销售货物征税，对提供应税劳务征税仅限于较小范围，主要有提供加工、修理修配劳务两类。

提供加工、修理修配劳务，是指有偿提供加工、修理修配劳务。单位或者个体工商户聘用的员工为本单位或者雇主提供加工、修理修配劳务，不包括在内。

1. 加工，是指受托加工货物，即委托方提供原料及主要材料，受托方按照委托方的要求，制造货物并收取加工费的业务。

2. 修理修配，是指受托对损伤和丧失功能的货物进行修复，使其恢复原状和功能的业务。

（三）进口货物

进口货物，是指进入中国境内的货物。

1. 对于进口货物，除依法征收关税外，还应在进口环节征收增值税。

2. 出口货物也应当纳入增值税的征收范围，不过，对出口货物一般实行零税率。

（四）特殊征收范围

1. 混合销售

混合销售，是指一项销售行为既涉及货物又涉及非增值税应税劳务的情形。非增值税应税劳务，是指属于应缴营业税征收范围的劳务。例如空调销售企业在销售空调的同时提供安装劳务，销售空调属于需缴纳增值税的业务，而空调安装属于应交营业税的劳务，但二者发生在同一项销售行为中，通常只收取一笔价款。混合销售的纳税义务判定规则：

（1）纳税人的下列混合销售行为，应当分别核算货物的销售额和非增值税应税劳务的营业额，并根据其销售货物的销售额计算缴纳增值税，非增值税应税劳务的营业额不缴纳增值税；未分别核算的，由主管税务机关核定其货物的销售额：

①销售自产货物并同时提供建筑业劳务的行为；

②财政部、国家税务总局规定的其他情形。

（2）除上述规定外，从事货物的生产、批发或者零售的企业、企业性单位和个体工商户的混合销售行为，视为销售货物，应当缴纳增值税；其他单位和个人的混合销售行为，视为提供非增值税应税劳务，不缴纳增值税。

（3）混合销售行为依照前述规定应当缴纳增值税的，该混合销售行为所涉及的非增值税应税劳务所用购进货物的进项税额，符合《增值税暂行条例》有关规定的，准予从销项税额中抵扣。

2. 兼营行为

兼营是指纳税人既销售增值税的应税货物或提供增值税应税劳务，同时还从事营业税的应税劳务，并且这两项经营活动间并无直接的联系和从属关系。

纳税人兼营非增值税应税章节的，应分别核算货物或者应税劳务和非增值税应税章节的营业额。未分别核算的，由主管税务机关核定货物或者应税劳务的销售额。

【提示】注意兼营与混合销售的区别。

（1）性质不同：

混合销售行为必须是一项整体行为，既涉及货物又涉及非应税劳务；而兼管非应税劳务则不同，它是不与所销售货物相联系而独立提供的非应税劳务，即所提供的非应税劳务与销售货物无直接关系。

（2）税收政策规定不同

纳税人的应税行为确定为混合销售行为后，应按税法区别两类纳税，分别对其销售收入全部征收增值税或营业税；如果纳税人的应税行为为兼营非应税劳务，则应分别核算货物或应税劳务和非应税劳务的销售额，分别征收增值税和营业税，如果纳税人不分别核算或者不能准确核算的，其应征营业税的劳务要与应征收增值税的应税行为一并征收增值税。

二、纳税人

（一）增值税纳税人

增值税的纳税人，是在中华人民共和国境内（以下简称中国境内）销售货物或者提供加工、修理修配劳务以及进口货物的单位和个人。"单位"是指企业、行政单位、事业单位、军事单位、社会团体及其他单位；"个人"是指个体工商户和其他个人。

1. 在中国境内销售货物或者提供加工、修理修配劳务，是指：

（1）销售货物的起运地或者所在地在境内；

（2）提供的应税劳务发生在境内。

2. 单位租赁或者承包给其他单位或者个人经营的，以承租人或者承包人为纳税人。

3. 中华人民共和国境外（以下简称中国境外）的单位或者个人在中国境内提供应税劳务，在境内未设有经营机构的，以其境内代理人为扣缴义务人；在境内没有代理人的，以购买方为扣缴义务人。

【例1-3】根据增值税法律制度的规定，以下单位或者个人中，不属于增值税纳税人的是（　　）。

A. 进口固定资产设备的企业　　　　B. 销售商品房的公司

C. 零售杂货的个体户　　　　　　　D. 生产销售家用电器的公司

『正确答案』B

『答案解析』本题考核增值税的纳税人。销售商品房不缴纳增值税（应缴纳营业税）。

（二）增值税纳税人的类型

1. 小规模纳税人

小规模纳税人，是指年应纳增值税销售额（以下简称年应税销售额）在规定的标准以下，并且会计核算不健全，不能按规定报送有关税务资料的增值税纳税人。

认定小规模纳税人的具体年应税销售额的标准为：

（1）从事货物生产或者提供应税劳务的纳税人，以及以从事货物生产或者提供应税劳务为主，并兼营货物批发或者零售的纳税人，年应税销售额在50万元以下的。以从事货物生产或者提供应税劳务为主，是指纳税人的年货物生产或者提供应税劳务的销售额占年应税销售额的比重在50%以上；

（2）除上述规定以外的纳税人，年应税销售额在80万元以下的。

所谓年应税销售额，是指纳税人在连续不超过12个月的经营期内累计应征增值税销售额，包括免税销售额。

2. 一般纳税人

除上述小规模纳税人以外的其他纳税人属于一般纳税人。年应税销售额超过认定标准的小规模纳税人，应当向主管税务机关申请一般纳税人资格认定。

对提出申请并且同时符合下列条件的纳税人，主管税务机关应当为其办理一般纳税人资格认定：

（1）有固定的生产经营场所；

（2）能够按照国家统一的会计制度规定设置账簿，根据合法、有效凭证核算，能够提供准确税务资料。

除国家税务总局另有规定外，纳税人一经认定为一般纳税人后，不得转为小规模纳税人。

3.两种特殊情形：

（1）小规模纳税人会计核算健全，能够提供准确税务资料的，可以向主管税务机关申请资格认定，不作为小规模纳税人，依法计算增值税应纳税额。

（2）年应税销售额超过小规模纳税人标准的非企业性单位、不经常发生应税行为的企业，可选择按小规模纳税人纳税。

4.下列纳税人不办理一般纳税人资格认定：

（1）个体工商户以外的其他个人；

（2）选择按照小规模纳税人纳税的非企业性单位；

（3）选择按照小规模纳税人纳税的不经常发生应税行为的企业。

有下列情形之一者，应按销售额依照增值税税率计算应纳税额，不得抵扣进项税额，也不得使用增值税专用发票：

（1）一般纳税人会计核算不健全，或者不能够提供准确税务资料的；

（2）除年应税销售额超过小规模纳税人标准的非企业性单位、不经常发生应税行为的企业，可选择按小规模纳税人纳税外，纳税人销售额超过小规模纳税人标准，未申请办理一般纳税人认定手续的。

【例1-4】根据现行增值税的规定，下列选项属于增值税小规模纳税人的有（　　）。

A.某生产企业年销售货物应税销售额为45万元

B.某商业企业年批发货物应税销售额为90万元

C.某生产企业销售自产产品，并兼营设备修理，取得年应税销售额为40万元

D.某商业企业年零售货物应税销售额为70万元

『正确答案』ACD

『答案解析』本题考核小规模纳税人的认定。选项B应当申请认定为增值税一般纳税人。

三、税率

增值税均实行比例税率：绝大多数一般纳税人适用基本税率、低税率或零税率；小规模纳税人和采用简易办法征税的一般纳税人，适用征收率。

（一）纳税人销售或者进口货物，提供加工、修理修配劳务（以下称应税劳务），基本税率为17%。

（二）纳税人销售或者进口下列货物，税率为13%。

1. 粮食、食用植物油。

2. 自来水、暖气、冷气、热水、煤气、石油液化气、天然气、沼气、居民用煤炭制品。

3. 图书、报纸、杂志。

4. 饲料、化肥、农药、农机、农膜。

5. 农产品，包括植物类和动物类。

6. 音像制品。

7. 电子出版物。

8. 二甲醚。

9. 食用盐，不包括工业盐。

10. 国务院规定的其他货物。

（三）纳税人出口货物，税率为零；但是，国务院另有规定的除外。

（四）小规模纳税人增值税征收率为 3%。

税率的调整，由国务院决定。

纳税人兼营不同税率的货物或者应税劳务，应当分别核算不同税率货物或者应税劳务的销售额；未分别核算销售额的，从高适用税率。

（五）纳税人销售自己使用过的物品，按下列政策执行：

1. 一般纳税人销售自己使用过的属于《增值税暂行条例》规定不得抵扣且未抵扣进项税额的固定资产，按简易办法依 4% 征收率减半征收增值税。

2. 小规模纳税人（除其他个人外，下同）销售自己使用过的固定资产，减按 2% 征收率征收增值税。小规模纳税人销售自己使用过的除固定资产以外的物品，应按 3% 的征收率征收增值税。

3. 纳税人销售旧货，按照简易办法依照 4% 征收率减半征收增值税。

4. 一般纳税人销售自产的下列货物，可选择按照简易办法依照 6% 征收率计算缴纳增值税：

（1）县级及县级以下小型水力发电单位生产的电力。

（2）建筑用和生产建筑材料所用的砂、土、石料。

（3）以自己采掘的砂、土、石料或其他矿物连续生产的砖、瓦、石灰。

（4）用微生物、微生物代谢产物、动物毒素、人或动物的血液或组织制成的生物制品。

（5）自来水。

（6）商品混凝土。

5. 一般纳税人销售货物属于下列情形之一的，暂按简易办法依照 4% 征收率计算缴纳增值税：

（1）寄售商店代销寄售物品（包括居民个人寄售的物品在内）。

（2）典当业销售死当物品。

6. 自 2012 年 2 月 1 日起，纳税人购进或者自制固定资产时为小规模纳税人，认定为一般纳税人后销售该固定资产，或者增值税一般纳税人发生按简易办法征收增值税应税行为，销售其按照规定不得抵扣且未抵扣进项税额的固定资产的，可按简易办法依 4% 征收率减半征收增值税，同时不得开具增值税专用发票。

四、减免税

（一）增值税的起征点

1. 增值税起征点的适用范围限于个人。

2. 有关增值税起征点幅度的规定如下：

（1）销售货物的，为月销售额 5000—20000 元；

（2）销售应税劳务的，为月销售额 5000—20000 元；

（3）按次纳税的，为每次（日）销售额 300—500 元。

省、自治区、直辖市财政厅（局）和国家税务局应在规定的幅度内，根据实际情况确定本地区适用的起征点，并报财政部、国家税务总局备案。

3. 为进一步扶持小微企业发展，经国务院批准，自 2013 年 8 月 1 日起，对增值税小规模纳税人中月销售额不超过 2 万元的企业或非企业性单位，暂免征收增值税。

4. 纳税人销售额未达到国务院财政、税务主管部门规定的增值税起征点的，免征增值税；达到起征点的，依照《增值税暂行条例》规定全额计算缴纳增值税。

纳税人销售额未达到国务院财政、税务主管部门规定的增值税起征点的，免征增值税；达到起征点的，依照本条例规定全额计算缴纳增值税。

（二）下列章节免征增值税

1. 农业生产者销售的自产农产品。

2. 避孕药品和用具。

3. 古旧图书，即指向社会收购的古书和旧书。

4. 直接用于科学研究、科学试验和教学的进口仪器、设备。

5. 外国政府、国际组织无偿援助的进口物资和设备。

6. 由残疾人的组织直接进口供残疾人专用的物品。

7. 销售的自己使用过的物品，即指其他个人自己使用过的物品。

除前款规定外，增值税的免税、减税章节由国务院规定。任何地区、部门均不得规定免税、减税章节。

纳税人兼营免税、减税章节的，应当分别核算免税、减税章节的销售额；未分别核算销售额的，不得免税、减税。

（三）纳税人的放弃免税权

纳税人销售货物或应税劳务适用免税规定的，可以放弃免税，依照《增值税暂行条例》的规定缴纳增值税。放弃免税后，36 个月内不得再申请免税。

（四）增值税的即征即退或先征后返（退）

增值税的即征即退，是指先按规定缴纳增值税，再由财政部门委托税务部门审批后办理退税手续；先征后返（退），是指先按规定缴纳增值税，再由财政部门或税务部门审批，按照纳税人实际缴纳的税额全部或部分返还或退还已纳税款。具体规定如下：

1. 对销售下列自产货物实行增值税即征即退的政策：以工业废气为原料生产的高纯度二氧化碳产品；以垃圾为燃料生产的电力或者热力；以煤炭开采过程中伴生的舍弃物油母页岩为原料生产的页岩油；以废旧沥青混凝土为原料生产的再生沥青混凝土；采用旋窑法工艺生产并且生产原料中掺兑废渣比例不低于 30% 的水泥（包括水泥熟料）。

对增值税一般纳税人生产的粘土实心砖、瓦，一律按适用税率征收增值税，不得采取简易办法征收增值税。2008 年 7 月 1 日起，以立窑法工艺生产的水泥（包括水泥熟料），一律不得享受增值税即征即退政策。

2. 销售下列自产货物实现的增值税实行即征即退 50% 的政策：以退役军用发射药为原料生产的涂料硝化棉粉；对燃煤发电厂及各类工业企业产生的烟气、高硫天然气进行脱硫生产的副产品；以废弃酒糟和酿酒底锅水为原料生产的蒸汽、活性炭、白炭黑、乳酸、乳酸钙、沼气；以煤矸石、煤泥、石煤、油母页岩为燃料生产的电力和热力；利用风力生产的电力；部分新型墙体材料产品。

3. 对销售自产的综合利用生物柴油实行增值税先征后退政策。

4. 对安置残疾人的单位，实行由税务机关按单位实际安置残疾人的人数，限额即征即退增值税的办法。实际安置的每位残疾人每年可退还的增值税的具体限额，由县级以上税务机关根据单位所在区县适用的经省级人民政府批准的最低工资标准的 6 倍确定，但最高不得超过每人每年 3.5 万元。该项税收优惠政策适用于生产销售货物或提供加工、修理修配劳务取得的收入占增值税业务收入之和达到 50% 的单位。

5. 纳税人销售软件产品并随同销售一并收取的软件安装费、维护费、培训费等收入，应按照增值税混合销售的有关规定征收增值税，并可享受软件产品增值税即征即退政策。一般纳税人随同计算机网络、计算机硬件和机器设备等一并销售其自行开发生产的嵌入式软件，如果能够分别核算嵌入式软件与计算机硬件、机器设备等的销售额，可以享受软件产品增值税优惠政策。凡不能分别核算销售额的，仍不得享受增值税优惠政策。

1.3　增值税应纳税额的计算

一、一般纳税人应纳税额的计算

一般纳税人销售货物或提供应税劳务，其应纳税额运用扣税法计算。

计算公式为：应纳税额 = 当期销项税额 − 当期进项税额

"当期"是个重要的时间限定，是指税务机关依照税法规定对纳税人确定的纳税期限；只有在纳税期限内实际发生的销项税额、进项税额，才是法定的当期销项税额、进项税额。

（一）当期销项税额的确定

当期销项税额，是指当期销售货物或提供应税劳务的纳税人，依其销售额和法定税率计算并向购买方收取的增值税税款。

其计算公式为：当期销项税额 = 销售额 × 税率

或，当期销项税额 = 组成计税价格 × 税率

当期销售额的确定是应纳税额计算的关键，对此，具体规定如下：

1. 一般纳税人销售额的确定

销售额为纳税人销售货物或者提供应税劳务向购买方收取的全部价款和价外费用。所谓价外费用，包括价外向购买方收取的手续费、补贴、基金、集资费、返还利润、奖励费、违约金、滞纳金、延期付款利息、赔偿金、代收款项、代垫款项、包装费、包装物租金、储备费、优质费、运输装卸费以及其他各种性质的价外收费。但下列章节不包括在内：

（1）受托加工应征消费税的消费品所代收代缴的消费税。

（2）同时符合以下条件的代垫运费：承运部门的运输费用发票开具给购买方的；纳税人将该项发票转交给购货方的。

（3）同时符合以下条件代为收取的政府性基金或者行政事业性收费：由国务院或者财政部批准设立的政府性基金，由国务院或者省级人民政府及其财政、价格主管部门批准设立的行政事业性收费；收取时开具省级以上财政部门印制的财政票据；所收款项全额上缴财政。

（4）销售货物的同时代办保险等而向购买方收取的保险费，以及向购买方收取的代购买方缴纳的车辆购置税、车辆牌照费。

2. 含税销售额的换算

如果销售收入中包含了销项税额，则应将含税销售额换算成不含税销售额。这是因为增值税是价外税，在计税的销售额中不能含有增值税税款，否则就会违背其"中性"特点，构成重复征税。属于含税销售收入的有普通发票的价款、零售价格、价外收入、非应税劳务征收增值税。

不含税销售额的计算公式为：不含税销售额 = 含税销售额 ÷（1 + 增值税税率）

【例1-5】某商店为增值税小规模纳税人。2013年5月，该商店销售商品收入37080元（含税）。该商店5月份不含税销售额为36000元。（　　）

『正确答案』√

『答案解析』本题考核增值税销售额的计算。不含税销售额 = 含税销售额 ÷（1 + 税率）= 37080 ÷（1 + 3%）= 36000（元）

混合销售行为依法应当缴纳增值税的，其销售额为货物的销售额与非增值税应税劳务营业额的合计。

3. 视同销售行为或销售价格明显偏低又无正当理由的计税销售额的确定

纳税人有价格明显偏低并无正当理由或者有视同销售货物行为而无销售额者，按下列顺序确定销售额：

（1）按纳税人最近时期同类货物的平均销售价格确定；

（2）按其他纳税人最近时期同类货物的平均销售价格确定；

（3）按组成计税价格确定。

其计算公式为：组成计税价格 = 成本 ×（1 + 成本利润率）

如该货物属于征收消费税的范围，其组成计税价格中应加计消费税税额。

其计算公式为：组成计税价格 = 成本 ×（1 + 成本利润率）+ 消费税税额

或：组成计税价格 = 成本 ×（1 + 成本利润率）÷（1 − 消费税税率）

"成本"分为两种情况：①销售自产货物的为实际生产成本；②销售外购货

物的为实际采购成本。"成本利润率"根据规定统一为 10%，但属于从价定率征收消费税的货物，其组成计税价格公式中的成本利润率为《消费税若干具体问题的规定》中规定的成本利润率。

4. 包装物押金的处理

纳税人为销售货物而出租、出借包装物收取的押金，单独记账核算的，且时间在 1 年以内，又未过期的，不并入销售额，税法另有规定的除外。属于应并入销售额征税的押金，在将包装物押金并入销售额征税时，需要先将该押金换算为不含税价，再并入销售额征税。包装物押金不应混同于包装物租金，包装物租金在销货时，应作为价外费用并入销售额计算销项税额。

【例 1-6】某企业于 2012 年 3 月 10 日向某县饲料公司销售一批农药，收取包装物押金 1000 元。2013 年 5 月 10 日饲料公司将农药销售完，但因包装物损坏无法收回，所以包装物押金不再退还。该企业此项销项税额为（　　）。

A.0 元　　　　　　　B.130 元　　　　　　　C.115 元　　　　　　　D.145 元

『正确答案』C

『答案解析』本题考核增值税销售额的计算。本题注意三点：第一，押金超过 1 年，应并入销售额。第二，应按所包货物的适用税率计算销项税额，本题中的农药税率为 13%。第三，包装物的押金都是含税的。$1000 \div (1 + 13\%) \times 13\% \approx 115$ 元。

5. 有商业折扣的计税销售额的确定

纳税人采取折扣方式销售货物，如果销售额和折扣额在同一张发票上分别注明的，可按折扣后的销售额征收增值税；如果将折扣额另开发票，不论其在财务上如何处理，均不得从销售额中减除折扣额。

纳税人采取折扣方式销售货物，销售额和折扣额在同一张发票上分别注明是指销售额和折扣额在同一张发票上的"金额"栏分别注明的，可按折扣后的销售额征收增值税。未在同一张发票"金额"栏注明折扣额，而仅在发票的"备注"栏注明折扣额的，折扣额不得从销售额中减除。

【例 1-7】甲企业是增值税一般纳税人，向乙商场销售服装 1000 件，每件不含税价格为 80 元。由于乙商场购买量大，甲企业按原价七折优惠销售，乙商场付款后，甲企业为乙商场开具的发票上分别注明了销售额和折扣额，则甲企业此项业务的增值税销项税额是（　　）元。

A.8136.75　　　　B.9520　　　　C.11623.94　　　　D.13600

『正确答案』B

『答案解析』本题考核点是增值税销售额的计算。纳税人采取折扣方式销售货物，销售额和折扣额在同一张发票上分别注明的，可按折扣后的销售额征收增值税。甲企业应纳增值税销项税额 = $1000 \times 80 \times 70\% \times 17\% = 9520$（元）。

6. 以旧换新销售方式计税销售额的确定

纳税人采取以旧换新方式销售货物，应按新货物的同期销售价格确定销售额。以旧换新销售，是指纳税人在销售过程中，折价收回同类旧货物，并以折价款部分冲减货物价款的一种销售方式。但是，对金银首饰以旧换新业务，应按照销售方实际收取的不含增值税的全部价款征收增值税。

【例1-8】某金店是增值税的一般纳税人，2012年3月采取以旧换新方式销售纯金项链10条，每条新项链的不含税销售额为4000元，收购旧项链的不含税金额为每条2000元，该笔业务的销项税额为（　　）元。

A.6800　　　　　B.5200　　　　　C.3400　　　　　D.2600

『正确答案』C

『答案解析』本题考核增值税销项税额的确定。对金银首饰以旧换新业务，应按照销售方实际收取的不含增值税的全部价款征收增值税。该笔业务的销项税额 = $(4000 - 2000) \times 10 \times 17\% = 3400$（元）

7. 以物易物销售方式计税销售额的确定

采取以物易物方式销售货物。以物易物，是指购销双方不是以货币结算，而是以同等价款的货物相互结算，实现货物购销的一种方式。以物易物双方都应作购销处理，以各自发出的货物核算销售额并计算销项税额，以各自收到的货物按规定核算购货额并计算进项税额。应注意的是，在以物易物活动中，应分别开具合法的票据，如收到的货物不能取得相应的增值税专用发票或其他合法票据的，不能抵扣进项税额。

【例1-9】某企业是增值税一般纳税人，2013年5月有关生产经营业务如下：

（1）销售机器一批，开出增值税专用发票中注明销售额为10000元，税额为1700元，另开出一张普通发票，收取包装费234元；

（2）销售三批同一规格、质量的货物，每批各2000件，不含增值税销售价分别为每件200元、180元和60元。经税务机关认定，第三批销售价格每件60元明显偏低且无正当理由；

（3）将自产的一批新产品3A牌外套300件作为福利发给本企业的职工。已知3A牌外套尚未投放市场，没有同类外套销售价格；每件外套成本600元。

计算该企业当月的增值税销项税额。

『答案解析』

（1）销售机器增值税销项税额＝1700＋234÷（1＋17%）×17%＝0.1734（万元）

（2）销售货物增值税销项税额＝【200＋180＋（200＋180）÷2】×2000×17%＝19.38（万元）

（3）3A牌外套增值税销项税额＝300×600×（1＋10%）×17%＝3.366（万元）

（4）当月的增值税销项税额＝0.1734＋19.38＋3.366＝22.9194（万元）

（二）当期进项税额的确定

当期进项税额是指纳税人当期购进货物或者应税劳务已缴纳的增值税税额。它主要体现在从销售方取得的增值税专用发票上或海关进口增值税专用缴款书上。

1. 准予抵扣的进项税额

凭票（证）扣除：

（1）从销售方取得的增值税专用发票上注明的增值税额。

（2）从海关取得的海关进口增值税专用缴款书上注明的增值税额。

计算扣除：

（3）购进农产品，除取得增值税专用发票或者海关进口增值税专用缴款书外，按照农产品收购发票或者销售发票上注明的农产品买价和13%的扣除率计算的进项税额。

其计算公式为：进项税额＝买价×扣除率

增值税扣税凭证，包括增值税专用发票、海关进口增值税专用缴款书、农产品收购发票和农产品销售发票。

2. 不得抵扣的进项税额

（1）用于非增值税应税章节、免征增值税章节、集体福利或者个人消费的购进货物或者应税劳务。

（2）非正常损失的购进货物及相关的应税劳务。

（3）非正常损失的在产品、产成品所耗用的购进货物或者应税劳务。

（4）国务院财政、税务主管部门规定的纳税人自用消费品。

（5）前4项规定的货物的运输费用和销售免税货物的运输费用。

已抵扣进项税额的购进货物或者应税劳务，发生前述5种情形的（免税章节、非应税劳务除外），应将该项购进货物或者应税劳务的进项税额从当期发生的进项税额中扣减。无法确定该项进项税额的，按当期实际成本计算应扣减的进项税额。

（6）小规模纳税人不得抵扣进项税额。但是，一般纳税人取得由税务所为小规模纳税人代开的增值税专用发票，可以将专用发票上填写的税额作为进项税额计算抵扣。

（7）进口货物，在海关计算缴纳进口环节增值税额（海关进口增值税专用缴款书上注明的增值税额）时，不得抵扣发生在中国境外的各种税金（包括销项税额）。

（8）因进货退出或折让而收回的进项税额，应从发生进货退出或折让当期的进项税额中扣减。

（9）按简易办法征收增值税的，不得抵扣进项税额。

一般纳税人兼营免税章节或者非增值税应税劳务而无法划分不得抵扣的进项税额的，按下列公式计算不得抵扣的进项税额：

不得抵扣的进项税额 = 当月无法划分的全部进项税额 × 当月免税章节销售额、非增值税应税劳务营业额合计 ÷ 当月全部销售额、营业额

【例1–10】根据增值税法律制度的规定，增值税一般纳税人的下列行为中涉及的进项税额，不得从销项税额中抵扣的是（　　）。

A. 食品厂将自产的月饼发给职工作为中秋节的福利

B. 商场将购进的服装发给职工用于运动会入场式

C. 电脑生产企业将自产的电脑分配给投资者

D. 纺织厂将自产的窗帘用于职工活动中心

『正确答案』B

『答案解析』本题考核点是增值税抵扣章节。选项A属于将自产的货物用于集体福利和个人消费的情形，应视同销售货物征收销项税额，其对应的进项税额准予抵扣；选项B属于将外购的货物用于集体福利，不得抵扣进项税额；选项C属于将自产的货物分配给股东或投资者，应视同销售货物征收销项税额，其对应的进项税额准予抵扣；选项D属于将自产的货物用于集体福利，应视同销售货物征收销项税额，其对应的进项税额准予抵扣。

【例1–11】甲公司为增值税一般纳税人，主要生产电动工具，2013年6月，甲公司发生如下事项：

（1）6月3日，购入一批钢材，取得的增值税专用发票注明的价款为80万元，增值税额13.6万元。

（2）6月11日，处理一批下脚料，取得含税销售收入3.51万元。

（3）6月23日，因管理不善，当月购进的钢材部分被盗，价值12万元。

　　已知，甲公司取得的增值税专用发票已经主管税务机关认证，甲公司适用的增值税税率为17%。

　　要求：

　　根据增值税法律制度的规定，回答下列问题：

　　（1）甲公司当期购入钢材的进项税额是否可以全额扣除？简要说明理由。

　　（2）甲公司销售下脚料应纳的增值税额是多少？

　　『正确答案』

　　（1）甲公司当期购入钢材的进项税额不能全部抵扣。根据规定，购进货物因管理不善造成被盗、丢失、霉烂变质损失的，其进项税额不得抵扣。所以当月购进的钢材因管理不善丢失的部分，不得抵扣进项税额。当期购入钢材可以抵扣的进项税额 $= 13.6 - 12 \times 17\% = 11.56$（万元）。

　　（2）销售下脚料应纳增值税 $= 3.51 \div (1 + 17\%) \times 17\% = 0.51$（万元）。

　　3.增值税进项税额抵扣时限

　　（1）增值税一般纳税人取得2010年1月1日以后开具的增值税专用发票、公路内河货物运输业统一发票和机动车销售统一发票，应在开具之日起180日内到税务机关办理认证，并在认证通过的次月申报期内，向主管税务机关申报抵扣进项税额。

　　（2）实行海关进口增值税专用缴款书（以下简称海关缴款书）"先比对后抵扣"管理办法的增值税一般纳税人取得2010年1月1日以后开具的海关缴款书，应在开具之日起180日内向主管税务机关报送《海关完税凭证抵扣清单》（包括纸质资料和电子数据）申请稽核比对。未实行海关缴款书"先比对后抵扣"管理办法的增值税一般纳税人取得2010年1月1日以后开具的海关缴款书，应在开具之日起180日后的第一个纳税申报期结束以前，向主管税务机关申报抵扣进项税额。

　　（3）增值税一般纳税人取得2010年1月1日以后开具的增值税专用发票、公路内河货物运输业统一发票、机动车销售统一发票以及海关缴款书，未在规定期限内到税务机关办理认证、申报抵扣或者申请稽核比对的，不得作为合法的增值税扣税凭证，不得计算进项税额抵扣。纳税人取得2009年12月31日以前开其的增值税扣税凭证，仍按原规定执行。

二、简易计税方法

（一）小规模纳税人应纳税额的计算

小规模纳税人销售货物或提供应税劳务，其应纳税额的计算不适用扣税法，而是实行按照销售额和征收率计算应纳税额的简易办法，并不得抵扣进项税额。

其计算公式为：应纳税额 = 销售额 × 征收率

销售额，不包括收取的增值税销项税额，即为不含税销售额。

对销售货物或提供应税劳务采取销售额和增值税销项税额合并定价方法的，要分离出不含税销售额，

其计算公式为：销售额 = 含税销售额 ÷（1 + 征收率）

【例1-12】某饮料加工企业为小规模纳税人。2月份取得销售收入32960元；直接从农户购入农产品价值640元，支付运输费60元，该企业当月应缴纳的增值税税额为（　　）元。

A.480　　　　　　B.597.6　　　　　　C.872.6　　　　　　D.960

『正确答案』D

『答案解析』本题考核增值税应纳税额的计算。小规模纳税人的进项税额不得抵扣；应纳增值税额 = 32960 ÷（1 + 3%）× 3% = 960（元）

（二）特殊销售的简易计税方法

1. 小规模纳税人的特殊简易计税

（1）小规模纳税人销售自己使用过的固定资产和旧货，按下列公式确定销售额和应纳税额：

销售额 = 含税销售额 ÷（1 + 3%）

应纳税额 = 销售额 × 2%

（2）小规模纳税人销售自己使用过的除固定资产及旧货以外的物品，按下列公式确定销售额和应纳税额：

销售额 = 含税销售额 ÷（1 + 3%）

应纳税额 = 销售额 × 3%

2. 一般纳税人按简易办法征收增值税的计算

（1）一般纳税人销售自己使用过的物品和旧货，适用按简易办法依4%征收率减半征收增值税政策的，按下列公式确定销售额和应纳税额：

销售额 = 含税销售额 ÷（1 + 4%）

应纳税额 = 销售额 × 4% ÷ 2

（2）一般纳税人销售自产的货物，选择按照简易办法依照6%征收率计算缴纳增值税的，不抵扣进项税额，按下列公式确定销售额和应纳税额：

应纳税额 = 销售额 ×6%

销售额 = 含税销售额 ÷（1 + 6%）

（3）一般纳税人销售货物，暂按简易办法依照4%征收率计算缴纳增值税的，不抵扣进项税额，按下列公式确定销售额和应纳税额：

销售额 = 含税销售额 ÷（1 + 4%）

应纳税额 = 销售额 ×4%

【例1-13】某一般纳税人企业将一批旧货以8.32万元卖出，该企业此项应纳增值税额为0.16万元。（　　）

『正确答案』√

『答案解析』本题考核增值税额的计算。纳税人销售旧货，按照简易办法依照4%征收率减半征收增值税。增值税 = 8.32 ÷（1 + 4%）×4% ÷2 = 0.16（万元）

【提示】"减半征收"不是税率减半，而是税额减半，两者计算结果不一样。如果按2%计算：增值税 = 8.32 ÷（1 + 2%）×2% ≈ 0.163（万元）

三、进口货物应纳税额的计算

纳税人进口货物，按照组成计税价格和规定的税率计算应纳税额。组成计税价格和应纳税额计算公式：

组成计税价格 = 关税完税价格 + 关税 + 消费税

应纳税额 = 组成计税价格 × 税率

1. 如果进口的货物不征消费税，则上述公式中的组成计税价格的计算公式为：组成计税价格 = 关税完税价格 + 关税税额

2. 如果进口的货物应征消费税，则上述公式中的组成计税价格的计算公式为：组成计税价格 = 关税完税价格 + 关税税额 + 消费税税额

【例1-14】某汽车制造厂为增值税一般纳税人，2010年12月进口汽车配件一批，海关审定的关税完税价格为144万元，从海关运往企业所在地支付运费6万元，取得承运部门开具的运输发票，进口汽车配件的关税税率为10%。该汽车制造厂2010年12月进口汽车配件应缴纳的增值税额为（　　）万元。

A.26.93　　B.27.63　　　　C.28.05　　　　　D.31.88

『正确答案』A

『答案解析』本题考核进口环节增值税的计算。进口货物应纳税额 = 组成计

税价格 × 税率 =（关税完税价格 + 关税税额）× 税率 =（144 + 144×10%）× 17% = 26.93（万元）

1.4　增值税的出口退（免）税

一、增值税出口退免税政策

（一）免税并退税

下列企业出口的货物劳务，除另有规定外，给予免税并退税：

1. 出口企业出口货物

2. 出口企业或其他单位视同出口货物

（1）出口企业对外援助、对外承包、境外投资的出口货物；

（2）出口企业经海关报关进入国家批准的出口加工区、保税物流园区、保税港区、综合保税区等并销售给境外单位、个人的货物；

（3）免税品经营企业销售的货物（国家规定不允许经营和限制出口的货物、卷烟和超出免税品经营企业《企业法人营业执照》规定经营范围的货物除外）；

（4）出口企业或其他单位销售给用于国际金融组织或外国政府贷款国际招标建设章节的中标机电产品；

（5）生产企业向海上石油天然气开采企业销售的自产的海洋工程结构物；

（6）出口企业或其他单位销售给国际运输企业用于国际运输工具上的货物；

（7）出口企业或其他单位销售给特殊区域内生产企业生产耗用且不向海关报关而输入特殊区域的水、电力、燃气。

3. 出口企业对外提供加工修理修配劳务

（二）下列企业出口的货物劳务，除另有规定外，给予免税，但不予退税：

1. 出口企业或其他单位出口以下货物免征增值税：

（1）增值税小规模纳税人出口的货物；

（2）避孕药品和用具，古旧图书；

（3）软件产品；

（4）含黄金、铂金成分的货物，钻石及饰品；

（5）国家计划内出口的卷烟；

（6）已使用过的设备。其具体范围是指购进时未取得增值税专用发票、海关进口增值税专用缴款书但其他相关单证齐全的已使用过的设备；

（7）非出口企业委托出口的货物；

（8）非列名生产企业出口的非视同自产货物；

（9）农业生产者自产农产品；

（10）油画、花生果仁、黑大豆等财政部和国家税务总局规定的出口免税的货物；

（11）外贸企业取得普通发票、废旧物资收购凭证、农产品收购发票、政府非税收入票据的货物；

（12）来料加工复出口的货物；

（13）特殊区域内的企业出口特殊区域内的货物；

（14）以人民币现金作为结算方式的边境地区出口企业从所在省（自治区）的边境口岸出口到接壤国家的一般贸易和边境小额贸易出口货物；

（15）以旅游购物贸易方式报关出口的货物。

2.出口企业或其他单位视同出口下列货物劳务免征增值税：

（1）国家批准设立的免税店销售的免税货物；

（2）特殊区域内的企业为境外的单位或个人提供加工修理修配劳务；

（3）同一特殊区域、不同特殊区域内的企业之间销售特殊区域内的货物。

3.出口企业或其他单位未按规定申报或未补齐增值税退（免）税凭证的以下出口货物劳务免征增值税：

（1）未在国家税务总局规定的期限内申报增值税退（免）税的出口货物劳务；

（2）未在规定期限内申报开具《代理出口货物证明》的出口货物劳务；

（3）已申报增值税退（免）税，却未在国家税务总局规定的期限内向税务机关补齐增值税退（免）税凭证的出口货物劳务。

适用增值税免税政策的出口货物劳务，其进项税额不得抵扣和退税，应当转入成本。

【例1-15】根据增值税法律制度的规定，下列出口货物中，免税但不退税的有（　　）。

A.国家计划内出口的石油　　　B.避孕药品

C.来料加工复出口的货物　　　D.古旧图书

『正确答案』BCD

『答案解析』本题考核点是出口退（免）税制度。选项A：国家计划内出口的石油，适用增值税出口免税并退税政策。

（三）下列出口货物劳务既不免税也不退税：

1.出口企业出口或视同出口财政部和国家税务总局根据国务院决定明确的取消出口退（免）税的货物，但不包括来料加工复出口货物、中标机电产品、列名原材料、输入特殊区域的水电气、海洋工程结构物。

2.出口企业或其他单位销售给特殊区域内的生活消费用品和交通运输工具。

3.出口企业或其他单位因骗取出口退税被税务机关停止办理增值税退（免）税期间出口的货物。

4.出口企业或其他单位提供虚假备案单证的货物。

5.出口企业或其他单位增值税退（免）税凭证有伪造或内容不实的货物。

6.出口企业或其他单位未在国家税务总局规定期限内申报免税核销以及经主管税务机关审核不予免税核销的出口卷烟。

7.出口企业或其他单位具有其他特殊情形的出口货物劳务。

二、出口退税率

出口退税率是出口货物的实际退税额与计税依据之间的比例。它是出口退税的中心环节，体现国家在一定时期的经济政策，反映出口货物实际征税水平，退税率是根据出口货物的实际整体税负确定的，中国对不同出口货物主要有17%、13%、11%、8%、5% 等五档退税率。

出口企业应将不同税率的货物分开核算和申报，凡划分不清的，一律从低适用退税率计算退（免）税。

适用不同退税率的货物劳务，应分开报关、核算并申报退（免）税，未分开报关、核算或划分不清的，从低适用退税率。

三、出口退（免）税方法

（一）适用"免抵退"税办法的情形

1.生产企业出口自产货物和视同自产货物。

2.对外提供加工修理修配劳务。

3.列名生产企业（税法对具体范围有规定）出口非自产货物。

实行免、抵、退税办法的"免"税，是指对生产企业出口的自产货物，免征本企业生产销售环节增值税；"抵"税，是指生产企业出口自产货物所耗用的原材料、零部件、燃料、动力等所含应予退还的进项税额，抵顶内销货物的应纳税额；"退"税，是指生产企业出口的自产货物在当月内应抵顶的进项税额大于应纳税额时，对未抵顶完的部分予以退税。

（二）适用免退税办法的情形

不具有生产能力的出口企业（外贸企业）或其他单位出口货物劳务。

所谓的免退税办法是指免征出口销售环节增值税，并退还已出口货物购进时所发生的进项税额。

纳税人出口货物适用退（免）税规定的，应当向海关办理出口手续，凭出口报关单等有关凭证，在规定的出口退（免）税申报期内按月向主管税务机关申报办理该项出口货物的退（免）税。具体办法由国务院财政、税务主管部门制定。

出口货物办理退税后发生退货或者退关的，纳税人应当依法补缴已退的税款。

1.5　增值税的征收管理

增值税由税务机关征收，进口货物的增值税由海关代征。个人携带或者邮寄进境自用物品的增值税，连同关税一并计征。

一、增值税纳税义务发生时间

（一）销售货物或者应税劳务，为收讫销售款项或者取得索取销售款项凭据的当天；先开具发票的，为开具发票的当天。先开具发票的，为开具发票的当天。

收讫销售款项或者取得索取销售款项凭据的当天，按销售结算方式的不同，具体为：

（1）采取直接收款方式销售货物，不论货物是否发出，均为收到销售款或者取得索取销售款凭据的当天；

（2）采取托收承付和委托银行收款方式销售货物，为发出货物并办妥托收手续的当天；

（3）采取赊销和分期收款方式销售货物，为书面合同约定的收款日期的当天，无书面合同的或者书面合同没有约定收款日期的，为货物发出的当天；

（4）采取预收货款方式销售货物，为货物发出的当天，但生产销售生产工期超过12个月的大型机械设备、船舶、飞机等货物，为收到预收款或者书面合同约定的收款日期的当天；

（5）委托其他纳税人代销货物，为收到代销单位的代销清单或者收到全部或者部分货款的当天，未收到代销清单及货款的，为发出代销货物满 180 天的当天；

（6）销售应税劳务，为提供劳务同时收讫销售款或者取得索取销售款的凭据的当天；

（7）纳税人发生视同销售货物行为（委托他人代销、销售代销货物除外），为货物移送的当天。

（二）进口货物，为报关进口的当天。

增值税扣缴义务发生时间为纳税人增值税纳税义务发生的当天。

二、增值税纳税期限

增值税的纳税期限分别为 1 日、3 日、5 日、10 日、15 日、1 个月或者 1 个季度。纳税人的具体纳税期限，由主管税务机关根据纳税人应纳税额的大小分别核定；不能按照固定期限纳税的，可以按次纳税。以 1 个季度为纳税期限的规定仅适用于小规模纳税人。

纳税人以 1 个月或者 1 个季度为 1 个纳税期的，自期满之日起 15 日内申报纳税；以 1 日、3 日、5 日、10 日或者 15 日为 1 个纳税期的，自期满之日起 5 日内预缴税款，于次月 1 日起 15 日内申报纳税并结清上月应纳税款。

纳税人进口货物，应当自海关填发海关进口增值税专用缴款书之日起 15 日内缴纳税款。

三、增值税的纳税地点

（一）固定业户应当向其机构所在地的主管税务机关申报纳税。总机构和分支机构不在同一县（市）的，应当分别向各自所在地的主管税务机关申报纳税；经国务院财政、税务主管部门或者其授权的财政、税务机关批准，可以由总机构汇总向总机构所在地的主管税务机关申报纳税。

（二）固定业户到外县（市）销售货物或者应税劳务，应当向其机构所在地的主管税务机关申请开具外出经营活动税收管理证明，并向其机构所在地的主管税务机关申报纳税；未开具证明的，应当向销售地或者劳务发生地的主管税务机关申报纳税；未向销售地或者劳务发生地的主管税务机关申报纳税的，由其机构所在地的主管税务机关补征税款。

（三）非固定业户销售货物或者应税劳务，应当向销售地或者劳务发生地的主管税务机关申报纳税；未向销售地或者劳务发生地的主管税务机关申报纳税的，由其机构所在地或者居住地的主管税务机关补征税款。

（四）进口货物，应当向报关地海关申报纳税。

扣缴义务人应当向其机构所在地或者居住地的主管税务机关申报缴纳其扣缴的税款。

四、增值税专用发票

（一）增值税专用发票概述

增值税专用发票不仅是纳税人从事经济活动的重要凭证，而且也是记载销货方的销项税额和购货方的进项税额的凭证。在专用发票上注明的税额既是销货方的销项税额，又是购货方的进项税额，是购货方进行税款抵扣的依据和凭证。

1.属于下列情形之一的，不得开具增值税专用发票：

（1）向消费者个人销售货物或者应税劳务的；

（2）销售货物或者应税劳务适用免税规定的；

（3）小规模纳税人销售货物或者应税劳务的。

2.小规模纳税人以外的纳税人（即一般纳税人）因销售货物退回或者折让而退还给购买方的增值税额，应从发生销售货物退回或者折让当期的销项税额中扣减；因购进货物退出或者折让而收回的增值税额，应从发生购进货物退出或者折让当期的进项税额中扣减。

3.一般纳税人销售货物或者应税劳务，开具增值税专用发票后，发生销售货物退回或者折让、开票有误等情形，应按国家税务总局的规定开具红字增值税专用发票。未按规定开具红字增值税专用发票的，增值税额不得从销项税额中扣减。

（二）增值税专用发票的使用

1.专用发票实行最高开票限额管理。最高开票限额为10万元及以下的，由区县级税务机关审批；最高开票限额为100万元的，由地市级税务机关审批；最高开票限额为1000万元及以上的，由省级税务机关审批。防伪税控系统的具体发行工作由区县级税务机关负责。

2.一般纳税人有下列情形之一的，不得领购开具专用发票：

（1）会计核算不健全，不能向税务机关准确提供增值税销项税额、进项税额、应纳税额数据及其他有关增值税税务资料的。

（2）有《税收征管法》规定的税收违法行为，拒不接受税务机关处理的。

（3）有下列行为之一，经税务机关责令限期改正而仍未改正的：虚开增值税专用发票；私自印制专用发票；向税务机关以外的单位和个人买取专用发票；借用他人专用发票；未按规定开具专用发票；未按规定保管专用发票和专用设备；未按规定申请办理防伪税控系统变更发行；未按规定接受税务机关检查。有上列情形的，如已领购专用发票，主管税务机关应暂扣其结存的专用发票和 IC 卡。

3. 商业企业一般纳税人零售的烟、酒、食品、服装、鞋帽、化妆品等消费品不得开具专用发票。

增值税小规模纳税人和非增值税纳税人不得领购使用专用发票。增值税小规模纳税人需开具专用发票的，可向当地主管税务机关申请代开。

（三）增值税专用发票方面的刑事责任

《中华人民共和国刑法》规定了法定最高刑为死刑的是："虚开增值税专用发票、用于骗取出口退税、抵扣税款发票罪"和"伪造、出售伪造的增值税专用发票罪"。

1.6 营业税改征增值税的相关内容

所谓营业税改征增值税制度，是指部分原缴纳营业税的应税劳务改为缴纳增值税。

经国务院批准，自 2013 年 8 月 1 日起，在全国范围内开展交通运输业和部分现代服务业营改增试点，自 2014 年 1 月 1 日起，在全国范围内开展铁路运输和邮政业营改增试点。

一、"营改增"试点纳税人及其认定

（一）试点纳税人

是指在中华人民共和国境内提供交通运输业、邮政业和部分现代服务业服务的单位和个人。与原有的《增值税暂行条例》相比较，试点方案主要增加了提供交通运输业、邮政业及部分现代服务业的单位和个人作为增值税的纳税人。

（二）试点一般纳税人的认定标准

1. 应税服务的年应征增值税销售额（以下称应税服务年销售额）超过 500 万元（含本数）的纳税人为一般纳税人。

应税服务年销售额，是指试点纳税人在连续不超过 12 个月的经营期内，提供交通运输业和部分现代服务业服务的累计销售额，含免税、减税销售额。应税服务销售额有扣除章节的纳税人，其应税服务年销售额按未扣除之前的销售额计算。

营改增试点实施前应税服务年销售额超过 500 万元的试点纳税人，应向国税主管机关申请办理增值税一般纳税人资格认定手续。

试点纳税人试点实施前的应税服务年销售额按以下公式换算：

应税服务年销售额 = 连续不超过 12 个月应税服务营业额合计 ÷（1 + 3%）

【例 1-16】某运输企业在营改增试点实施前 12 个月开张，连续 12 个月应税服务年营业额为 510 万元。该企业应当申请办理一般纳税人资格认定手续。（　　）

『正确答案』×

『答案解析』本题考核应税服务年销售额。根据规定，试点纳税人试点实施前的应税服务年销售额按以下公式换算：应税服务年销售额 = 连续不超过 12 个月应税服务营业额合计 ÷（1 + 3%）= 510 ÷（1 + 3%）= 495（万元）。

2. 已取得一般纳税人资格并兼有应税服务的试点纳税人，不需重新申请认定，由主管税务机关制作、送达《税务事项通知书》，告知纳税人。

3. 试点实施前应税服务年销售额未超过 500 万元的试点纳税人，如符合相关规定条件，也可以向主管税务机关申请增值税一般纳税人资格认定。所谓的符合相关规定条件是指纳税人会计核算健全，能够提供准确税务资料的。其中的会计核算健全，是指能够按照国家统一的会计制度规定设置账簿，根据合法、有效凭证核算。

4. 除国家税务总局另有规定外，一经认定为一般纳税人后，不得转为小规模纳税人。

二、"营改增"试点的应税范围

（一）交通运输业的应税范围

交通运输业，是指使用运输工具将货物或者旅客送达目的地，使其空间位置得到转移的业务活动。包括铁路运输和其他陆路运输。

（二）邮政业

邮政业，是指中国邮政集团公司及其所属邮政企业提供邮件寄递、邮政汇兑、机要通信和邮政代理等邮政基本服务的业务活动。包括邮政普遍服务、邮政特殊服务和其他邮政服务。

（三）现代服务业的应税范围

部分现代服务业，是指围绕制造业、文化产业、现代物流产业等提供技术性、知识性服务的业务活动。包括研发和技术服务、信息技术服务、文化创意服务、物流辅助服务、有形动产租赁服务、鉴证咨询服务、广播影视服务。

（四）应税范围的特殊规定

1.单位和个体工商户的下列情形，视同提供应税服务：

（1）向其他单位或者个人无偿提供交通运输业、邮政业和部现代服务业服务，但以公益活动为目的或者以社会公众为对象的除外；

（2）财政部和国家税务总局规定的其他情形。

2.应税服务是指有偿提供的应税服务，但不包括非营业活动中提供的应税服务。非营业活动，是指：

（1）非企业性单位按照法律和行政法规的规定，为履行国家行政管理和公共服务职能收取政府性基金或者行政事业性收费的活动；

（2）单位或者个体工商户聘用的员工为本单位或者雇主提供应税服务；

（3）单位或者个体工商户为员工提供应税服务；

（4）财政部和国家税务总局规定的其他情形；

3.下列情形不属于在境内提供应税服务：

（1）境外单位或者个人向境内单位或者个人提供完全在境外消费的应税服务；

（2）境外单位或者个人向境内单位或者个人出租完全在境外使用的有形动产；

（3）财政部和国家税务总局规定的其他情形。

三、"营改增"试点的税率

（一）试点增值税一般计税方法下的税率具体规定如下：

1.提供有形动产租赁服务，税率为17%；

2.提供交通运输业服务、邮政业服务，税率为11%；

3.提供现代服务业服务（有形动产租赁服务除外），税率为6%；

4.财政部和国家税务总局规定的应税服务，主要涉及跨境提供应税服务的行为，税率为零。

（二）征收率

增值税征收率为3%，适用于小规模纳税人以及一般纳税人适用简易方法计税的特定章节，如公共交通运输服务、电影放映服务、仓储服务、装卸搬运服务和收派服务。

（三）提供适用不同税率或者征收率的应税服务

纳税人提供适用不同税率或者征收率的应税服务，应当分别核算适用不同税率或者征收率的销售额；未分别核算的，从高适用税率。

四、"营改增"试点的应纳税额计算

（一）计税方法

试点增值税的计税方法，包括一般计税方法和简易计税方法。原则上，交通运输业、建筑业、邮电通信业、现代服务业、文化体育业、销售不动产和转让无形资产适用增值税一般计税方法。而金融保险业和生活性服务业适用增值税简易计税方法。

一般纳税人提供应税服务适用一般计税方法计税。小规模纳税人适用简易计税方法计税。一般纳税人提供财政部和国家税务总局规定的特定应税服务，可以选择适用简易计税方法计税，但一经选择，36个月内不得变更。

特定应税服务包括：

（1）试点纳税人中的一般纳税人提供的公共交通运输服务，包括轮客渡、公交客运、地铁、城市轻轨、出租车、长途客运、班车。其中，班车，是指按固定路线、固定时间运营并在固定站点停靠的运送旅客的陆路运输。

（2）试点纳税人中的一般纳税人，以该地区试点实施之日前购进或者自制的有形动产为标的物提供的经营租赁服务。

（3）自本地区试点实施之日起至2017年12月31日，被认定为动漫企业的试点纳税人中的一般纳税人，为开发动漫产品提供的动漫脚本编撰、形象设计、背景设计、动画设计、分镜、动画制作、摄制、描线、上色、画面合成、配音、配乐、音效合成、剪辑、字幕制作、压缩转码（面向网络动漫、手机动漫格式适配），以及在境内转让动漫版权（包括动漫品牌、形象或者内容的授权及再授权）。

（4）试点纳税人中的一般纳税人提供的电影放映服务、仓储服务、装卸搬运服务和收派服务。

试点地区的增值税一般纳税人兼有销售货物、提供加工修理修配劳务或者提供应税服务的，凡未规定可以选择按照简易计税方法计算缴纳增值税的，其全部销售额应一并按照一般计税方法计算缴纳增值税。

【相关考点】纳税人兼营非增值税应税章节的，应分别核算货物或者应税劳务和非增值税应税章节的营业额。未分别核算的，由主管税务机关核定货物或者应税劳务的销售额。

1. 一般计税方法

一般计税方法的应纳税额，是指当期销项税额抵扣当期进项税额后的余额。

应纳税额 = 当期销项税额 - 当期进项税额

计税销售额 =（取得的全部含税价款和价外费用 - 支付给其他单位或个人的含税价款）÷（1 + 对应征税应税服务适用的增值税税率或征收率）

当期销项税额小于当期进项税额不足抵扣时，其不足部分可以结转下期继续抵扣。

【例1-17】北京某广告公司已认定为增值税一般纳税人。2013年7月，该公司取得广告制作费800万元（含税），支付给山西某媒体的广告发布费为400万元，所取得的发票为合法有效凭证。当期该广告公司可抵扣的进项税额为15万元，则当月该广告公司需缴纳的增值税为（　　）万元。

A.30.28　　　　　　B.7.64　　　　　　C.9　　　　　　D.43.11

『正确答案』B

『答案解析』本题考核营改增应纳税额的计算。该广告公司7月需缴纳的增值税为：（800 - 400）÷（1 + 6%）× 6% - 15 = 7.64（万元）。

2. 简易计税方法

简易计税方法的应纳税额，是指按照销售额和增值税征收率计算的增值税额，不得抵扣进项税额。

应纳税额 = 销售额 × 征收率

计税销售额 =（取得的全部含税价款和价外费用 - 支付给其他单位或个人的含税价款）÷（1 + 征收率）

【例1-18】甲公司为营改增小规模纳税人。2014年5月，甲公司向一般纳税人乙企业提供资讯信息服务，取得含增值税销售额3.09万元；向小规模纳税人丙企业提供注册信息服务，取得含增值税销售额1.03万元；购进办公用品，支付价款2.06万元，并取得增值税普通发票。已知增值税征收率为3%。甲公司当月应纳增值税税额为0.12万元。（　　）

『正确答案』√

『答案解析』本题考核营改增应纳税额的计算。根据营改增试点实施办法的规定，小规模纳税人提供应税服务，采用简易办法征收，销售额中含有增值税款的，应换算为不含税销售额，计算应纳税额，购进货物支付的增值税款不允许抵扣。

销售额 =（3.09 + 1.03）÷（1 + 3%）= 4（万元）

应纳增值税税额 = 4 × 3% = 0.12（万元）

（二）计税销售额的确认

纳税人计税销售额原则上为发生应税交易取得的全部收入，对一些存在大量代收转付或代垫资金的行业，其代收代垫金额可予以合理扣除。

1. 差额征税的章节

（1）融资租赁业务

①经中国人民银行、银监会或者商务部批准从事融资租赁业务的试点纳税人，提供有形动产融资性售后回租服务，以收取的全部价款和价外费用，扣除向承租方收取的有形动产价款本金，以及对外支付的借款利息（包括外汇借款和人民币借款利息）、发行债券利息后的余额为销售额。

②经中国人民银行、银监会或者商务部批准从事融资租赁业务的纳税人，提供除融资性售后回租以外的有形动产融资租赁服务，以收取的全部价款和价外费用，扣除支付的借款利息（包括外汇借款和人民币借款利息）、发行债券利息、保险费、安装费和车辆购置税后的余额为销售额。

③自 2013 年 8 月 1 日起，商务部授权的省级商务主管部门和国家经济技术开发区批准的从事融资租赁业务的试点纳税人，2013 年 12 月 31 日前注册资本达到 1.7 亿元的，自 2013 年 8 月 1 日起，按照上述规定执行；2014 年 1 月 1 日以后注册资本达到 1.7 亿元的，从达到该标准的次月起，按照上述规定执行。

（2）注册在北京市、天津市、上海市、江苏省、浙江省（含宁波市）、安徽省、福建省（含厦门市）、湖北省、广东省（含深圳市）等 9 省市的试点纳税人提供应税服务（不含有形动产融资租赁服务），在 2013 年 8 月 1 日前按有关规定以扣除支付价款后的余额为销售额的，此前尚未抵减的部分，允许在 2014 年 6 月 30 日前继续抵减销售额，到期抵减不完的不得继续抵减。上述尚未抵减的价款，仅限于凭 2013 年 8 月 1 日前开具的符合规定的凭证计算的部分。

（3）航空运输企业的销售额，不包括代收的机场建设费和代售其他航空运输企业客票而代收转付的价款。

（4）自本地区试点实施之日起，试点纳税人中的一般纳税人提供的客运场站服务，以其取得的全部价款和价外费用，扣除支付给承运方运费后的余额为销售额，其从承运方取得的增值税专用发票注明的增值税，不得抵扣。

（5）试点纳税人提供知识产权代理服务、货物运输代理服务和代理报关服务，以其取得的全部价款和价外费用，扣除向委托方收取并代为支付的政府性基金或者行政事业性收费后的余额为销售额。向委托方收取的政府性基金或者行政事业性收费，不得开具增值税专用发票。

（6）试点纳税人中的一般纳税人提供国际货物运输代理服务，以其取得的全部价款和价外费用，扣除支付给国际运输企业的国际运输费用后的余额为销售额。

2.差额征税扣除价款的凭证

（1）支付给境内单位或者个人的款项，以发票为合法有效凭证。

（2）扣除政府性基金或者行政事业性收费，以省级以上财政部门印制的财政票据为合法有效凭证。

（3）支付给境外单位或者个人的款项，以该单位或者个人的签收单据为合法有效凭证，税务机关对签收单据有疑义的，可以要求其提供境外公证机构的确认证明。

（4）缴纳的税款，以完税凭证为有效凭证。

（5）融资性售后回租服务中向承租方收取的有形动产价款本金，以承租方开具的发票为合法有效凭证。

（6）国家税务总局规定的其他凭证。

试点纳税人提供应税服务，按照国家有关营业税政策规定差额征收营业税的，因取得的全部价款和价外费用不足以抵减允许扣除章节金额，截至本地区试点实施之日尚未扣除的部分，不得在计算试点纳税人本地区试点实施之日后的销售额时予以抵减，应当向原主管地税机关申请退还营业税。

3.核算要求

纳税人应税服务混业经营的，应分别核算适用不同税率和征收率以及免税和免抵退税应税服务章节的含税销售额、扣除章节金额和计税销售额。

（三）进项税额

1."营改增"试点准予抵扣的进项税额

（1）从销售方或者提供方取得的增值税专用发票上注明的增值税额；

（2）从海关取得的海关进口增值税专用缴款书上注明的增值税额；

（3）购进农产品，除取得增值税专用发票或者海关进口增值税专用缴款书外，按照农产品收购发票或者销售发票上注明的农产品买价和13%的扣除率计算的进项税额；

（4）接受境外单位或者个人提供的应税服务，从税务机关或者境内代理人取得的解缴税款的中华人民共和国税收通用缴款书上注明的增值税额。

2. "营改增"试点不得抵扣的进项税额

（1）用于适用简易计税方法计税章节、非增值税应税章节、免征增值税（以下简称免税）章节、集体福利或者个人消费的购进货物、接受的加工修理修配劳务或者应税服务。其中涉及的固定资产、专利技术、非专利技术、商誉、商标、著作权、有形动产租赁，仅指专用于上述章节的固定资产、专利技术、非专利技术、商誉、商标、著作权、有形动产租赁。

非增值税应税章节，是指非增值税应税劳务、转让无形资产（专利技术、非专利技术、商誉、商标、著作权除外）、销售不动产以及不动产在建工程。

非增值税应税劳务，是指《应税服务范围注释》所列章节以外的营业税应税劳务。

不动产，是指不能移动或者移动后会引起性质、形状改变的财产，包括建筑物、构筑物和其他土地附着物。纳税人新建、改建、扩建、修缮、装饰不动产，均属于不动产在建工程。

个人消费，包括纳税人的交际应酬消费。（业务招待中所耗用的各类礼品，包括烟、酒、服装，不得抵扣进项税额）。

（2）非正常损失的购进货物及相关的加工修理修配劳务或者交通运输业服务。

（3）非正常损失的在产品、产成品所耗用的购进货物（不包括固定资产）、加工修理修配劳务或者交通运输业服务。

非正常损失是指因管理不善造成被盗、丢失、霉烂变质的损失，以及被执法部门依法没收或者强令自行销毁的货物。

（4）接受的旅客运输劳务。

3. 中华人民共和国通用税收缴款书

接受境外单位或者个人提供应税服务，从税务机关或者境内代理人取得的解缴税款的中华人民共和国通用税收缴款书上注明的增值税额准予抵扣。应税服务的接受方取得通用缴款书包括如下两种方式：

（1）境外单位或者个人在境内提供应税服务，在境内未设有经营机构，以境内代理人为增值税扣缴义务人情况的，由境内代理人按照规定扣缴税款并向主管税务机关申报缴纳相应税款，税务机关向境内代理人出具通用缴款书。境内代理人将取得的通用缴款书转交给接受方。接受方从境内代理人取得通用缴款书后，按照该通用缴款书上注明的增值税额，从销项税额中抵扣。

（2）境外单位或者个人在境内提供应税服务，在境内未设有经营机构，且在境内没有代理人，以接受方为增值税扣缴义务人情况的，由接受方按照规定扣缴税款并向主管税务机关申报缴纳相应税款，税务机关向接受方出具通用缴款书。接受方从税务机关取得通用缴款书后，按照该通用缴款书上注明的增值税额，从销项税额中抵扣。

五、"营改增"试点的税收优惠

（一）免税

1. 个人转让著作权

2. 残疾人个人提供应税服务

3. 航空公司提供飞机播撒农药服务

4. "四技"合同

纳税人提供技术转让、技术开发和与之相关的技术咨询、技术服务免征增值税。

5. 符合条件的节能服务公司实施合同能源管理章节中提供的应税服务

6. 离岸外包服务

自 2014 年 1 月 1 日至 2018 年 12 月 31 日，试点纳税人提供的离岸服务外包业务中提供的应税服务免征增值税。

7. 两岸海上直航业务

台湾航运公司从事海峡两岸海上直航业务在大陆取得的运输收入免征增值税。

8. 两岸空中直航业务

台湾航空公司从事海峡两岸空中直航业务在大陆取得的运输收入免征增值税。

9. 船检服务

美国 ABS 船级社在非营利宗旨不变，中国船级社在美国享受同等免税待遇的前提下，在中国境内提供的船检服务免征增值税。

10. 随军家属就业

为安置随军家属就业而新开办的企业，自领取税务登记证之日起，其提供的应税服务 3 年内免征增值税。享受税收优惠政策的企业，随军家属必须占企业总人数的 60%（含）以上，并有军（含）以上政治和后勤机关出具的证明。从事个体经营的随军家属，自领取税务登记证之日起，其提供的应税服务 3 年内免征增值税。

11. 军队转业干部就业

为安置自主择业的军队转业干部就业而新开办的企业，凡安置自主择业的军队转业干部占企业总人数 60%（含）以上的，经主管税务机关批准，自领取税务登记证之日起，其提供的应税服务 3 年内免征增值税。从事个体经营的军队转业干部，经主管税务机关批准，自领取税务登记证之日起，其提供的应税服务 3 年内免征增值税。

12. 城镇退役士兵就业

为安置自谋职业的城镇退役士兵就业而新办的服务型企业当年新安置自谋职业的城镇退役士兵达到职工总数 30% 以上，并与其签订 1 年以上期限劳动合同的，经县级以上民政部门认定、税务机关审核，其提供的应税服务（除广告服务外）3 年内免征增值税。自谋职业的城镇退役士兵从事个体经营的，自领取税务登记证之日起，其提供的应税服务（除广告服务外）3 年内免征增值税。

13. 失业人员就业

服务型企业（除广告服务外）在新增加的岗位中，当年新招用持《就业失业登记证》人员，与其签订 1 年以上期限劳动合同并依法缴纳社会保险费的，在 3 年内按照实际招用人数予以定额依次扣减增值税、城市维护建设税、教育费附加和企业所得税优惠。定额标准为每人每年 4000 元，可上下浮动 20%。

由试点地区省级人民政府根据本地区实际情况在此幅度内确定具体定额标准，并报财政部和国家税务总局备案。持《就业失业登记证》人员从事个体经营的，在 3 年内按照每户每年 8000 元为限额依次扣减其当年实际应缴纳的增值税、城市维护建设税、教育费附加和个人所得税。

14. 国际货物运输代理服务

15. 世界银行贷款粮食流通章节投产后的应税服务

16. 邮政普遍服务和邮政特殊服务

17. 邮政代理收入

18. 青藏铁路公司提供的铁路运输服务免征增值税。

（二）即征即退

1.2015 年 12 月 31 日前，注册在洋山保税港区和东疆保税港区内的试点纳税人，提供的国内货物运输服务、仓储服务和装卸搬运服务，实行的增值税即征即退政策。

2. 安置残疾人的单位，实行由税务机关按单位实际安置残疾人的人数，限额即征即退增值税的办法。

3. 2015 年 12 月 31 日前，试点纳税人中的一般纳税人提供管道运输服务，对其增值税实际税负超过 3% 的部分实行增值税即征即退政策。

4. 经中国人民银行、银监会或者商务部批准从事融资租赁业务的试点纳税人中的一般纳税人，提供有形动产融资租赁服务，在 2015 年 12 月 31 日前，对其增值税实际税负超过 3% 的部分实行增值税即征即退政策。

（三）增值税应税服务税收优惠的管理规定

1. 纳税人享受报批类减免税，应提交相应资料，提出申请，经具有审批权限的国税机关审批确认后执行。未按规定申请或虽申请但未经有权国税机关审批确认的，纳税人不得享受减免税。

2. 纳税人享受备案类减免税，应提请备案，经国税机关登记备案后，自登记备案之日起执行。纳税人未按规定备案的，一律不得减免税（未达增值税起征点的纳税人，享受减免税不需备案）。

3. 减免税期限超过 1 个纳税年度的，进行一次性审批。纳税人享受减免税的条件发生变化的，应自发生变化之日起 15 个工作日内向税务机关报告，经税务机关审核后，停止其减免税。

4. 纳税人兼营免税、减税章节的，应当分别核算免税、减税章节的销售额；未分别核算的，不得免税、减税。

5. 纳税人用于免征增值税章节的购进货物、接受加工修理修配劳务或者应税服务的进项税额，不得从销项税额中抵扣。

6. 一般计税方法的纳税人，兼营简易计税方法计税章节、非增值税应税劳务、免征增值税章节而无法划分不得抵扣的进项税额，按照下列公式计算不得抵扣的进项税额：

不得抵扣的进项税额 = 当期无法划分的全部进项税额 ×（当期简易计税方法计税章节销售额 + 非增值税应税劳务营业额 + 免征增值税章节销售额）÷（当期全部销售额 + 当期全部营业额）

7. 纳税人提供应税服务适用免税、减税规定的，可以放弃免税、减税权，向主管税务机关提出书面申请，经主管税务机关审核确认后，按现行相关规定缴纳增值税。放弃免税、减税后，36 个月内不得再申请免税、减税，主管税务机关 36 个月内也不得受理纳税人的免税申请。

8. 纳税人一经放弃免税权，其生产销售的全部增值税应税货物或劳务以及应税服务均应按照适用税率征税，不得选择某一免税章节放弃免税权，也不得根据不同销售对象选择部分货物、劳务以及应税服务放弃免税权。

9. 纳税人实际经营情况不符合减免税规定条件的或采用欺骗手段获取减免税的、享受减免税条件发生变化未及时向税务机关报告的，以及未按法律法规规定程序报批而自行减免税的，税务机关按照税收征管法有关规定予以处理。

【技能提升】

增值税纳税申报表填写案例

A 企业，增值税一般纳税人，从事计算机硬件的销售业务并提供技术咨询服务及设备租赁服务，2013 年 1 月份发生如下业务：

一、上期留抵税额

2012 年 12 月 31 日止，"一般货物及劳务"列第 20 栏"期末留抵税额"为零。

二、销售情况

1. 取得技术咨询服务费，开具防伪税控《增值税专用发票》，销售额 40000 元，销项税额 2400 元。

2. 出租机械设备，开具《增值税普通发票》，销售额 25000 元，销项税额 4250 元。

3. 销售电脑一批，开具防伪税控《增值税专用发票》，销售额 20000 元，销项税额 3400 元。

4. 销售电脑配件一批，开具《增值税普通发票》，销售额 10000 元，销项税额 1700 元。

5. 销售软件产品，开具防伪税控《增值税专用发票》，销售额 15000 元，销项税额 2550 元。

三、进项税额的情况

6. 购进电脑一批，取得防伪税控《增值税专用发票》，金额 4000 元，税额 680 元。

7. 接受营改增试点地区纳税人提供的应税服务，取得《增值税专用发票》，金额 3000 元，税率 6%，税额 180 元。

8. 取得营改增试点地区纳税人开具的《货物运输业增值税专用发票》，金额 2000 元，税率 11%，税额 220 元。

9. 取得营改增非试点地区纳税人开具的《公路、内河货物运输业统一发票》，金额 1000 元。

10. 取得开发软件产品相关可抵扣进项税额 1200 元。

注：假设该纳税人 1 月取得的所有需认证的发票均于当月认证且申报抵扣。

题解：

（1）应税服务销售额 = 40000 + 25000 = 65000（业务一销售额 + 业务二销售额）

（2）应税服务销项税额 = 2400 + 4250 = 6650（业务一销项税额 + 业务二销项税额）

（3）一般货物及劳务销售额 = 20000 + 10000 = 30000（业务三销售额 + 业务四销售额）

（4）一般货物及劳务销项税额 = 3400 + 1700 = 5100（业务三销项税额 + 业务四销项税额）

（5）即征即退货物及劳务销售额 = 15000（业务五销售额）

（6）即征即退货物及劳务销项税额 = 2550（业务五销项税额）

（7）本期认证相符且本期申报抵扣的增值税专用发票金额 = 4000 + 3000 + 2000 = 9000（业务六至业务八金额之和）

（8）本期认证相符且本期申报抵扣的增值税专用发票税额 = 680 + 180 + 220 = 1080（业务六至业务八税额之和）

（9）非试点地区开具的运输发票可申报抵扣的税额 = 1000 × 7% = 70（业务九税额）

（10）本期认证相符且本期申报开发软件产品可抵扣进项税额 1200（业务十税额）

提示：★申报表 35 行中即征即退实际退税额中软件产品的退税额计算：

政策规定：《财政部 国家税务总局关于软件产品增值税政策的通知》财税〔2011〕100 号"增值税一般纳税人销售其自行开发生产的软件产品，按 17% 税率征收增值税后，对其增值税实际税负超过 3% 的部分实行即征即退政策。"计算公式如下：

（即征即退税额 = 当期软件产品增值税应纳税额 — 当期软件产品销售额 × 3%）

即征即退税额 = 1350 — 15000 × 3% = 1350–450 = 900 元。

增值税纳税申报表（适用于增值税一般纳税人）					
税款所属时间：自2013年01月01日至 2013年01月31日			填表日期：2013年 2月1日	金额单位：元至角分	
纳税人识别号				所属行业：	
纳税人名称	（公章）	法定代表人姓名	注册地址	营业地址	
开户银行及账号		企业登记注册类型		电话号码	
项 目		栏次	一般货物及劳务和应税服务		即征即退货物及劳务和应税服务
			本月数	本年累计	本月数	本年累计
销售额	（一）按适用税率征税销售额	1	95000.00	95000.00	15000.00	15000
	其中：应税货物销售额	2	65000.00	65000.00	——	——
	应税劳务销售额	3	30000.00	30000.00	——	——
	纳税检查调整的销售额	4			——	——
	（二）按简易征收办法征税销售额	5			——	——
	其中：纳税检查调整的销售额	6			——	——
	（三）免、抵、退办法出口销售额	7			——	——
	（四）免税销售额	8			——	——
	其中：免税货物销售额	9	——	——	——	——
	免税劳务销售额	10	——	——	——	——
税款计	销项税额	11	11750.00	11750.00	2550.00	
	进项税额	12	1150.00	1150.00	1200.00	
	上期留抵税额	13	0		0	——
	进项税额转出	14	0		0	
	免、抵、退应退税额	15			——	——
	按适用税率计算的纳税检查应补缴税额	16	0		——	——
	应抵扣税额合计	17 = 12 + 13−14−15 + 16	1150.00	1150.00	1200.00	
	实际抵扣税额	18（如17<11，则为17，否则为11）	1150.00	1150.00	1200.00	——

（续表）

税款计	应纳税额	19 = 11–18	10600.00	10600.00	1350.00	
	期末留抵税额	20 = 17–18	0		0	——
	简易征收办法计算的应纳税额	21	0		0	
	按简易征收办法计算的纳税检查应补缴税额	22	——	——	——	——
	应纳税额减征额	23	0		0	
	应纳税额合计	24 = 19 + 21–23	10600.00	10600.00	1350.00	
税款缴纳：	期初未缴税额（多缴为负数）	25	——	——	——	——
	实收出口开具专用缴款书退税额	26	——	——	——	——
	本期已缴税额	27 = 28 + 29 + 30 + 31	——	——	——	——
	①分次预缴税额	28	0		0	
	②出口开具专用缴款书预缴税额	29	——	——	——	——
	③本期缴纳上期应纳税额	30	——	——	——	——
	④本期缴纳欠缴税额	31	——	——	——	——
	期末未缴税额（多缴为负数）	32 = 24 + 25 + 26–27				
	其中：欠缴税额（≥0）	33 = 25 + 26–27	——	——	——	——
	本期应补（退）税额	34 = 24–28–29	10600.00	——	1350.00	——
	即征即退实际退税额	35	——	——	900.00	
	期初未缴查补税额	36			——	——
	本期入库查补税额	37			——	——
	期末未缴查补税额	38 = 16 + 22 + 36–37			——	——

增值税纳税申报表（小规模纳税人适用）

纳税人识别号：☐☐☐☐☐☐☐☐☐☐☐☐☐☐☐☐☐☐

纳税人名称（公章）：　　　　　　　　　　　　金额单位：元至角分

税款所属期：　年　月　日至　年　月　日　　　　　　　填表日期：　年　月　日

项目	栏次	本期数		本年累计	
		应税货物及劳务	应税服务	应税货物及劳务	应税服务
一、计税依据 应征增值税不含税销售额	1				
税务机关代开的增值税专用发票不含税销售额	2				
税控器具开具的普通发票不含税销售额	3				
销售使用过的应税固定资产不含税销售额	4（4≥5）		——		——
其中：税控器具开具的普通发票不含税销售额	5		——		——
（三）免税销售额	6（6≥7）				
其中：税控器具开具的普通发票销售额	7				
（四）出口免税销售额	8（8≥9）				
其中：税控器具开具的普通发票销售额	9				
二、税款计算 本期应纳税额	10				
本期应纳税额减征额	11				
应纳税额合计	12＝10-11				
本期预缴税额	13			——	——
本期应补（退）税额	14＝12-13			——	——

（续表）

纳税人或代理人声明：　本纳税申报表是根据国家税收法律法规及相关规定填报的，我确定它是真实的、可靠的、完整的。	如纳税人填报，由纳税人填写以下各栏：	
	办税人员：	财务负责人：
	法定代表人：	联系电话：
	如委托代理人填报，由代理人填写以下各栏：	
	代理人名称（公章）：	经办人：
	联系电话：	

主管税务机关：　　　　　　接收人：　　　　　　　　接收日期：

【技能训练】

一、单项选择题

1. 某企业为增值税一般纳税人。2014年1月进口一批化妆品，关税完税价格40万元。已知：化妆品关税税率为20%、消费税税率为30%。该企业进口化妆品应纳进口增值税税额为（　）万元。

    A.2.06　　　　　B.6.80　　　　　C.8.16　　　　　D.11.66

2. 根据我国《增值税暂行条例》的规定，纳税人采取分期收款方式销售商品时，其增值税纳税义务的发生时间是（　）。

    A. 发出商品的当天　　　　　　B. 收到全部货款的当天

    C. 销售商品合同签订的当天　　D. 销售商品合同约定的收款日期的当天

3. 根据购进固定资产的进项税额是否可以扣除，可以将增值税划分为不同类型。2009年1月1日起，我国增值税实行（　）。

    A. 消费型增值税　　　　　B. 收入型增值税

    C. 生产型增值税　　　　　D. 消耗型增值税

4. 下列关于年应税销售额超过小规模纳税人标准的非企业性单位、不经常发生应税行为的企业的说法正确的是（　）。

    A. 不缴纳增值税　　　　　　　B. 可选择按小规模纳税人纳税

    C. 一律按小规模纳税人纳税　　D. 参照一般纳税人纳税

5. 根据增值税法律制度规定，下列各项中，不属于增值税视同销售范围的是（　）。

    A. 将外购的货物分配给股东　　　　B. 将外购的货物用于投资

C.将外购的货物用于集体福利　　　　D.将外购的货物无偿赠送他人

6.下列各项中，既是增值税法定税率，又是增值税进项税额扣除率的是（　　）。

A.7%　　　　B.10%　　　　C.13%　　　　D.17%

7.某酒业公司（增值税一般纳税人）向某农场购买酿酒用小麦1000公斤，支付价款2000元。根据规定，该酒业公司准予抵扣的进项税额为（　　）元。

A.130　　　　B.260　　　　C.340　　　　D.510

8.我国现行增值税出口退（免）政策不包括（　　）。

A.免税但不退税　　　　B.不免税也不退税

C.不免税但退税　　　　D.免税并退税

9.根据增值税法律制度的规定，以下单位或者个人中，不需要缴纳增值税的是（　　）。

A.外商投资企业进口设备　　　　B.农民销售自己种植的玉米

C.房地产开发企业销售旧电脑　　　　D.空调生产企业销售空调

10.乙企业为生产水泥混凝土的增值税一般纳税人，销售混凝土其选择按照简易办法纳税，2013年全年含增值税销售额5300万元。购进水泥等材料的增值税进项税额360万元（均有专用发票）。则乙企业2013年应缴增值税（　　）万元。

A.410.09　　　　B.249.73　　　　C.300　　　　D.60

二、多项选择题

1.根据增值税法律制度的规定，下列各项中，属于增值税一般纳税人的有（　　）。

A.会计核算健全，年应税销售额60万元的生产企业

B.会计核算健全，年应税销售额70万元的商业企业

C.会计核算健全，年应税销售额80万元的提供加工劳务的企业

D.会计核算健全，年应税销售额90万元的零售企业

2.纳税人销售或进口下列货物，适用增值税税率13%的有（　　）。

A.图书、报纸、杂志　　　　B.粮食、食用植物油

C.煤气　　　　D.饲料

3.企业外购的下列经营性货物中，不得抵扣进项税额的有（　　）。

A.用于建造不动产　　　　B.用于对外投资

C.用于生产免税章节　　　　D.用于生产应税产品

4.下列各项中，属于违反我国增值税专用发票使用规定的情形有（　　　）。

A.借用他人增值税专用发票　　　　　　B.拆本使用增值税专用发票

C.提供增值税应税劳务开具增值税专用发票

D.转让无形资产开具增值税专用发票

5.下列一般纳税人的出口货物情形中，适用增值税"免税并退税"政策的有（　　　）。

A.出口企业对外提供加工修理修配劳务

B.生产企业向海上石油天然气开采企业销售的自产的海洋工程结构物

C.出口企业对外援助、对外承包、境外投资的出口货物

D.出口企业或其他单位销售给国际运输企业用于国际运输工具上的货物

6.下列章节中，免征增值税的有（　　　）。

A.农业生产者销售的自产农产品　　　　　　B.古旧图书

C.残疾个人提供的加工劳务　　　　　　　　D.个人销售的再生资源

7.下列有关增值税的纳税义务发生时间的表述中，符合我国税法规定的有（　　　）。

A.采取直接收款方式销售货物，为收到销售额或取得索取销售额的凭据的当天

B.采取预收货款方式销售货物，为实际收到货款的当天

C.采取分期付款方式销售货物，为合同约定的收款日期的当天

D.委托其他纳税人代销货物，为收到代销单位销售货物的代销清单或者收到全部或者部分货款的当天

8.A、B公司均为增值税一般纳税人。A公司外购一批货物5000元，取得增值税专用发票，购进后又委托B公司进行深加工，支付加工费1000元，并取得B公司开具的增值税专用发票。货物加工好收回后，A公司将这批货物直接对外销售，开出的增值税专用发票上注明的价款为8000元。根据以上所述，以下各种说法正确的有（　　　）。

A.A公司应当缴纳增值税340元　　　　B.B公司应该缴纳增值税170元

C.A公司应当缴纳增值税510元　　　　D.B公司不须缴纳增值税

9.根据我国的营业税改征增值税的规定，以下情形属于增值税应税劳务的有（　　　）。

A.陆路运输　　　B.铁路运输　　　C.航空运输　　　D.管道运输

10."营改增"试点的纳税人中，下列其提供的服务中，属于免征增值税的

有（　　）。

A. 个人转让著作权

B. 残疾人个人提供应税服务

C. 航空公司提供飞机播撒农药服务

D. 纳税人提供技术转让、技术开发和与之相关的技术咨询、技术服务

三、判断题

1. 增值税一般纳税人将委托加工的货物无偿赠送他人，不征收增值税。（　）

2. 增值税 6% 或 4% 的征收率，适用于小规模纳税人，不适用于一般纳税人。（　　）

3. 煤气公司销售煤气，不属于增值税的征税范围。（　　　）

4. 增值税一般纳税人申请抵扣的防伪税控系统开具的增值税专用发票，必须自该专用发票开具之日起 30 日内到税务机关认证，否则不予抵扣进项税额。（　　）

5. 纳税人采取以旧换新方式销售货物的，可以从新货物销售额中减除收购旧货物所支付的金额。（　　　）

四、案例分析计算题

1. 某面粉加工厂（增值税一般纳税人）2013 年 8 月份主要经营业务如下：

（1）销售面粉 120 吨，取得不含税销售价款 576000 元，开出的增值税专用发票上注明税款为 74880 元。

（2）从某农资公司（小规模纳税人）购入小麦 50 吨，支付金额 150000 元，取得普通发票。

（3）收购农民个人的玉米 50 吨，支付价款 120000 元，收购时厂方按规定开具由税务机关统一监制的收购凭证。

（4）从某粮油经营部（小规模纳税人）购入玉米 5 吨，支付金额 12500 元，取得普通发票。

（5）从某粮站购入玉米 100 吨，取得的增值税专用发票上注明价款为 210000 元，税款为 27300 元。该专用发票当月已通过主管税务机关认证。

要求：计算该厂当月应纳增值税额。

2. 某商场为增值税一般纳税人，2013 年 8 月发生以下购销业务：

（1）购入服装两批，均取得增值税专用发票。两张专用发票上注明的货款分别为 20 万元和 36 万元，进项税额分别为 3.4 万元和 6.12 万元。另外，先后购进这两批货物时已分别支付两笔运费 0.26 万元和 4 万元，并取得承运单位开具

的普通发票。

（2）批发销售服装一批，取得不含税销售额 18 万元，采用委托银行收款方式结算，货已发出并办妥托收手续，货款尚未收回。

（3）零售各种服装，取得含税销售额 38 万元，同时将零售价为 1.78 万元的服装作为礼品赠送给了顾客。

（4）采取以旧换新方式销售家用电脑 20 台，每台实际取得收入 6500 元，收购每台旧电脑作价 500 元。

要求：计算该商场 2013 年 8 月应缴纳的增值税。

3. 某纺织厂（增值税一般纳税人）主要生产棉纱、棉型涤纶纱、棉坯布、棉型涤纶坯布和印染布。2013 年 8 月份外购章节如下（假定外购货物均已验收入库，本月取得的相关发票均在本月认证并抵扣）：

（1）外购染料价款 30000 元，专用发票注明增值税税额 5100 元。

（2）外购低值易耗品价款 15000 元，增值税专用发票注明税额 2550 元。

（3）从供销社棉麻公司购进棉花一批，增值税专用发票注明税额 27200 元。

（4）从农业生产者手中购进棉花价款 40000 元，无进项税额。

（5）从"小规模纳税人"企业购进修理用配件 6000 元，发票未注明税额。

（6）购进煤炭 100 吨，价款 9000 元，增值税专用发票注明税额 1170 元。

（7）生产用外购电力若干千瓦时，增值税专用发票注明税额 5270 元。

（8）生产用外购水若干吨，增值税专用发票注明税额 715 元。

（9）购气流纺纱机一台，价款 50000 元，增值税专用发票注明税额 8500 元。

销售业务如下：

（1）销售棉坯布 120000 米，销售收入 240000 元。

（2）销售棉型涤纶布 100000 米，销售收入 310000 元。

（3）销售印染布 90000 米，其中销售给"一般纳税人"80000 米，销售收入 280000 元，销售给"小规模纳税人"10000 米，价税混合收取计 40000 元。

（4）销售各类棉纱给"一般纳税人"，价款 220000 元，销售各类棉纱给"小规模纳税人"，价税混合收取，计 60000 元。

根据上述资料，计算该厂本月份应纳增值税。

第二节　消费税

知识目标：掌握消费税的征税范围、理解消费税的特点；熟悉消费税的税率；掌握消费税的计算及征收管理。

能力目标：能够对企业发生的相关业务进行判断，计算企业应缴纳的消费税税额，能够进行消费税的纳税申报。

【小节分析】

在税收基本理论部分我们讲过，税收是国家进行经济调节的重要经济杠杆，那税收如何完成这种调节作用呢？例如，过多的烟草消费行为会对消费者身体健康产生很大危害，那从政府层面如何引导消费者放弃这种行为呢？我们通过对消费税的学习就可以理解税收是如何在引导消费方向、调节产品结构等方面来发挥相应作用的了。

【相关知识】

2.1　消费税概述

一、消费税的概念

消费税是对我国境内外从事生产、委托加工和进口应税消费品的单位和个人，就其销售额或销售数量，在特定环节征收的一种税。简单地说，消费税是对特定的消费品和消费行为征收的一种税。

消费税的历史源远流长，欧洲古希腊雅典时期的内陆关税、罗马时期的盐税，实质上都是对货物征收的消费税。封建社会中后期，商品经济日渐发达，消费税的征收范围也就随之扩大，到资本主义初期达到鼎盛阶段，成为政府财政收入的支柱。20世纪以后，随着累进所得税的推行，消费税的主体税种地位在西方许多发达资本主义国家受到削弱，为所得税所替代。但是，因为消费税的独特调节作用，在这些国家的税制中，消费税仍然是一个不可缺少的辅助税种。而在广大发展中国家，消费税至今仍是各国最重要的税种之一。迄今已有120多个国家和地区开征了消费税，但具体名称和征收方式不尽相同，有的叫货物税，有的叫奢侈品税；还有国家按征税对象确定税种名称，如烟税、酒税、矿物油税、电话税等。我国消费税是1994年国家税制改革中新设置的一个税种，在2006年、2009年都进行了重大改革。

二、消费税的特点

与增值税相比，消费税具有以下几个显著的特征：

（一）课征范围具有选择性

消费税一般选择特定的消费品或消费行为征收。并设计了不同的税率，表现出明显的调控目的和政策导向。各国选择消费品或消费行为一般出于限制消费、节约资源、增加财政收入等方面的考虑，体现"寓禁于征"的精神。消费税的税目会根据经济发展和消费结构的变化而有增有减，但主要是奢侈品、高能耗或高档消费品、限制消费品、不可再生和替代资源以及一些具有特定财政意义的普通消费品。

（二）征收环节具有单一性

消费税只是选择在生产或零售等某一环节征收，基于节省税收征管成本、提高税收征管效率、防止税源流失的考虑。

（三）税率设计具有灵活性、差别性

消费税的平均税率较高，而且针对不同税目设置高低不同的税率，以体现消费税的调节作用：对价格差异较大，且便于按价格核算的应税消费品从价定率征收；对价格差异较小，品种、规格比较单一的大宗应税消费品从量定额征收。

（四）征收方法具有多样性

消费税的税目既有从价定率征收的设计，又有从量定额征收的安排，还有复合征收的方式，计税准确、管理简便、易于操作。

（五）税款征收具有重叠性。

消费税的税目同时往往也是进口关税和增值税的税目，消费税是在普遍征收增值税的基础上，再加征的一道税，具有重叠课征的特点。

（六）税收负担具有转嫁性。

消费税是一种典型的间接税，尽管立法往往选择在生产环节征税，但其立法预期是纳税人可以通过销售价格的调整将所纳的消费税转嫁给消费者，从而达到调节消费者的消费意向的目的。

三、消费税的类型

从消费税的征收范围来看，各国并不是对所有消费品都征税。根据征税范围的大小，消费税可以分为三种类型：

（一）狭窄型消费税，其征收范围主要限于一些传统的应税消费品，如烟草制品、酒精饮料、石油制品、机动车辆、游艇、钟表、首饰、化妆品、香水等；

（二）中间型消费税，其征收范围要比狭窄型消费税的征收范围更广一些，还包括一些消费广泛的日用品、奢侈品等，如纺织品、皮革、皮毛制品、药品、咖啡、家用电器、电子产品、摄影器材等；

（三）宽泛型消费税，其征收范围最广，不仅包括更多的日用品、奢侈品，而且还包括一些生产性消费资料，如水泥、建筑材料、铝制品、橡胶制品、木材制品、颜料、油漆等。

这三种类型的划分仅仅具有相对的意义。从各国开征的消费税来看，实行狭窄型消费税的国家最多，中间型消费税的国家数量次之，宽泛型消费税的国家最少。

通过选择不同的征收范围，进而设计高低不一的税率，确定各有侧重的征收环节，可以起到调整产业结构、调整消费结构、调节收入分配的作用。通过选择税源集中、收入比较稳定的高档消费品作为征税对象，以及设计较高的税率，可以为国家筹措稳定的财政收入。

目前，我国实行的是狭窄型消费税。

2.2 消费税税制的基本内容

一、消费税的征税范围（税目）

在种类繁多的消费品中，列入消费税征税范围的消费品并不很多，大体可归为五类：

1. 一些过度消费会对人身健康、社会秩序、生态环境等方面造成危害的特殊消费品，如烟、酒、鞭炮、焰火等。

2. 非生活必需品，如化妆品、贵重首饰、珠宝玉石等。

3. 高能耗及高档消费品，如摩托车、小汽车等。

4. 不可再生和替代的稀缺资源消费品，如汽油、柴油等油品。

5. 税基宽广、消费普遍、征税后不影响居民基本生活并具有一定财政意义的消费品，如汽车轮胎。

（一）烟

凡是以烟叶为原料加工生产的产品，不论使用何种辅料，均属于本税目的征收范围。本税目下设甲类卷烟、乙类卷烟、雪茄烟、烟丝四个子目。

1. 甲类卷烟

甲类卷烟是指每标准条（200 支，下同）调拨价格在 70 元（不含增值税）以上（含 70 元）的卷烟，其从价税率为 56%。

2. 乙类卷烟

乙类卷烟是指每标准条（200 支，下同）调拨价格在 70 元（不含增值税）以下的卷烟，其从价税率为 36%。

3. 雪茄烟

雪雪茄烟的征收范围包括各种规格、型号的雪茄烟。其从量定额税率为 0.003/ 支。

4. 烟丝

烟丝的征收范围包括以烟叶为原料加工生产的不经卷制的散装烟，如斗烟、莫合烟、烟末、水烟、黄红烟丝等。

（二）酒及酒精

子目：1. 白酒　2. 黄酒　3. 啤酒　4. 其他酒　5. 酒精。

粮食白酒和薯类白酒采用复合计税的方法。糠麸白酒、其他原料白酒属于其他酒，适用 10% 的比例税率。对以蒸馏酒或食用酒精为酒基，具有国食健字或卫食健字文号且酒精度低于 38 度（含），或以发酵酒为酒基，酒精度低于 20 度（含）的配制酒，按"其他酒"10% 适用税率征收消费税。其他配制酒，按白酒税率征收消费税。啤酒（220 元 / 吨和 250 元 / 吨）、黄酒采用定额税率。果啤属于啤酒税目。

调味料酒不属于消费税的征税范围。饮食业、商业、娱乐业举办的啤酒屋（啤酒坊）利用啤酒生产设备生产的啤酒，应当按 250 元 / 吨的税率征收消费税。

（三）化妆品

含美容、修饰类化妆品、成套化妆品、高档护肤类化妆品。不含舞台、戏剧、影视演员化妆用的上妆油、卸妆油、油彩。

（四）贵重首饰及珠宝玉石

本税目征收范围包括：各种金银珠宝首饰和经采掘、打磨、加工的各种珠宝玉石。

1. 金银珠宝首饰包括：

凡以金、银、白金、宝石、珍珠、钻石、翡翠、珊瑚、玛瑙等高贵稀有物质以及其他金属、人造宝石等制作的各种纯金银首饰及镶嵌首饰（含人造金银、合成金银首饰等）。

2. 珠宝玉石的种类包括：

钻石、珍珠、松石、青金石、欧泊石、橄榄石、长石、玉、石英、玉髓、石榴石、锆石、尖晶石、黄玉、碧玺、金绿玉、绿柱石、刚玉、琥珀、珊瑚、煤玉、龟甲、合成刚玉、合成宝石、双合石、玻璃仿制品。

（五）鞭炮、焰火

本税目征收范围包括各种鞭炮、焰火。通常分为 13 类，即喷花类、旋转类、旋转升空类、火箭类、吐珠类、线香类、小礼花类、烟雾类、造型玩具类、炮竹类、摩擦炮类、组合烟花类、礼花弹类。

体育上用的发令纸，鞭炮药引线，不按本税目征收。

（六）成品油

子目：1.汽油 2.柴油 3.石脑油 4.溶剂油 5.润滑油 6.航空煤油 7.燃料油。

航空煤油暂缓征收消费税。

同时符合下列条件的纯生物柴油免征消费税：（1）生产原料中废弃的动物

油和植物油用量所占比重不低于 70%；（2）生产的纯生物柴油符合国家《柴油机燃料调和生物柴油（BD100）》标准。

成品油生产企业在生产成品油过程中，作为燃料、动力及原料消耗掉的自产成品油，免征消费税。

各子目计税时，吨与升之间计量单位换算标准的调整由财政部、国家税务总局确定。

（七）汽车轮胎

含摩托车轮胎、汽车与农用拖拉机、收割机等通用轮胎；不含农用拖拉机、收割机和手扶拖拉机专用轮胎。子午线轮胎免征消费税。

（八）摩托车

本税目征收范围包括：轻便摩托车；摩托车；正三轮车。

（九）小汽车

子目：1. 乘用车　2. 中轻型商用客车。

含 9 座内乘用车、10—23 座内中型商用客车（按额定载客区间值下限确定）。

电动汽车以及沙滩车、雪地车、卡丁车、高尔夫车等均不属于本税目征税范围，不征消费税。

企业用购进货车或厢式货车改装生产的商务车、卫星通讯车等专用汽车不属于消费税的征税范围。

（十）高尔夫球及球具

包括高尔夫球、高尔夫球杆、高尔夫球包（袋）、高尔夫球杆的杆头、杆身和握把。

（十一）高档手表

包括不含增值税售价每只在 10000 元（含）以上的手表。

（十二）游艇

本税目只涉及符合长度、材质、用途等项标准的机动艇。

（十三）木制一次性筷子

（十四）实木地板

含各类规格的实木地板、实木指接地板、实木复合地板及用于装饰墙壁、天棚的侧端面为榫、槽的实木装饰板，以及未经涂饰的素板。

二、消费税的纳税环节

消费税属于价内税，只征收一次，一般情况下是在消费品的生产、委托加工和进口环节缴纳。

（一）生产销售应税消费品

1. 纳税人生产的应税消费品，于纳税人销售时纳税。

2. 纳税人自产自用的应税消费品，用于连续生产应税消费品的，不纳税；用于其他方面的，于移送使用时纳税。

解释：用于其他方面是指：纳税人将自产自用应税消费品用于生产非应税消费品、在建工程、管理部门、非生产机构、提供劳务、馈赠、赞助、集资、广告、样品、职工福利、奖励等方面。

3. 工业企业以外的单位和个人的下列行为视为应税消费品的生产行为，按规定征收消费税：

（1）将外购的消费税非应税产品以消费税应税产品对外销售的；

（2）将外购的消费税低税率应税产品以高税率应税产品对外销售的。

（二）委托加工应税消费品

委托加工的应税消费品，除受托方为个人外，由受托方在向委托方交货时代收代缴税款。委托个人加工的应税消费品，由委托方收回后缴纳消费税。

1. 委托加工应税消费品：是指委托方提供原料和主要材料，受托方只收取加工费和代垫部分辅助材料加工的应税消费品。

2. 如果出现下列情形，无论纳税人在财务上如何处理，都不得作为委托加工应税消费品，受托方而应按销售自制应税消费品缴纳消费税：

（1）受托方提供原材料生产的应税消费品；（2）受托方先将原材料卖给委托方，然后再接受加工的应税消费品；（3）受托方以委托方名义购进原材料生产的应税消费品。

3. 委托加工的应税消费品由委托方收回后直接出售的，不再缴纳消费税。

消费税只征收一次：委托加工的应税消费品，受托方在交货时已代收代缴了消费税，再出售的，不再征收消费税。

（三）进口

进口应税消费品，应缴纳关税、进口消费税和进口增值税。

（四）特殊规定

1. 零售环节纳税

金银首饰、钻石及钻石饰品在零售环节纳税，纳税人为在我国境内从事钻石及钻石饰品零售业务的单位或个人。

2.批发环节纳税

自 2009 年 5 月 1 日起，在卷烟"批发环节"加征一道从价计征的消费税。纳税人销售给纳税人以外的单位和个人的卷烟，在销售时纳税。

三、消费税的纳税义务人

消费税的纳税人包括在中华人民共和国境内生产、委托加工和进口应税消费品的单位和个人，以及国务院确定的销售应税消费品的其他单位和个人。

所称单位，是指企业、行政单位、事业单位、军事单位、社会团体及其他单位。所称个人，是指个体经营者及其他个人。

所称在中华人民共和国境内，是指生产、委托加工和进口属于应当缴纳消费税的消费品的起运地或者所在地在境内。

消费税的纳税人具体包括以下几个方面：

1.生产应税消费品的单位和个人；

2.进口应税消费品的单位和个人；

3.委托加工应税消费品的单位和个人；

4.零售金银首饰、钻石、钻石饰品、铂金首饰的单位和个人；

5.从事卷烟批发业务的单位和个人。

四、消费税的税率

（一）税率形式

一种是比例税率；另一种是定额税率，即单位税额。消费税税率形式的选择，主要是根据课税对象情况来确定，对一些供求基本平衡，价格差异不大，计量单位规范的消费品，选择计税简单的定额税率，如黄酒、啤酒、成品油等；对一些供求矛盾突出、价格差异较大，计量单位不规范的消费品，选择税价联动的比例税率，如烟、白酒、化妆品、护肤护发品、鞭炮、汽车轮胎、贵重首饰及珠宝玉石、摩托车、小汽车等。

（二）适用范围

1.比例税率：适用于多数应税消费品；

2.定额税率：适用于成品油、啤酒、黄酒；

3.复合税率：适用于卷烟和白酒。

（三）"从高"适用税率的情形

1.纳税人将不同税率的应税消费品组成成套消费品销售的，从高适用税率计征消费税；

2.纳税人生产销售两种税率以上的应税消费品，应当分别核算不同税率消费税的销售额、销售数量；未分别核算的，从高适用税率计征消费税。

消费税税目税率表

税目	税率
一、烟 1.卷烟 （1）甲类卷烟 （2）乙类卷烟 （3）批发环节 2.雪茄烟 3.烟丝	 56% 加 0.003 元 / 支（生产环节） 36% 加 0.003 元 / 支（生产环节） 5% 36% 30%
二、酒及酒精 1.白酒 2.黄酒 3.啤酒（1）甲类啤酒 　　　（2）乙类啤酒 4.其他酒 5.酒精	 20% 加 0.5 元 /500 克（或 500 毫升） 240 元 / 吨 250 元 / 吨 220 元 / 吨 10% 5%
三、化妆品	30%
四、贵重首饰及珠宝玉石 1.金银首饰、铂金首饰和钻石及钻石饰品 2.其他贵重首饰和珠宝玉石	 5% 10%
五、鞭炮、焰火	15%
六、成品油 1.汽油 （1）含铅汽油 （2）无铅汽油 2.柴油 3.航空煤油 4.石脑油 5.溶剂油 6.润滑油 7.燃料油	 1.40 元 / 升 1.00 元 / 升 0.80 元 / 升 0.80 元 / 升 1.00 元 / 升 1.00 元 / 升 1.00 元 / 升 0.80 元 / 升

（续表）

七、汽车轮胎	3%
八、摩托车 　1.气缸容量（排气量，下同）在 250 毫升（含 250 毫升）以下的	3%
2.气缸容量在 250 毫升以上的	10%
九、小汽车 1.乘用车 　（1）气缸容量（排气量，下同）在 1.0 升（含 1.0 升）以下的	1%
（2）气缸容量在 1.0 升以上至 1.5 升（含 1.5 升）的	3%
（3）气缸容量在 1.5 升以上至 2.0 升（含 2.0 升）的	5%
（4）气缸容量在 2.0 升以上至 2.5 升（含 2.5 升）的	9%
（5）气缸容量在 2.5 升以上至 3.0 升（含 3.0 升）的	12%
（6）气缸容量在 3.0 升以上至 4.0 升（含 4.0 升）的	25%
（7）气缸容量在 4.0 升以上的	40%
2.中轻型商用客车	5%
十、高尔夫球及球具	10%
十一、高档手表	20%
十二、游艇	10%
十三、木制一次性筷子	5%
十四、实木地板	5%

（四）适用税率的特殊规定

1.卷烟的适用税率

甲类、乙类卷烟税目计税复合税率的换算和运用：

分类	比例税率	定额税率		
		每支	每标准条（200 支）	每标准箱（5 万支）
甲类卷烟	56%	0.003 元	0.6 元	150 元
乙类卷烟	36%	0.003 元	0.6 元	150 元

注意：只有卷烟在商业批发环节缴纳消费税，雪茄烟、烟丝以及其他应税

消费品在商业批发环节只缴纳增值税，不缴纳消费税。

卷烟适用税率的具体规定：

（1）纳税人销售的卷烟因放开销售价格而经常发生价格上下浮动的，应以该牌号规格卷烟销售当月的加权平均销售价格确定征税类别和适用税率。但销售的卷烟有下列情况之一者，不得列入加权平均计算：①销售价格明显偏低并无正当理由的；②无销售价格的。

（2）卷烟由于接装过滤嘴、改变包装或其他原因提高销售价格后，应按照新的销售价格确定征税类别和适用税率。

（3）纳税人自产自用的卷烟应当按照纳税人生产的同牌号规格的卷烟销售价格确定征税类别和适用税率。

（4）委托加工的卷烟按照受托方同牌号规格卷烟的征税类别和适用税率征税。

（5）残次品卷烟应当按照同牌号规格正品卷烟的征税类别确定适用税率。

（6）纳税人自产自用的卷烟，没有同牌号规格卷烟销售价格的，一律按照卷烟最高税率征税。

（7）委托加工的卷烟没有同牌号规格卷烟的，一律按卷烟最高税率征税。

（8）下列卷烟不分征税类别一律按照 56% 卷烟税率征税，并按照定额每标准箱 150 元计算征税：①白包卷烟；②手工卷烟；③未经国务院批准纳入计划的企业和个人生产的卷烟。

2. 酒的适用税率

（1）粮食白酒和薯类白酒同时采用比例税率和定额税率。

粮食白酒和薯类白酒的比例税率为 20%，但是定额税率要把握粮食白酒和薯类白酒税率时，要会运用 500 克、公斤、吨等不同计量标准的换算。

（2）糠麸白酒、其他原料白酒属于其他酒，使用 10% 的比例税率。但是如果糠麸白酒、其他白酒与粮食白酒或薯类白酒混合生产白酒，则从高适用税率。

（3）啤酒分为甲类和乙类，分别适用 250 元 / 吨和 220 元 / 吨的税率。按照出厂价格（含包装物押金）划分档次。

2.3　消费税应纳税额的计算

消费税的应纳税额的计算有三种方法：从价定率计征法、从量定额计征法以及从价定率和从量定额相结合的复合计征法。

一、应纳税额计算的一般规定

（一）从价定率计征

适用比例税率的应税消费品，其应纳税额应从价定率计征，此时的计税依据是销售额。

其计算公式为：

应纳税额 = 销售额 × 比例税率

销售额为纳税人销售应税消费品向购买方收取的全部价款和价外费用。不包括应向购货方收取的增值税税款。如果含增值税，其换算公式为：

应税销售额 = 含增值税的销售额 ÷ （1 + 增值税税率或者征收率）

价外费用，是指价外向购买方收取的手续费、补贴、基金、集资费、返还利润、奖励费、违约金、滞纳金、延期付款利息、赔偿金、代收款项、代垫款项、包装费、包装物租金、储备费、优质费、运输装卸费以及其他各种性质的价外收费。

下列章节不包括在价外费用内：

1. 同时符合以下条件的代垫运输费用：

（1）承运部门的运输费用发票开具给购买方的；

（2）纳税人将该项发票转交给购买方的。

2. 同时符合以下条件代为收取的政府性基金或者行政事业性收费：

（1）由国务院或者财政部批准设立的政府性基金，由国务院或者省级人民政府及其财政、价格主管部门批准设立的行政事业性收费；

（2）收取时开具省级以上财政部门印制的财政票据；

（3）所收款项全额上缴财政。

应税消费品连同包装物销售：无论包装物是否单独计价以及在会计上如何核算，均应并入应税消费品的销售额中缴纳消费税。

包装物不作价随同产品销售，而是收取押金：此项押金则不应并入应税消费品的销售额中征税。但对因逾期未收回的包装物不再退还的或者已收取的时间超过 12 个月的押金，应并入应税消费品的销售额，按照应税消费品的适用税率缴纳消费税。既作价随同应税消费品销售，又另外收取押金的包装物的押金：凡纳税人在规定的期限内没有退还的，均应并入应税消费品的销售额，按照应税消费品的适用税率缴纳消费税。

【例 2-1】某酒厂为增值税一般纳税人，2012 年 10 月销售粮食白酒 4 吨，取得不含税收入 400000 元，包装物押金 23400 元（单独记账核算），货物由该酒厂负责运输，收取运费 47970 元。该酒厂上述业务应纳消费税金额是多少？（白酒消费税税率 20%，0.5 元 / 斤）

解：酒厂应纳消费税 =【400000 +（23400 + 47970）÷（1 + 17%）】× 20% + 4 × 2000 × 0.5 = 96200（元）

【答案解析】啤酒、黄酒以外的酒类包装物押金应于收取时并入销售额征税，销售货物同时负责运输收取的运费应作为价外费用并入销售额征税。

（二）从量定额计征

适用定额税率的消费品，其应纳税额应从量定额计征，此时的计税依据是销售数量。

其计算公式为：应纳税额 = 销售数量 × 定额税率

销售数量，是指应税消费品的数量。具体为：

1. 销售应税消费品的，为应税消费品的销售数量；

2. 自产自用应税消费品的，为应税消费品的移送使用数量；

3. 委托加工应税消费品的，为纳税人收回的应税消费品数量；

4. 进口应税消费品的，为海关核定的应税消费品进口征税数量。

【例 2-2】某啤酒厂自产啤酒 20 吨，赠送某啤酒节，每吨啤酒成本 1000 元，无同类产品售价。

要求：计算该啤酒厂应缴纳的消费税及增值税。

解：应纳消费税 = 20 × 220 = 4400（元）

应纳增值税 =【20 × 1000 ×（1 + 10%）+ 4400】× 17% = 4488（元）

（三）复合计征

既规定了比例税率，又规定了定额税率的卷烟、白酒，其应纳税额实行从价定率和从量定额相结合的复合计征办法。

其计算公式为：应纳税额 = 销售额 × 比例税率 + 销售数量 × 定额税率

目前只有卷烟、白酒实行复合计征的方法，其计税依据分别是销售应税消费品向购买方收取的全部价款、价外费用和实际销售（或海关核定、委托方收回、移送使用）数量。

二、关于计税依据的特殊规定

（一）卷烟最低计税价格的核定

自 2012 年 1 月 1 日起，卷烟消费税最低计税价格核定范围为卷烟生产企业在生产环节销售的所有牌号、规格的卷烟。

计税价格由国家税务总局按照卷烟批发环节销售价格扣除卷烟批发环节批发毛利核定并发布。计税价格的核定公式为：

某牌号、规格卷烟计税价格 = 批发环节销售价格 × （1– 适用批发毛利率）

卷烟批发环节销售价格，按照税务机关采集的所有卷烟批发企业在价格采集期内销售的该牌号、规格卷烟的数量、销售额进行加权平均计算。

已经国家税务总局核定计税价格的卷烟，生产企业实际销售价格高于计税价格的，按实际销售价格确定适用税率，计算应纳税款并申报纳税；实际销售价格低于计税价格的，按计税价格确定适用税率，计算应纳税款并申报纳税。

（二）白酒最低计税价格核定管理办法

1. 适用状况

（1）白酒生产企业销售给销售单位的白酒，生产企业消费税计税价格低于销售单位对外销售价格（不含增值税）70% 以下的，税务机关应核定消费税最低计税价格。

（2）白酒生产企业销售给销售单位的白酒，生产企业消费税计税价格高于销售单位对外销售价格 70%（含 70%）以上的，税务机关暂不核定消费税最低计税价格。

2. 基本程序

白酒消费税最低计税价格由白酒生产企业自行申报，税务机关核定。

3. 核定主体

（1）国家税务总局，主管税务机关应将白酒生产企业申报的销售给销售单位的消费税计税价格低于销售单位对外销售价格 70% 以下、年销售额 1000 万元以上的各种白酒，在规定的时限内逐级上报至国家税务总局。税务总局选择其中部分白酒核定消费税最低计税价格。

（2）省、自治区、直辖市和计划单列市国税局，除税务总局已核定消费税最低计税价格的白酒外，其他符合需要核定消费税最低计税价格的白酒，消费税最低计税价格由各省、自治区、直辖市和计划单列市国家税务局核定。

4. 核定标准

消费税最低计税价格由税务机关根据生产规模、白酒品牌、利润水平等情况在销售单位对外销售价格 50% 至 70% 范围内自行核定；其中生产规模较大，利润水平较高的企业生产的需要核定消费税最低计税价格的白酒，税务机关核价幅度原则上应选择在销售单位对外销售价格 60% 至 70% 范围内。

5. 标准的运用

已核定最低计税价格的白酒，生产企业实际销售价格高于消费税最低计税价格的，按实际销售价格申报纳税；实际销售价格低于消费税最低计税价格的，按最低计税价格申报纳税。

白酒生产企业未按照规定上报销售单位销售价格的，主管国家税务局应按照销售单位的销售价格征收消费税。

6. 标准的重新核定：

已核定最低计税价格的白酒，销售单位对外销售价格持续上涨或下降时间达到 3 个月以上、累计上涨或下降幅度在 20%（含）以上的白酒，税务机关重新核定最低计税价格。

（三）自设非独立核算门市部计税的规定

纳税人通过自设非独立核算门市部销售的自产应税消费品，应按门市部对外销售额或者销售数量征收消费税。

（四）同类最高销售价格作为计税依据的规定

纳税人自产的应税消费品用于换取生产资料和消费资料、投资入股和抵偿债务等方面，应当按纳税人同类应税消费品的最高销售价格作为计税依据。

【归纳总结】消费税与增值税同是对货物征收，但两者之间与价格的关系是不同的。增值税是价外税，计算增值税的价格中不应包括增值税金额；消费税是价内税，计算消费税的价格中是包括消费税金额的。通常情况下，从价定率和复合计税中从价部分用于计算消费税的销售额，与计算增值税销项税的销售额是一致的，但有如下两点微妙差异：

1. 酒类产品包装物押金。由于啤酒和黄酒在计征消费税时采用的是定额税率，押金是否计入销售额不会影响到啤酒、黄酒税额的计算，但押金计入销售额会影响啤酒适用税率档次的选择。

2. 纳税人用于换取生产资料和消费资料、投资入股和抵偿债务等方面的应税消费品，应当以纳税人同类消费品的最高销售价格作为计税依据计算消费税。而增值税没有最高销售价格的规定，只有平均销售价格的规定。

（五）计税价格明显偏低又无正当理由时由主管税务机关核定计税价格

1.卷烟、白酒和小汽车的计税价格由国家税务总局核定，送财政部备案；

2.其他征税消费品的计税价格由省、自治区和直辖市国家税务局核定；

3.进口的应税消费品的计税价格由海关核定。

【例2-3】某烟酒批发公司，2010年1月批发A牌卷烟5000条，开具的增值税专用发票上注明销售额250万元；批发B牌卷烟2 000条，开具的普通发票上注明销售额88.92万元；同时零售B牌卷烟300条，开具普通发票，取得含税收入20.358万元；当月允许抵扣的进项税额为35.598万元。试计算该烟酒批发公司当月应缴纳的增值税、消费税。

解：该公司当月应缴纳消费税＝【250＋（88.92＋20.358）÷1.17】×5%＝17.17（万元）

该公司当月应缴纳增值税＝【250＋（88.92＋20.358）÷1.17】×17%－35.598＝22.78（万元）

三、应纳税额计算的具体规定

（一）自产自用应税消费品的计税

纳税人自产自用的应税消费品，用于连续生产应税消费品的，不纳税；

用于生产非应税消费品；或用于在建工程；用于管理部门、非生产机构；提供劳务；用于馈赠、赞助、集资、广告、样品、职工福利、奖励等方面的，在移送使用时纳税，于移送使用时纳税。

1.有同类消费品的销售价格的，按照纳税人生产的同类消费品的销售价格计算纳税。

应纳税额＝同类消费品销售单价×自产自用数量×适用税率

2.没有同类消费品的销售价格的，按照组成计税价格计算纳税。

（1）实行从价定率办法计算纳税的组成计税价格计算公式：

组成计税价格＝（成本＋利润）÷（1－消费税比例税率）＝［成本×（1＋成本利润率）］÷（1－消费税比例税率）

（2）实行复合计税办法计算纳税的组成计税价格计算公式：

组成计税价格＝（成本＋利润＋自产自用数量×定额税率）÷（1－比例税率）＝［成本×（1＋成本利润率）＋自产自用数量×定额税率］÷（1－比例税率）

公式中的"成本"，是指应税消费品的生产成本。

公式的"利润"，是指根据应税消费品的全国平均成本利润率计算的利润，应税消费品的全国平均成本利润率由国家税务总局确定。

【例题2-4】某汽车厂为增值税一般纳税人，主要生产小汽车和商用小客车，小汽车不含税出厂价为12.5万元/辆，小客车不含税出厂价为6.8万元/辆。5月发生如下业务：本月销售小汽车8600辆，将2辆小汽车移送本厂研究所作破坏性碰撞实验，3辆作为广告样品；销售小客车576辆，将本厂生产的10辆小客车移送改装分厂，将其改装为救护车。

要求：计算该企业上述业务应纳消费税金额。（题中小汽车消费税税率为3%，小客车消费税税率为5%）

解：应纳消费税 = $(8600 + 3) \times 12.5 \times 3\% + (576 + 10) \times 6.8 \times 5\% = 3425.37$（万元）

（二）委托加工的应税消费品税额的计算

委托加工的应税消费品，按照受托方的同类消费品的销售价格计算纳税；没有同类消费品销售价格的，按照组成计税价格计算纳税。

1. 实行从价定率办法计算纳税的组成计税价格计算公式：

组成计税价格 = （材料成本 + 加工费）÷（1– 比例税率）

2. 实行复合计税办法计算纳税的组成计税价格计算公式：

组成计税价格 = （材料成本 + 加工费 + 委托加工数量 × 定额税率）÷（1– 比例税率）

其中"材料成本"是指委托方所提供加工材料的实际成本。如果加工合同上未如实注明材料成本的，受托方所在地主管税务机关有权核定其材料成本。"加工费"是指受托加工应税消费品向委托方所收取的全部费用（包括代垫辅助材料的实际成本），但不包括随加工费收取的销项税，这样组成的价格才是不含增值税但含消费税的价格。

【例2-5】某市烟草集团公司属增值税一般纳税人，2013年3月购进已税烟丝800万元（不含增值税），委托A企业加工甲类卷烟500箱（250条/箱，200支/条），A企业每箱0.1万元收取加工费（不含税），当月A企业按正常进度投料加工生产卷烟200箱交由集团公司收回。

（说明：烟丝消费税率为30%，甲类卷烟生产环节消费税为56%加150元/箱。）

要求：计算A企业当月应当代收代缴的消费税。

解：代收代缴的消费税 = $(800 \times 200 \div 500 + 0.1 \times 200 + 200 \times 150 \div 10000) /$

（1 － 0.56）× 0.56 + 200 × 150 ÷ 10000 = 439.55（万元）

（三）进口应税消费品税额的计算

1. 适用比例税率的进口应税消费品实行从价定率办法按组成计税价格计算应纳税额：

组成计税价格 =（关税完税价格 + 关税）÷（1– 消费税税率）

应纳税额 = 组成计税价格 × 消费税税率

公式中的关税完税价格是指海关核定的关税计税价格。

2. 消费品实行从量定额办法计算应纳税额

应纳税额 = 应税消费品数量 × 消费税单位税额

3. 实行复合计税方法的进口应税消费品的税额计算

组成计税价格 =（关税完税价格 + 关税 + 进口数量 × 消费税定额税率）÷（1– 比例税率）

应纳税额 = 应税消费品数量 × 消费税单位税额 + 组成计税价格 × 消费税税率

工业企业进口环节被海关征收过消费税的货物，如果用于企业连续加工同税目的消费品，可按生产领用量抵扣已纳的进口环节消费税。

【例 2–6】 2010 年某公司进口 10 箱卷烟（5 万支 / 箱），经海关审定，关税完税价格 22 万元 / 箱，关税税率 50%，消费税税率 56%，定额税率 150 元 / 箱。

要求：试计算 2010 年该公司进口环节应纳消费税万元。

解：进口环节应纳消费税 =【10 × 22 ×（1 + 50%）+ 10 × 150 ÷ 10000】÷（1– 56%）× 56% + 10 × 150 ÷ 10000 = 420.34（万元）

（四）外购、委托加工收回或进口的应税消费品用于连续生产应税消费品已纳税款的扣除

1. 外购或委托加工收回下列应税消费品，用于连续生产应税消费税品的，对外购应税消费品已缴纳的消费税税款或者委托加工的应税消费品（原料），由受托方代收代缴的消费税税款，准予从应纳消费税税额中抵扣：

（1）外购或委托加工收回的已税烟丝生产的卷烟；

（2）外购或委托加工收回的已税化妆品生产的化妆品；

（3）外购或委托加工收回已税珠宝玉石生产的贵重首饰及珠宝玉石；

（4）外购或委托加工收回已税鞭炮、焰火生产的鞭炮、焰火；

（5）以外购或委托加工收回的已税杆头、杆身和握把为原料生产的高尔夫球杆；

（6）以外购或委托加工收回的已税木制一次性筷子为原料生产的木制一次性筷子；

（7）以外购或委托加工收回的已税实木地板为原料生产的实木地板；

（8）以外购或委托加工收回的已税石脑油为原料生产的应税消费品；

（9）以外购或委托加工收回的已税润滑油为原料生产的润滑油。

当期准予扣除外购或委托加工的应税消费品的已纳消费税税款，应按当期生产领用数量计算。

2.外购、委托加工和进口的应税消费品，用于连续生产应税消费品的，准予从消费税应纳税额中扣除原料已纳消费税税款，按照不同行为计算公式分别如下：

（1）外购，外购从价定率：

当期准予扣除外购应税消费品已纳税款 = 当期准予扣除外购应税消费品买价 × 外购应税消费品适用税率

当期准予扣除外购应税消费品买价 = 期初库存外购应税消费品买价 + 当期购进的外购应税消费品买价 – 期末库存的外购应税消费品买价

外购从量定额：

当期准予扣除外购应税消费品已纳税款 = 当期准予扣除外购应税消费品数量 × 外购应税消费品单位税额

当期准予扣除外购应税消费品数量 = 期初库存外购应税消费品数量 + 当期购进的外购应税消费品数量 – 期末库存的外购应税消费品数量

（2）委托加工

当期准予扣除的委托加工应税消费品已纳税款 = 期初库存的委托加工应税消费品已纳税款 + 当期收回的委托加工应税消费品已纳税款 – 期末库存的委托加工应税消费品已纳税款

（3）进口：当期准予扣除的进口应税消费品已纳税款 = 期初库存的进口应税消费品已纳税款 + 当期进口应税消费品已纳税款 – 期末库存的进口应税消费品已纳税款

【归纳提示】

（1）从范围上看，允许抵扣税额的税目从大类上看不包括酒类、小汽车、高档手表、游艇。

（2）从规则上看，允许扣税的只涉及同一大税目中的购入应税消费品的连续加工，不能跨税目抵扣（石脑油、燃料油例外）。

（3）从依据上看，按生产领用量抵扣，不同于增值税的购进扣税。

（4）从方法上看，需自行计算抵扣。计算方法用的是类似会计"实地盘存制"的倒轧的方法。

【例2-7】某鞭炮厂（增值税一般纳税人）用外购已税的焰火继续加工高档焰火。2012年10月销售高档焰火，开具增值税专用发票注明销售额1000万元；本月外购焰火400万元，取得增值税专用发票，月初库存外购焰火60万元，月末库存外购焰火50万元，试计算其本月应纳消费税。（焰火消费税税率15%，上述价格均不含增值税）

解：当月该鞭炮厂应纳消费税 $= 1000 \times 15\% - (60 + 400 - 50) \times 15\% = 88.5$（万元）

2.4 消费税的征收管理

一、纳税义务发生时间

1.纳税人销售的应税消费品，其纳税义务发生的时间为：

（1）纳税人采取赊销和分期收款结算方式的，其纳税义务的发生时间，为销售合同规定的收款日期的当天。

（2）纳税人采取预收货款结算方式的，其纳税义务的发生时间，为发出应税消费品的当天。

（3）纳税人采取托收承付结算方式销售的应税消费品，其纳税义务的发生时间，为发出应税消费品并办妥托收手续的当天。

（4）纳税人采取其他结算方式的，其纳税义务的发生时间，为收讫销售款或者取得索取销售款凭据的当天。

2.纳税人自产自用的应税消费品，其纳税义务的发生时间，为移送使用的当天。

3.纳税人委托加工的应税消费品，其纳税义务的发生时间，为纳税人提货的当天。

4.纳税人进口的应税消费品，其纳税义务的发生时间，为报关进口的当天。

二、纳税地点

1.纳税人销售的应税消费品，以及自产自用的应税消费品，除国务院财政、税务主管部门另有规定外，应当向纳税人机构所在地或者居住地的主管税务机关申报纳税。

纳税人的总机构与分支机构不在同一县（市）的，应当分别向各自机构所在地的主管税务机关申报纳税；经财政部、国家税务总局或者其授权的财政、税务机关批准，可以由总机构汇总向总机构所在地的主管税务机关申报纳税。

2. 委托加工的应税消费品，除受托方为个人外，由受托方向机构所在地或者居住地的主管税务机关解缴消费税税款。

3. 委托个人加工的应税消费品，由委托方向其机构所在地或者居住地主管税务机关申报纳税。

4. 进口的应税消费品，由进口人或者其代理人向报关地海关申报纳税。

三、纳税期限

消费税的纳税期限分别为 1 日、3 日、5 日、10 日、15 日、1 个月或者 1 个季度。纳税人的具体纳税期限，由主管税务机关根据纳税人应纳税额的大小分别核定；不能按照固定期限纳税的，可以按次纳税。

纳税人以 1 个月或者 1 个季度为 1 个纳税期的，自期满之日起 15 日内申报纳税；以 1 日、3 日、5 日、10 日或者 15 日为 1 个纳税期的，自期满之日起 5 日内预缴税款，于次月 1 日起 15 日内申报纳税并结清上月应纳税款。

纳税人进口应税消费品，应当自海关填发海关进口消费税专用缴款书之日起 15 日内缴纳税款。

四、出口应税消费品退（免）税

（一）退免税政策

1. 出口免税并退税

适用这个政策的是：有出口经营权的外贸企业购进应税消费品直接出口，以及外贸企业受其他外贸企业委托代理出口应税消费品。这里需要重申的是，外贸企业只有受其他外贸企业委托，代理出口应税消费品才可办理退税，外贸企业受其他企业（主要是非生产性的商贸企业）委托，代理出口应税消费品是不予退（免）税的。这个政策限定与前述出口货物退（免）增值税的政策规定是一致的。

2. 出口免税但不退税

适用这个政策的是：有出口经营权的生产性企业自营出口或生产企业委托外贸企业代理出口自产的应税消费品，依据其实际出口数量免征消费税，不予办理退还消费税。这里，免征消费税是指对生产性企业按其实际出口数量免征生产环节的消费税。不予办理退还消费税，是指因已免征生产环节的消费税，该应税消费品出口时，已不含有消费税，所以也无须再办理退还消费税了。这项政策规定与前述生产性企业自营出口或委托代理出口自产货物退（免）增值税的规定是不一样的。其政策区别的原因是，消费税仅在生产企业的生产环节征收，生产环节免税了，出口的应税消费品就不含有消费税了；而增值税却在货物销售的各个环节征收，生产企业出口货物时，已纳的增值税就需退还。

3. 出口不免税也不退税

适用这个政策的是：除生产企业、外贸企业外的其他企业，具体是指一般商贸企业，这类企业委托外贸企业代理出口应税消费品一律不予退（免）税。

（二）出口退税的计算

出口货物的消费税应退税额的计税依据，按购进出口货物的消费税专用缴款书和海关进口消费税专用缴款书确定。

属于从价定率计征消费税的，为已征且未在内销应税消费品应纳税额中抵扣的购进出口货物金额；属于从量定额计征消费税的，为已征且未在内销应税消费品应纳税额中抵扣的购进出口货物数量；属于复合计征消费税的，按从价定率和从量定额的计税依据分别确定。

消费税应退税额 = 从价定率计征消费税的退税计税依据 × 比例税率 + 从量定额计征消费税的退税计税依据 × 定额税率

【技能提升】

其他应税消费品消费税纳税申报表

税款所属期：　　年　月　日至　　年　月　日

纳税人名称（公章）：□□□□□□□□□□□□□□□□□□□□□□□□

纳税人识别号：

填表日期：　　年　月　日　　　　　　　　　金额单位：元（列至角分）

应税消费品名称　＼　章节	适用税率	销售数量	销售额	应纳税额
合计	——	——	——	

	声明
本期准予抵减税额：	此纳税申报表是根据国家税收法律的规定填报的，我确定它是真实的、可靠的、完整的。
本期减（免）税额：	经办人（签章）： 财务负责人（签章）：
期初未缴税额：	联系电话：
本期缴纳前期应纳税额：	（如果你已委托代理人申报，请填写） 授权声明
本期预缴税额：	为代理一切税务事宜，现授权＿＿＿＿＿
本期应补（退）税额：	＿＿＿＿＿（地址）为本纳税人的代理申报人，任何与本申报表有关的往来文件，都可寄予此人。
期末未缴税额：	授权人签章：

以下由税务机关填写

受理人（签章）：　　　　受理日期：　　年　月　日　受理税务机关（章）：

填表说明

一、本表限化妆品、贵重首饰及珠宝玉石、鞭炮焰火、汽车轮胎、摩托车、高尔夫球及球具、高档手表、游艇、木制一次性筷子、实木地板等消费税纳税人使用。

二、本表"应税消费品名称"和"适用税率"按照以下内容填写：

化妆品：30%；贵重首饰及珠宝玉石：10%；金银首饰（铂金首饰、钻石及钻石饰品）：5%；鞭炮焰火：15%；汽车轮胎（除子午线轮胎外）：3%；汽车轮胎（限子午线轮胎）：3%（免税）；摩托车（排量＞250毫升）：10%；摩托车（排量≤250毫升）：3%；高尔夫球及球具：10%；高档手表：20%；游艇：10%；木制一次性筷子：5%；实木地板：5%。

三、本表"销售数量"为《中华人民共和国消费税暂行条例》《中华人民共和国消费税暂行条例实施细则》及其他法规、规章规定的当期应申报缴纳消费税的应税消费品销售（不含出口免税）数量。计量单位是：汽车轮胎为套；摩托车为辆；高档手表为只；游艇为艘；实木地板为平方米；木制一次性筷子为万双；化妆品、贵重首饰及珠宝玉石（含金银首饰、铂金首饰、钻石及钻石饰品）、鞭炮焰火、高尔夫球及球具按照纳税人实际使用的计量单位填写并在本栏中注明。

四、本表"销售额"为《中华人民共和国消费税暂行条例》《中华人民共和国消费税暂行条例实施细则》及其他法规、规章规定的当期应申报缴纳消费税的应税消费品销售（不含出口免税）收入。

五、根据《中华人民共和国消费税暂行条例》的规定，本表"应纳税额"计算公式如下：应纳税额＝销售额×适用税率

六、本表"本期准予扣除税额"按本表附件一的本期准予扣除税款合计金额填写。

七、本表"本期减（免）税额"不含出口退（免）税额。

八、本表"期初未缴税额"填写本期期初累计应缴未缴的消费税额，多缴为负数。其数值等于上期"期末未缴税额"。

九、本表"本期缴纳前期应纳税额"填写本期实际缴纳入库的前期消费税额。

十、本表"本期预缴税额"填写纳税申报前已预先缴纳入库的本期消费税额。

十一、本表"本期应补（退）税额"计算公式如下，多缴为负数：

110

本期应补（退）税额 ＝ 应纳税额（合计栏金额）－本期准予扣除税额－本期减（免）税额－本期预缴税额

十二、本表"期末未缴税额"计算公式如下，多缴为负数：

期末未缴税额 ＝ 期初未缴税额 ＋ 本期应补（退）税额－本期缴纳前期应纳税额

十三、本表为 A4 竖式，所有数字小数点后保留两位。一式二份，一份纳税人留存，一份税务机关留存。

【技能训练】

一、单选题

1. 下列关于消费税的征收规定说法不正确的是（　　）。

A. 单位和个人进口货物属于消费税征税范围的，在进口环节也要缴纳消费税

B. 改在零售环节征收消费税的金银首饰仅限于金基、银基合金首饰以及金、银和金基、银基合金的镶嵌首饰

C. 卷烟消费税在生产和批发两个环节征收后，批发企业在计算纳税时可以扣除已含的生产环节的消费税税款

D. 消费税的征收环节包括生产销售、委托加工、批发销售、进口环节

2. 2013 年 3 月份某酒厂研发生产一种新型粮食白酒，第一批 1000 公斤，成本为 17 万元，作为礼品赠送品尝，没有同类售价。已知粮食白酒的成本利润率 10%，则该批就应纳消费税为（　　）万元。

A.4.67　　　　B.4.8　　　　C.7.91　　　　D.8.20

3. 某外贸公司 2010 年 5 月进口卷烟 100 箱，每箱关税的完税价格 20000 元人民币；境内报关地运到单位，发生运费 1.7 万元，保险费用等杂费 2.5 万元，假定关税税率为 15%，则应交进口环节消费税是（　　）万元。

A.99.23　　　　B.226.28　　　　C.189.41　　　　D.296.14

4. 某进出口公司 2009 年 10 月 7 日报关进口一批韩国小轿车，海关于当日填开完税凭证，该公司进口消费税的最后的纳税时间为（　　）。

A.10 月 13 日　　B.10 月 14 日　　C.10 月 16 日　　D.10 月 21 日

5. 企业发生的下列行为中，不需要缴纳消费税的是（　　）。

A. 用自产的应税消费品换取生产资料

B. 将外购润滑油简单加工成小包装对外销售

C. 直接销售委托加工收回的已税的应税消费品

D.将委托加工收回粮食白酒贴标再对外销售

6.某啤酒厂销售 A 型啤酒 20 吨给副食品公司，开具税控专用发票收取价款 58000 元，收取包装物押金 3000 元；销售 B 型啤酒 10 吨给宾馆，开具普通发票收取 32760 元，收取包装物押金 1500 元。该啤酒厂应缴纳的消费税是（　　）。

　　A.5000 元　　　　　　B.6600 元　　　　C.7200 元　　　　D.7500 元

7.某企业 2013 年 6 月受托加工 A 类化妆品 10 件，同类产品含增值税售价为 11700 元 / 件；受托加工 B 类化妆品一批，成本为 40000 元，加工费为 10000 元，该企业不销售 B 类化妆品。化妆品消费税税率为 30%，该企业应代收代缴消费税税额为（　　）元。

　　A.51428.57　　　　B.51420.57　　　C.52428.57　　　D.50420.57

8.纳税人将应税消费品与非应税消费品以及适用税率不同的应税消费品组成成套消费品销售的，应按（　　）。

　　A.应税消费品的平均税率计征　　　　　　B.应税消费品的最高税率计征
　　C.应税消费品的不同税率，分别计征　　　D.应税消费品的最低税率计征

9.纳税人委托个体经营者加工应税消费品，消费税应（　　）。

　　A.由受托方代收代缴

　　B.由委托方在受托方所在地缴纳

　　C.由委托方收回后在委托方所在地缴纳

　　D.由委托方在受托方或委托方所在地缴纳

10.某啤酒厂销售 A 型啤酒 20 吨给副食品公司，开具税控专用发票收取价款 58000 元，收取包装物押金 3000 元；销售 B 型啤酒 10 吨给宾馆，开具普通发票收取 32760 元，收取包装物押金 1500 元。该啤酒厂应缴纳的消费税是（　　）。

　　A.5000 元　　　　　　B.6600 元　　　　C.7200 元　　　　D.7500 元

二、多选题

1.下列各项中，应当征收消费税的有（　　）。

　　A.化妆品厂作为样品赠送给客户的洗发水

　　B.用于产品质量检验耗费的高尔夫球杆

　　C.白酒生产企业向百货公司销售的药酒

　　D.木制品公司将自产实木地板作为样品送某房地产公司

2.关于酒类产品消费税的征收，下列说法正确的有（　　）。

　　A.啤酒、黄酒采用比例税率

　　B.进口、自产自用白酒，从量定额计税办法的计税依据分别为海关核定的

进口征税数量、移送使用数量

C. 生产销售白酒，从量定额计税办法的计税依据为白酒的实际销售数量

D. 外购已税酒和酒精生产的酒，外购酒及酒精已纳消费税税款不予抵扣

3. 下列情形中的应税消费品，以同期应税消费品最高销售价格作为计税依据的有（　　　）。

A. 用于抵偿债务的应税消费品　　　　B. 用于馈赠的应税消费品

C. 换取生产资料的应税消费品　　　　D. 换取消费资料的应税消费品

4. 根据消费税的有关规定，下列纳税人自产自用应税消费品缴纳消费税的是（　　　）。

A. 炼油厂用于本企业管理部门车辆的自产柴油

B. 酒厂外购的酒精用于生产白酒

C. 日化厂用于交易会样品的自产化妆品

D. 卷烟厂用于生产卷烟的自制烟丝

5. 下列各项中，不应在收回委托加工品后征收消费税的有（　　　）。

A. 商业批发企业销售委托其他企业加工的特制白酒，但受托方向委托方交货时没有代收代缴消费税款的

B. 商业批发企业收回委托其他企业加工的特制白酒直接销售的

C. 商业批发企业销售其委托加工的特制白酒，但是由于受托方以其名义购买原材料生产的应税消费品

D. 工业企业委托加工收回后用于连续生产其他酒的特制白酒

6. 依据消费税的规定，下列应税消费品中，准予扣除外购已纳消费税的有（　　　）。

A. 以已税烟丝为原料生产的卷烟

B. 以已税珠宝玉石为原料生产的贵重珠宝首饰

C. 以已税酒精为原料连续生产低档白酒

D. 以已税润滑油为原料生产的润滑油

7. 下列各项中，不符合消费税纳税义务发生时间规定的有（　　　）。

A. 进口的应税消费品，为取得进口货物的当天

B. 自产自用的应税消费品，为移送使用的当天

C. 委托加工的应税消费品，为支付加工费的当天

D. 采取预收货款结算方式的，为收到预收款的当天

8. 下列各项中，符合消费税纳税地点规定的有（　　　）。

A.进口应税消费品的，由进口人或其代理人向报关地海关申报纳税

B.纳税人的总机构与分支机构不在同一县（市）的，应分别向各自机构所在地缴纳消费税

C.委托加工应税消费品的，一律由委托方向受托方所在地主管税务机关申报纳税

D.纳税人到外县销售自产应税消费品的，应向机构所在地或者居住地主管税务机关申报纳税

9.在计算消费税应纳税额时，有的需要以组成计税价格作为消费品的计税依据，其组成计税价格公式有（　　　　）。

A.（成本＋利润）/（1－消费税税率）

B.（材料成本＋加工费）/（1－消费税税率）

C.（成本＋利润）/（1－增值税税率）

D.（关税完税价格＋关税）/（1－消费税税率）

10.某企业生产的化妆品，用于下列（　　　　）用途时应征收消费税。

A.本企业职工运动会奖品　　　　　　B.电视广告的样品

C.出厂前抽检品　　　　　　　　　　D.促销活动中赠送品

三、计算题

1.某酒厂本年度5月份发生下列业务：生产销售啤酒40吨，每吨售价2800元。另外，该厂生产一种新开发白酒，广告样品使用0.2吨，已知该种药酒无同类产品出厂价，生产成本每吨35000元，成本利润率为10%。要求：计算该酒厂5月份应缴纳的消费税。

2.某汽车制造厂为增值税一般纳税人，主要生产乘用车，本年度年6月份发生如下业务：

（1）赊销自产汽缸容量大于2.5升的小轿车10辆，不含税售价200000元/辆，双方约定下月付款，汽车已发出。

（2）用自产汽缸容量大于2.5升的小轿车5辆向某钢材厂换取一批钢材，小轿车生产成本为120000元/辆，小轿车的成本利润率为8%。

（3）销售汽缸容量小于1.5升的小轿车10辆，不含税售价50000元/辆，另向客户收取运输费2000元/辆。

已知：汽缸容量大于2.5升的小轿车消费税税率9%，汽缸容量小于1.5升的小轿车消费税税率3%。要求：试计算该厂本月应纳消费税。

3. 某化妆品厂 2013 年 10 月发生下列业务：

（1）销售化妆品开出增值税专用发票，取得价款 100 万元，税款 17 万元，存入银行。

（2）没收逾期未归还的包装物押金 23400 元。

（3）将本企业生产的化妆品分给职工作福利 5 万元，用于广告样品 5 万元，同类消费品售价合计 17.55 万元。

（4）受托加工化妆品一批，委托方提供原材料 20 万元，本企业收取加工费 8 万元，并开出增值税专用发票，本企业无同类化妆品销售价格。

要求：试计算该厂应纳消费税、增值税的金额。

第三节　关税

知识目标：了解关税的概念，掌握关税的征税范围和纳税人、理解关税的特点和作用，熟悉关税的计算方法。

能力目标：通过对关税税制的学习，能够正确判断关税的纳税义务人，了解关税的计算征缴方式，管理机构及征缴方法。

【小节分析】近年来，随着我国外贸出口额不断攀升，中国遭遇的贸易摩擦也越发严重，中国已经连续多年成为贸易摩擦最大受害国。在出现贸易摩擦的过程中，国家保护民族产业的一个重要砝码即关税，那么，关税如何来发挥这些作用呢？

【相关知识】

3.1　关税概述

一、关税的起源与发展

关税是非常古老的一个税种。在西方，关税最早产生于古希腊时期。公元前 500 多年，地中海、爱琴海及黑海一带的经济发展十分迅速并成为当时欧洲的贸易中心。位于这一地区的部落联盟及其各领地的领主为了维护各自利益，纷纷增关设卡，对往来的外地商人征收入关税。18 世纪以后，随着欧洲各国资本主义生产方式的形成，真正的国际贸易开始出现。关税成为宗主国对殖民地进行经济掠夺的工具。我国关税历史悠久，西周就有"关市之征"的记载，征税的目的是"关市之赋，以待王之膳服"；秦朝以后，开始在陆地边境关卡的征税和沿海港口市舶机构的征税；清初，设立了江、浙、闽、粤四处海关，其后在不平等条约下增开对外通商口岸设立海关，征收关税，另有内地关税；1931 年以后逐步撤销了内地关税，只在国境征收进出口关税；1950 年后，逐步统一了新中国的关税政策，建立了完全独立自主的保护关税政策。

二、关税的概念

关税是由海关对进出国境或关境的货物、物品征收的一种税。

货物是指贸易性商品，物品是指入境旅客随身携带的行李等个人物品。国境是一个国家以边界为界限，全面行使主权的境域，包括领土、领海和领空。而关境是一个国家关税法令完全实施的境域，又称税境或海关境域。一般而言，国境和关境是一致的，商品进出国境也就是进出关境。但是两者也有不一致的情况，如有些国家在国境内设有自由贸易港、自由贸易区或出口加工区时，关境就小于国境；当几个国家组成关税同盟时，成员国之间相互取消关税，对外实行共同的关税税则，对成员国而言关境大于国境。

三、关税的分类

（一）按征收方法划分

1. 从价税：依照进出口货物的价格作为标准征收关税。

2. 从量关税：依照进出口货物数量的计量单位（如"吨"、"箱"、"百个"等）征收定量关税。

3. 混合关税：依各种需要对进出口货物进行从价、从量的混合征税。

4. 选择关税：指对同一种货物在税则中规定有从量、从价两种关税税率，在征税时选择其中征税额较多的一种关税，也可选择税额较少的一种为计税标准计征。

5. 滑动关税：关税税率随着进口商品价格由高到低而由低到高设置的税。可以起到稳定进口商品价格的作用。

（二）按征税商品流向划分

1. 进口税：是进口国家的海关在外国商品输入时，对本国进口商所征收的正常关税。

2. 出口税：是对本国出口的货物在运出国境时征收的一种关税。征收出口关税会增加出口货物的成本，不利于本国货物在国际市场的竞争。

3. 过境税：是一国对于通过其关境的外国商品征收的关税。

（三）按征税性质划分

1. 普通关税：又称一般关税，是指一国政府对与本国没有签署友好协定、经济互助协定的国家和地区按普遍税率征收的关税。

2. 优惠关税：是指对来自特定受惠国的进口货物征收的低于普通税率的优惠税率关税。使用优惠关税的目的是为了增进与受惠国之间的友好贸易往来。

3. 差别关税：差别关税有广义和狭义之分，广义的差别关税，就是实行复式税则的关税；狭义的差别关税是对一部分进口商品，视其国家，价格或进口方式的不同，课以不同的税率的关税。差别关税的种类很多，有多重关税，反倾销关税，反贴补关税，报复关税，平衡关税等。

（四）按征收目的划分

1. 财政关税

以增加国家财政收入为主，通常向外国生产，国内消费需求大的产品征收，税率适中。目前多为发展中国家采用，对工业发达国家已经不再重要。

2. 保护关税

它是以保护本国经济发展为主要目的而课征的关税。保护关税主要是进口税，税率较高。有的高达百分之几百。通过征收高额进口税，使进口商品成本较高，从而削弱它在进口国市场的竞争能力，甚至阻碍其进口，以达到保护本国经济发展的目的。保护关税是实现一个国家对外贸易政策的重要措施之一。

四、关税的作用

（一）增加政府财政收入

我国现阶段处于社会主义初级阶段，经济发展水平较低，财政收入基础不大，关税便成为政府财政收入的一项较大来源之一。随着对外经济交流的扩大，我国关税收入逐年上升，关税为社会主义现代化建设集中了必要的资金。

（二）维护国家主权和利益

当我国与其他国家在经济利益上有差异时，需要进行贸易谈判，而关税是贸易谈判中捍卫本国利益的重要武器。合理和适度运用关税杠杆，可迫使谈判对方同等程度降低和减免关税，提供相同或相似的贸易条件和贸易保证，拒绝或限制对方对本国的商品倾销。同时，关税也是实行贸易歧视或反歧视的手段，迫使贸易伙伴考虑本国的既得利益。不仅如此，关税在国与国交往的其他方面也可充当重要的中介力量和谈判砝码。

（三）保护国内工业的发展，促进对外贸易的发展

通过对进口货物征收高额的关税，提高进口货物的销售成本，从而削弱其与本国同类产品的竞争能力，保护和促进本国经济的发展。通过对出口货物的退税或补贴，使其以无税的形式进入国际市场，从而增强我国产品在国际市场上的竞争能力，并以此为国家赚取更多的外汇。

（四）对进口货物进行适应国内需要的调节

关税在调节我国的经济结构、产业结构中发挥了较大的作用。根据我国产业和产品的优劣特征，通过设置高低不同的关税税率，鼓励所需商品的进口，限制不需商品的进口，来调整进口产品结构，进而影响本国经济结构。如我国调整了农业机械等的进口税率，影响和改变原有进出口产品的构成，促进农业的发展。

（五）帮助实现收入的再分配

一般来说，进口产品在缴纳关税后，其价值上涨。进口产品价格的上涨使国内原有的收入水平和收入结构发生了变化。此外，进口产品价格上涨的结构往往带动国内产品价格上升，从而迫使政府、企业不得不增加工资。由于产品上涨结构和幅度往往与工资增加的结构和幅度不一致，因而形成对人们实际收入的再分配。

五、关税的特点

1. 纳税上的统一性和一次性

按照全国统一的进出口关税条例和税则征收关税，在征收一次性关税后，货物就可在整个关境内流通，不再另行征收关税。这与其他税种如增值税、营业税等流转税是不同的。

2. 征收上的过"关"性

是否征收关税，是以货物是否通过关境为标准。凡是进出关境的货物才征收关税；凡未进出关境的货物则不属于关税的征税对象。

3. 税率上的复式性

同一进口货物设置优惠税率和普通税率的复式税则制。优惠税率是一般的、正常的税率，适用于同我国订有贸易互利条约或协定的国家；普通税率适用于同我国没有签订贸易条约或协定的国家。这种复式税则充分反映了关税具有维护国家主权、平等互利发展国际贸易往来和经济技术合作的特点。

4. 对进出口贸易的调节性

许多国家通过制定和调整关税税率来调节进出口贸易。在出口方面，通过低税、免税和退税来鼓励商品出口；在进口方面，通过税率的高低、减免来调节商品的进口。

3.2 关税税制的基本内容

一、征税范围

关税的纳税范围（对象）是进出我国关境的货物和物品。货物是指贸易性商品；物品包括入境旅客随身携带的行李和物品、个人邮递物品，各种运输工具上的服务人员携带进口的自用物品、馈赠物品，以及其他方式进入我国国境的个人物品。

二、纳税人

根据《中华人民共和国进出口关税条例》第四条规定："进口货物的收货人、出口货物的发货人，是关税的纳税义务人。接受委托办理有关手续的代理人，应当遵守本条例对其委托人的各项规定。"

在外贸企业逐步实行进出口代理制以后，凡由外贸企业代理进出口业务的，都由办理进出口业务的外贸企业代纳税，不通过外贸企业而自行经营进出口业务的，则由收发货人自行申报纳税。

非贸易性物品的纳税人是物品持有人、所有人或收件人。

三、关税税目、税则、税率

（一）关税税则、税目

关税税则又称海关税则。它是一国对进出口商品计征关税的规章和对进出口的应税与免税商品加以系统分类的一览表。海关凭以征收关税，是关税政策的具体体现。

海关税则一般包括两个部分：一部分是海关课征关税的规章条例及说明；另一部分是关税税目税率表。

关税税率表主要包括：税则号列（简称税号）、货品分类目录、税率三部分。

1985 年我国采用《海关合作理事会商品分类目录》，重新制订进出口税则，共设 21 类、99 章、1011 个四位数编码税则号列，其下又设两级子目，共有税目 2208 个。税则仍沿用进出口合一体例，设最低、普通两栏税率。1992 年我国又制订并实施了以《协调制度》为基础的新税则，在《协调制度》六位数编码的基础上加列 1827 个七位数子目和 300 个八位数子目,税则实际 8 位税目 6265 个。1996 年世界海关组织对《协调制度》目录作了修订。我国也据此制订了 1996 年税则,新税则号列共有 8 位税目 6549 个,于同年 4 月 1 日起实施。1997 年税则共有 8 位税目 6633 个,于 10 月 1 日实施。从 2001 年起,新调整的税则税目由 7062 个增加至 7111 个。

(二)关税税率

1951 年,我国税则曾采用过从量税。从 1985 年至 1997 年 10 月 1 日,中国历版税则全部采用从价税计税。自 1997 年 10 月 1 日起,我国对 35 个税号采用了从量税、复合税和滑准税。从 2001 年起,有 52 个税目实行从量税、复合税、滑准税。

改革开放后,我国多次调整、降低了一些商品的税率。1992 年初的关税简单算术平均税率为 44.4% 左右,有税商品加权平均税率为 22.5%(关税总协定测算为 20.5%)。这不但大大高于发达国家,而且也高于发展中国家的一般水平。为了适应中国即将加入世贸组织的国际经济关系新变化,1992 年我国决定实施"自主降税计划",以便更深入地开放国内市场。关税水平开始大幅度逐年下降。1994 年底又降低了 2944 个税号的税率,使关税水平进一步降至 35.9%。1995 年我国削减了包括烟酒在内的 23 项商品的税率。从 1996 年 4 月 1 日起,进口关税算术平均税率由 35.4% 降至 23%,降幅为 35%,涉及 4900 多个税目。1997 年 10 月 1 日起,我国又将进口关税算术平均税率由 23% 降至 17%,降幅达 26%,涉及 4874 个税目。从 2001 年起,我国的关税总水平从目前的 16.4% 降至 15.3%。

1. 进口货物税率

设有最惠国税率、协定税率、特惠税率、普通税率、关税配额税率。在一定期限内可实行暂定税率。

进口税率的选择适用是根据货物的不同原产地而确定的。适用最惠国税率、协定税率、特惠税率的国家或地区的名单,由国务院税则委员会决定。

我国现行进口关税税率是以从价税比例税率为主,辅以从量税、复合税和滑准税。有关税率表模式如下表所示:

税则号列	货品名称	最惠国税率	普通税率	协定税率（东盟）	协定税率（香港）	协定税率（澳门）	出口税率
97040090	其他	14	50	0	0	0	
97040010	邮票	8	50	0	0	0	
9704	使用过或未使用过的邮票、印花税票、邮戳印记、首日封、邮政信笺（印有邮票的纸品）及类似品，但税目49.07的货品除外：						
97030000	各种材料制的雕塑品原件：	12	50	0			
9703	各种材料制的雕塑品原件：						
97020000	雕版画、印制画、石印画的原本	12	50	0			
9702	雕版画、印制画、石印画的原本：						
97019000	其他	14	50	0			
97011020	复制品	14	50	0			
97011019	其他	12	50	0			
97011011	唐卡	12	50	0			
9701	油画、粉画及其他手绘画，但带有手工绘制及手工描饰的制品或税目49.06的图纸除外；拼贴画及类似装饰板：						
9701	油画、粉画及其他手绘画：						
9701	原件：						
96190090	其他	14	130	0	0	0	0

2. 出口货物税率

我国真正征收出口关税的商品仅有 100 余种，税率 20% ~ 40%，在一定期限内可实行暂定税率（200 余种）。

征收出口关税的货物章节很少，采用的都是从价定率征税的方法。

（三）关税税率的运用

1. 进出口货物，应当按照纳税义务人申报进口或者出口之日实施的税率征税。

2. 进出口货物到达前，经海关核准先行申报的，应当按照装载此货物的运输工具申报进境之日实施的税率征税。

3. 进出口货物的补税和退税，适用该进出口货物原申报进口或者出口之日所实施的税率，但特例情况根据关税条例规定如下：

具体情况	适用税率
特定减免税物转让或改变成不免税用途的	海关接受纳税人申报办理纳税手续之日实施的税率
加工贸易进口保税料、件转为内销的	经批准的为申报转内销之日的税率
	未经批准的为查获之日的税率
暂时进口货物转为正式进口需补税的	申报正式进口之日实施的税率
分期支付租金的租赁进口货物分期付税的	该项货物原进口之日实施的税率征税

四、原产地的规定

原产地的判断采用完全在一国生产标准或实质性改变标准。

（一）完全在一个国家（地区）获得的货物，以该国（地区）为原产地；两个以上国家（地区）参与生产的货物，以最后完成实质性改变的国家（地区）为原产地。完全在一个国家（地区）获得的货物，是指：

1. 在该国（地区）出生并饲养的活的动物；

2. 在该国（地区）野外捕捉、捕捞、搜集的动物；

3. 从该国（地区）的活的动物获得的未经加工的物品；

4. 在该国（地区）收获的植物和植物产品；

5. 在该国（地区）采掘的矿物；

6. 在该国（地区）获得的除本条第 1 项至第 5 项范围之外的其他天然生成的物品；

7. 在该国（地区）生产过程中产生的只能弃置或者回收用作材料的废碎料；

8. 在该国（地区）收集的不能修复或者修理的物品，或者从该物品中回收的零件或者材料；

9. 由合法悬挂该国旗帜的船舶从其领海以外海域获得的海洋捕捞物和其他物品；

10. 在合法悬挂该国旗帜的加工船上加工本条第 9 项所列物品获得的产品；

11. 从该国领海以外享有专有开采权的海床或者海床底土获得的物品；

12. 在该国（地区）完全从本条第 1 项至第 11 项所列物品中生产的产品。

（二）在确定货物是否在一个国家（地区）完全获得时，不考虑下列微小加工或者处理：

1. 为运输、贮存期间保存货物而作的加工或者处理；

2. 为货物便于装卸而作的加工或者处理；

3. 为货物销售而作的包装等加工或者处理。

五、税收优惠

（一）法定减免税

1. 下列进出口货物，免征关税：

（1）关税税额在人民币 50 元以下的货物；

（2）无商业价值的广告品和货样；

（3）外国政府、国际组织无偿赠送的物资；

（4）在海关放行前损失的货物；

（5）进出境运输工具装载的途中必需的燃料、物料和饮食用品。

因品质或者规格原因，出口货物（进口货物）自出口之日（进口之日）起 1 年内原状复运出境（进境）的，不征收出口（进口）关税。

2. 下列进出口货物，可以暂不缴纳关税：

经海关批准暂时进境或者暂时出境的下列货物，在进境或者出境时纳税义务人向海关缴纳相当于应纳税款的保证金或者提供其他担保的，可以暂不缴纳关税，并应当自进境或者出境之日起 6 个月内复运出境或者复运进境；经纳税义务人申请，海关可以根据海关总署的规定延长复运出境或者复运进境的期限：

（1）在展览会、交易会、会议及类似活动中展示或者使用的货物；

（2）文化、体育交流活动中使用的表演、比赛用品；

（3）进行新闻报道或者摄制电影、电视节目使用的仪器、设备及用品；

（4）开展科研、教学、医疗活动使用的仪器、设备及用品；

（5）在第 1 项至第 4 项所列活动中使用的交通工具及特种车辆；

（6）货样；

（7）供安装、调试、检测设备时使用的仪器、工具；

（8）盛装货物的容器；

（9）其他用于非商业目的的货物。

3. 有下列情形之一的，纳税义务人自缴纳税款之日起 1 年内，可以申请退还关税，并应当以书面形式向海关说明理由，提供原缴款凭证及相关资料：

（1）已征进口关税的货物，因品质或者规格原因，原状退货复运出境的；

（2）已征出口关税的货物，因品质或者规格原因，原状退货复运进境，并已重新缴纳因出口而退还的国内环节有关税收的；

（3）已征出口关税的货物，因故未装运出口，申报退关的。

（二）特定减免税

1. 科教用品

2. 残疾人专用品

3. 扶贫、慈善性捐赠物资

4. 加工贸易产品

5. 边境贸易进口物资

6. 保税区进出口货物

7. 出口加工区进出口货物

8. 进口设备

9. 特定行业或用途的减免税政策

10. 特定地区的减免税政策

（三）临时减免税

临时减免税是法定和特定减免税以外的其他减免税，对某个单位、某类商品、某个章节或某批进出口货物的特殊情况，给予特别照顾，一案一批，专文下达的减免税。

（四）个人邮寄物品的减免税

自 2010 年 9 月 1 日起，个人邮寄物品，应征进口税额在人民币 50 元（含 50 元）以下的，海关予以免征。

3.3 关税的计算

一、关税完税价格的确定

关税完税价格是海关以进出口货物的实际成交价格为基础，经调整确定的计征关税的价格。

（一）进口货物的完税价格

进口货物的完税价格由海关以货物的成交价格为基础审查确定，并应当包括该货物运抵中华人民共和国境内输入地点起卸前的运输及其相关费用、保险费。进口货物的成交价格，因有不同的成交条件而有不同的价格形式，常用的价格条款，有 FOB.CFR、CIF 三种。

无论采用何种成交价格，从价计算进口关税都要以合理、完整的 CIF 价格作为完税价格。

"CIF" 是含义为 "成本加运费、保险费" 的价格术语的简称，习惯上又称 "到岸价格"。FOB（Free On Board 的首字母缩写），也称 "离岸价"，是国际贸易中常用的贸易术语之一。按离岸价进行的交易，买方负责派船接运货物，卖方应在合同规定的装运港和规定的期限内将货物装上买方指定的船只，并及时通知买方。货物在装运港被装上指定船时，风险即由卖方转移至买方。CFR，全称 Cost and Freight，指在装运港船上交货，卖方需支付将货物运至指定目的地港所需的费用。但货物的风险是在装运港船上交货时转移。

成交价格是指买方为购买该货物，并按有关规定调整后的实付或应付价格。

1.下列费用或者价值未包括在进口货物的实付或者应付价格中，应当计入完税价格：

（1）①由买方负担的除购货佣金以外的佣金和经纪费；

购货佣金：指买方为购买进口货物向自己的采购代理人支付的劳务费用。

经纪费：指买方为购买进口货物向代表买卖双方利益的经纪人支付的劳务费用，计入完税价格（如卖方佣金）。

②由买方负担的与该货物视为一体的容器费用；

③由买方负担的包装材料和包装劳务费用。

（2）与进口货物的生产和向我国境内销售有关的，由买方以免费或者以低于成本的方式提供，并可以按适当比例分摊的货物或者服务的价值。

（3）买方需向卖方或者有关方直接或者间接支付的特许权使用费。

（4）卖方直接或间接从买方对该货物进口后销售、处置或使用所得中获得的收益。

（5）与进口货物有关的特许权使用费。

2. 不需要计入完税价格的章节

（1）厂房、机械或者设备等货物进口后发生的建设、安装、装配、维修或者技术援助费用，但是保修费用除外；

（2）进口货物运抵中华人民共和国境内输入地点起卸后发生的运输及其相关费用、保险费；

（3）进口关税、进口环节海关代征税及其他国内税；

（4）为在境内复制进口货物而支付的费用；

（5）境内外技术培训及境外考察费用。

【例3-1】下列章节中，属于进口关税完税价格组成部分的是（   ）。

A. 进口人向自己的境外采购代理人支付的购货佣金

B. 进口人负担的向中介机构支付的经纪费

C. 进口设备报关后的安装调试费用

D. 货物运抵境内输入地点起卸之后的运输费用

『正确答案』B

【例3-2】从境外某公司引进钢结构产品自动生产线，境外成交价格（FOB）1600万元。该生产线运抵我国输入地点起卸前的运费和保险费120万元，境内运输费用12万元。另支付由买方负担的经纪费10万元，买方负担的包装材料和包装劳务费20万元，与生产线有关的境外开发设计费用50万元，生产线进口后的现场培训指导费用200万元。取得海关开具的完税凭证及国内运输部门开具的运输业专用发票。

『正确答案』

进口环节关税完税价格 = 1600 + 120 + 10 + 20 + 50 = 1800（万元）

进口环节应缴纳的关税 = 1800 × 30% = 540（万元）

进口环节应缴纳的增值税 = （1800 + 540）× 17% = 397.80（万元）

（二）特殊进口货物完税价格

1. 运往境外修理的货物

运往境外修理的机械器具、运输工具或其他货物，出境时已向海关报明，并在海关规定期限内复运进境的，应当以海关审定的境外修理费和料件费确定完税价格。

2. 运往境外加工的货物

运往境外加工的货物，出境时已向海关报明，并在海关规定期限内复运进境的，应当以海关审定的境外加工费和料件费以及该货物复运进境的运输及其相关费用、保险费估定完税价格。

【例 3-3】某企业 2013 年将以前年度进口的设备运往境外修理，设备进口时成交价格 58 万元，发生境外运费和保险费共计 6 万元；在海关规定的期限内复运进境，进境时同类设备价格 65 万元；发生境外修理费 8 万元，料件费 9 万元，境外运输费和保险费共计 3 万元，进口关税税率 20%。运往境外修理的设备报关进口时应纳进口环节税金（　　）万元。

A.3.4　　　B.6.868　　　C.8.08　　　D.13

『正确答案』B

『答案解析』运往境外修理的设备报关进口时应纳进口环节税金 =（8 + 9）× 20% +（8 + 9）×（1 + 20%）× 17% = 6.868（万元）

3. 暂时进境货物

对于经海关批准的暂时进境的货物，应当按照一般进口货物估价办法的规定估定完税价格。

（三）进口货物相关费用的核定

1. 进口货物的运费

进口货物的运费应当按照实际支付的费用计算。如果进口货物的运费无法确定，海关应当按照该货物的实际运输成本或者该货物进口同期运输行业公布的运费率（额）计算运费。

2. 进口货物的保险费

进口货物的保险费应当按照实际支付的费用计算。如果进口货物的保险费无法确定或者未实际发生，海关应当按照"货价加运费"两者总额的 3‰ 计算保险费，其计算公式如下：

保险费 =（货价 + 运费）× 3‰

3. 以境外边境口岸价格条件成交的铁路或者公路运输进口货物，海关应当按照境外边境口岸价格的 1% 计算运输及其相关费用、保险费。

【例 3-4】某卷烟厂进口一批烟丝，境外成交价格 150 万元，运至我国境内输入地点起卸前运费 20 万元，无法确知保险费用；将烟丝从海关监管区运往仓库，发生运费 12 万元，取得合法货运发票。

要求：计算该卷烟厂当月进口环节应缴纳的税金。

关税完税价格 =（150 + 20）×（1 + 0.003）= 170.51（万元）

关税 = 170.51 × 10% = 17.05（万元）

进口增值税 =（170.51 + 17.05）÷（1 — 30%）× 17% = 45.55（万元）

进口消费税 =（170.51 + 17.05）÷（1 — 30%）× 30% = 80.38（万元）

当月进口环节缴纳税金合计：17.05 + 45.55 + 80.38 = 142.98（万元）

（四）出口货物的完税价格

出口货物的完税价格由海关以该货物的 成交价格为基础审查确定，并应当包括货物运至中华人民共和国境内输出地点装载前的运输及其相关费用、保险费。

1. 计入出口货物完税价格

（1）出口货物的成交价格：是指该货物出口销售时，卖方为出口该货物应当向买方直接收取和间接收取的价款总额。

（2）境内输出地点装载前的运输及其相关费用、保险费

2. 下列税收、费用不计入出口货物的完税价格：

（1）出口关税

（2）在货物价款中单独列明的货物运至中华人民共和国境内输出地点 装载后的运输及其相关费用、保险费

（3）在货物价款中单独列明 由卖方承担的佣金

【例 3–5】下列关于关税完税价格的说法，正确的有（　）。

A. 出口货物关税的完税价格不包含出口关税

B. 进口货物的保险费无法确定时，海关应按照货价的 5% 计算保险费

C. 进口货物的关税完税价格不包括进口关税

D. 经海关批准的暂时进境货物，应当按照一般进口货物估价办法的规定，估定进口货物完税价格

E. 出口货物的完税价格，由海关以该货物的成交价格为基础审查确定，并应包括货物运至我国境内输出地点装卸前的运输及其相关费用、保险费

『正确答案』ACDE

『答案解析』进口货物的保险费无法确定时，应当按照"货价加运费"两者总额的千分之三计算保险费。

二、应纳税额的计算

（一）关税从价税应纳税额的计算

关税税额 = 应税进（出）口货物数量 × 单位完税价格 × 税率。

【例3-6】有进出口经营权的某外贸公司，10月经有关部门批准从境外进口小轿车30辆，每辆小轿车货价15万元，运抵我国海关前发生的运输费用、保险费用无法确定，经海关查实其他运输公司相同业务的运输费用占货价的比例为2%。向海关缴纳了相关税款，并取得了完税凭证。（提示：小轿车关税税率60%、消费税税率9%。）

要求：计算小轿车在进口环节应缴纳的关税、消费税、增值税。

『正确答案』

①进口小轿车的货价 = 15 × 30 = 450（万元）

②进口小轿车的运输费 = 450 × 2% = 9（万元）

③进口小轿车的保险费 =（450 + 9）× 3‰ = 1.38（万元）

④进口小轿车应缴纳的关税：

关税的完税价格 = 450 + 9 + 1.38 = 460.38（万元）

应缴纳关税 = 460.38 × 60% = 276.23（万元）

⑤进口环节小轿车应缴纳的消费税：

消费税组成计税价格 =（460.38 + 276.23）÷（1 — 9%）= 809.46（万元）

应缴纳消费税 = 809.46 × 9% = 72.85（万元）

⑥进口环节小轿车应缴纳增值税：

应缴纳增值税：809.46 × 17% = 137.61（万元）

（二）关税从量税应纳税额的计算

关税税额 = 应税进（出）口数量 × 单位货物税额

（三）关税复合税应纳税额的计算

关税税额 = 应税进（出）口货物数量 × 单位货物税额 + 应税进（出）口货物数量 × 单位完税价格 × 税率

（四）关税滑准税应纳税额的计算

关税税额 = 应税进（出）口货物数量 × 单位完税价格 × 滑准税税率

3.4　关税的征收管理

一、关税申报与缴纳

（一）关税的申报

1. 进口货物自运输工具申报进境之日起 14 日内；

2. 出口货物在货物运抵海关监管区后装货的 24 小时以前。

（二）关税的缴纳

1. 纳税义务人应当自海关填发税款缴款书之日起 15 日内，向指定银行缴纳税款；

2. 关税纳税人因不可抗力或在国家税收政策调整的情形下，不能按期缴纳税款的，经海关总署批准，可以延期缴纳税款，但最长不得超过 6 个月。

二、关税的强制执行

（一）征收关税滞纳金。

滞纳金自关税缴纳期限届满之日起，至纳税义务人缴纳关税之日止，按滞纳税款万分之五的比例按日征收，周末或法定节假日不予扣除。

关税滞纳金金额 = 滞纳关税税额 × 滞纳金征收比率 × 滞纳天数

滞纳金的起征点为 50 元。

（二）强制征收。如纳税义务人自海关填发缴款书之日起 3 个月仍未缴纳税款，经海关关长批准，海关可以采取强制扣缴、变价抵缴等强制措施。

三、关税的退还

（一）海关发现多征税款的，应当立即通知纳税义务人办理退税手续。纳税义务人应当自收到海关通知之日起 3 个月内办理有关退税手续。

（二）纳税人发现的，应自缴纳税款之日起 1 年内书面申请退税，并加算银行同期存款利息。

可造成关税退还的四类情形：

1. 因海关误征，多纳税款的；

2. 海关核准免验进口的货物，在完税后，发现有短卸情形，经海关审查认可的；

3. 已征出口关税的货物，因故未将其运出口，申报退关，经海关查验属实的；

4. 对已征出口关税的出口货物和已征进口关税的进口货物，因货物品种或规格原因（非其他原因）原状复运进境或出境的，经海关查验属实的，也应退还已征关税。

四、关税补征和追征

非因纳税人违反海关规定造成短征关税的，称为补征。海关发现少征或者漏征税款的，应自缴纳税款或者货物，物品放行之日起 1 年内，向纳税人补征；

由于纳税人违反海关规定造成短征关税的，称为追征。海关发现在 3 年内追征，按日加收万分之五的滞纳金。

【技能训练】

一、单选题

1. 关于关税特点的说法，正确的是（　　）。

A. 关税的高低对进口国的生产影响较大，对国际贸易影响不大

B. 关税是多环节价内税

C. 关税是单一环节的价外税

D. 关税不仅对进出境的货物征税，还对进出境的劳务征税

2. 某贸易公司进口小轿车 10 辆，每辆小轿车货价 15 万元，运抵我国海关前发生的运输费用、保险费用无法确定，经海关查实其他运输公司相同业务的运输费用占货价的比例为 2%。关税税率为 60%，消费税税率为 20%，应向海关缴纳关税税额和消费税合计为（　　）万元。

A.109.21　　　　B.110　　　　C.111.8　　　　D.153.47

3. 某商贸企业从国外进口一辆中轻型商务用车，作为企业班车，海关审定的关税完税价格 18 万元，关税税率为 30%，消费税税率为 5%。该商贸企业进口商务用车应纳进口环节税金（　　）万元。

A.9.36　　　　B.9.38　　　　C.10.82　　　　D.13.28

4. 某公司进口一批货物，应纳关税 800 万元。海关于 2013 年 3 月 2 日填发税款缴款书，但公司迟至 3 月 28 日才缴纳关税。海关应征收关税滞纳金（　　）万元。

A.5.2　　　　B.4.8　　　　C.6.5　　　　D.6

5. 下列关于关税的表述中，正确的是（　　）。

A. 纳税义务人应当自海关填发税款缴款书之日起 30 日内，向指定银行缴纳税款

B. 不能按期缴纳税款，经海关总署批准，可延期缴纳，但最长不得超过 3 个月

C. 关税补征期为缴纳税款或货物、物品放行之日起 1 年内

D. 出口货物在货物运抵海关监管区后装货的 14 日内，应由进出口货物的纳税人向货物进境地海关申报

二、多选题

1. 在法定减免税之外，国家按照国际通行规则和我国实际情况，制定发布的有关进出口货物减免关税的政策，称为特定或政策性减免税。下列货物属于特定减免税的有（　　　）。

A. 边境贸易进口物资

B. 境外捐赠用于扶贫、慈善性捐赠物资

C. 出口加工区进出口货物

D. 无商业价值的广告品和货样

2. 按照现行关税的政策，下述陈述正确的有（　　　）。

A. 出口关税不计入出口货物完税价格

B. 符合税法规定可予减免税的进出口货物，纳税义务人需向海关申请方可免征货物进出口环节的税金

C. 进口货物自运输工具进境之日起 15 日内，应由进口货物的纳税义务人向货物进境地海关申报

D. 自 2010 年 9 月 1 日起，个人邮寄物品，应征进口税额在人民币 50 元（含 50 元）以下的，海关予以免征

3. 关税的强制执行措施有（　　　）。

A. 处以应纳关税的 1～5 倍罚款

B. 征收滞纳金

C. 变价拍卖抵税

D. 强制扣缴

4. 下列关于出口货物的完税价格的陈述，正确的有（　　　）。

A. 出口货物的完税价格由海关以该货物的成交价格为基础审查确定

B. 应当包括货物运至中华人民共和国境内输出地点装载前的运输及其相关费用、保险费

C. 出口关税不计入完税价格

D. 在货物价款中单独列明由卖方承担的佣金，计入完税价格中

5. 下列费用未包括在进口货物的实付或者应付价格中，应当计入完税价格的有（　　　）。

A. 买方负担的购货佣金

B. 由买方负担的在审查确定完税价格时与该货物视为一体的容器费用

C. 货物运抵境内输入地点之后的运输费用和保险费

D. 卖方直接或间接从买方对该货物进口后转售、处置或使用所得中获得的收益

第四节　企业所得税

知识目标：了解企业所得税的发展变革；理解企业所得税的特点，掌握企业所得税的征税范围、纳税人、税率等；掌握企业所得税计税依据的确定方法及应纳税额的计算；熟悉企业所得税的征收管理要求。

能力目标：通过综合学习企业所得税法的相关知识，可以对企业的所得税纳税义务进行正确的判断；可以进行应纳税额的分析计算；可以进行企业所得税的纳税申报。

【小节分析】我国现行税制结构是以流转税为主体，所得税为发展重点，多税种相配合的复合税制结构，所得税在各级政府财政收入中所占比重较大，企业所得税的汇算清缴是每家企业每年都必须完成的工作，大家若从事税务方面的工作，这是我们必须要正确认识并应熟练掌握的一项小节。

【相关知识】

4.1　企业所得税概述

一、企业所得税的概念

企业所得税是对我国境内的企业和其他取得收入的组织的生产经营所得和其他所得征收的所得税。

二、我国企业所得税的发展变革

十一届三中全会之后，为了适应改革开放的基本国策，1980 年 9 月 10 日第五届全国人民代表大会第三次会议通过了《中华人民共和国中外合资经营企业所得税法》，1980 年 12 月 14 日财政部公布了《中华人民共和国中外合资经营企业所得税法施行细则》，均于 1980 年 9 月 10 日起施行。1981 年 12 月 13 日第五届全国人民代表大会第四次会议通过了《中华人民共和国外国企业所得税法》，1982 年 2 月 21 日财政部发布了《中华人民共和国外国企业所得税法施行细则》，均于 1982 年 1 月 1 日起施行。

国务院于 1984 年 9 月 18 日发布了《中华人民共和国国营企业所得税条例（草案）》和《国营企业调节税征收办法》、1985 年 4 月 11 日发布了《中华人民共和国集体企业所得税暂行条例》、1988 年 6 月 25 日发布了《中华人民共和国私营企业所得税暂行条例》，财政部又分别于 1984 年 10 月 18 日发布了《中华人民共和国国营企业所得税条例（草案）实施细则》、1985 年 7 月 22 日发布了《中华人民共和国集体企业所得税暂行条例施行细则》、1988 年 11 月 17 日发布了《中华人民共和国私营企业所得税暂行条例施行细则》。

至此，基本奠定了我国企业所得税制的主要框架。

随着改革开放的深入发展和引进外资的需要，1991 年 4 月 9 日第七届全国人民代表大会第四次会议通过了《中华人民共和国外商投资企业和外国企业所得税法》，1991 年 6 月 30 日国务院发布了《中华人民共和国外商投资企业和外国企业所得税法实施细则》，均于 1991 年 7 月 1 日起施行，原《中华人民共和国中外合资经营企业所得税法》和《中华人民共和国中外合资经营企业所得税法施行细则》《中华人民共和国外国企业所得税法》和《中华人民共和国外国企业所得税法施行细则》同时废止。

基于国有企业改革及社会经济整体发展的需要，我国于 1993 年底对原有税制进行了较大规模的调整，企业所得税制也进行了重新整合，取消了内资企业原来按所有权性质分设所得税制的模式。1993 年 12 月 13 日国务院发布了《中华人民共和国企业所得税暂行条例》（以下简称暂行条例），1994 年 2 月 4 日财政部发布了《中华人民共和国企业所得税暂行条例实施细则》（以下简称实施细则），均于 1994 年 1 月 1 日起施行，原《中华人民共和国国营企业所得税条例（草案）》和《中华人民共和国国营企业所得税条例（草案）实施细则》以及《国营企业调节税征收办法》、《中华人民共和国集体企业所得税暂行条例》和《中华人民共和国集体企业所得税暂行条例施行细则》、《中华人民共和国私营企业所得税暂行条例》和《中华人民共和国私营企业所得税暂行条例施行细则》同时废止。

至此，形成了企业所得税制"两税并行"的格局，内外资企业分别适用不同的企业所得税法。

"两税并行"的格局虽然对引进外资、出口创汇及国民经济的整体发展都起到了较大的促进作用，但是，在同样的经济环境中，外商投资企业和外国企业享受了更多的政策优惠，这就使得内外资企业处于不公平的竞争地位，也承担了不同的税负。因此，改革的呼声一直很高。

经过了长时间的酝酿和调查研究，2007年3月16日，第十届全国人民代表大会第五次会议高票通过了《中华人民共和国企业所得税法》（以下简称企业所得税法），2007年11月28日国务院第197次常务会议通过了《中华人民共和国企业所得税法实施条例》（以下简称实施条例），两部法律均于2008年1月1日起施行，原《中华人民共和国企业所得税暂行条例》和《中华人民共和国企业所得税暂行条例实施细则》《中华人民共和国外商投资企业和外国企业所得税法》和《中华人民共和国外商投资企业和外国企业所得税法实施细则》同时废止。企业所得税法的颁布施行彻底结束了长达十几年"两税并行"的格局，具有重要的历史和现实意义。

新的企业所得税法适用于除个人独资企业和合伙企业之外的所有企业，不再区别所有制性质、组织形式、投资主体等，使纳税人处于公平竞争的环境当中，充分保证了税收的公平原则。

三、企业所得税的特点

企业所得税与其他税种相比较，具有以下特点：

（一）以所得额为课税对象，税源大小受企业经济效益的影响

企业所得税的课税对象是总收入扣除成本费用后的净所得额。净所得额的大小决定着税源的多少，总收入相同的纳税人，所得额不一定相同，缴纳的所得税也不一定相同。

（二）征税以量能负担为原则

企业所得税以所得额为课税对象，所得税的负担轻重与纳税人所得的多少有着内在联系，所得多、负担能力大的多征，所得少、负担能力小的少征，无所得、没有负担能力的不征，以体现税收公平的原则。

（三）税法对税基的约束力强

企业应纳税所得额的计算应严格按照《中华人民共和国企业所得税暂行条例》及其他有关规定进行，如果企业的财务会计处理办法与国家税收法规抵触的，应当按照税法的规定计算纳税。这一规定弥补了原来税法服从于财务制度的缺陷，有利于保护税基，维护国家利益。

（四）实行按年计算，分期预缴的征收办法

企业所得税的征收一般是以全年的应纳税所得额为计税依据的，实行按年计算、分月或分季预缴、年终汇算清缴的征收办法。对经营时间不足 1 年的企业，要将实际经营期间的所得额换算为一年的所得额计算缴纳所得税。

4.2 企业所得税税制的基本内容

一、企业所得税的纳税人

企业所得税纳税人，是指在中国境内的企业和其他取得收入的组织（以下统称企业），包括各类企业、事业单位、社会团体、民办非企业单位和从事经营活动的其他组织等都属于企业所得税的纳税人。

依照中国法律、行政法规成立的个人独资企业、合伙企业，不适用《企业所得税法》。

企业所得税的纳税人依据"注册地标准"和"实际管理机构所在地标准"分为如下两类：

（一）居民企业

是指依法在中国境内成立，或者依照外国（地区）法律成立但实际管理机构在中国境内的企业。

居民企业应当就其来源于中国境内、境外的所得缴纳企业所得税。

在香港特别行政区、澳门特别行政区和台湾地区成立的企业，参照适用上述规定。

1. 企业登记注册地，是指企业依照国家有关规定登记注册的住所地

（1）依法在中国境内成立的企业，包括依照中国法律、行政法规在中国境内成立的企业、事业单位、社会团体以及其他取得收入的组织。

（2）依照外国（地区）法律成立的企业，包括依照外国（地区）法律成立的企业和其他取得收入的组织。

2. 实际管理机构，是指对企业的生产经营、人员、账务、财产等实施实质性全面管理和控制的机构。对于实际管理机构的判断，应当遵循实质重于形式的原则。

境外中资企业，是指由中国境内的企业或企业集团作为主要控股投资者，在境外依据外国（地区）法律注册成立的企业。但是，境外中资企业同时符合以下条件的，应判定其为实际管理机构在中国境内的居民企业（简称非境内注册居民企业）：（1）企业负责实施日常生产经营管理运作的高层管理人员及其管层

管理部门履行职责的场所主要位于中国境内；（2）企业的财务决策（如借款、放款、融资、财务风险管理等）和人事决策（如任命、解聘和薪酬等）由位于中国境内的机构或人员决定，或需要得到位于中国境内的机构或人员批准；（3）企业的主要财产、会计账簿、公司印章、董事会和股东会议纪要档案等位于或存放于中国境内；（4）企业1/2（含）以上有投票权的董事或高层管理人员经常居住于中国境内。

（二）非居民企业

是指依照外国（地区）法律成立且实际管理机构不在中国境内，但在中国境内设立机构、场所的，或者在中国境内未设立机构、场所，但有来源于中国境内所得的企业。

非居民企业在中国境内设立机构、场所的，应当就其所设机构、场所取得的来源于中国境内的所得，以及发生在中国境外但与其所设机构、场所有实际联系的所得，缴纳企业所得税。

非居民企业在中国境内未设立机构、场所的，或者虽设立机构、场所但取得的所得与其所设机构、场所没有实际联系的，应当就其来源于中国境内的所得缴纳企业所得税。

在香港特别行政区、澳门特别行政区和台湾地区成立的企业，参照适用上述规定。

1. 机构、场所，是指在中国境内从事生产经营活动的机构、场所，包括：

（1）管理机构、营业机构、办事机构；

（2）工厂、农场、开采自然资源的场所；

（3）提供劳务的场所；

（4）从事建筑、安装、装配、修理、勘探等工程作业的场所；

（5）其他从事生产经营活动的机构、场所。

非居民企业委托营业代理人在中国境内从事生产经营活动的，包括委托单位或者个人经常代其签订合同，或者储存、交付货物等，该营业代理人视为非居民企业在中国境内设立的机构、场所。

2. 来源于中国境内、境外的所得，按照以下原则确定：

（1）销售货物所得，按照交易活动发生地确定；

（2）提供劳务所得，按照劳务发生地确定；

（3）转让财产所得，不动产转让所得按照不动产所在地确定，动产转让所得按照转让动产的企业或者机构、场所所在地确定，权益性投资资产转让所得按照被投资企业所在地确定；

（4）股息、红利等权益性投资所得，按照分配所得的企业所在地确定；

（5）利息所得、租金所得、特许权使用费所得，按照负担、支付所得的企业或者机构、场所所在地确定，或者按照负担、支付所得的个人的住所地确定；

（6）其他所得，由国务院财政、税务主管部门确定。

3.实际联系，是指非居民企业在中国境内设立的机构、场所拥有据以取得所得的股权、债权，以及拥有、管理、控制据以取得所得的财产等。

4.在中国境内未设立机构、场所的，或者虽设立机构、场所但取得的所得与其所设机构、场所没有实际联系的非居民企业，就其取得的来源于中国境内的所得应缴纳的所得税，实行源泉扣缴，以支付人为扣缴义务人。税款由扣缴义务人在每次支付或者到期应支付时，从支付或者到期应支付的款项中扣缴。

对非居民企业在中国境内取得工程作业和劳务所得应缴纳的所得税，税务机关可以指定工程价款或者劳务费的支付人为扣缴义务人。

【例4-1】根据企业所得税法律制度的规定，下列关于非居民企业的表述中，正确的是（   ）。

A.在境外成立的企业均属于非居民企业

B.在境内成立但有来源于境外所得的企业属于非居民企业

C.依照外国法律成立，实际管理机构在中国境内的企业属于非居民企业

D.依照外国法律成立，实际管理机构不在中国境内但在中国境内设立机构、场所的企业属于非居民企业

『正确答案』D

『答案解析』本题考核非居民企业的定义。根据规定，非居民企业，是指依照外国（地区）法律成立且实际管理机构不在中国境内，但在中国境内设立机构、场所的，或者在中国境内未设立机构、场所，但有来源于中国境内所得的企业。

（三）个人独资企业和合伙企业

个人独资企业和合伙企业不缴纳企业所得税。

对于合伙企业法中法人入伙投资的情况，国家规定合伙企业的生产经营所得和其他所得应实行"先分后税"办法缴税。

二、企业所得税的征收范围

（一）应税所得范围及类别

包括销售货物所得、提供劳务所得、转让财产所得、股息红利所得、利息

所得、租金所得、特许权使用费所得、接受捐赠所得和其他所得。

1. 销售货物所得

2. 提供劳务所得

3. 转让财产所得

4. 股息红利等权益性投资所得

5. 利息所得

6. 租金所得

7. 特许权使用费所得

8. 接受捐赠所得

9. 其他所得，包括企业资产溢余所得、债务重组所得、补贴所得、违约金所得、汇兑收益等。

（二）应税所得来源地标准的确定

1. 销售货物所得，按照交易活动发生地确定；

2. 提供劳务所得，按照劳务发生地确定；

3. 转让财产所得，不动产转让所得按照不动产所在地确定，动产转让所得按照转让动产的企业或者机构、场所所在地确定，权益性投资资产转让所得按照被投资企业所在地确定；

4. 股息、红利等权益性投资所得，按照分配所得的企业所在地确定；

5. 利息所得、租金所得、特许权使用费所得，按照负担、支付所得的企业或者机构、场所所在地确定，或者按照负担、支付所得的个人的住所地确定；

6. 其他所得，由国务院财政、税务主管部门确定。

【例4-2】某韩国企业（实际管理机构不在中国境内）在中国境内设立分支机构，2009年该机构在中国境内取得咨询收入500万元，在中国境内培训技术人员，取得韩方支付的培训收入200万元，在香港取得与该分支机构无实际联系的所得80万元，2009年度该境内机构企业所得税的应纳税收入总额为（　　）万元。

A.500　　　　　　B.580　　　　　　C.700　　　　　　D.780

『正确答案』C

『答案解析』该韩国企业来自境内所得额应该是500万元的咨询收入和境内培训收入200万元，合计700万元；在香港取得的所得不是境内，而且和境内机构无关，所以不属于境内应税收入

三、企业所得税税率

（一）法定税率

1.居民企业适用的企业所得税法定税率为25%。同时，对在中国境内设立机构、场所且取得的所得与其所设机构、场所有实际联系的非居民企业，应当就其来源于中国境内、境外的所得缴纳企业所得税，适用税率亦为25%。

2.非居民企业在中国境内未设立机构、场所的，或者虽设立机构、场所但取得的所得与其所设机构、场所没有实际联系的，应当就其来源于中国境内的所得缴纳企业所得税，适用的法定税率为20%。

（二）优惠税率

1.税法规定凡符合条件的小型微利企业，减按20%的税率征收企业所得税

为了进一步减轻小型微利企业的税收负担，国家规定自2012年至2015年，对年应纳税所得额低于6万元的小型微利企业，其所得减按50%计入应纳税所得额，按20%税率缴纳企业所得税。

享受优惠税率的小型微利企业，是指从事国家非限制和禁止行业，并符合下列条件的企业：

（1）工业企业，年度应纳税所得额不超过30万元，从业人数不超过100人，资产总额不超过3000万元；

（2）其他企业，年度应纳税所得额不超过30万元，从业人数不超过80人，资产总额不超过1000万元。

全部生产经营活动在境内并负有中国企业所得税纳税义务的居民企业，享受小型微利企业税率优惠政策；而仅就来源于中国的所得负有中国企业所得税纳税义务的非居民企业，则不适用此项优惠税率政策。

2.国家需要重点扶持的高新技术企业，是指拥有核心自主知识产权，并同时符合下列条件的企业：

（1）产品（服务）属于规定的范围；

（2）研究开发费用占销售收入的比例不低于规定比例，即销售收入2亿元以上的，研发费用比例不低于3%；销售收入在5000万元–2亿元的，研发费用比例不低于4%；销售收入在5000万元以下的，研究费用比例不低于6%；

（3）高新技术产品（服务）收入占企业总收入的比例不低于60%比例；

（4）科技人员占企业职工总数的比例不低于30%比例；

（5）高新技术企业认定管理办法规定的其他条件。

3.在中国境内未设立机构、场所的，或者虽设立机构、场所但取得的所得与其所设机构、场所没有实际联系的，应当就其来源于中国境内的所得，减按10%的税率征收企业所得税。

4.3　企业所得税应纳税所得额的确定

一、一般规定

1.企业每一纳税年度的收入总额，减除不征税收入、免税收入、各项扣除以及允许弥补的以前年度亏损后的余额，为应纳税所得额。其计算公式为：

直接法：应纳税所得额＝收入总额－不征税收入－免税收入－允许扣除章节金额－允许弥补的以前年度亏损

实际工作中通常采用间接法进行计算

间接法：应纳税所得额＝会计利润总额 ± 纳税调整章节金额

在计算应纳税所得额时，财务会计处理办法同税法不一致的，以税法规定计算纳税。

2.企业按照税法有关规定，将每一纳税年度的收入总额减除不征税收入、免税收入和各项扣除后小于零的数额，为亏损。企业纳税年度发生的亏损，准予向以后年度结转，用以后年度的所得弥补，但结转年限最长不超过5年。

3.企业清算所得，是指企业全部资产可变现价值或者交易价格减除资产净值、清算费用、相关税费，加上债务清偿损益等计算后的余额。投资方企业从被清算企业分得的剩余资产，其中相当于从被清算企业累计未分配利润和累计盈余公积中应当分得的部分，应当确认为股息所得；剩余资产减除上述股息所得后的余额，超过或者低于投资成本的部分，应当确认为投资资产转让所得或者损失。

4.企业应纳税所得额的计算，应遵循以下原则：

一是权责发生制原则。属于当期的收入和费用，不论款项是否收付，均作为当期的收入和费用；不属于当期的收入和费用，即使款项已经在当期收付，均不作为当期的收入和费用，但另有规定的除外。

二是税法优先原则。在计算应纳税所得额时，企业财务、会计处理办法与税收法律法规的规定不一致的，应当依照税收法律法规的规定计算。

5.企业所得税收入、扣除的具体范围、标准和资产的税务处理的具体办法，税法授权由国务院财政、税务主管部门规定。

二、收入总额

(一)收入总额概述

企业以货币形式和非货币形式从各种来源取得的收入,为收入总额。包括:销售货物收入,提供劳务收入,转让财产收入,股息、红利等权益性投资收益,利息收入,租金收入,特许权使用费收入,接受捐赠收入以及其他收入。

1.企业取得收入的货币形式,包括现金、存款、应收账款、应收票据、准备持有至到期的债券投资以及债务的豁免等;企业取得收入的非货币形式,包括固定资产、生物资产、无形资产、股权投资、存货、不准备持有至到期的债券投资、劳务以及有关权益等。

2.企业以非货币形式取得的收入,应当按照公允价值确定收入额。公允价值,是指按照市场价格确定的价值。

3.企业收入一般是按权责发生制原则确认。权责发生制要求企业收入、费用的确认时间不得提前或滞后。

除此之外,税收条例中对一些特殊收入则规定采用收付实现制来确认,如股息红利、利息收入、租金收入、特许权使用费、捐赠收入等。

企业的下列生产经营业务可以分期确认收入的实现:

(1)以分期收款方式销售货物的,按照合同约定的收款日期确认收入的实现;

(2)企业受托加工制造大型机械设备、船舶、飞机,以及从事建筑、安装、装配工程业务或者提供其他劳务等,持续时间超过12个月的,按照纳税年度内完工进度或者完成的工作量确认收入的实现。

(3)采取产品分成方式取得收入的,按照企业分得产品的日期确认收入的实现,其收入额按照产品的公允价值确定。

(二)销售货物收入

销售货物收入,是指企业销售商品、产品、原材料、包装物、低值易耗品以及其他存货取得的收入。

1.对企业销售商品一般性收入,同时满足下列条件的应确认为收入的实现:

(1)商品销售合同已经签订,企业已将商品所有权相关的主要风险和报酬转移给购货方;

(2)企业对已售出的商品既没有保留通常与所有权相联系的继续管理权,也没有实施有效控制;

（3）收入的金额能够可靠地计量；

（4）已发生或将发生的销售方的成本能够可靠地核算。

2.除上述一般性收入确认条件外，采取下列特殊销售方式的，应按以下规定确认收入实现时间：

（1）销售商品采用托收承付方式的，在办妥托收手续时确认收入；

（2）销售商品采取预收款方式的，在发出商品时确认收入；

（3）销售商品需要安装和检验的，在购买方接受商品以及安装和检验完毕时确认收入。如果安装程序比较简单，可在发出商品时确认收入；

（4）销售商品采用支付手续费方式委托代销的，在收到代销清单时确认收入。

3.其他商品销售收入的确认

（1）采用售后回购方式销售商品的，销售的商品按售价确认收入，回购的商品作为购进商品处理。有证据表明不符合销售收入确认条件的，如以销售商品方式进行融资，收到的款项应确认为负债，回购价格大于原售价的，差额应在回购期间确认为利息费用。

（2）销售商品以旧换新的，销售商品应当按照销售商品收入确认条件确认收入，回收的商品作为购进商品处理。

（3）企业为促进商品销售而在商品价格上给予的价格扣除属于商业折扣，商品销售涉及商业折扣的，应当按照扣除商业折扣后的金额确定销售商品收入金额。

（4）债权人为鼓励债务人在规定的期限内付款而向债务人提供的债务扣除属于现金折扣，销售商品涉及现金折扣的，应当按扣除现金折扣前的金额确定销售商品收入金额，现金折扣在实际发生时作为财务费用扣除。

（5）企业因售出商品的质量不合格等原因而在售价上给的减让属于销售折让；企业因售出商品质量、品种不符合要求等原因而发生的退货属于销售退回。企业已经确认销售收入的售出商品发生销售折让和销售退回，应当在发生当期冲减当期销售商品收入。

（6）对于企业买一赠一等方式组合销售商品的，其赠品不属于捐赠，应按各项商品的价格比例来分摊确认各项收入，其商品价格应以公允价格计算。

（三）提供劳务收入

1.对企业提供劳务交易的，在纳税期末应合理确认收入和计算成本费用；具体办法可采用完工进度（百分比）来确定，包括已完工作量、已提供劳务占总劳务的比例、发生的成本占总成本的比例等。

2.企业应按合同或协议总价款，按照完工程度确认当期劳务收入，同时确认当期劳务成本。

3.企业应按照从接受劳务方已收或应收的合同或协议价款确定劳务收入总额，根据纳税期末提供劳务收入总额乘以完工进度扣除以前纳税年度累计已确认提供劳务收入后的金额，确认为当期劳务收入；同时，按照提供劳务估计总成本乘以完工进度扣除以前纳税期间累计已确认劳务成本后的金额，结转为当期劳务成本。

4.下列提供劳务满足收入确认条件的，应按规定确认收入：

（1）安装费。应根据安装完工进度确认收入。对商品销售附带安装的，安装费应在商品销售实现时确认收入。

（2）宣传媒介的收费。应在相关的广告或商业行为出现于公众面前时确认收入。广告的制作费，应根据制作广告的完工进度确认收入。

（3）软件费。为特定客户开发软件的收费，应根据开发的完工进度确认收入。

（4）服务费。包含在商品售价内可区分的服务费，在提供服务的期间分期确认收入。

（5）艺术表演、招待宴会和其他特殊活动的收费。在相关活动发生时确认收入。收费涉及几项活动的，预收的款项应合理分配给每项活动，分别确认收入。

（6）会员费。对只取得会籍而不享受连续服务的，在取得会费时确认收入。一次取得会费而需提供连续服务的，其会费应在整个受益期内分期确认收入。

（7）特许权费。属于提供设备和其他有形资产的特许权费，在交付资产或转移资产所有权时确认收入；属于提供初始及后续服务的特许权费，在提供服务时确认收入。

（8）劳务费。长期为客户提供重复的劳务收取的劳务费，在相关劳务活动发生时确认收入。

（四）其他收入

1.转让财产收入

转让财产收入，是指企业转让固定资产、生物资产、无形资产、股权、债权等财产取得的收入。

企业转让股权收入，应于转让协议生效，且完成股权变更手续时，确认收入的实现。转让股权收入扣除为取得该股权所发生的成本后，为股权转让所得。企业在计算股权转让所得时，不得扣除被投资企业未分配利润等股东留存收益中按该项股权所可能分配的金额。

2. 股息、红利等权益性投资收益

股息、红利等权益性投资收益，是指企业因权益性投资从被投资方取得的收入。股息，红利等权益性投资收益，除国务院财政、税务主管部门另有规定外，按照被投资方做出利润分配决定的日期确认收入的实现。被投资企业将股权（票）溢价所形成的资本公积转为股本的，不作为投资方企业的股息、红利收入，投资方企业也不得增加该项长期投资的计税基础。

3. 利息收入

利息收入，是指企业将资金提供他人使用但不构成权益性投资，或者因他人占用本企业资金取得的收入，包括存款利息、贷款利息、债券利息、欠款利息等收入。利息收入，按照合同约定的债务人应付利息的日期确认收入的实现。

4. 租金收入

租金收入，是指企业提供固定资产、包装物或者其他有形资产的使用权取得的收入。租金收入，按照合同约定的承租人应付租金的日期确认收入的实现。

如果交易合同或协议中规定租赁期限跨年度，且租金提前一次性支付的，根据《实施条例》规定的收入与费用配比原则，出租人可对上述已确认的收入，在租赁期内，分期均匀计入相关年度收入。出租方如为在中国境内设有机构场所且采取据实申报缴纳企业所得的非居民企业，也按上述规定执行。

5. 特许权使用费收入

特许权使用费收入，是指企业提供专利权、非专利技术、商标权、著作权以及其他特许权的使用权取得的收入。特许权使用费收入，按照合同约定的特许权使用人应付特许权使用费的日期确认收入的实现。

6. 接受捐赠收入

接受捐赠收入，是指企业接受的来自其他企业、组织或者个人无偿给予的货币性资产、非货币性资产。接受捐赠收入，按照实际收到捐赠资产的日期确认收入的实现。

（五）其他收入

其他收入，是指企业取得《企业所得税法》具体列举的收入外的其他收入，包括企业资产溢余收入、逾期未退包装物押金收入、确实无法偿付的应付款项、已作坏账损失处理后又收回的应收款项、债务重组收入、补贴收入、违约金收入、汇兑收益等。企业发生债务重组，应在债务重组合同或协议生效时确认收入的实现。

【例4-3】根据企业所得税法律制度的规定，下列各项关于收入确认的表述中，正确的有（　　）。

A. 企业以非货币形式取得的收入，应当按照公允价值确定收入额

B. 以分期收款方式销售货物的，按照收到货款或索取货款凭证的日期确认收入的实现。

C. 被投资企业以股权溢价形成的资本公积转增股本时，投资企业应作为股息、红利收入，相应增加该项长期投资的计税基础

D. 接受捐赠收入，按照实际收到捐赠资产的日期确认收入的实现

『正确答案』AD

『答案解析』

（1）以分期收款方式销售货物的，按照合同约定的收款日期确认收入的实现，B 错误；

（2）被投资企业将股权（票）溢价所形成的资本公积转为股本的，不作为投资方企业的股息、红利收入，投资方企业也不得增加该项长期投资的计税基础，C 错误。

三、不征税收入

不征税收入不同于免税收入，不征税收入属于非营利性活动带来的经济收益，是单位组织专门从事特定职责而取得的收入，理论上不应列为应税所得范畴；免税收入是纳税人应税收入的组成部分，是国家为了实现某些经济和社会目标，在特定时期对特定章节取得的经济利益给予的税收优惠。

（一）财政拨款

财政拨款，一般是指各级人民政府对纳入预算管理的事业单位、社会团体等组织拨付的财政性资金。

（二）依法收取并纳入财政管理的行政事业性收费、政府性基金

（三）国务院规定的其他不征税收入

国务院规定的其他不征税收入，一般是指企业取得的，由国务院财政、税务主管部门规定专项用途并经国务院批准的财政性资金。

【例 4-4】根据企业所得税的规定，下列各项中，不应计入应纳税所得额的是（　　）。

A. 股权转让收入

B. 因债权人缘故确实无法支付的应付款项

C. 接受捐赠收入

D. 出口货物退还给纳税人的增值税税款

『正确答案』D

『答案解析』财政性资金，是指企业取得的来源于政府及其有关部门的财政补助、补贴、贷款贴息，以及其他各类财政专项资金，包括直接减免的增值税和即征即退、先征后退、先征后返的各种税收，但不包括企业按照规定取得的出口退税款。

四、税前扣除章节及标准

税法规定，企业实际发生的与取得收入有关的、合理的支出允许在税前予以扣除。

（一）一般扣除章节

1. 成本与费用

成本，是指企业在生产经营活动中发生的销售成本、销货成本、业务支出以及其他耗费；费用，是指企业在生产经营活动中发生的销售费用、管理费用和财务费用，已经计入成本的有关费用除外。

（1）企业发生的合理的工资薪金支出，准予扣除

①工资薪金，是指企业每一纳税年度支付给在本企业任职或者受雇的员工的所有现金形式或者非现金形式的劳动报酬，包括基本工资、奖金、津贴、补贴、年终加薪、加班工资，以及与员工任职或者受雇有关的其他支出。

②工资薪金总额，是指企业按照有关合理工资薪金的规定实际发放的工资薪金总和，不包括企业的职工福利费、职工教育经费、工会经费以及养老保险费、医疗保险费、失业保险费、工伤保险费、生育保险费等社会保险费和住房公积金。

③合理的工资薪金，是指企业按照股东大会、董事会、薪酬委员会或相关管理机构制定的工资薪金制度规定实际发放给员工的工资薪金。

（2）社会保险费的税前扣除

①企业依照国务院有关主管部门或者省级人民政府规定的范围和标准为职工缴纳的基本养老保险费、基本医疗保险费、失业保险费、工伤保险费、生育保险费等基本社会保险费和住房公积金（五险一金），准予扣除。

②企业为投资者或者职工支付的补充养老保险费、补充医疗保险费，在国务院财政、税务主管部门规定的范围和标准内，准予扣除。自 2008 年 1 月 1 日起，企业为在本企业任职或者受雇的全体员工支付的补充养老保险费、补充医疗

保险费，分别在不超过职工工资总额 5% 标准内的部分，在计算应纳税所得额时准予扣除；超过的部分，不予扣除。

③除企业依照国家有关规定为特殊工种职工支付的人身安全保险费和国务院财政、税务主管部门规定可以扣除的其他商业保险费外，企业为投资者或者职工支付的商业保险费，不得扣除。

（3）职工福利费等的税前扣除

企业发生的职工福利费支出，不超过工资薪金总额 14% 的部分，准予扣除；企业拨缴的工会经费，不超过工资薪金总额 2% 的部分，准予扣除；企业发生的职工教育经费支出，不超过工资薪金总额 2.5% 的部分，准予扣除；超过部分，准予在以后纳税年度结转扣除。

对于软件生产企业发生的职工教育经费中的职工培训费用，可以据实全额在企业所得税前扣除。

（4）企业发生的与生产经营活动有关的业务招待费支出，按照发生额的 60% 扣除，但最高不得超过当年销售（营业）收入的 5‰。对从事股权投资业务的企业（包括集团公司总部、创业投资企业等），其从被投资企业所分配的股息、红利以及股权转让收入，可以按规定的比例计算业务招待费扣除限额。

【例 4-5】某企业 2013 年的销售收入为 5000 万元，实际支出的业务招待费为 40 万元，在计算应纳税所得额时允许扣除的业务招待费是多少？

解：企业发生的与生产经营活动有关的业务招待费支出，按照发生额的 60% 扣除，但最高不得超过当年销售（营业）收入的 5‰。5000×5‰ = 25 万；40×60% = 24 万，业务招待费可以扣除的金额是 24 万元。

（5）企业发生的符合条件的广告费和业务宣传费支出，除国务院财政、税务主管部门另有规定外，不超过当年销售（营业）收入 15% 的部分，准予扣除；超过部分，准予在以后纳税年度结转扣除。

（6）企业在生产经营活动中发生的利息支出准予扣除，包括非金融企业向金融企业借款的利息支出、金融企业的各项存款利息支出和同业拆借利息支出、企业经批准发行债券的利息支出；非金融企业向非金融企业借款的利息支出，不超过按照金融企业同期同类贷款利率计算的数额部分等。

（7）非居民企业在中国境内设立的机构、场所，就其中国境外总机构发生的与该机构、场所生产经营有关的费用，能够提供总机构出具的费用汇集范围、定额、分配依据和方法等证明文件，并合理分摊的，准予扣除。

（8）企业取得的各项免税收入所对应的各项成本费用，除另有规定者外，可以在计算企业应纳税所得额时扣除。

2.税金，是指企业发生的除企业所得税和允许抵扣的增值税以外的各项税金及其附加。即纳税人按照规定缴纳的消费税、营业税、资源税、土地增值税、关税、城市维护建设税、教育费附加，以及发生的房产税、车船税、土地使用税、印花税等税金及附加等准予扣除。

企业缴纳的房产税、车船税、土地使用税、印花税等，已经计入管理费用中扣除的，不再作为税金单独扣除。企业缴纳的增值税属于价外税，故不在扣除之列。

3.损失，是指企业在生产经营活动中发生的固定资产和存货的盘亏、毁损、报废损失，转让财产损失，呆账损失，坏账损失，自然灾害等不可抗力因素造成的损失以及其他损失准予扣除。其中：

企业发生的损失，减除责任人赔偿和保险赔款后的余额，依照国务院财政、税务主管部门的规定扣除。

企业已经作为损失处理的资产，在以后纳税年度又全部收回或者部分收回时，应当计入当期收入。企业从事生产经营之前进行筹办活动期间发生的筹办费用支出，不得计算为当期的亏损。

4.其他支出，是指企业除成本、费用、税金、损失外，在生产经营活动中发生的与生产经营活动有关的、合理的支出准予扣除。

（1）企业在生产经营活动中发生的合理的不需要资本化的借款费用，准予扣除。企业为购置、建造固定资产、无形资产和经过12个月以上的建造才能达到预定可销售状态的，在有关资产购置、建造期间发生的合理的借款费用，应当作为资本性支出计入有关资产的成本，并依照有关规定扣除。

（2）企业参加财产保险，按照有关规定缴纳的保险费，准予扣除。

（3）企业依照国家有关规定提取的用于环境保护、生态恢复等方面的专项资金，准予扣除。上述专项资金提取后改变用途的，不得扣除。

（4）企业发生的合理的劳动保护支出，准予扣除。

（5）企业发生与生产经营有关的手续费及佣金支出，不超过以下规定计算限额以内的部分，准予扣除；超过部分，不得扣除。

①保险企业：财产保险企业按当年全部保费收入扣除退保金等后余额的15%计算限额；人身保险企业按当年全部保费收入扣除退保金等后余额的10%计算限额。

②其他企业：按与具有合法经营资格中介服务机构或个人（不含交易双方

及其雇员、代理人和代表人等）所签订服务协议或合同确认的收入金额的 5% 计算限额。

（二）特殊扣除章节

1.公益性捐赠的税前扣除。企业发生的公益性捐赠支出，在年度利润总额 12% 以内的部分，准予在计算应纳税所得额时扣除。

年度利润总额，是指企业依照国家统一会计制度的规定计算的年度会计利润。

公益性捐赠，是指企业通过公益性社会团体或者县级以上人民政府及其部门，用于《公益事业捐赠法》规定的公益事业的捐赠。用于公益事业的捐赠支出，是指《公益事业捐赠法》规定的向公益事业的捐赠支出，具体范围包括：

（1）救助灾害、救济贫困、扶助残疾人等困难的社会群体和个人的活动；

（2）教育、科学、文化、卫生、体育事业；

（3）环境保护、社会公共设施建设；

（4）促进社会发展和进步的其他社会公共和福利事业。

公益性社会团体和县级以上人民政府及其组成部门和直属机构在接受捐赠时，捐赠资产的价值，按以下原则确认：

（1）接受捐赠的货币性资产，应当按照实际收到的金额计算；

（2）接受捐赠的非货币性资产，应当以其公允价值计算。

【例 4-6】某外商投资企业 2013 年度利润总额为 40 万元，未调整捐赠前的所得额为 50 万元。当年"营业外支出"账户中列支了通过当地教育部门向农村义务教育的捐赠 5 万元。该企业 2013 年应缴纳的企业所得税为（　　）。

解：公益捐赠的扣除限额 = 利润总额 × 12% = 40 × 12% = 4.8（万元），

实际公益救济性捐赠为 5 万元，税前准予扣除的公益捐赠 = 4.8 万元

纳税调整 = 5 - 4.8 = 0.2（万元）

应纳税额 =（50 + 0.2）× 25% = 12.55（万元）

2.以经营租赁方式租入固定资产发生的租赁费支出，按照租赁期限均匀扣除；以融资租赁方式租入固定资产发生的租赁费支出，按照规定构成融资租入固定资产价值的部分应当提取折旧费用，分期扣除。

3.企业在货币交易中，以及纳税年度终了时将人民币以外的货币性资产、负债按照期末即期人民币汇率中间价折算为人民币时产生的汇兑损失，除已经计入有关资产成本以及与向所有者进行利润分配相关的部分外，准予扣除。

（三）禁止扣除章节

1. 向投资者支付的股息、红利等权益性投资收益款项

2. 企业所得税税款

3. 税收滞纳金

4. 罚金、罚款和被没收财物的损失

罚金、罚款和被没收财物的损失，不包括纳税人按照经济合同规定支付的违约金（包括银行罚息）、罚款和诉讼费。

5. 国家规定的公益性捐赠支出以外的捐赠支出

6. 赞助支出

赞助支出，是指企业发生的与生产经营活动无关的各种非广告性质支出。

7. 未经核定的准备金支出

8. 与取得收入无关的其他支出

企业之间支付的管理费、企业内营业机构之间支付的租金和特许权使用费，以及非银行企业内营业机构之间支付的利息，均不得在税前扣除。

【例4-7】某居民企业为增值税一般纳税人，主要生产销售电冰箱，2014年度销售电冰箱取得不含税收入4300万元，与电冰箱配比的销售成本2830万元；出租设备取得租金收入100万元；实现的会计利润422.38万元。与销售有关的费用支出如下：

（1）销售费用825万元，其中广告费700万元；

（2）管理费用425万元，其中业务招待费45万元；

（3）财务费用40万元，其中含向非金融企业借款250万元所支付的年利息20万元（当年金融企业贷款的年利率为5.8%）；

（4）计入成本、费用中的实发工资270万元，发生的工会经费7.5万元、职工福利费41万元、职工教育经费9万元；

（5）营业外支出150万元，其中包括通过公益性社会团体向贫困山区的捐款75万元。

计算：该企业2014年度的广告费用，业务招待费，财务费用，职工工会经费、职工福利费、职工教育经费，公益性捐赠等应调增的应纳税所得额。

解：（1）广告费用：限额 =（4300 + 100）× 15% = 660（万元）

应调增的应纳税所得额 = 700 - 660 = 40（万元）

（2）业务招待费：45 × 60% = 27万元 >（4300 + 100）× 5‰ = 22（万元）

应调增的应纳税所得额 = 45 - 22 = 23（万元）

（3）财务费用：应调增的应纳税所得额 = 20 - 250 × 5.8% = 5.5（万元）

（4）工会经费限额 = 270 × 2% = 5.4（万元），

应调增的应纳税所得额 = 7.5 - 5.4 = 2.1（万元）

职工福利费限额 = 270 × 14% = 37.8（万元），

应调增的应纳税所得额 = 41 - 37.8 = 3.2（万元）

职工教育经费限额 = 270 × 2.5% = 6.75（万元），

应调增的应纳税所得额 = 9 - 6.75 = 2.25（万元）

（5）公益性捐赠应调增的应纳税所得额 = 75 - 422.38 × 12% = 75 - 50.6856 = 24.3144（万元）。

五、企业资产的税收处理

（一）企业资产概述

企业资产，是指企业拥有或者控制的、用于经营管理活动且与取得应税收入有关的资产。税法所称企业的各项资产，包括固定资产、生产性生物资产、无形资产、长期待摊费用、投资资产、存货等。

（二）固定资产

在计算应纳税所得额时，企业按照规定计算的固定资产折旧，准予扣除。

固定资产，是指企业为生产产品、提供劳务、出租或者经营管理而持有的、使用时间超过 12 个月的非货币性资产，包括房屋、建筑物、机器、机械、运输工具以及其他与生产经营活动有关的设备、器具、工具等。

1. 下列固定资产不得计算折旧扣除：

（1）房屋、建筑物以外未投入使用的固定资产；

（2）以经营租赁方式租入的固定资产；

（3）以融资租赁方式租出的固定资产；

（4）已足额提取折旧仍继续使用的固定资产；

（5）与经营活动无关的固定资产；

（6）单独估价作为固定资产入账的土地；

（7）其他不得计算折旧扣除的固定资产。

2. 固定资产按照以下方法确定计税基础：

（1）外购的固定资产，以购买价款和支付的相关税费以及直接归属于使该资产达到预定用途发生的其他支出为计税基础；

（2）自行建造的固定资产，以竣工结算前发生的支出为计税基础；

（3）融资租入的固定资产，以租赁合同约定的付款总额和承租人在签订租赁合同过程中发生的相关费用为计税基础，租赁合同未约定付款总额的，以该资产的公允价值和承租人在签订租赁合同过程中发生的相关费用为计税基础；

（4）盘盈的固定资产，以同类固定资产的重置完全价值为计税基础；

（5）通过捐赠、投资、非货币性资产交换、债务重组等方式取得的固定资产，以该资产的公允价值和支付的相关税费为计税基础；

（6）改建的固定资产，除法定的支出外，以改建过程中发生的改建支出增加计税基础。企业固定资产投入使用后，由于工程款项尚未结清而未取得全额发票的，可暂按合同规定的金额计入固定资产计税基础计提折旧，待发票取得后进行调整。但该项调整应在固定资产投入使用后 12 个月内进行。

3. 固定资产按照直线法计算的折旧，准予扣除。

4. 除国务院财政、税务主管部门另有规定外，固定资产计算折旧的最低年限如下：

（1）房屋、建筑物，为 20 年；

（2）飞机、火车、轮船、机器、机械和其他生产设备，为 10 年；

（3）与生产经营活动有关的器具、工具、家具等，为 5 年；

（4）飞机、火车、轮船以外的运输工具，为 4 年；

（5）电子设备，为 3 年。

5. 从事开采石油、天然气等矿产资源的企业，在开始商业性生产前发生的费用和有关固定资产的折耗、折旧方法，由国务院财政、税务主管部门另行规定。

（三）生产性生物资产

生产性生物资产，是指企业为生产农产品、提供劳务或者出租等而持有的生物资产，包括经济林、薪炭林、产畜和役畜等。

1. 生产性生物资产按照以下方法确定计税基础：

（1）外购的生产性生物资产，以购买价款和支付的相关税费为计税基础；

（2）通过捐赠、投资、非货币性资产交换、债务重组等方式取得的生产性生物资产，以该资产的公允价值和支付的相关税费为计税基础。

2. 生产性生物资产按照直线法计算的折旧，准予扣除。

3. 生产性生物资产计算折旧的最低年限如下：

（1）林木类生产性生物资产，为 10 年；

（2）畜类生产性生物资产，为 3 年。

（四）无形资产

在计算应纳税所得额时，企业按照规定计算的无形资产摊销费用，准予扣除。无形资产，是指企业为生产产品、提供劳务、出租或者经营管理而持有的、没有实物形态的非货币性长期资产，包括专利权、商标权、著作权、土地使用权、非专利技术、商誉等。

1.下列无形资产不得计算摊销费用扣除：

（1）自行开发的支出已在计算应纳税所得额时扣除的无形资产；

（2）自创商誉；

（3）与经营活动无关的无形资产；

（4）其他不得计算摊销费用扣除的无形资产。

2.无形资产按照以下方法确定计税基础：

（1）外购的无形资产，以购买价款和支付的相关税费以及直接归属于使该资产达到预定用途发生的其他支出为计税基础；

（2）自行开发的无形资产，以开发过程中该资产符合资本化条件后至达到预定用途前发生的支出为计税基础；

（3）通过捐赠、投资、非货币性资产交换、债务重组等方式取得的无形资产，以该资产的公允价值和支付的相关税费为计税基础。

3.无形资产按照直线法计算的摊销费用，准予扣除。外购商誉的支出，在企业整体转让或者清算时，准予扣除。

4.无形资产的摊销年限不得低于10年。作为投资或者受让的无形资产，有关法律规定或者合同约定了使用年限的，可以按照规定或者约定的使用年限分期摊销。

（五）长期待摊费用

在计算应纳税所得额时，企业发生的下列支出作为长期待摊费用，按照规定摊销的，准予扣除：

1.已足额提取折旧的固定资产的改建支出，按照固定资产预计尚可使用年限分期摊销。

2.租入固定资产的改建支出，按照合同约定的剩余租赁期限分期摊销。

所谓固定资产的改建支出，是指改变房屋或者建筑物结构、延长使用年限等发生的支出。改建的固定资产延长使用年限的，除前述规定外，应当适当延长折旧年限。

3.固定资产的大修理支出，按照固定资产尚可使用年限分期摊销，是指同时符合下列条件的支出：

（1）修理支出达到取得固定资产时的计税基础 50% 以上；

（2）修理后固定资产的使用年限延长 2 年以上。

4. 其他应当作为长期待摊费用的支出，自支出发生月份的次月起，分期摊销，摊销年限不得低于 3 年。

【例4-8】根据企业所得税法律制度的规定，企业的下列资产或支出章节中，不得计算折旧或摊销费用在税前扣除的有（　　）。

A. 已足额提取折旧的固定资产的改建支出

B. 单独估价作为固定资产入账的土地

C. 以融资租赁方式租入的固定资产

D. 未投入使用的机器设备

『正确答案』BD

『答案解析』（1）已足额提取折旧仍继续使用的固定资产不得计算折旧扣除，但是其依法改建的支出增加了计税基础，此时改建支出可以继续提取折旧扣除（2）单独估价作为固定资产入账的土地，不得计算折旧扣除（3）以融资租赁方式租入的固定资产需要计算折旧，租出的固定资产不得计算折旧扣除（4）"房屋、建筑物以外"未投入使用的固定资产不得计算折旧扣除。

（六）投资资产

1. 企业对外投资期间，投资资产的成本在计算应纳税所得额时不得扣除。

2. 投资资产，是指企业对外进行权益性投资和债权性投资形成的资产。企业在转让或者处置投资资产时，投资资产的成本，准予扣除。投资资产按照以下方法确定成本：

（1）通过支付现金方式取得的投资资产，以购买价款为成本；

（2）通过支付现金以外的方式取得的投资资产，以该资产的公允价值和支付的相关税费为成本。

（七）存货

企业使用或者销售存货，按照规定计算的存货成本，准予在计算应纳税所得额时扣除。

（八）资产损失

资产损失，是指企业在生产经营活动中实际发生的、与取得应税收入有关的资产损失，包括现金损失，存款损失，坏账损失，贷款损失，股权投资损失，固定资产和存货的盘亏、毁损、报废、被盗损失，自然灾害等不可抗力因素造成的损失以及其他损失。企业发生上述资产损失，应在按税法规定实际确认或者实际发生的当年申报扣除，不得提前或延后扣除。

六、企业特殊业务的所得税处理

（一）企业重组业务的所得税处理

1.企业重组包括法律形式改变、债务重组、股权收购（包括股权支付和非股权支付）、资产收购、合并、分立等。

2.企业重组分为一般性税务处理和特殊性税务处理。主要内容包括：一是分别按不同重组方式规定其所得或损失的确认方法；

二是对符合条件的不同重组方式规定其具体的缴税方法和确认其计税基础；三是对特殊情况做了进一步的补充规定。

3.企业重组一般性和特殊性税务处理相关规定

（1）企业法律方式的改变，包括法人转变为个人独资企业、合伙企业等非法人组织，或将注册地转移至国外，这种情况视同成立新企业，原企业需要进行清算处理。

（2）企业债务重组。是指债务人发生财务困难的情况下，由债权人与债务人协议或法院裁决，而对债务做出债务处理的事项，这种事项视同资产交易。

具体税务处理：一是以非货币资产清偿债务的，应分解为两项业务，即首先视同转让非货币性资产，其次是转让资产的定价按公允价值计算。公允价值一般就是资产的评估价，其与资产净值的差额即为所得或损失；

二是债权转为股权，应分解为两项业务，即债务清偿和股权投资。凡是债务清偿额低于债务计税基础的确认为债务人重组所得；相反则为债权人的重组损失。

对于企业债务重组所得超过该企业当年应纳税所得额50%的，则可在今后5个纳税年度内均匀计入所得额。低于50%的则计入企业当年应纳税所得额，当年纳税。

（3）企业股权收购。是指一家企业购买另一家的股权，以实现对被收购企业控制的交易。其支付对价的方式包括：股权支付、非股权支付及两者的组合。

一般性的税务处理：一是被收购企业应确认股权转让所得或损失，而收购方作为出资方属于投资行为，所以不需要缴税；二是股权转让交易价格一般是协议价或市场评估价，这两种价格水平的确定应符合"公允价值"标准，其与资产净值的差额即为所得或损失；三是收购方取得股权的计税基础应以公允价值为基础确定，即符合"公允价值"标准的价格可以作为收购方的入账依据，入账资产据此可以进行折旧或摊销。

特殊性税务处理：为保证企业经营的连续性，对企业整体收购行为予以税收优惠处理。具体规定：一是收购企业的股权收购比例不得低于被收购企业全部股权的75%，且收购企业支付的股权支付金额不低于交易总额的85%；二是在符合上述条件情况下，被收购企业的股东所取得的新股权可以按原股权净值计算入账，而不计算利得部分，从而不用缴税。收购企业取得的新资产也可以按原资产账面净值计算入账，并据此计提折旧或摊销；三是被收购企业取得的新股权将合并到收购企业的总股权中，其今后缴税事项随收购企业正常缴税事项进行，不须做特别调整，即"保证不变"。

（4）企业资产收购，是指一家企业购买另一家企业的实质经营性资产的交易，受让企业支付对价的方式包括股权支付、非股权支付及两者的组合。

企业资产收购的税务处理与企业股权收购的政策处理一致。

（5）企业合并，是指一家企业或多家企业将其全部资产和负债转让给另一家现存企业或新设企业，被合并企业股东换取合并企业的股权或非股权支付，实现两个或两个以下企业的依法合并。

一般性税务处理：企业合并应视同被合并企业的终结，在税务处理上一般应实行企业清算，规定如下：一是合并企业接受被合并企业的资产和负债要重新评估，其资产的入账价格要按公允价值原则确定，并据此进行折旧或摊销处理；二是被合并企业及其股东的资产要进行清算，如存在所得部分要依法纳税；三是被合并企业以前年度存在的经营性亏损在清算时就要消化掉，不得带入新合并企业结转弥补。

特殊性税务处理：为保证企业经营的连续性，对于符合条件的企业也可以实行税收优惠处理：一是被合并企业股东取得的股权支付金额不低于总交易的85%，以及在同一控制下不需要支付对价的企业合并行为；二是符合上述条件的合并企业，其合并企业接受的资产和负债可以不变，按被合并企业原有计税基础确定和入账处理，同时，被合并企业在合并前所有的纳税事项由合并企业继承；三是允许合并企业弥补被合并企业以前年度的亏损。

（6）企业分立，是指一家企业将部分或全部资产分离转让给予现存或新设立的企业。

一般性税务处理：一是被分立企业继续存在的情况。其分立出去的资产按公允价值确认资产转让所得或损失；分立企业接受的资产按公允价值确认并进行入账处理；被分立企业的股东取得的对价视同被分立企业的分配处理，即有收益视同利得部分纳税。二是被分立企业不再存在的情况。其分立出去的资产按公允价值确认资产转让所得或损失；分立企业接受的资产按公允价值确认并进行入账处理；被分立企业及其股东应按企业清算进行纳税处理，即有收益视同利得部分纳税。同时规定，企业分立相关企业的亏损不得相互结转弥补。

特殊性税务处理：一是被分立企业的股东继续按原持股比例取得新企业的股权，即100%转股；二是对于实行股权支付的被合并企业的股东，其取得的股权支付金额不低于总支付金额的85%。符合上述条件的企业分立情况可以实行税收优惠处理：一是被分立企业的资产和负债不做调整，直接可以作为分立企业的计税基础入账处理；二是被分立企业相关分立资产的纳税事项由分立企业继承；三是被分立企业以前年度亏损可以按分立资产占全部资产比例计算，并带入分立企业由其进行弥补。

4. 企业重组特别规定

非股权支付部分仍应在交易当期计算相关的所得或损失，并按规定办法计算缴税。

企业在重组发生前后12个月内分步对其资产、股权进行交易，应根据实质重于形式的原则将其视为一项重组交易进行税务处理。

（二）企业清算的所得税处理

企业清算的所得税处理，是指企业在不再持续经营，发生结束自身业务、处置资产、偿还债务以及向所有者分配剩余财产等经济行为时，对清算所得、清算所得税、股息分配等事项的处理。

1. 下列企业应进行清算的所得税处理：

（1）按《公司法》《企业破产法》等规定需要进行清算的企业；

（2）企业重组中需要按清算处理的企业。

2. 企业清算的所得税处理包括以下内容：

（1）全部资产均应按可变现价值或交易价格，确认资产转让所得或损失；

（2）确认债权清理、债务清偿的所得或损失；

（3）改变持续经营核算原则，对预提或待摊性质的费用进行处理；

（4）依法弥补亏损，确定清算所得；

（5）计算并缴纳清算所得税；

（6）确定可向股东分配的剩余财产、应付股息等。

3. 企业的全部资产可变现价值或交易价格，减除资产的计税基础、清算费用、相关税费，加上债务清偿损益等后的余额，为清算所得。企业应将整个清算期作为一个独立的纳税年度计算清算所得。

4.被清算企业的股东分得的剩余资产的金额，其中相当于被清算企业累计未分配利润和累计盈余公积中按该股东所占股份比例计算的部分，应确认为股息所得；剩余资产减除股息所得后的余额，超过或低于股东投资成本的部分，应确认为股东的投资转让所得或损失。

被清算企业的股东从被清算企业分得的资产应按可变现价值或实际交易价格确定计税基础。

（三）政策性搬迁或处置收入的所得税处理

1.企业搬迁或处置收入用于购置或建造与搬迁前相同或类似性质、用途或者新的固定资产和土地使用权（以下简称重置固定资产），或对其他固定资产进行改良，或进行技术改造，或安置职工的，准予其搬迁或处置收入扣除固定资产重置或改良支出、技术改造支出和职工安置支出后的余额，计入企业应纳税所得额。

2.企业没有重置或改良固定资产、技术改造或购置其他固定资产的，应将搬迁收入加上各类拆迁固定资产的变卖收入、减除各类拆迁固定资产的折余价值和处置费用后的余额计入企业当年应纳税所得额，计算缴纳企业所得税。

3.企业利用政策性搬迁或处置收入购置或改良的固定资产，可以按照现行税收规定计算折旧或摊销，并在企业所得税税前扣除。

4.企业从规划搬迁次年起的5年内，其取得的搬迁收入或处置收入暂不计入企业当年应纳税所得额，在5年期内完成搬迁的，企业搬迁收入按前述规定处理。

七、非居民企业的应纳税所得额

在中国境内未设立机构、场所的，或者虽设立机构、场所但取得的所得与其所设机构、场所没有实际联系的非居民企业，其取得的来源于中国境内的所得，按照下列方法计算其应纳税所得额：

1.股息、红利等权益性投资收益和利息、租金、特许权使用费所得，以收入全额为应纳税所得额；

2.转让财产所得，以收入全额减除财产净值后的余额为应纳税所得额；

财产净值，是指有关资产、财产的计税基础减除已经按照规定扣除的折旧、折耗、摊销、准备金等后的余额。

3.其他所得，参照前两项规定的方法计算应纳税所得额。

非居民企业在中国境内设立的机构、场所，就其中国境外总机构发生的与该机构、场所生产经营有关的费用，能够提供总机构出具的费用汇集范围、定额、分配依据和方法等证明文件并合理分摊的，准予扣除。

营业税改征增值税试点中的非居民企业，取得的《企业所得税法》第三条第三款的所得，应以不含增值税的收入全额作为应纳税所得额。

4.4　企业所得税应纳税额的计算

一、企业所得税的应纳税额的计算

企业所得税的应纳税额，是指企业的应纳税所得额乘以适用税率，减除依照《企业所得税法》关于税收优惠的规定减免和抵免的税额后的余额。

企业所得税的应纳税额的计算公式为：

应纳税额 ＝ 应纳税所得额 × 适用税率－减免税额－抵免税额

所谓减免税额和抵免税额，是指依照企业所得税法和国务院的税收优惠规定减征、免征和抵免的应纳税额。

企业抵免境外所得税额后实际应纳所得税额的计算公式为：

企业实际应纳所得税额 ＝ 企业境内外所得应纳税总额－企业所得税减免、抵免优惠税额－境外所得税抵免额

【例 4-9】2011 年某居民企业取得主营业务收入 4000 万元，发生主营业务成本 2600 万元，发生销售费用 770 万元（其中广告费 650 万元），管理费 480 万元（其中新产品技术开发费用 40 万元），财务费用 60 万元，营业税金 160 万元（含增值税 120 万元）。用直接法和间接法计算该企业的应纳税所得额。

解：1.直接法：

广告费和业务宣传费 ＝ 4000 × 15% ＝ 600（万元）

应纳税所得额 ＝ 4000 － 2600 － [（770 － 650）＋ 600]－（480 ＋ 40 × 50%）－ 60 －（160 － 120）＝ 80（万元）

2.间接法：

会计利润 ＝ 4000 － 2600 － 770 － 480 － 60 －（160 － 120）＝ 50（万元）

广告费和业务宣传费调增所得额 ＝ 650 － 4000 × 15% ＝ 650 － 600 ＝ 50（万元）

新产品开发费用加计扣除 ＝ 40 × 50% ＝ 20（万元）

应纳税所得额 = 50 + 50 − 20 = 80（万元）

【例4–10】某工业企业为居民企业，假定2011年发生经营业务如下：

全年取得产品销售收入5600万元，发生产品销售成本4000万元；其他业务收入800万元，其他业务成本660万元；取得购买国债的利息收入40万元；缴纳非增值税销售税金及附加300万元；发生的管理费用760万元，其中新技术的研究开发费用60万元、业务招待费用70万元；发生财务费用200万元；取得直接投资其他居民企业的权益性收益30万元（已在投资方所在地按15%的税率缴纳了所得税）；取得营业外收入100万元，发生营业外支出250万元（其中含公益捐赠38万元）。

要求：计算该企业2011年应纳的企业所得税。

解：（1）利润总额 = 5600 + 800 + 40 + 30 + 100 − 4000 − 660 − 300 − 760 − 200 − 250 = 400（万元）

（2）国债利息收入免征企业所得税，应调减所得额40万元。

（3）技术开发费调减所得额 = 60 × 50% = 30（万元）

（4）按实际发生业务招待费的60%计算 = 70 × 60% = 42（万元）

按销售（营业）收入的5‰计算 =（5600 + 800）× 5‰ = 32（万元）

按照规定税前扣除限额应为32万元，

实际应调增应纳税所得额 = 70 − 32 = 38（万元）

（5）取得直接投资其他居民企业的权益性收益属于免税收入，应调减应纳税所得额30万元。

（6）捐赠扣除标准 = 400 × 12% = 48（万元）

实际捐赠额是38万元，小于限额，不需要纳税调整。

（7）应纳税所得额 = 400 − 40 − 30 + 38 − 30 = 338（万元）

（8）应缴纳企业所得税 = 338 × 25% = 84.5（万元）

二、企业取得境外所得计税时的抵免

（一）有关抵免境外已纳所得税额的规定

1. 税法规定允许抵免的两种情况

（1）居民企业来源于中国境外的应税所得；

（2）非居民企业在中国境内设立机构、场所，取得发生在中国境外但与该机构、场所有实际联系的应税所得。

2. 税法规定，企业取得的上述所得已在境外缴纳的所得税税额，可以从其当期应纳税额中抵免，抵免限额为该项所得依照本法规定计算的应纳税额；超过抵免限额的部分，可以在以后 5 个年度内，用每年度抵免限额抵免当年应抵税额后的余额进行抵补。

其中：

（1）已在境外缴纳的所得税税额，是指企业来源于中国境外的所得依照中国境外税收法律以及相关规定应当缴纳并已经实际缴纳的企业所得税性质的税款。

（2）抵免限额，是指企业来源于中国境外的所得，依照我国税法相关规定计算的应纳税额。我国采用的是限额抵免法，即抵免限额不得超过按我国税法规定计算的额度，超过部分不得在当期抵免，但可以用今后 5 年内抵免余额抵补。

税收抵免的计算。

抵免限额应当分国（地区）不分项计算，计算公式如下：

抵免限额 = 中国境内、境外所得依照税法规定计算的应纳税总额 × 来源于某国（地区）的应纳税所得额 ÷ 中国境内、境外应纳税所得总额

【例 4-11】2012 年，我国某公司在境内应纳税所得额为 200 万元，从境外某国取得税后利润 60 万元（该国缴纳所得税时适用的税率为 20%）。

要求：计算该公司 2009 年度在境内应缴纳的所得税税额。

解：（1）境内应纳税额 = 200 × 25% = 50（万元）

（2）境外应纳税所得额 = 60 ÷（1 - 20%）= 75（万元）

（3）境外已纳税额 = 75 - 60 = 15（万元）

或：75 × 20% = 15（万元）

（4）抵免限额 = 境外应纳税所得额 × 25% = 75 × 25% = 18.75（万元）

应当补税 18.75 - 15 = 3.75（万元）

（5）该公司 2009 年度在境内应缴纳的所得税税额 = 50 + 3.75 = 53.75（万元）

（二）有关享受抵免境外所得税的范围及条件

税法规定：居民企业从其直接或者间接控制的外国企业分得的来源于中国境外的股息、红利等权益性投资收益，外国企业在境外实际缴纳的所得税税额中属于该项所得负担的部分，可以作为该居民企业的可抵免境外所得税税额，在该法规定的抵免限额内抵免。

1. 直接控制，是指居民企业直接持有外国企业 20% 以上股份。

2. 间接控制，是指居民企业以间接持股方式持有外国企业 20% 以上股份。

我国采用多层抵免制度，但对享受税收抵免的境外投资企业规定了范围和条件，即不论直接控制的境外企业，还是间接控制的境外企业，其持股比例不

得低于 20%。只有高于 20% 持股比例的境外投资企业才可以享受税收抵免优惠，低于 20% 持股比例的境外投资企业不得享受税收抵免优惠。

4.5 企业所得税的税收优惠

一、税收优惠概述

企业同时从事适用不同企业所得税待遇的章节的，其优惠章节应当单独计算所得，并合理分摊企业的期间费用；没有单独计算的，不得享受企业所得税优惠。

二、免税优惠

（一）国债利息收入

国债利息收入，是指企业持有国务院财政部门发行的国债取得的利息收入。

（二）符合条件的居民企业之间的股息、红利等权益性投资收益

符合条件的居民企业之间的股息、红利等权益性投资收益，是指居民企业直接投资于其他居民企业取得的投资收益。

（三）在中国境内设立机构、场所的非居民企业从居民企业取得与该机构、场所有实际联系的股息、红利等权益性投资收益

股息、红利等权益性投资收益，不包括连续持有居民企业公开发行并上市流通的股票不足 12 个月取得的投资收益。

（四）符合条件的非营利组织的收入

1. 符合条件的非营利组织所取得的收入免税。符合条件的非营利组织的企业所得税免税收入，具体包括以下收入：

（1）接受其他单位或者个人捐赠的收入；

（2）除《企业所得税法》第七条规定的财政拨款以外的其他政府补助收入，但不包括因政府购买服务取得的收入；

（3）按照省级以上民政、财政部门规定收取的会费；

（4）不征税收入和免税收入孳生的银行存款利息收入；

（5）财政部、国家税务总局规定的其他收入。

2. 享受免税优惠的非营利组织应同时符合以下条件：

（1）依法履行非营利组织登记手续；

（2）从事公益性或者非营利性活动；

（3）取得的收入除用于与该组织有关的、合理的支出外，全部用于登记核定或者章程规定的公益性或者非营利性事业；

（4）财产及其孳息不用于分配；

（5）按照登记核定或者章程规定，该组织注销后的剩余财产用于公益性或者非营利性目的，或者由登记管理机关转赠给与该组织性质、宗旨相同的组织，并向社会公告；

（6）投入人对投入该组织的财产不保留或者享有任何财产权利；

（7）工作人员工资福利开支控制在规定的比例内，不变相分配该组织的财产。

3.符合条件的非营利组织的收入免于征税，但不包括非营利组织从事营利性活动取得的收入。

三、定期或定额减税、免税

（一）企业从事农、林、牧、渔业章节的所得，可以免征、减征企业所得税

1.企业从事下列章节的所得，免征企业所得税：

（1）蔬菜、谷物、薯类、油料、豆类、棉花、麻类、糖料、水果、坚果的种植；

（2）农作物新品种的选育；

（3）中药材的种植；

（4）林木的培育和种植；

（5）牲畜、家禽的饲养；

（6）林产品的采集；

（7）灌溉、农产品初加工、兽医、农技推广、农机作业和维修等农、林、牧、渔服务业章节；

（8）远洋捕捞。

2.企业从事下列章节的所得，减半征收企业所得税：

（1）花卉、茶以及其他饮料作物和香料作物的种植；

（2）海水养殖、内陆养殖。

企业从事国家限制和禁止发展的章节，不得享受上述企业所得税优惠。

（二）从事国家重点扶持的公共基础设施章节投资经营所得，可以免征、减征企业所得税

国家重点扶持的公共设施章节，是指《公共基础设施章节企业所得税优惠目录》规定的港口码头、机场、铁路、公路、城市公共交通、电力、水利等章节。

1. 企业从事上述国家重点扶持的公共基础设施章节的投资经营的所得，自章节取得第 1 笔生产经营收入所属纳税年度起，第 1 年至第 3 年免征企业所得税，第 4 年至第 6 年减半征收企业所得税，简称"三免三减半"。

享受税收优惠的企业，从其取得第 1 笔生产经营收入所属纳税年度起计算减免税起始日。

2. 企业承包经营、承包建设和内部自建自用上述章节，不得享受上述企业所得税优惠。

（三）从事符合条件的环境保护、节能节水章节的所得

1. 企业从事符合条件的环境保护、节能节水章节的所得，自章节取得第 1 笔生产经营收入所属纳税年度起，第 1 年至第 3 年免征企业所得税，第 4 年至第 6 年减半征收企业所得税。

2. 享受上述减免税优惠的章节，在减免税期限内转让的，受让方自受让之日起，可以在剩余期限内享受规定的减免税优惠；减免税期限届满后转让的，受让方不得就该章节重复享受减免税优惠。

（四）符合条件的技术转让所得

1. 对符合条件的居民企业技术转让所得不超过 500 万元的部分，免征企业所得税；超过 500 万元的部分，减半征收企业所得税。

2. 享受减免企业所得税优惠的技术转让应符合以下条件：

（1）享受优惠的技术转让主体是企业所得税法规定的居民企业；

（2）技术转让属于财政部、国家税务总局规定的范围；

（3）境内技术转让经省级以上科技部门认定；

（4）向境外转让技术经省级以上商务部门认定；

（5）国务院税务主管部门规定的其他条件。

3. 享受技术转让所得减免企业所得税优惠的企业，应单独计算技术转让所得，并合理分摊企业的期间费用；没有单独计算的，不得享受技术转让所得企业所得税优惠。

四、低税率优惠

（一）税法规定凡符合条件的小型微利企业，减按 20% 的税率征收企业所得税。

（二）对国家需要重点扶持的高新技术企业，减按15%的税率征收企业所得税。

（三）在中国境内未设立机构、场所的，或者虽设立机构、场所但取得的所得与其所设机构、场所没有实际联系的，应当就其来源于中国境内的所得，减按10%的税率征收企业所得税。

五、区域税收优惠

（一）民族地区税收优惠

民族自治地方的自治机关对本民族自治地方的企业应缴纳的企业所得税中属于地方分享的部分，可以决定减征或者免征。

（二）国家西部大开发税收优惠

自2011年至2020年，对设在西部地区以《西部地区鼓励类产业目录》中规定的产业章节为主营业务，且当年度主营业务收入占企业收入总额70%以上的企业，可减按15%税率征收企业所得税。

六、特别章节税收优惠

（一）加计扣除税收优惠

企业为开发新技术、新产品、新工艺发生的研究开发费用，未形成无形资产计入当期损益的，在按照规定据实扣除的基础上，再按照研究开发费用的50%加计扣除；形成无形资产的，按照无形资产成本的150%摊销。

企业在计算应纳税所得额时有关加计扣除的章节及方法：

1.企业从事规定章节的研究开发活动，其在一个纳税年度中实际发生的费用允许按照规定实行加计扣除。主要包括以下内容：

（1）新产品设计费、新工艺规程制定费以及与研发活动直接相关的技术图书资料费、资料翻译费；

（2）从事研发活动直接消耗的材料、燃料和动力费用；

（3）在职直接从事研发活动人员的工资、薪金、奖金、津贴、补贴；

（4）专门用于研发活动的仪器、设备的折旧费或租赁费；

（5）专门用于研发活动的软件、专利权、非专利技术等无形资产的摊销费用；

（6）专门用于中间试验和产品试制的模具、工艺装备开发及制造费；

（7）勘探开发技术的现场试验费；

（8）研发成果的论证、评审、验收费用。

2. 对企业共同合作开发的章节，由合作各方就自身承担的研发费用分别按照规定计算加计扣除。对企业委托给外单位进行开发的研发费用，由委托方按照规定计算加计扣除，受托方不得再进行加计扣除。对委托开发的章节，受托方应向委托方提供该研发章节的费用支出明细情况，否则，该委托开发章节的费用支出不得实行加计扣除。

3. 企业未设立专门的研发机构或企业研发机构同时承担生产经营小节的，应对研发费用和生产经营费用分开进行核算，准确、合理的计算各项研究开发费用支出，对划分不清的，不得实行加计扣除。

（二）安置残疾人员及国家鼓励安置的其他就业人员税收优惠

1. 按照企业安置残疾人员数量，在企业支付给残疾职工工资据实扣除的基础上，按照支付给残疾职工工资的 100% 加计扣除。

2. 企业享受安置残疾职工工资 100% 加计扣除应同时具备如下条件：

（1）依法与安置的每位残疾人签订了 1 年以上（含 1 年）的劳动合同或服务协议，并且安置的每位残疾人在企业实际上岗工作；

（2）为安置的每位残疾人按月足额缴纳国家政策规定的基本养老保险、基本医疗保险、失业保险和工伤保险等社会保险；

（3）定期通过银行等金融机构向安置的每位残疾人实际支付了不低于经省级人民政府批准的最低工资标准的工资；

（4）具备安置残疾人上岗工作的基本设施。

3. 企业就支付给残疾职工的工资，在进行企业所得税预缴申报时，允许据实计算扣除；在年度终了进行企业所得税年度申报和汇算清缴时，再依照上述规定计算加计扣除。

国家规定，对商贸企业、服务型企业、劳动就业服务企业中的加工型企业和街道社区具有加工性质的小型企业实体，在 3 年内按实际招用持证失业人员数量依次扣减营业税、城建税、教育费附加和企业所得税，优惠标准为每人每年 4000 元，可上下浮动 20%，具体由各省确定。

（三）投资抵免优惠

创业投资企业采取股权投资方式投资于未上市的中小高新技术企业两年以上的，可以按照其投资额的 70% 在当年抵扣该企业的应纳税所得额，但股权持有须满 2 年。当年不足抵扣的，可以在以后纳税年度结转抵扣。

投资于未上市的中小高新技术企业两年以上的，包括发生在 2008 年 1 月 1 日以前满两年的投资；中小高新技术企业是指按照《高新技术企业认定管理办法》和《高新技术企业认定管理工作指引》取得高新技术企业资格，且年销售额和资产总额均不超过 2 亿元、从业人数不超过 500 人的企业。

（四）减计收入

企业以《资源综合利用企业所得税优惠目录》规定的资源作为主要原材料，生产国家非限制和禁止并符合国家和行业相关标准的产品取得的收入，减按 90%计入收入总额。其中，原材料占生产产品材料的比例不得低于前述优惠目录规定的标准。

（五）抵免应纳税额

企业购置并实际使用《环境保护专用设备企业所得税优惠目录》、《节能节水专用设备企业所得税优惠目录》和《安全生产专用设备企业所得税优惠目录》规定的环境保护、节能节水、安全生产等专用设备的，该专用设备的投资额的10% 可以从企业当年的应纳税额中抵免；当年不足抵免的，可以在以后 5 个纳税年度结转抵免。

享受上述企业所得税优惠的企业，应当实际购置并自身实际投入使用符合上述规定的专用设备；企业购置上述专用设备在 5 年内转让、出租的，应当停止享受企业所得税优惠，并补缴已经抵免的企业所得税税款。

企业以融资租赁方式租入的、并在融资租赁合同中约定租赁期届满时租赁设备所有权转移给承租方企业的，且符合规定条件的专用设备，可以享受抵免应纳税额优惠。但融资租赁期届满后租赁设备所有权未转移至承租方企业的，承租方企业应停止享受抵免该项优惠政策，并补缴已经抵免的企业所得税税款。

（六）加速折旧

企业的固定资产由于技术进步等原因，确需加速折旧的，可以缩短折旧年限或者采取加速折旧的方法。

1. 可以采取缩短折旧年限或者采取加速折旧的方法的固定资产，包括：

（1）由于技术进步，产品更新换代较快的固定资产；

（2）常年处于强震动、高腐蚀状态的固定资产。

2. 采取缩短折旧年限方法的，最低折旧年限不得低于法定折旧年限的 60%；采取加速折旧方法的，可以采取双倍余额递减法或者年数总和法。

七、专项政策税收优惠

（一）鼓励软件产业和集成电路产业发展的优惠政策

1. 符合条件的软件生产企业按规定实行增值税即征即退政策所退还的税款，

由企业专项用于软件产品研发和扩大再生产并单独进行核算，可以作为不征税收入，在计算应纳税所得额时从收入总额中减除。

2. 我国境内新办的集成电路设计企业和符合条件的软件企业，经认定后，在2017年12月31日前自获利年度起计算优惠期，第一年至第二年免征企业所得税，第三年至第五年按照法定税率减半征收企业所得税，并享受至期满为止。

3. 国家规划布局内的重点软件生产企业，如当年未享受免税优惠的，减按10%的税率征收企业所得税。

4. 软件生产企业的职工培训费用，可按实际发生额在计算应纳税所得额时扣除。

5. 企业外购的软件，凡符合固定资产或无形资产确认条件的，可以按照固定资产或无形资产进行核算，其折旧或摊销年限可以适当缩短，最短可为2年。

6. 集成电路生产企业的生产设备，其折旧年限可以适当缩短，最短可为3年。

7. 投资额超过80亿元人民币或集成电路线宽小于0.25微米的集成电路生产企业，可以减按15%的税率征收企业所得税，其中，经营期在15年以上的，在2017年12月31日前自获利年度起计算优惠期，第1年至第5年免征企业所得税，第6年至第10年按照25%的法定税率减半征收企业所得税。

8. 对生产集成电路线宽小于0.8微米（含）的集成电路生产企业，在2017年底前自获利年度起，第1年至第2年免征企业所得税，第3年至第5年按照25%的法定税率减半征收企业所得税。

9. 在2010年底前，依照《财政部国家税务总局关于企业所得税若干优惠政策的通知》（财税【2008】1号）规定，经认定并可享受原定期减免税优惠的企业，可继续享受到期满为止。

（二）鼓励证券投资基金发展的优惠政策

1. 对证券投资基金从证券市场中取得的收入，包括买卖股票、债券的差价收入，股权的股息、红利收入，债券的利息收入及其他收入，暂不征收企业所得税。

2. 对投资者从证券投资基金分配中取得的收入，暂不征收企业所得税。

3. 对证券投资基金管理人运用基金买卖股票、债券的差价收入，暂不征收企业所得税。

（三）对企业和个人取得的2012年及以后年度发行的地方政府债券利息收入，免征企业所得税。

（四）台湾航运公司海峡两岸海上直航的优惠政策

自2008年12月15日起，对台湾航运公司从事海峡两岸海上直航业务取得的来源于大陆的所得，免征企业所得税。

1. 台湾航运公司，是指取得交通运输部颁发的"台湾海峡两岸间水路运输许可证"且上述许可证上注明的公司登记地址在台湾的航运公司。

2. 享受企业所得税免税政策的台湾航运公司应当按照《实施条例》的有关规定，单独核算其从事上述业务在大陆取得的收入和发生的成本、费用；未单独核算的，不得享受免征企业所得税政策。

（五）股权分置改革中，上市公司因股权分置改革而接受的非流通股股东作为对价注入资产和被非流通股股东豁免债务，上市公司应增加注册资本或资本公积，不征收企业所得税。

八、过渡性税收优惠

税法规定，《企业所得税法》公布前已经批准设立的企业，依照当时的税收法律、行政法规规定，享受低税率优惠的，按照国务院规定，可以在该法施行后 5 年内，逐步过渡到该法规定的税率；享受定期减免税优惠的，按照国务院规定，可以在该法施行后继续享受到期满为止，但因未获利而尚未享受优惠的，优惠期限从该法施行年度起计算。

4.6　企业所得税的征收管理

一、企业所得税的源泉扣缴

（一）源泉扣缴适用非居民企业

在中国境内未设立机构、场所的，或者虽设立机构、场所但取得的所得与其所设机构、场所没有实际联系的非居民企业，就其取得的来源于中国境内的所得应缴纳的所得税，实行源泉扣缴。

（二）应税所得及应纳税额计算

1. 对非居民企业取得来源于中国境内的股息、红利等权益性投资收益（股息、红利）和利息、租金、特许权使用费所得、转让财产所得以及其他所得应当缴纳的企业所得税，实行源泉扣缴。

2. 对非居民企业取得的股息、红利、利息、特许权使用费、租金等按收入全额计征，即支付人向非居民企业支付的全部价款和价外费用，其相关发生的成本费用不得扣除；对其取得的转让财产所得，以收入全额减除财产净值后的余额作为应纳税所得额。其他所得，参照前两项规定执行。

收入全额是指非居民企业向支付人收取的全部价款和价外费用。其他所得，是指该纳税人在中国境内取得的其他各种来源的收入。

3. 应纳税额的计算

扣缴企业所得税应纳税额 = 应纳税所得额 × 实际征收率

实际征收率，是指《企业所得税法》及其《实施条例》等相关法律、法规规定的税率，或者税收协定规定的税率。

（三）支付人和扣缴义务人

1. 支付人

支付人是指依照有关法律规定或者合同约定对非居民企业直接负有支付相关款项义务的单位或者个人。

2. 扣缴义务人

支付人为扣缴义务人，即依照有关法律规定或者合同约定对非居民企业直接负有支付相关款项义务的单位或者个人为扣缴义务人。

（四）税务管理

1. 扣缴义务人与非居民企业首次签订有关业务合同或协议（以下简称合同）的，扣缴义务人应当自合同签订之日起 30 日内，向其主管税务机关申报办理扣缴税款登记。

2. 扣缴义务人每次代扣的税款，应当自代扣之日起 7 日内缴入国库，并向所在地的税务机关报送扣缴企业所得税报告表。

（五）非居民企业所得税汇算清缴

1. 依照外国（地区）法律成立且实际管理机构不在中国境内，但在中国境内设立机构、场所的非居民企业，无论盈利或者亏损，均应按照税法及相关规定参加所得税汇算清缴。

2. 企业具有下列情形之一的，可不参加当年度的所得税汇算清缴：

（1）临时来华承包工程和提供劳务不足 1 年，在年度中间终止经营活动，且已经结清税款；（2）汇算清缴期内已办理注销；（3）其他经主管税务机关批准可不参加当年度所得税汇算清缴。

3. 企业应当自年度终了之日起 5 个月内，向税务机关报送年度企业所得税纳税申报表，并汇算清缴，结清应缴应退税款。企业在年度中间终止经营活动的，应当自实际经营终止之日起 60 日内，向税务机关办理当期企业所得税汇算清缴。

4. 企业办理所得税年度申报时，应当如实填写和报送：（1）年度企业所得纳税申报表及其附表;(2)年度财务会计报告;(3)税务机关规定应当报送的其他有关资料。

5.企业因特殊原因,不能在规定期限内办理年度所得税申报,应当在年度终了之日起5个月内,向主管税务机关提出延期申报申请。主管税务机关批准后,可以适当延长申报期限。

二、纳税地点

1.居民企业以企业登记注册地为纳税地点;但登记注册地在境外的,以实际管理机构所在地为纳税地点,另有规定的除外。

2.非居民企业在中国境内设立机构、场所的,以机构、场所所在地为纳税地点。

非居民企业在中国境内设立两个或者两个以上机构、场所的,经税务机关审核批准,可以选择由其主要机构、场所汇总缴纳企业所得税。在中国境内未设立机构、场所的,或者虽设立机构、场所但取得的所得与其所设机构、场所没有实际联系的非居民企业,以扣缴义务人所在地为纳税地点。

三、纳税方式

居民企业在中国境内设立不具有法人资格营业机构的,应当汇总计算并缴纳企业所得税。企业汇总计算并缴纳企业所得税时,应当统一核算应纳税所得额。除国务院另有规定外,企业之间不得合并缴纳企业所得税。

四、纳税年度

1.企业所得税按纳税年度计算。纳税年度自公历1月1日起至12月31日止。

2.企业在一个纳税年度中间开业,或者终止经营活动,使该纳税年度的实际经营期不足12个月的,应当以其实际经营期为1个纳税年度。

3.企业依法清算时,应当以清算期间作为1个纳税年度。

五、纳税申报

1.企业所得税分月或者分季预缴。企业应当自月份或者季度终了之日起15日内,向税务机关报送预缴企业所得税纳税申报表,预缴税款。

2.企业应当自年度终了之日起5个月内,向税务机关报送年度企业所得税纳税申报表,并汇算清缴,结清应缴应退税款。企业应当在办理注销登记前,就其清算所得向税务机关申报并依法缴纳企业所得税。

3. 企业在报送企业所得税申报表时，无论纳税年度内是盈利或者是亏损，都应当依照规定期限，向税务机关报送预缴企业所得税纳税申报表、年度企业所得税纳税申报表、财务会计报告和税务机关规定应当报送的其他有关资料。

六、计税货币

1. 依法缴纳的企业所得税，以人民币计算。企业所得以人民币以外货币计算的，应当折合成人民币计算并缴纳税款。

2. 企业以外币计算并预缴企业所得税时，应当按照月度或者季度最后 1 日的人民币汇率中间价，折合成人民币计算应纳税所得额。

3. 年度终了汇算清缴时，对已经按照月度或者季度预缴税款的，不再重新折合计算，只就该纳税年度内未缴纳企业所得税的部分，按照纳税年度最后一日的人民币汇率中间价，折合成人民币计算应纳税所得额。

七、企业所得税的核定征收

1. 纳税人具有下列情形之一的，核定征收企业所得税：

（1）依照法律、行政法规的规定可以不设置账簿的；

（2）依照法律、行政法规的规定应当设置但未设置账簿的；

（3）擅自销毁账簿或者拒不提供纳税资料的；

（4）虽设置账簿，但账目混乱或者成本资料、收入凭证、费用凭证残缺不全，难以查账的；

（5）发生纳税义务，未按照规定的期限办理纳税申报，经税务机关责令限期申报，逾期仍不申报的；

（6）申报的计税依据明显偏低，又无正当理由的。

特殊行业、特殊类型的纳税人和一定规模以上的纳税人不适用该办法。

2. 税务机关应根据纳税人具体情况，对核定征收企业所得税的纳税人，核定应税所得率或者核定应纳所得税额。具有下列情形之一的，核定其应税所得率：

（1）能正确核算（查实）收入总额，但不能正确核算（查实）成本费用总额的；

（2）能正确核算（查实）成本费用总额，但不能正确核算（查实）收入总额的；

（3）通过合理方法，能计算和推定纳税人收入总额或成本费用总额的。

纳税人不属于上述情形的，核定其应纳所得税额。

3. 税务机关采用下列方法核定征收企业所得税：

（1）参照当地同类行业或者类似行业中经营规模和收入水平相近的纳税人的税负水平核定；

（2）按照应税收入额或成本费用支出额定率核定；

（3）按照耗用的原材料、燃料、动力等推算或测算核定；

（4）按照其他合理方法核定。

4. 采用应税所得率方式核定征收企业所得税的，应纳所得税额计算公式如下：

应纳所得税额 = 应纳税所得额 × 适用税率

应纳税所得额 = 应税收入额 × 应税所得率

或应纳税所得额 = 成本（费用）支出额 ÷（1 − 应税所得率）× 应税所得率

【例4-12】某居民纳税人，2012年财务资料如下：收入合计55万元，成本合计30万元，经税务机关核实，企业未能正确核算收入，税务机关对企业核定征收企业所得税，应税所得率为15%，2012年应纳企业所得税为多少？

解：应纳税所得额 = 成本（费用）支出额 ÷（1 − 应税所得率）× 应税所得率 = 30 ÷（1 − 15%）× 15% = 5.29（万元）

应纳所得税额 = 5.29 × 25% = 1.32（万元）

5. 实行应税所得率方式核定征收企业所得税的纳税人，经营多业的，无论其经营章节是否单独核算，均由税务机关根据其主营章节确定适用的应税所得率。

4.7　企业所得税的特别纳税调整

税法规定，企业与其关联方之间的业务往来，不符合独立交易原则而减少企业或者其关联方应纳税收入或者所得额的，税务机关有权按照合理方法调整。

一、关联企业的界定

（一）关联企业及关联关系

1. 税法规定，关联方是指与企业有下列关联关系之一的企业、其他组织或者个人：

（1）在资金、经营、购销等方面存在直接或者间接的控制关系；

（2）直接或者间接地同为第三者控制；

（3）在利益上具有相关联的其他关系。

2. 具体关联关系的认定标准主要有：

（1）一方直接或间接持有另一方的股份总和达到 25% 以上，或者双方直接或间接同为第三方所持有的股份达到 25% 以上。

（2）一方与另一方（独立金融机构除外）之间借贷资金占一方实收资本 50% 以上，或者一方借贷资金总额的 10% 以上是由另一方（独立金融机构除外）担保。

（3）一方半数以上的高级管理人员（包括董事会成员和经理，下同）或至少一名可以控制董事会的董事会高级成员是由另一方委派，或者双方半数以上的高级管理人员或至少一名可以控制董事会的董事会高级成员同为第三方委派。

（4）一方半数以上的高级管理人员同时担任另一方的高级管理人员，或者一方至少一名可以控制董事会的董事会高级成员同时担任另一方的董事会高级成员。

（5）一方的生产经营活动必须由另一方提供的工业产权、专有技术等特许权才能正常进行。

（6）一方的购买或销售活动主要由另一方控制。

（7）一方接受或提供劳务主要由另一方控制。

（8）一方对另一方的生产经营、交易具有实质控制，或者双方在利益上具有相关联的其他关系，如家族、亲属关系等。

（二）独立交易原则

独立交易原则，亦称"公平交易原则"、"正常交易原则"。具体是指没有关联关系的交易各方，按照公平成交价格和营业常规进行业务往来遵循的原则。

（三）关联企业的业务往来，具体包括货物贸易、服务贸易、共同开发等，这些交易税务机关都有权利进行调查，并按照独立交易原则认定和调整。

二、特别纳税调整管理办法

（一）税务机关有权按以下办法核定和调整关联企业交易价格

1. 可比非受控价格法，是指按照没有关联关系的交易各方进行相同或者类似业务往来的价格进行定价的方法；

2. 再销售价格法，是指按照从关联方购进商品再销售给没有关联关系的交易方的价格，减除相同或者类似业务的销售毛利进行定价的方法；

3. 成本加成法，是指按照成本加合理的费用和利润进行定价的方法；

4. 交易净利润法，是指按照没有关联关系的交易各方进行相同或者类似业务往来取得的净利润水平确定利润的方法；

5. 利润分割法，是指将企业与其关联方的合并利润或者亏损在各方之间采用合理标准进行分配的方法；

6. 其他符合独立交易原则的方法。

（二）关联业务的相关资料

企业向税务机关报送年度企业所得税纳税申报表时，应当就其与关联方之间的业务往来，附送年度关联业务往来报告表。

（三）税务机关的纳税核定权

企业不提供与其关联方之间业务往来资料，或者提供虚假、不完整资料，未能真实反映其关联业务往来情况的，税务机关有权依法核定其应纳税所得额。

（四）补征税款和加收利息

1. 税务机关根据税收法律、行政法规的规定，对企业做出特别纳税调整的，应当对补征的税款，自税款所属纳税年度的次年6月1日起至补缴税款之日止的期间，按日加收利息。

2. 加收的利息，应当按照税款所属纳税年度中国人民银行公布的与补税期间同期的人民币贷款基准利率加5个百分点计算。加收的利息，不得在计算应纳税所得额时扣除。

（五）纳税调整的时效

企业与其关联方之间的业务往来，不符合独立交易原则，或者企业实施其他不具有合理商业目的安排的，税务机关有权在该业务发生的纳税年度起10年内，进行纳税调整。

三、预约定价安排

1. 税法规定，企业可以向税务机关提出与其关联方之间业务往来的定价原则和计算方法，税务机关与企业协商、确认后，达成预约定价安排。

2. 预约定价安排的谈签与执行通常经过预备会谈、正式申请、审核评估、磋商、签订安排和监控执行6个阶段。预约定价安排包括单边、双边和多边3种类型。

3. 预约定价安排应由设区的市、自治州以上的税务机关受理。

4. 预约定价安排一般适用于同时满足以下条件的企业：

（1）年度发生的关联交易金额在4000万元人民币以上；

（2）依法履行关联申报义务；

（3）按规定准备、保存和提供同期资料。

5. 企业申请单边、双边或多边预约定价安排的，应首先向税务机关书面提出谈签意向，在税务机关正式许可情况下 3 个月内，向税务机关提出预约定价安排书面申请报告。

6. 税务机关就企业预约定价安排申请事项与相关方进行磋商，磋商一致的则拟定预约定价安排草案。税务机关与企业就预约定价安排草案内容达成一致，双方代表正式签订单边预约定价安排协议书，预约定价安排生效执行。

四、成本分摊协议

为避免征纳双方矛盾，税法规定关联企业可以制订"成本分摊协议"，协议上报主管税务机关认可后执行。

五、受控外国企业

对我国居民企业、中国公民投资控制的外国企业，其经营利润无合理理由不作分配或减少分配的情况，属于特别纳税调整管理范围。

1. 税法规定，由居民企业，或者由居民企业和中国居民控制的设立在实际税负明显低于我国法定税率水平的国家（地区）的企业，并非由于合理的经营需要而对利润不作分配或者减少分配的，上述利润中应归属于该居民企业的部分，应当计入该居民企业的当期收入。

2. 中国居民企业或居民个人能够按规定提供资料证明其控制的外国企业利润不作分配或者减少分配具有正当合理性，可免于将该外国企业不作分配或者减少分配的利润视同股息分配额计入中国居民企业股东的当期所得。

六、资本弱化管理

为防止关联企业通过借款方式转移利润，税法规定企业债权性投资不得低于该企业权益性投资的一定比例，如超过规定比例，其超过部分的利息支出不得在税前扣除。国际上将企业债权性投资占企业权益性投资比例过高的情况，称之为"资本弱化"。

1. 债权性投资，是指企业直接或者间接从关联方获得的，需要偿还本金和支付利息或者需要以其他具有支付利息性质的方式予以补偿的融资。

2. 权益性投资，是指企业接受的不需要偿还本金和支付利息，投资人对企业净资产拥有所有权的投资。

3. 企业实际支付给关联方的利息支出，不超过以下规定比例计算的部分，准予扣除，超过的部分不得在发生当期和以后年度扣除。

企业接受关联方债权性投资与其权益性投资比例为：（1）金融企业，为5：1；（2）其他企业，为2：1。

4.企业能够按照有关规定提供相关资料，并证明相关交易活动符合独立交易原则的；或者该企业的实际税负不高于境内关联方的，其实际支付给境内关联方的利息支出，在计算应纳税所得额时准予扣除。

七、一般反避税条款

税法规定，企业实施其他不具有合理商业目的的安排而减少其应纳税收入或者所得额的，税务机关有权按照合理方法调整。所谓不具有合理商业目的，是指以减少、免除或者推迟缴纳税款为主要目的税收安排。

1.税务机关可依法对存在以下避税安排的企业，启动一般反避税调查：

（1）滥用税收优惠；

（2）滥用税收协定；

（3）滥用公司组织形式；

（4）利用避税港避税；

（5）其他不具有合理商业目的的安排。

2.税务机关应按照经济实质对企业的避税安排重新定性，有权取消企业从避税安排获得的税收利益。

【技能提升】

中华人民共和国企业所得税年度纳税申报表（A类）

税款所属期间： 年 月 日至 年 月 日

纳税人名称：

纳税人识别号：□□□□□□□□□□□□□□□

金额单位：元（列至角分）

类别	行次	章节	金额
利润总额计算	1	一、营业收入（填附表一）	
	2	减：营业成本（填附表二）	
	3	营业税金及附加	
	4	销售费用（填附表二）	
	5	管理费用（填附表二）	
	6	财务费用（填附表二）	
	7	资产减值损失	
	8	加：公允价值变动收益	
	9	投资收益	
	10	二、营业利润（1-2-3-4-5-6-7+8+9）	
	11	加：营业外收入（填附表一）	
	12	减：营业外支出（填附表二）	
	13	三、利润总额（10+11－12）	
应纳税所得额计算	14	加：纳税调整增加额（填附表三）	
	15	减：纳税调整减少额（填附表三）	
	16	其中：不征税收入	
	17	免税收入	
	18	减计收入	
	19	减、免税章节所得	
应纳税所得额计算	20	加计扣除	
	21	抵扣应纳税所得额	
	22	加：境外应税所得弥补境内亏损	
	23	纳税调整后所得（13+14－15-19-21+22）	

（续表）

	24	减：弥补以前年度亏损（填附表四）	
	25	应纳税所得额（23－24）	
应纳税额计算	26	税率（25%）	
	27	应纳所得税额（25×26）	
	28	减：减免所得税额（填附表五）	
	29	减：抵免所得税额（填附表五）	
	30	应纳税额（27－28－29）	
	31	加：境外所得应纳所得税额（填附表六）	
	32	减：境外所得抵免所得税额（填附表六）	
	33	实际应纳所得税额（30＋31－32）	
	34	减：本年累计实际已预缴的所得税额	
	35	其中：汇总纳税的总机构分摊预缴的税额	
	36	汇总纳税的总机构财政调库预缴的税额	
	37	汇总纳税的总机构所属分支机构分摊的预缴税额	
	37－1	其中：本市总机构所属本市分支机构分摊的预缴税额	
	38	合并纳税（母子体制）成员企业就地预缴比例	
	39	合并纳税企业就地预缴的所得税额	
	40	本年应补（退）的所得税额（33－34）	
附列资料	41	以前年度多缴的所得税额在本年抵减额	
	42	以前年度应缴未缴在本年入库所得税额	

谨声明：此纳税申报表是根据《中华人民共和国企业所得税法》、《中华人民共和国企业所得税法实施条例》和国家有关税收规定填报的，是真实的、可靠的、完整的。

法定代表人（签字）：

年 月 日

纳税人公章： 经办人： 申报日期： 年 月 日	代理申报中介机构公章： 经办人及执业证件号码： 代理申报日期： 年 月 日	主管税务机关受理专用章： 受理人： 受理日期： 年 月 日

《中华人民共和国企业所得税年度纳税申报表（A类）》填报说明

一、适用范围

本表适用于实行查账征收企业所得税的居民纳税人（以下简称纳税人）填报。

二、填报依据及内容

根据《中华人民共和国企业所得税法》及其实施条例、相关税收政策，以及国家统一会计制度（企业会计制度、企业会计准则、小企业会计制度、分行业会计制度、事业单位会计制度和民间非营利组织会计制度）的规定，填报计算纳税人利润总额、应纳税所得额、应纳税额和附列资料等有关章节。

三、有关章节填报说明

（一）表头章节

1. "税款所属期间"：正常经营的纳税人，填报公历当年1月1日至12月31日；纳税人年度中间开业的，填报实际生产经营之日的当月1日至同年12月31日；纳税人年度中间发生合并、分立、破产、停业等情况的，填报公历当年1月1日至实际停业或法院裁定并宣告破产之日的当月月末；纳税人年度中间开业且年度中间又发生合并、分立、破产、停业等情况的，填报实际生产经营之日的当月1日至实际停业或法院裁定并宣告破产之日的当月月末。

2. "纳税人识别号"：填报税务机关统一核发的税务登记证号码。

3. "纳税人名称"：填报税务登记证所载纳税人的全称。

（二）表体章节

本表是在纳税人会计利润总额的基础上，加减纳税调整额后计算出"纳税调整后所得"（应纳税所得额）。会计与税法的差异（包括收入类、扣除类、资产类等差异）通过纳税调整章节明细表（附表三）集中体现。

本表包括利润总额计算、应纳税所得额计算、应纳税额计算和附列资料四个部分。

1. "利润总额计算"中的章节，按照国家统一会计制度口径计算填报。实行企业会计准则的纳税人，其数据直接取自损益表；实行其他国家统一会计制度的纳税人，与本表不一致的章节，按照其利润表章节进行分析填报。

利润总额部分的收入、成本、费用明细章节，一般工商企业纳税人，通过附表一（1）《收入明细表》和附表二（1）《成本费用明细表》相应栏次填报；金融企业纳税人，通过附表一（2）《金融企业收入明细表》、附表二（2）《金融企业成本费用明细表》相应栏次填报；事业单位、社会团体、民办非企业单位、非营利组织等纳税人，通过附表一（3）《事业单位、社会团体、民办非企业单位收入章节明细表》和附表二（3）《事业单位、社会团体、民办非企业单位支出章节明细表》相应栏次填报。

2. "应纳税所得额计算"和"应纳税额计算"中的章节，除根据主表逻辑关系计算的外，通过附表相应栏次填报。

3. "附列资料"填报用于税源统计分析的上一纳税年度税款在本纳税年度抵减或入库金额。

（三）行次说明

1. 第1行"营业收入"：填报纳税人主要经营业务和其他经营业务取得的收入总额。本行根据"主营业务收入"和"其他业务收入"科目的数额计算填报。一般工商企业纳税人，通过附表一（1）《收入明细表》计算填报；金融企业纳税人，通过附表一（2）《金融企业收入明细表》计算填报；事业单位、社会团体、民办非企业单位、非营利组织等纳税人，通过附表一（3）《事业单位、社会团体、民办非企业单位收入明细表》计算填报。

2. 第2行"营业成本"章节：填报纳税人主要经营业务和其他经营业务发生的成本总额。本行根据"主营业务成本"和"其他业务成本"科目的数额计算填报。一般工商企业纳税人，通过附表二（1）《成本费用明细表》计算填报；金融企业纳税人，通过附表二（2）《金融企业成本费用明细表》计算填报；事业单位、社会团体、民办非企业单位、非营利组织等纳税人，通过附表二（3）《事业单位、社会团体、民办非企业单位支出明细表》计算填报。

3. 第3行"营业税金及附加"：填报纳税人经营活动发生的营业税、消费税、城市维护建设税、资源税、土地增值税和教育费附加等相关税费。本行根据"营业税金及附加"科目的数额计算填报。

4. 第4行"销售费用"：填报纳税人在销售商品和材料、提供劳务过程中发生的各种费用。本行根据"销售费用"科目的数额计算填报。

5. 第5行"管理费用"：填报纳税人为组织和管理企业生产经营发生的管理费用。本行根据"管理费用"科目的数额计算填报。

6. 第6行"财务费用"：填报纳税人为筹集生产经营所需资金等发生的筹资费用。本行根据"财务费用"科目的数额计算填报。

7. 第7行"资产减值损失"：填报纳税人计提各项资产准备发生的减值损失。本行根据"资产减值损失"科目的数额计算填报。

8. 第8行"公允价值变动收益"：填报纳税人交易性金融资产、交易性金融负债，以及采用公允价值模式计量的投资性房地产、衍生工具、套期保值业务等公允价值变动形成的应计入当期损益的利得或损失。本行根据"公允价值变动损益"科目的数额计算填报。

9. 第 9 行"投资收益"：填报纳税人以各种方式对外投资确认所取得的收益或发生的损失。本行根据"投资收益"科目的数额计算填报。

10. 第 10 行"营业利润"：填报纳税人当期的营业利润。根据上述章节计算填列。

11. 第 11 行"营业外收入"：填报纳税人发生的与其经营活动无直接关系的各项收入。本行根据"营业外收入"科目的数额计算填报。一般工商企业纳税人，通过附表一（1）《收入明细表》相关章节计算填报；金融企业纳税人，通过附表一（2）《金融企业收入明细表》相关章节计算填报；事业单位、社会团体、民办非企业单位、非营利组织等纳税人，通过附表一（3）《事业单位、社会团体、民办非企业单位收入明细表》计算填报。

12. 第 12 行"营业外支出"：填报纳税人发生的与其经营活动无直接关系的各项支出。本行根据"营业外支出"科目的数额计算填报。一般工商企业纳税人，通过附表二（1）《成本费用明细表》相关章节计算填报；金融企业纳税人，通过附表二（2）《金融企业成本费用明细表》相关章节计算填报；事业单位、社会团体、民办非企业单位、非营利组织等纳税人，通过附表一（3）《事业单位、社会团体、民办非企业单位支出明细表》计算填报。

13. 第 13 行"利润总额"：填报纳税人当期的利润总额。

14. 第 14 行"纳税调整增加额"：填报纳税人会计处理与税收规定不一致，进行纳税调整增加的金额。本行通过附表三《纳税调整章节明细表》"调增金额"列计算填报。

15. 第 15 行"纳税调整减少额"：填报纳税人会计处理与税收规定不一致，进行纳税调整减少的金额。本行通过附表三《纳税调整章节明细表》"调减金额"列计算填报。

16. 第 16 行"不征税收入"：填报纳税人计入利润总额但属于税收规定不征税的财政拨款、依法收取并纳入财政管理的行政事业性收费、政府性基金以及国务院规定的其他不征税收入。本行通过附表一（3）《事业单位、社会团体、民办非企业单位收入明细表》计算填报。

17. 第 17 行"免税收入"：填报纳税人计入利润总额但属于税收规定免税的收入或收益，包括国债利息收入；符合条件的居民企业之间的股息、红利等权益性投资收益；从居民企业取得与该机构、场所有实际联系的股息、红利等权益性投资收益；符合条件的非营利组织的收入。本行通过附表五《税收优惠明细表》第1行计算填报。

18. 第18行"减计收入"：填报纳税人以《资源综合利用企业所得税优惠目录》规定的资源作为主要原材料，生产国家非限制和禁止并符合国家和行业相关标准的产品取得收入10%的数额。本行通过附表五《税收优惠明细表》第6行计算填报。

19. 第19行"减、免税章节所得"：填报纳税人按照税收规定减征、免征企业所得税的所得额。本行通过附表五《税收优惠明细表》第14行计算填报。

20. 第20行"加计扣除"：填报纳税人开发新技术、新产品、新工艺发生的研究开发费用，以及安置残疾人员及国家鼓励安置的其他就业人员所支付的工资，符合税收规定条件的准予按照支出额一定比例，在计算应纳税所得额时加计扣除的金额。本行通过附表五《税收优惠明细表》第9行计算填报。

21. 第21行"抵扣应纳税所得额"：填报创业投资企业采取股权投资方式投资于未上市的中小高新技术企业2年以上的，可以按照其投资额的70%在股权持有满2年的当年抵扣该创业投资企业的应纳税所得额。当年不足抵扣的，可以在以后纳税年度结转抵扣。本行通过附表五《税收优惠明细表》第39行计算填报。

22. 第22行"境外应税所得弥补境内亏损"：填报纳税人根据税收规定，境外所得可以弥补境内亏损的数额。

23. 第23行"纳税调整后所得"：填报纳税人经过纳税调整计算后的所得额。

当本表第23行<0时，即为可结转以后年度弥补的亏损额；如本表第23行>0时，继续计算应纳税所得额。

24. 第24行"弥补以前年度亏损"：填报纳税人按照税收规定可在税前弥补的以前年度亏损的数额。

本行通过附表四《企业所得税弥补亏损明细表》第6行第10列填报。但不得超过本表第23行"纳税调整后所得"。

25. 第25行"应纳税所得额"：金额等于本表第23－24行。

本行不得为负数。本表第23行或者按照上述行次顺序计算结果本行为负数，本行金额填零。

26. 第26行"税率"：填报税法规定的税率25%。

27. 第27行"应纳所得税额"：金额等于本表第25×26行。

28. 第28行"减免所得税额"：填报纳税人按税收规定实际减免的企业所得税额，包括小型微利企业、国家需要重点扶持的高新技术企业、享受减免税优惠过渡政策的企业，其法定税率与实际执行税率的差额，以及其他享受企业所得税减免税的数额。本行通过附表五《税收优惠明细表》第33行计算填报。

29. 第29行"抵免所得税额"：填报纳税人购置用于环境保护、节能节水、安全生产等专用设备的投资额，其设备投资额的10%可以从企业当年的应纳所得税额中抵免的金额；当年不足抵免的，可以在以后5个纳税年度结转抵免。本行通过附表五《税收优惠明细表》第40行计算填报。

30. 第30行"应纳税额"：金额等于本表第27－28－29行。

31. 第31行"境外所得应纳所得税额"：填报纳税人来源于中国境外的所得，按照企业所得税法及其实施条例以及相关税收规定计算的应纳所得税额。

32. 第32行"境外所得抵免所得税额"：填报纳税人来源于中国境外所得依照中国境外税收法律以及相关规定应缴纳并实际缴纳的企业所得税性质的税款，准予抵免的数额。

企业已在境外缴纳的所得税额，小于抵免限额的，"境外所得抵免所得税额"按其在境外实际缴纳的所得税额填报；大于抵免限额的，按抵免限额填报，超过抵免限额的部分，可以在以后五个年度内，用每年度抵免限额抵免当年应抵税额后的余额进行抵补。

33. 第33行"实际应纳所得税额"：填报纳税人当期的实际应纳所得税额。

34. 第34行"本年累计实际已预缴的所得税额"：填报纳税人按照税收规定本纳税年度已在月（季）度累计预缴的所得税款。

35. 第35行"汇总纳税的总机构分摊预缴的税额"：填报汇总纳税的总机构按照税收规定已在月（季）度在总机构所在地累计预缴的所得税款。

附报《中华人民共和国企业所得税汇总纳税分支机构企业所得税分配表》。

36. 第36行"汇总纳税的总机构财政调库预缴的税额"：填报汇总纳税的总机构按照税收规定已在月（季）度在总机构所在地累计预缴在财政调节专户的所得税款。

附报《中华人民共和国企业所得税汇总纳税分支机构企业所得税分配表》。

第37行"汇总纳税的总机构所属分支机构分摊的预缴税额"：填报汇总纳税的分支机构已在月（季）度在分支机构所在地累计分摊预缴的所得税款。第37-1行"本市总机构所属本市分支机构分摊的预缴税额"：填报本市总机构设在本市的分支机构（包括本市总机构独立生产经营部门作为分支机构）所分摊的预缴税额。

附报《中华人民共和国企业所得税汇总纳税分支机构企业所得税分配表》。

38. 第 38 行"合并纳税（母子体制）成员企业就地预缴比例"：填报经国务院批准的实行合并纳税（母子体制）的成员企业按照税收规定就地预缴税款的比例。

39. 第 39 行"合并纳税企业就地预缴的所得税额"：填报合并纳税的成员企业已在月（季）度累计预缴的所得税款。

40. 第 40 行"本年应补（退）的所得税额"：填报纳税人当期应补（退）的所得税额。

41. 第 41 行"以前年度多缴的所得税在本年抵减额"：填报纳税人以前纳税年度汇算清缴多缴的税款尚未办理退税、并在本纳税年度抵缴的所得税额。

42. 第 42 行"以前年度应缴未缴在本年入库所得额"：填报纳税人以前纳税年度损益调整税款、上一纳税年度第四季度预缴税款和汇算清缴的税款，在本纳税年度入库所得税额。

【技能训练】

一、单项选择题

1. 根据企业所得税法律制度的规定，下列各项中，不属于企业所得税纳税人的是（　　）。

A. 国有企业　　　　　　　B. 中外合资经营企业

C. 个人独资企业　　　　　D. 股份制企业

2. 下列对于中国境内、境外的所得来源确定的原则不正确的是（　　）。

A. 销售货物所得，按照交易活动发生地确定

B. 提供劳务所得，按照收款地确定

C. 股息、红利等权益性投资所得，按照分配所得的企业所在地确定

D. 利息所得、租金所得、特许权使用费所得，按照负担、支付所得的企业或者机构、场所所在地确定

3. 某企业 2013 年销售货物收入 2000 万元。当年实际发生业务招待费 20 万元，该企业当年可在所得税前列支的业务招待费金额为（　　）万元。

A.10　　　　　B.12　　　　　C.15　　　　　D.20

4. 某企业 2013 年度销售收入为 3000 万元，全年发生广告费和业务宣传费 500 万元，且能提供有效凭证。该企业当年在计算企业所得税应纳税所得额时，准予扣除的广告费和业务宣传费为（　　）万元。

A.15　　　　　B.300　　　　　C.450　　　　　D.500

5. 我国某企业 2013 年度实现收入总额 460 万元，与之相应的扣除章节金额

共计 438 万元，经税务机关核定 2012 年度的亏损额为 20 万元。该企业 2013 年度应缴纳的企业所得税为（   ）元。

　　A.5000　　　　　　　B.6600　　　　　　C.12500　　　　　D.16500

二、多项选择题

1. 下列可作为税金单独在企业所得税前扣除的有（   ）。

　　A. 车船税　　　　　B. 土地使用税

　　C. 消费税　　　　　D. 教育费附加

2. 下列对于中国境内、境外的所得来源确定原则的说法中，正确的有（   ）。

　　A. 不动产转让所得按照不动产所在地确定

　　B. 权益性投资资产转让所得按照投资企业所在地确定

　　C. 利息所得按照负担、支付所得的企业或者机构、场所所在地确定

　　D. 租金所得按照负担、支付所得的个人的住所地确定

3. 根据企业所得税法的规定，下列章节可以享有加计扣除的有（   ）。

　　A. 企业安置残疾人员所支付的工资

　　B. 企业购置节能节水专用设备的投资

　　C. 企业从事国家需要重点扶持和鼓励的创业投资

　　D. 新技术、新产品、新工艺的研究开发费用

4. 根据企业所得税法的规定，下列支出应作为长期待摊费用的有（   ）。

　　A. 固定资产的大修理支出　　B. 租入固定资产的改建支出

　　C. 自行开发无形资产，开发过程中的相关支出　　D. 已足额提取折旧的固定资产的改建支出

5. 某企业所得税纳税人发生的下列支出中，在计算应纳税所得额时不得扣除的有（   ）。

　　A. 缴纳罚金 10 万元　　　　　　　　B. 直接赞助某学校 8 万元

　　C. 缴纳税收滞纳金 4 万元　　　　　　D. 缴纳银行罚息 6 万元

三、计算题

1. 某企业为工业企业，全年经营业务如下：

　　（1）取得销售收入 2400 万元；（2）销售成本 1343 万元；

　　（3）发生销售费用 650 万元（其中广告费 410 万元）；管理费用 350 万元（其中业务招待费 15 万元）；财务费用 60 万元；

　　（4）销售税金 160 万元（含增值税 120 万元）；

（5）营业外收入 70 万元，营业外支出 20 万元（含通过公益性社会团体向贫困山区捐款 10 万元，支付环境污染罚款 3 万元）；

（6）计入成本、费用中的实发工资总额 150 万元、拨缴职工工会经费 3 万元、职工福利费支出 25 万元，职工教育经费 8 万元。

要求：计算本企业应缴纳的企业所得税额。

2. 某中外合资家电生产企业，为增值税一般纳税人，2010 年销售产品取得不含税收入 2500 万元，企业会计利润 600 万元（含境外分支机构分回部分），其他相关数据如下：

（1）期间费用中广告费 450 万元、业务招待费 15 万元、研究开发费用 20 万元；

（2）营业外支出 50 万元（含通过公益性社会团体向贫困山区捐款 30 万元，直接捐赠 6 万元）；

（3）计入成本、费用中的实发工资总额 150 万元、拨缴职工工会经费 3 万元、支出职工福利费 23 万元和职工教育经费 6 万元；

（4）12 月购置并投入使用的安全生产专用设备，投资额 81.9 万元；

（5）在 A 国设有分支机构，A 国分支机构当年应纳税所得额 300 万元，A 国规定税率为 20%。

要求：分别回答下列问题：

（1）计算该企业境内所得应纳企业所得税；

（2）计算 A 国分支机构在我国应补缴企业所得税额。

第五节　个人所得税

知识目标：理解个人所得税的概念、特点，掌握个人所得税的征税范围，纳税人的判断方法，熟练掌握个人所得税的计算方法及其申报缴纳的相新关规定。

能力目标：能熟练判断个人各项收入是否需要纳税，按什么章节缴税，能正确计算个人或企业需代扣代缴的个人所得税金额并可以正确地进行纳税申报。

【**小节分析**】资料：拿到奥运会金牌，不仅意味着荣誉，还可以获得大把的奖金。不过美国运动员对此可高兴不起来，因为即便能够站上奥运会最高领奖台，他们还得为金牌和所得奖金向美国国税局缴纳重税，税金总额甚至超过他们实际收入的三分之一！

根据美国现行税法，美国奥运奖牌获得者要缴纳高达 35% 的个人所得税。按照奖牌折算的实际价格，伦敦奥运会金、银牌分别被估价为 675 美元和 385 美元，而铜牌只值 5 美元。每名奥运金、银、铜牌获得者将分别获得 25000 美元、15000 美元、10000 美元的奖金。以奥运金牌获得者为例，他首先要为自己的金牌缴税 236 美元，奖金所得税则为 8750 美元，总计 8986 美元。也就是说，一名美国奥运金牌获得者要缴税近 9000 美元。（摘抄自新浪财经 2012 年 08 月 04 日）

中国运动员近几年参加奥运会，拿到金牌的奖金从国家到地方外加企业的赞助奖励加起来多的甚至超过千万，他们需不需要缴税呢？同学们通过对个人所得税相关知识的学习就可以做出判断了。

【相关知识】

5.1 个人所得税概述

个人所得税是以个人（自然人）取得的各项应税所得为征税对象所征收的一种税。

一、我国个人所得税的发展历程

中国在中华民国时期，曾开征薪给报酬所得税、证券存款利息所得税。

1950 年 7 月，政务院公布的《税政实施要则》中，就曾列举有对个人所得课税的税种，当时定名为"薪给报酬所得税"。但由于我国生产力和人均收入水平低，实行低工资制，虽然设立了税种，却一直没有开征。

1980 年 9 月 10 日，第五届全国人民代表大会第三次会议通过并公布了《中华人民共和国个人所得税法》。我国的个人所得税制度至此方始建立。

1993 年 10 月 31 日，第八届全国人民代表大会常务委员会第四次会议通过了《关于修改〈中华人民共和国个人所得税法〉的决定》的修正案，规定不分内、外，所有中国居民和有来源于中国所得的非居民，均应依法缴纳个人所得税。同日发布了新修改的《中华人民共和国个人所得税法》。

1994 年 1 月 28 日国务院配套发布了《中华人民共和国个人所得税法实施条例》。

2005 年 10 月 27 日，第十届全国人大常委会第十八次会议再次审议《个人所得税法修正案草案》，会议表决通过全国人大常委会关于修改个人所得税法的决定，免征额 1600 元于 2006 年 1 月 1 日起施行。

2007 年 12 月 29 日，十届全国人大常委会第三十一次会议表决通过了关于修改个人所得税法的决定。个人所得税免征额自 2008 年 3 月 1 日起由 1600 元提高到 2000 元。

2011 年 6 月 30 日，十一届全国人大常委会第二十一次会议表决通过了全国人大常委会关于修改个人所得税法的决定。个人所得税免征额将从现行的 2000 元提高到 3500 元，同时，将现行个人所得税第 1 级税率由 5% 修改为 3%，9 级超额累进税率修改为 7 级，取消 15% 和 40% 两档税率，扩大 3% 和 10% 两个低档税率的适用范围。

2012 年 7 月 22 日，中央政府有关部门已经准备在 2012 年启动全国地方税务系统个人信息联网工作，为"按家庭征收个人所得税"改革做好技术准备。此前业内一直呼吁的综合税制有望在未来实现。

二、我国个人所得税的特点

个人所得税是世界各国普遍征收的一个税种，我国个人所得税主要有以下特点：

（一）实行分类征收

世界各国的个人所得税制大体可分为三种类型：分类所得税制、综合所得税制和混合所得税制。这三种税制各有所长，各国可根据本国具体情况选择、运用。我国现行个人所得税采用的是分类所得税制，即将个人取得的各种所得划分为 11 类，分别适用不同的费用减除规定、不同的税率和不同的计税方法。实行分类课征制度，可以广泛采用源泉扣缴办法，加强源泉控管，简化纳税手续，方便征纳双方。同时，还可以对不同所得实行不同的征税方法，便于体现国家的政策。

（二）累进税率与比例税率并用

分类所得税制一般采用比例税率，综合所得税制通常采用累进税率。比例税率计算简便。便于实行源泉扣缴；累进税率可以合理调节收入分配，体现公平。我国现行个人所得税根据各类个人所得的不同性质和特点。将这两种形式的税率综合运用于个人所得税制。其中，对工资、薪金所得，个体工商户的生产、经营所得，对企事业单位的承包、承租经营所得，采用累进税率，实行量能负担。对劳务报酬、稿酬等其他所得，采用比例税率，实行等比负担。

（三）费用扣除额较宽

各国的个人所得税均有费用扣除的规定。只是扣除的方法及额度不尽相同。我国本着费用扣除从宽、从简的原则。采用费用定额扣除和定率扣除两种方法。对工资、薪金所得，每月减除费用 3500 元；对劳务报酬等所得。每次收入不超过 4000 元的减除 800 元；每次收入 4000 元以上的减除 20% 的费用。按照这样的标准减除费用。实际上等于对绝大多数的工资、薪金所得予以免税或只征很少的税款，也使得提供一般劳务、取得中低劳务报酬所得的个人大多不用负担个人所得税。

（四）计算简便

我国个人所得税的费用扣除采取总额扣除法，免去了对个人实际生活费用支出逐项计算的麻烦；各种所得章节实行分类计算，并且具有明确的费用扣除规定，费用扣除章节及方法易于掌握，计算比较简单，符合税制简便原则。

（五）采取课源制和申报制两种征纳方法

我国《个人所得税法》规定，对纳税人的应纳税额分别采取由支付单位源泉扣缴和纳税人自行申报两种方法。对凡是可以在应税所得的支付环节扣缴个人所得税的，均由扣缴义务人履行代扣代缴义务；对于没有扣缴义务人的，以及个人在两处以上取得工资、薪金所得的，由纳税人自行申报纳税。此外，对其他不便于扣缴税款的，亦规定由纳税人自行申报纳税。

5.2 个人所得税税制的基本内容

一、征税范围

（一）工资、薪金所得

工资、薪金所得，是指个人因任职或者受雇而取得的工资、薪金、奖金、年终加薪、劳动分红、津贴、补贴以及与任职或者受雇有关的其他所得。这就是说，个人取得的所得，只要是与任职、受雇有关，不管其单位的资金开支渠道或以现金、实物、有价证券等形式支付的，都是工资、薪金所得章节的课税对象。注意事项：

1. 不征税章节包括：

（1）独生子女补贴；

（2）执行公务员工资制度未纳入基本工资总额的补贴、津贴差额和家属成员的副食品补贴；

（3）托儿补助费；

（4）差旅费津贴、误餐补助。

2. 退休人员再任职取得的收入，按"工资、薪金"所得章节征税。

3. 公司职工取得的用于购买企业国有股权的劳动分红，按"工资、薪金所得"章节计征个人所得税。

4. 出租车问题：

（1）出租汽车经营单位对驾驶员采取单车承包、承租的，驾驶员从事客运取得收入按工资、薪金所得征税。

（2）个体出租车收入，按个体工商户的生产、经营所得征税；个人出租车挂靠单位，并向挂靠单位交纳管理费的，按个体工商户的生产、经营所得征税。

5. 对商品营销活动中，企业和单位对营销业绩突出的雇员以培训班、研讨会、工作考察等名义组织旅游活动，通过免收差旅费、旅游费对个人实行的营销业绩奖励（包括实物、有价证券等），应根据所发生费用的金额并入营销人员当期的工资、薪金所得，按照"工资、薪金"所得章节征收个人所得税。如果是非雇员，按"劳务报酬所得"征税。

【例5-1】中国公民李某是一家公司的销售主管，2013年2月份取得工资收入4000元。当月参加公司组织的国外旅游，免交旅游费15000元，另外还取得3000元的福利卡一张李某2月份应税收入是多少？

解：应税收入 = 4000 + 15000 + 3000 = 22000（元）

（二）个体工商户、个人独资企业和合伙企业的生产、经营所得

1. 个体工商户或个人专营种植业、养殖业、饲养业、捕捞业不征收个税；不属于原农牧业税征收范围的，征收，同时对进入各类市场销售自产农产品的农民取得的所得暂不征收个人所得税。

2. 个人从事彩票代销业务而取得所得，按该税目计算征税

3. 个人独资企业和合伙企业投资者比照个体工商户纳税。其中合伙企业以每一个合伙人为纳税人。合伙企业生产经营所得和其他所得采取"先分后税"原则。

4. 个人独资企业、合伙企业的个人投资者以企业资金为本人、家庭成员及其相关人员支与企业生产经营无关的消费性支出及购买汽车、住房等财产性支出，视为企业对个人投资者利润分配，并入投资者个人的生产经营所得，依照"个体工商户的生产经营所得"章节计征个人所得税。

5. 个体工商户和从事生产、经营的个人，取得与生产、经营活动无关的其他各项应税所得，应分别按照其他应税章节的有关规定，计算征收个人所得税。如取得对外投资取得的股息所得，应按"股息、利息、红利"税目的规定单独计征个人所得税。

（三）对企事业单位的承包经营、承租经营所得

1. 对企事业单位的承包、承租经营所得，是指个人承包经营、承租经营以及转包、转租取得的所得，还包括个人按月或者按次取得的工资、薪金性质的所得。

2. 承包承租后，工商登记改为个体工商户，按"个体工商户生产经营所得"缴纳个人所得税，承包承租后，不改变企业的性质，按分配方式分为两种：

（1）承包、承租人对企业经营成果不拥有所有权，仅按合同（协议）规定取得一定所得的，应按"工资、薪金所得章节"征收个人所得税。

（2）承包、承租人按合同（协议）规定只向发包方、出租人交纳一定的费用，交纳承包、承租费后的企业的经营成果归承包、承租人所有的，其取得的所得，按"企事业单位承包、承租经营所得章节"征税。

（四）劳务报酬所得

劳务报酬所得，是指个人从事设计、装潢、安装、制图、化验、测试、医疗、法律、会计、咨询、讲学、新闻、广播、翻译、审稿、书画、雕刻、影视、录音、录像、演出、表演、广告、展览、技术服务、介绍服务、经纪服务、代办服务以及其他劳务报酬的所得。应注意"劳务报酬所得"与"工资、薪金所得"的区别：前者强调非独立个人劳动（雇佣）；后者强调独立个人劳动（非雇佣）。

另 1. 个人兼职取得的收入，按该章节征税。

2. 董事费收入：

（1）个人担任公司董事监事且不在公司任职受雇的，按劳务报酬所得章节征税；

（2）个人在公司（包括关联公司）任职、受雇同时兼任董事、监事，按工资薪金征税（与个人工资合并）。

（五）稿酬所得

稿酬所得，是指个人因其作品以图书、报纸形式出版、发表而取得的所得。这里所说的"作品"，是指包括中外文字、图片、乐谱等能以图书、报刊方式出版、发表的作品；"个人作品"，包括本人的著作、翻译的作品等。个人取得遗作稿酬，应按稿酬所得章节计税。

对报纸、杂志、出版社等单位的职员在本单位的刊物上发表作品、出版图书取得所得征税问题。

1. 任职、受雇于报刊、杂志等单位的记者、编辑等专业人员，因在本单位的报纸、杂志上发表作品取得的所得，与其当月工资收入合并，按"工资、薪金所得"章节征收个人所得税。

除上述专业人员以外，其他人员在本单位的报刊、杂志上发表作品取得的所得，应按"稿酬所得"章节征收个人所得税。

2. 出版社的专业作者撰写、编写或翻译的作品，由本社以图书形式出版而取得的稿费收入，应按"稿酬所得"章节计算缴纳个人所得税。

（六）特许权使用费所得

特许权使用费所得，是指个人提供专利权、商标权、著作权、非专利技术以及其他特许权的使用权取得的所得。提供著作权的使用权取得的所得，不包括稿酬所得。

注意：1.作者将自己的文字作品手稿原件或复印件公开拍卖（竞价）取得的所得按特许权使用费所得章节征收税。

2.个人取得特许权的经济赔偿收入按"特许权使用费所得"章节纳税，税款由支付赔款的单位或个人代扣代缴。

3.编剧从电视剧的制作单位取得的剧本使用费，按特许权使用费所得章节征税。

（七）利息、股息、红利所得

利息、股息、红利所得，是指个人拥有债权、股权而取得的利息、股息、红利所得。利息是指个人的存款利息、货款利息和购买各种债券的利息。股息，也称股利，是指股票持有人根据股份制公司章程规定，凭股票定期从股份公司取得的投资利益。红利，也称公司（企业）分红，是指股份公司或企业根据应分配的利润按股份分配超过股息部分的利润。股份制企业以股票形式向股东个人支付股息、红利即派发红股，应以派发的股票面额为收入额计税。注意：

1.自 2008 年 10 月 9 日起，储蓄存款利息、个人结算账户利息所得税暂免。

2.职工个人取得的量化资产：

（1）职工个人以股份形式取得的仅作为分红依据，不拥有所有权的企业量化资产，不征税。

（2）职工个人以股份式取得的企业量化资产参与企业分配而获得的股息、红利，应按"利息、股息、红利"章节征税。

（八）财产租赁所得

财产租赁所得，是指个人出租建筑物，土地使用权、机器设备车船以及其他财产取得的所得。财产包括动产和不动产。

1.个人取得的财产转租收入，属于"财产租赁所得"的征税范围。确定纳税义务人时以产权凭证为依据；无产权凭证的由主管税务机关确定；产权所以人死亡的在未办理产权继承手续期间，由领取租金的个人为纳税义务人。

2.房地产开发企业与商店购买者个人签订协议规定，房地产开发企业按优惠价格出售其开发的商店给购买者个人，但购买者个人在一定期限内必须将购买的商店无偿提供给房地产开发企业对外出租使用。对购买者个人少支出的购房价款，应视同个人财产租赁所得，按照"财产租赁所得"章节征收个人所得税。每次财产租赁所得的收入额，按照少支出的购房价款和协议规定的租赁月份数平均计算确定。

（九）财产转让所得

财产转让所得，是指个人转让有价证券、股权、建筑物、土地使用权、机器设备、车船以及其他自有财产给他人或单位而取得的所得，包括转让不动产和动产而取得的所得。对个人股票买卖取得的所得暂不征税。

1. 境内上市公司股票转让所得不缴纳个人所得税。

2. 量化资产股份转让

（1）集体所有制改制为股份制的，职工个人取得的股份，暂缓征收；

（2）转让时，按转让收入额扣减取得时支付的费用和合理转让费用，计税；

（3）个人出售自有住房，按财产转让所得征税；

①个人出售自有住房并在 1 年内重新购房不再减免个税。

②个人转让自用 5 年以上并且是家庭唯一生活用房取得的所得免税。

（十）偶然所得

偶然所得，是指个人取得的所得是非经常性的，属于各种机遇性所得，包括得奖、中奖、中彩以及其他偶然性质的所得（含奖金、实物和有价证券）。

1. 购买社会福利有奖募捐一次中奖不超过 1 万元的，暂免征税，超过 1 万的全额征税。

2. 累计消费达到一定额度的顾客给予额外抽奖机会的获奖所得属于偶然所得。

（十一）其他所得：

除上述 10 项应税章节以外，其他所得应确定征税的，由国务院财政部门确定。

个人取得的所得，如果难以界定是哪一项应税所得章节，由主管税务机关审查确定。

【例 5-2】下列所得，不属于个人所得税"工资薪金所得"应税章节的是（　　）。

A. 个人兼职取得的所得

B. 退休人员再任职取得的所得

C. 任职于杂志社的记者在本单位杂志上发表作品取得的所得

D. 个人在公司任职并兼任董事取得的董事费所得

『正确答案』A

『答案解析』个人兼职取得的所得，按"劳务报酬所得"缴纳个人所得税

【例 5-3】下列所得中，应按照"稿酬所得"缴纳个人所得税的有（   ）。

A. 书法家为企业题字获得的报酬

B. 杂志社记者在本社杂志发表文章获得的报酬

C. 电视剧制作中心的编剧编写剧本获得的报酬

D. 出版社的专业作者翻译的小说由该出版社出版获得的报酬

『正确答案』D

『答案解析』选项 A，按劳务报酬所得缴纳个人所得税，选项 B，按工资薪金所得缴纳个人所得税；选项 C，按特许权使用费所得缴纳个人所得税。

二、纳税义务人

个人所得税以所得人为纳税人，以支付所得的单位或个人为扣缴义务人。我国个人所得税的纳税义务人是在中国境内居住有所得的人，以及不在中国境内居住而从中国境内取得所得的个人，包括中国国内公民，在华取得所得的外籍人员和港、澳、台同胞。

（一）纳税义务人的分类及义务

1. 居民纳税义务人

在中国境内有住所，或者无住所而在境内居住满 1 年的个人，是居民纳税义务人，应当承担无限纳税义务，即就其在中国境内和境外取得的所得，依法缴纳个人所得税。

2. 非居民纳税义务人

在中国境内无住所又不居住或者无住所而在境内居住不满一年的个人，是非居民纳税义务人，承担有限纳税义务，仅就其从中国境内取得的所得，依法缴纳个人所得税。

（二）居民纳税人和非居民纳税人的判定标准

根据国际惯例，我国对居民纳税人和非居民纳税人的划分采用了各国常用的住所和居住时间两个判定标准。

1. 住所标准

依据通常是指公民长期生活和活动的主要场所。住所又分为永久性住所和习惯性住所。个人所得税法里所说的"住所"是税法的特定概念，它不是说居住的场所和居住的地方，而是指："因户籍、家庭、经济利益关系而在中国境内习惯性居住。"可见，我国采用的住所标准是习惯性住所标准。采用这一标准，就把中、外籍人员，以及把港澳台同胞与在境内居住的中国公民区别开来。

户籍：人们通常称为户口，中国公民通常在我国是有户口的，但在我国常驻的外籍个人，虽因领取了长期居留证、暂居证等而纳入我国户籍管理范围，但由于其家庭或主要经济利益不在中国境内，故通常不视为在我国境内有住所。

经济利益：一般是考虑个人的主要财产、经营活动中心等因素。

习惯性住所：习惯性居住是判定纳税义务人是居民还是非居民的一个法律意义上的标准，不是指实际居住或在某一个特定埋藏内的居住地。如因学习、工作、探亲、旅游等而在中国境内居住的，在其原因消除后，必须回到中国境内居住的个人，则中国即为该纳税人的习惯性住所。

2.居住时间标准

居住时间是指个人在一国境内实际居住的天数。我国规定的时间标准是在中国境内居住满一年，是指在一个纳税年度中在中国境内居住365日，达到这一标准的个人即为居民纳税人。对居住时间内临时离境的，即在一个纳税年度内，一次不超过30日或者多次累计不超过90日的离境。不扣减天数，连续计算。纳税年度是指自公历1月1日起至12月31日止。

在中国境内无住所的个人是否征收个人所得税一览表

居住时间	纳税人性质	境内所得		境外所得	
		境内支付	境外支付	境内支付	境外支付
90日（或183日以内）	非居民	√	×	×	×
90日（或183天）～1年	非居民	√	√	×	×
1～5年	居民	√	√	√	×
5年以上	居民	√	√	√	√

对无住所个人居住时间规定

（1）判定纳税义务及计算在中国境内居住的天数：个人入境、离境、往返或多次往返境内外的当日，均按一天计算其在华实际逗留天数。

（2）对个人入、离境当日及计算在中国境内实际工作期间：入境、离境、往返或多次往返境内外的当日，均按半天计算在华实际工作天数。

【例5-4】美国居民比尔受其供职的境外公司委派，来华从事设备安装调试工作，在华停留60天，期间取得境外公司支付的工资40000元，比尔是否应在中国缴纳个人所得税？

答：否，无住所且居住时间小于 90 天（或 183 天）仅就境内所得中境内支付的部分缴税，境内所得境外支付的部分不缴税。

（三）所得来源地的判断

所得的来源地和所得的支付地不是一个概念：来源于中国境内的所得的支付地可能在境内，也可能在境外；来源于中国境外的所得的支付地可能在境外，也可能在境内。

1. 工资、薪金所得，以纳税人任职、受雇的单位所在地作为所得来源地。

2. 生产、经营所得，以生产、经营活动实现地作为所得来源地。

3. 劳动报酬所得，以纳税人实际提供劳务的地点，作为所得来源地。

4. 不动产转让所得，以不动产坐落地为所得来源地；动产转让所得，以实现转让的地点为所得来源地。

5. 财产租赁所得，以被租赁财产的使用地作为所得来源地。

6. 利息、股息、红利所得，以支付利息、股息、红利的单位所在地作为所得来源地。

7. 特许权使用费所得，以特许权的使用地作为所得来源地。

【例 5-5】外籍人员詹姆斯受雇于我国境内某合资企业做长驻总经理，合同期三年。合同规定其月薪 5000 美元，其中 2000 美元在中国境内支付，3000 美元由境外母公司支付给其家人。

则其来源于我国境内的所得是每月 5000 美元。因为所得支付地不等于所得来源地。因其在中国境内任职受雇取得的所得，不管何处支付，都属于来源于中国境内的所得。

三、税率

（一）工资、薪金所得适用税率

工资、薪金所得自 2011 年 9 月 1 日（含，下同）起，适用 3% ~ 45% 的七级超额累进税率。

工资薪金所得税率表

级数	全月应纳税所得额（含税级距）	全月应纳税所得额（不含税级距）	税率（%）	速算扣除数
1	不超过 1500 元	不超过 1455 元的	3	0
2	超过 1500 元至 4500 元的部分	超过 1455 元至 4155 元的部分	10	105
3	超过 4500 元至 9000 元的部分	超过 4155 元至 7755 元的部分	20	555
4	超过 9000 元至 35000 元的部分	超过 7755 元至 27255 元的部分	25	1005
5	超过 35000 元至 55000 元的部分	超过 27255 元至 41255 元的部分	30	2755
6	超过 55000 元至 80000 元的部分	超过 41255 元至 57505 元的部分	35	5505
7	超过 80000 元的部分	超过 57505 元的部分	45	13505

（二）个体工商户生产、经营所得和企事业单位承包经营、承租经营所得适用税率

个体工商户的生产、经营所得和对企事业单位的承包经营、承租经营所得，适用 5% ~ 35% 的超额累进税率。

级数	全年应纳税所得额	税率（%）	速算扣除数
1	不超过 15000 元的	5	0
2	超过 15000 元至 30000 元的部分	10	750
3	超过 30000 元至 60000 元的部分	20	3750
4	超过 60000 元至 100000 元的部分	30	9750
5	超过 100000 元的部分	35	14750

注：个体工商户的生产经营所得和对企事业单位的承包经营、承租经营所得适用税率表

（三）稿酬所得适用税率

稿酬所得适用比例税率，税率为 20%，并按应纳税额减征 30%，即只征收 70% 的税额，其实际税率为 14%。

（四）劳务报酬所得适用税率

劳务报酬所得适用比例税率，税率为 20%。对劳务报酬所得一次收入畸高的，可以实行加成征收。加成征税采取超额累进办法，即个人取得劳务报酬收入的应纳税所得额一次超过 20000 ~ 50000 元的部分，按照税法规定计算应纳税额后，再按照应纳税额加征 5 成；超过 50000 元的部分，加征 10 成，可转化为 3

级超额累进税率。

劳务报酬所得适用税率表

级数	每次应纳税所得额（含税级距）	不含税级距	税率	速算扣除数
1	不超过 20000 元的	不超过 16000 元的	20%	0
2	超过 20000 元至 50000 元的部分	超过 16000 元至 37000 元的部分	30%	2000
3	超过 50000 元部分	超过 37000 元的部分	40%	7000

（五）特许权使用费所得，利息、股息、红利所得，财产转让所得、偶然所得和其他所得适用税率

特许权使用费所得，利息、股息、红利所得，财产转让所得，偶然所得和其他所得，适用比例税率，税率为 20%。

自 2008 年 10 月 9 日（含）起，暂免征收储蓄存款利息所得的个人所得税。

从 2008 年 3 月 1 日（含）起，对个人出租住房取得的所得暂减按 10% 的税率征收个人所得税。

四、减免税优惠

（一）免税章节

1. 省级人民政府、国务院部委和中国人民解放军军以上单位，以及外国组织、国际组织颁发的科学、教育、技术、文化、卫生、体育、环境保护等方面的奖金；

2. 国债和国家发行的金融债券利息；

3. 按照国家统一规定发给的补贴、津贴；

4. 福利费、抚恤金、救济金；

5. 保险赔款；

6. 军人的转业费、复员费；

7. 按照国家统一规定发给干部、职工的安家费、退职费、退休工资、离休工资、离休生活补助费；

8. 依照我国有关法律规定应予免税的各国驻华使馆、领事馆的外交代表、领事官员和其他人员的所得；

9. 中国政府参加的国际公约、签订的协议中规定免税的所得；

10. 在中国境内无住所，但是在一个纳税年度中在中国境内连续或者累计居住不超过 90 日的个人，其来源于中国境内的所得，由境外雇主支付并且不由该雇主在中国境内的机构、场所负担的部分，免予缴纳个人所得税；

11. 经国务院财政部门批准免税的其他所得。

（二）减税章节

1. 残疾、孤老人员和烈属的所得；

2. 因严重自然灾害造成重大损失的；

3. 其他经国务院财政部门批准减免的。

上述减税章节的减征幅度和期限，由省、自治区、直辖市人民政府规定。

（三）暂免征税章节

1. 外籍个人以非现金形式或实报实销形式取得的住房补贴、伙食补贴、搬迁费、洗衣费；

2. 外籍个人按合理标准取得的境内、境外出差补贴；

3. 外籍个人取得的语言训练费、子女教育费等，经当地税务机关审核批准为合理的部分；

4. 外籍个人从外商投资企业取得的股息、红利所得；

5. 凡符合下列条件之一的外籍专家取得的工资、薪金所得，可免征个人所得税；

（1）根据世界银行专项借款协议，由世界银行直接派往我国工作的外国专家；

（2）联合国组织直接派往我国工作的专家；

（3）为联合国援助章节来华工作的专家；

（4）援助国派往我国专为该国援助章节工作的专家；

（5）根据两国政府签订的文化交流章节来华工作两年以内的文教专家，其工资、薪金所得由该国负担的；

（6）根据我国大专院校国际交流章节来华工作两年以内的文教专家，其工资、薪金所得由该国负担的；

（7）通过民间科研协定来华工作的专家，其工资、薪金所得由该国政府机构负担的。

6. 经国务院财政部门批准免税的其他所得。

纳税人有"减税章节"规定情形之一的，必须经过税务机关批准，方可减征个人所得税。

5.3 个人所得税应纳税额的计算

我国目前实行的是分类所得税制，根据个人取得的收入不同分为十一个应税章节，针对不同的章节采用不同的比例税率，对收入实行定额或比率或不扣除的形式确定应税所得额，应税所得额乘税率就是应缴的个人所得税。

一、个人所得税计税依据

个人所得税的计税依据是纳税人取得的应纳税所得额。应纳税所得额为个人取得的各项收入减去税法规定的扣除章节或扣除金额后的余额。

（一）一般规定

应纳税所得额 = 各项收入—税法规定的扣除章节或扣除金额

1. 收入的形式：一般是货币形式。除现金外，纳税人所得为实务的，应当按照所取得的凭证上注明的价格计算应纳税所得额；无凭证的实物或凭证上所注明的价格明显偏低的，参照市场价格核定；所得为有价证券的，根据票面价格和市场价格核定；所得为其他形式的经济利益的，参考市场价格核定。

2. 费用扣除的方法

在计算应纳税所得额时，除特殊章节外，一般允许从个人的应税收入中减去税法规定的扣除章节或扣除金额，包括为取得收入所支出的必要的成本或费用，仅就扣除费用后的余额征税。

我国现行的个人所得税采取分项确定、分类扣除，根据其所得的不同情况分别实行定额、定率和会计核算三种扣除办法。

（二）个人所得章节的具体扣除标准

1. 工资、薪金所得，以每月收入额减除费用标准（自 2011 年 9 月 1 日起为 3500 元）后的余额，为应纳税所得额。

2. 个体工商户的生产、经营所得，以每一纳税年度的收入总额，减除成本、费用以及损失后的余额，为应纳税所得额。

3. 对企业、事业单位的承包、承租经营所得，以每一纳税年度的收入总额，减除成本、费用以及损失后的余额，为应纳税所得额。

4. 劳务报酬所得、稿酬所得、特许权使用费所得、财产租赁所得每次收入不超过 4000 元的，减除费用 800 元；4000 元以上的，减除 20% 的费用，其余额为应纳税所得额。

5.财产转让所得，以转让财产的收入额减除财产原值和合理费用后的余额，为应纳税所得额。

6.利息、股息、红利所得，偶然所得和其他所得，以每次收入额为应纳税所得额。

（三）每次收入的确定

纳税义务人取得的劳务报酬所得，稿酬所得，特许权使用费所得，利息、股息、红利所得，财产租赁所得，偶然所得和其他所得等7项所得，都按每次取得的收入计算征税。

1.劳务报酬所得，根据不同劳务章节的特点，分别规定为：

（1）只有一次性收入的，以取得该项收入为一次。

（2）属于同一事项连续取得收入的，以1个月内取得的收入为一次。

2.稿酬所得，以每次出版、发表取得的收入为一次；采取分笔支付的，应合并一次所得计算纳税。

（1）个人每次以图书、报刊方式出版、发表同一作品（文字作品、书画作品、摄影作品以及其他作品），不论出版单位是预付还是分笔支付稿酬，或者加印该作品后再付稿酬，均应合并其稿酬所得按一次计征个人所得税。

在两处或两处以上出版、发表或再版同一作品而取得稿酬所得，则可分别各处取得的所得或再版所得按分次所得计征个人所得税。

（2）个人的同一作品在报刊上连载，应合并其因连载而取得的所有稿酬所得为一次，按税法规定计征个人所得税。在其连载之后又出书连载取得稿酬所得，应视再版稿酬分次计征个人所得税。

3.特许权使用费所得，以一项特许权的一次许可使用所取得的收入为一次。

4.财产租赁所得，以1个月内取得的收入为一次。

5.利息、股息、红利所得，以支付利息、股息、红利时取得的收入为一次。

6.偶然所得，以每次收入为一次。

7.其他所得，以每次收入为一次。

二、个人所得税应纳税额的计算

（一）工资、薪金所得的计税方法

应纳税所得额 = 月工资薪金收入 – 3500 元

或应纳税所得额 = 月工资薪金收入 – 4800 元

1. 减除费用的具体规定

基本费用 3500 元，附加减除费用 1300 元。

（1）附加减除费用的范围：

①在中国境内的外商投资企业和外国企业中工作取得工资、薪金所得的外籍人员；

②应聘在中国境内的企业、事业单位、社会团体、国家机关中工作取得工资、薪金所得的外籍专家；

③在中国境内有住所而在中国境外任职或受雇取得工资、薪金所得的个人；

④财政部确定的其他人员

⑤包括华侨和香港、澳门、台湾同胞。

（2）雇佣和派遣单位分别支付工资、薪金的费用扣除

在外商投资企业、外国企业和外国驻华机构工作的中方人员取得的工资、薪金收入，凡是由雇佣单位和派遣单位分别支付的，只由雇佣单位在支付工资、薪金时按税法规定减除费用，计算扣缴个人所得税；派遣单位支付的工资、薪金不再减除费用，以支付金额直接确定适用税率，计算扣缴个人所得税。

纳税义务人，应持两处支付单位提供的原始明细工资、薪金单（书）和完税凭证原件，选择并固定到一地税务机关申报每月工资、薪金收入，汇算清缴其工资、薪金收入的个人所得税，多退少补。

（3）可以提供有效合同或有关凭证，能够证明其工资、薪金所得的一部分按有关规定上交派遣（介绍）单位的，可以扣除其实际上交的部分，按其余额计征个人所得税。

（4）特定行业职工取得的工资、薪金所得的计税问题。

对采掘业、远洋运输业、远洋捕捞业的职工取得的工资、薪金所得，可按月预缴，年度终了后 30 日内，合计其全年工资、薪金所得，再按 12 个月平均并计算实际应纳的税款，多退少补。其公式为：

月应纳税所得额 = 全年工资、薪金收入 ÷ 12 − 费用扣除标准

远洋运输船员用于集体用餐的伙食费补贴不计入每月的工资、薪金收入，同时可以适用附加减除的标准。

（5）个人取得公务交通、通讯补贴收入的扣除标准

个人因公务用车和通讯制度改革而取得的公务用车、通讯补贴收入，扣除一定标准的公务费用后，按照"工资、薪金"所得章节计征个人所得税。按月发放的，并入当月"工资、薪金"所得计征个人所得税；不按月发放的，分解到所

属月份并与该月份"工资薪金"所得合并征税。因公务用车制度改革而以现金、报销等形式向个人支付的收入，视为个人取得公务用车补贴收入。

2.应纳税额的计算方法

（1）一般计算方法：

应纳税额＝应纳税所得额 × 适用税率－速算扣除数

或＝（每月收入额－3500 或 4800 元）× 适用税率－速算扣除数

【例5-6】假定某纳税人 2011 年 12 月工资 8200 元，该纳税人不适用附加减除费用的规定。计算其当月应纳个人所得税税额。

解：

（1）应纳税所得额＝8200－3500＝4700（元）

（2）应纳税额＝4700×20%－555＝385（元）

另一种算法：应纳税额＝1500×3%＋（4500－1500）×10%＋（4700－4500）×20%＝385（元）（超额累进税率原理计算）

（2）雇主为其雇员负担个人所得税额的计算：

将纳税人的不含税收入换算为应纳税所得额，然后再计算应纳税额，具体包括以下三种情况处理：

①应纳税所得额＝（不含税收入额－费用扣除标准－速算扣除数）÷（1－税率）

②应纳税额＝应纳税所得额 × 适用税率－速算扣除数

【例5-7】境内某公司代其雇员（中国居民）缴纳个人所得税。2012 年 10 月支付陈某的不含税工资为 6000 元人民币。计算该公司为陈某代付的个人所得税。

解：代付个人所得税的应纳税所得额＝（6000－3500－105）÷（1－10%）＝2661.11（元）应代付的个人所得税＝2661.11×10%－105＝161（元）

（3）个人取得全年一次性奖金等应纳个人所得税的计算

一次性奖金也包括年终加薪、实行年薪制和绩效工资办法的单位根据考核情况兑现的年薪和绩效工资。

纳税人取得全年一次性奖金，单独作为一个月工资、薪金所得计算纳税，由扣缴义务人发放时代扣代缴：

①先将雇员当月内取得的全年一次性奖金，除以 12 个月，按其商数确定适用税率和速算扣除数。

如果在发放年终一次性奖金的当月，雇员当月工资薪金所得低于税法规定的费用扣除额，应将全年一次性奖金减除雇员当月工资薪金所得与费用扣除额的差额后的余额，按上述办法确定适用税率和速算扣除数。

②将雇员个人当月内取得的全年一次性奖金，按上述第 1 条确定的适用税率和速算扣除数计算征税，计算公式如下：

A：如果雇员当月工资薪金所得高于（或等于）税法规定的费用扣除额的，适用公式为：

应纳税额 = 雇员当月取得全年一次性奖金 × 适用税率 — 速算扣除数

B：如果雇员当月工资薪金所得低于税法规定的费用扣除额的，适用公式为：

应纳税额 =（雇员当月取得全年一次性奖金 – 雇员当月工资薪金所得与费用扣除额的差额）× 适用税率 — 速算扣除数

注意：A. 在一个纳税年度内，对每一个纳税人，该计税办法只允许采用一次。

B. 雇员取得除全年一次性奖金以外的其他各种名目奖金，如半年奖、季度奖、加班奖、先进奖、考勤奖等，一律与当月工资、薪金收入合并，按税法规定缴纳个人所得税。

【例 5-8】王某位中国公民，本年度 12 月份取得全年一次性奖金收入 20000 元，假设王某 12 月当月工资为 5000 元，其应缴纳的个人所得税金额是多少？假设王某当月工资为 3000，又应缴纳多少个税？

解：情况 1：每月奖金 = 20000/12 = 1666.67（元），适用的税率为 10%，速算扣数 105。

一次性奖金应纳个人所得税 = 20000 × 10% – 105 = 1895（元）

情况 2：每月奖金 =【20000 –（3500 – 3000）】/12 = 1625（元），适用的税率为 10%，速算扣数 105。

一次性奖金应纳个人所得税 =（20000 – 500）× 10% – 105 = 1845（元）

（二）个体工商户的生产、经营所得的计税方法

应纳税所得额 = 收入总额 –（成本 + 费用 + 损失 + 准予扣除的税金）– 规定的费用减除标准

应纳税额 = 应纳税所得额 × 适用税率 — 速算扣除数

1. 准予在所得税前列支的其他章节及列支标准

（1）借款利息。

（2）财产保险、运输保险、社会保险。

（3）与生产经营有关的修理费用可以据实扣除。修理费用不均衡或数额较大的，应分期扣除。

（4）缴纳的工商管理费、个体劳动者协会会费、摊位费按实际发生额扣除。其他规定的费用，扣除章节和标准由省一级地方税务机关根据当地实际情况确定。

（5）租入固定资产支付的租金：（融资租赁和经营租赁）。

（6）研究开发的费用，以及研究开发新产品、新技术而购置的单台价值在5万元以下的测试仪器和试验性装置的购置费。超出上述标准和范围的，按固定资产管理，不得在当期扣除。

（7）净损失。

（8）汇兑损益。

（9）无法收回的应收账款。

（10）从业人员实际支付的合理的工资、薪金据实扣除。

（11）拨缴的工会经费、发生的职工福利费、职工教育经费支出。

（12）广告费和业务宣传费用。

（13）业务招待费支出。

（14）公益捐赠：应纳税所得额30%的部分据实扣除。

（15）家庭生活混用的费用，由主管税务机关核定分摊比例，据此计算确定的属于生产经营中发生的费用，准予扣除。

（16）经申报主管税务机关审核后，允许用下一年度的经营所得弥补，下一年度所得不足弥补的，允许逐年延续弥补，但最长不得超过5年。

（17）低值易耗品支出原则上一次摊销，但一次性购入价值较大应分期摊销。

2. 不得在所得税前列支的章节

（1）资本性支出；

（2）被没收的财物、支付的罚款；

（3）缴纳的个人所得税、税收滞纳金、罚金和罚款；

（4）各种赞助支出；

（5）自然灾害或者意外事故损失有赔偿的部分；

（6）分配给投资者的股利；

（7）用于个人和家庭的支出；

（8）个体工商户业主的工资支出；

（9）与生产经营无关的其他支出；

（10）国家税务总局规定不准扣除的其他支出。

3. 费用减除标准：费用扣除标准为3500/月。

4.资产的税务处理

（1）个体工商业户的固定资产是指在生产经营中使用的、期限超过一年且单位价值在 1000 元以上的房屋，建筑物、机器、设备、运输工具及其他与生产经营有关的设备、工器具等。

（2）预计净残值 5%。

（3）固定资产的折旧年限。税法规定的固定资产折旧最短年限分别为：房屋、建筑物为 20 年；轮船、机器、机械和其他生产设备为 10 年；电子设备和轮船以外的运输工具，以及与生产经营有关的器具、工具、家具等为 5 年。特殊原因需要缩短折旧年限的须报经省级税务机关审核批准。

（4）递延资产

个体户自申请营业执照之日起至开始生产经营之日止所发生符合本办法规定的费用，除为取得固定资产，无形资产的支出以及应计入资产价值的汇兑损益，利息支出外，可作为开办费，并自开始生产经营之日起于不短于 5 年的期限分期均额扣除。

（5）存货

按实际成本计价，领用或发出存货的核算原则上采用加权平均法。

（三）个人独资企业和合伙企业投资者征收个人所得税的规定

1.个人独资企业以投资者为纳税义务人，合伙企业以每一个合伙人为纳税义务人（以下简称投资者）

2.凡实行查账征税办法的，其税率比照"个体工商户的生产、经营所得"应税章节，适用 5% ~ 35% 的五级超额累进税率，计算征收个人所得税；实行核定应税所得率征收方式的，按照应税所得率计算其应纳税所得额，再按其应纳税所得额的大小，适用 5% ~ 35% 的五级超额累进税率，计算征收个人所得税。

3.合伙企业的合伙人应纳税所得额的确认原则

合伙企业的合伙人以合伙企业的生产经营所得和其他所得，按照合伙协议约定的分配比例确定应纳税所得额；合伙协议未约定或者约定不明确的，以全部生产经营所得和其他所得，按照合伙人协商决定的分配比例确定应纳税所得额；协商不成的，以全部生产经营所得和其他所得，按照合伙人实缴出资比例确定应纳税所得额；无法确定出资比例的，以全部生产经营所得和其他所得，按照合伙人数量平均计算每个合伙人的应纳税所得额；

4.扣除章节

（1）投资者的工资不得在税前扣除。投资者的费用扣除标准为 3500/ 月。投资者兴办两个或两个以上企业的，其费用扣除标准由投资者选择在其中一个企业的生产经营所得中扣除。

（2）投资者及其家庭发生的生活费用不允许在税前扣除。生活费用与企业生产经营费用混合在一起难以划分的，全部视为生活费用，不允许税前扣除。

（3）投资者及其家庭共用的固定资产，难以划分的，由税务机关核定。

5.应纳税额的计算

（1）查账征税

汇总其投资兴办的所有企业的经营所得作为应纳税所得额，以此确定适用税率，计算出全年经营所得的应纳税额，再根据每个企业的经营所得占所有企业经营所得的比例，分别计算出每个企业的应纳税额和应补缴税额。计算公式如下：

应纳税所得额 = Σ 各个企业的经营所得

应纳税额 = 应纳税所得额 × 税率 − 速算扣除数

本企业应纳税额 = 应纳税额 × 本企业的经营所得 ÷ Σ 各个企业的经营所得

本企业应补缴的税额 = 本企业应纳税额 − 本企业预缴的税额

【例5-9】李先生与合伙人在 A 市共同兴办了一家合伙企业甲，出资比例为5：5。2013 年年初，李先生向其主管税务机关报送了 2012 年度的所得税申报表和会计决算报表以及预缴个人所得税纳税凭证。该合伙企业年度会计报表反映：合伙企业 2012 年度的主营业务收入 70 万元，其他业务收入 10 万元，营业成本43 万元，营业税金及附加 4 万元，销售费用 15.5 万元，管理费用 8.5 万元，其中包括业务招待费 1.35 万元，营业外支出 5 万元，利润总额 4 万元。经税务部门审核，发现如下问题：

（1）合伙企业在 2012 年度给每位合伙人支付工资 48000 元，已列支；

（2）合伙企业年末向合伙人预付股利 5000 元，已列支；

（3）销售费用账户列支广告费 2.5 万元和业务宣传费 0.5 万元。

（4）其他业务收入是合伙企业甲从被投资企业分回的红利。

（5）营业外支出账户中包括合伙企业被工商管理部门处以的罚款 2 万元。

李先生在 B 市另有乙合伙企业，分得 2012 年度利润 6.4 万元，经税务审核无调整章节。李先生选择从甲企业中扣除费用。根据以上资料回答下列问题：

（1）合伙企业允许税前扣除的广告费和业务宣传费。

（2）甲合伙企业的应纳税所得额。

（3）李先生生产经营所得应缴纳个人所得税。

（4）李先生 2012 年度应缴纳的个人所得税。

解：（1）广告费和业务宣传费扣除限额 = 700000 × 15% ÷ 10000 = 10.5（万元），实际支出额低于限额，不需要调增应税利润；业务招待费扣除限额 = 700000 × 0.5% = 3500（元），实际支出额为 1.35 万元，应调增所得额 10000 元。可税前列支的广告费和业务宣传费为 3 万元，业务招待费 3500 元。

（2）甲企业应纳税所得额 = 40000 + 48000 × 2 + 5000 × 4 × 2 + 10000 + 20000 − 100000 − 3500 × 12 × 2 = 2.2（万元）

（3）按合伙企业协议，李先生从甲企业分得生产经营所得 1.1 万元，并已经从甲企业扣除了投资者费用，其生产经营所得 = 1.1 + 6.4 = 7.5（万元）

（4）应纳个人所得税 = 75000 × 30% − 9750 + 100000 × 50% × 20% = 22750（元）

（2）核定征收：包括定额征收、定率征收和其他合理方法。应纳所得税额的计算公式如下：

应纳所得税额 = 应纳税所得额 × 适用税率

应纳税所得额 = 收入总额 × 应税所得率 = 成本费用支出额 /（1 − 应税所得率）× 应税所得率

（3）亏损弥补

投资者兴办两个或两个以上企业的，企业的年度 经营亏损不能跨企业弥补。

实行查账征税方式的个人独资企业和合伙企业改为核定征税方式后，在查账征税方式下认定的年度经营亏损未弥补完的部分，不得再继续弥补。

（4）对外投资分回的利息或者股息、红利

个人独资企业对外投资分回的利息或者股息、红利，不并入企业的收入，而应单独作为投资者个人取得的利息、股息、红利所得，按"利息、股息、红利所得"应税章节计算缴纳个人所得税。以合伙企业名义对外投资分回利息或者股息、红利的，应按比例确定各个投资者的利息、股息、红利所得，分别按"利息、股息、红利所得"应税章节计算缴纳个人所得税。

6. 实行核定征税的投资者不得享受个人所得税的优惠政策。

7. 征收管理

（1）申报缴纳期限

投资者应纳的个人所得税税款，按年计算，分月或者分季预缴，由投资者在每月或每季度终了后 15 日内预缴，年度终了后 3 个月内汇算清缴，多退少补。

（2）纳税地点

投资者应向企业实际经营管理所在地主管税务机关申报缴纳个人所得税。

投资者从合伙企业取得的生产经营所得，由合伙企业向企业实际经营管理所在地主管税务机关申报缴纳投资者应纳的个人所得税，并将个人所得税申报表抄送投资者。

投资者兴办两个或两个以上企业的，应分别向企业实际经营管理所在地主管税务机关预缴税款。年度终了后办理汇算清缴时，区别不同情况分别处理：

①投资者兴办的企业全部是个人独资性质的，分别向各企业的实际经营管理所在地主管税务机关办理年度纳税申报，并依所有企业的经营所得总额确定适用税率，以本企业经营所得为基础，计算应缴税款，办理汇算清缴。

②投资者兴办的企业中含有合伙性质的，投资者应向经常居住地主管税务机关申报纳税，办理汇算清缴，但经常居住地与其兴办企业的经营管理所在地不一致的，应选定其参与兴办的某一合伙企业的经营管理所在地为办理年度汇算清缴所在地，并在 5 年内不得变更。

（三）对企事业单位的承包经营、承租经营所得

应纳税额 =【年度收入总额－必要费用（每月 3500 元）】× 适用税率－速算扣除数

其中：年度收入总额 = 经营利润 + 工资薪金性质的所得

实行承包、承租经营的纳税人，应以每一纳税年度的承包、承租经营所得计算纳税。纳税人在一个年度内分次取得承包、承租经营所得的，应在每次取得承包、承租经营所得后预缴税款，年终汇算清缴，多退少补。

（四）劳务报酬所得

1. 一般计税方法

每次收入不足 4000 元的，应纳税所得额 = 收入 － 800

每次收入 4000 元以上的，应纳税所得额 = 收入 × （1 － 20%）

应纳税额 = 收入 × （1 － 20%）× 税率－速算扣除数

【例 5-10】赵某于 2008 年 10 月外出参加营业性演出，一次取得劳务报酬 60 000 元。计算其应缴纳的个人所得税（不考虑其他税费）。

解：应纳税所得额 = 60 000 × （1 － 20%）= 48 000（元）

应纳税额 = 48 000 × 30% － 2 000 = 12 400（元）

2. 代付税款的计算方法：

（1）不含税收入额不超过 3360 元的：

应纳税所得额 =（不含税收入额 － 800）÷ （1 － 税率）

应纳税额 = 应纳税所得额 × 适用税率

（2）不含税收入额超过 3360 元的：

应纳税所得额 = [（不含税收入额 − 速算扣除数）×（1 − 20%）] / 【1 − 税率 ×（1 − 20%）】

【例 5-11】王某根据劳务合同的规定，取得税后劳务报酬 30000 元。在不考虑其他税费的情况下，王某该项劳务报酬应缴纳个人所得税是多少？

解：应纳税所得额 = 【（30000 − 2000）×（1 − 20%）】÷ 76% = 29473.684（元）

应缴纳个人所得税 = 29473.684 × 30% − 2000 = 6842.11（元）

（五）稿酬所得

每次收入不足 4000 元的，应纳税额 =（收入 − 800）× 20% ×（1 − 30%）

每次收入 4000 元以上的，应纳税额 = 收入 ×（1 − 20%）× 20% ×（1 − 30%）

【例 5-12】国内某作家的一篇小说先在某晚报上连载三个月，每月取得稿酬 3600 元，然后送交出版社出版，一次取得稿酬 20000 元，该作家因此需缴多少个人所得税？

解：（1）同一作品在报刊上连载取得收入应纳个人所得税为：

3600 × 3 ×（1 − 20%）× 20% ×（1 − 30%）= 1209.6（元）

（2）同一作品先报刊连载，再出版（或相反）视为两次稿酬所得，应纳个人所得税为：

20000 ×（1 − 20%）× 20% ×（1 − 30%）= 2240（元）

（3）共要缴纳个人所得税 = 1209.6 + 2240 = 3449.6（元）

（六）特许权使用费所得

1. 每次收入不足 4000 元的，应纳税额 =（收入 − 800）× 20%

2. 每次收入 4000 元以上的，应纳税额 = 收入（1 − 20%）× 20%

注意：对个人从事技术转让中所支付的中介费，若能提供有效合法凭证，允许从其所得中扣除。

利息、股息、红利所得

应纳税额 = 应纳税所得额 × 适用税率 = 每次收入额 × 20%

1. 股份制企业以股票形式向股东个人支付应得的股息、红利时，应以派发红股的股票票面金额为所得额，计算征收个人所得税；

2. 上市公司股息红利差别化个人所得税政策

（1）个人从公开发行和转让市场取得的上市公司股票，持股期限在 1 个月以内（含 1 个月）的，其股息红利所得全额计入应纳税所得额；持股期限在 1 个月以上至 1 年（含 1 年）的，暂减按 50% 计入应纳税所得额；持股期限超过 1 年的，暂减按 25% 计入应纳税所得额。上述所得统一适用 20% 的税率计征个人所得税。

（2）对个人持有的上市公司限售股，解禁后取得的股息红利，持股时间自解禁日起计算；解禁前取得的股息红利继续暂减按 50% 计入应纳税所得额，适用 20% 的税率计征个人所得税。

（八）财产租赁所得：

每次收入不超 4000 元的：应纳税所得额 = 每次收入 – 支付的相关税费 – 修缮费用（800 为限）– 800（费用额）

每次收入超过 4000 元的：应纳税所得额 =（收入 – 支付的相关税费 – 修缮费用）×（1 – 20%）

应纳税额 = 应纳税所得额 × 适用税率

相关规定：

个人出租财产取得的财产租赁收入，在计算缴纳个人所得税时，应依次扣除以下费用：

（1）财产租赁过程中缴纳的税费；税费包括营业税（对个人出租住房，不区分用途，在 3% 税率的基础上减半征收营业税）、城建税（7%\5%\1%）、房产税（4%）、教育费附加（3%）。

（2）向出租方支付的租金。

（3）由纳税人负担的该出租财产实际开支的修缮费用。（每次 800 元为限，一次扣不完的，可在后期扣除）

（4）税法规定的费用扣除标准

2. 适用税率：20%。个人按市场价出租居民住房，税率 10%。

【例 5-13】中国公民王某 1 月 1 日起将其位于市区的一套公寓住房按市价出租，每月收取租金 3800 元。1 月因卫生间漏水发生修缮费用 1200 元，已取得合法有效的支出凭证。计算其 1 月份和 2 月份两个月的应纳税额。（不考虑其他的相关税费）

解：应纳个人所得税 =（3800 – 800 – 800）× 10% +（3800 – 400 – 800）× 10% = 480（元）

（九）财产转让所得

应纳税额 =（收入总额 – 财产原值 – 合理税费）× 20%

相关规定：

原值的确定：

1. 有价证券：（加权平均法）

每次卖出债券应纳个人所得税额 = （该次卖出该类债券收入 − 该次卖出该类债券允许扣除的买价和费用） × 20%

【例6-14】某人本期购入债券1 000份，每份买入价10元，支付购进买入债券的税费共计150元。本期内将买入的债券一次卖出600份，每份卖出价12元，支付卖出债券的税费共计110元。计算该个人售出债券应缴纳的个人所得税。

解：

（1）一次卖出债券应扣除的买价及费用 = （10 000 + 150） ÷ 1 000 × 600 + 110 = 6 200（元）

（2）应缴纳的个人所得税 = （600 × 12 − 6 200） × 20% = 200（元）

偶然所得和其他所得

应纳税额 = 应纳税所得额 × 适用税率 = 每次收入额 × 20%

三、个人所得税的特殊计税方法

（一）扣除捐赠款的计税方法

1. 一般捐赠额的扣除：以不超过纳税人申报应纳税所得额的30%为限。

捐赠扣除限额 = 申报的应纳税所得额 × 30%

应纳税额 = （应纳税所得额 − 允许扣除的捐赠额） × 适用税率 − 速算扣除数

2. 全额扣除：对个人通过非营利性的社会团体和国家机关对公益性青少年活动场所、向红十字事业的捐赠、向福利性、非营利性的老年服务机构的捐赠、向农村义务教育的捐赠、用于公益救济性的捐赠可以税前自应纳税所得额中进行全额扣除。

【例5-15】某歌星参加某单位举办的演唱会，取得出场费收入80000元，将其中30000元通过当地教育机构捐赠给某希望小学，（界定为一般捐赠）计算该歌星取得的出场费收入应缴纳的个人所得税。

解：（1）未扣除捐赠的应纳税所得额 = 80000 × （1−20%） = 64000（元）

（2）捐赠的扣除标准 = 64000 × 30% = 19200（元），由于实际捐赠额大于扣除标准，税前只能按扣除标准扣除。

（3）应缴纳的个人所得税 = （64000−19200） × 30%−2000 = 11440（元）

（二）境外缴纳税额抵免的计税方法

税法规定，纳税义务人从中国境外取得的所得，准予其在应纳税额中扣除已在境外缴纳的个人所得税税额。但扣除额不得超过该纳税义务人境外所得依照我国税法规定计算的应纳税额。就是说税法允许扣除的境外已纳税额，必须是纳税义务人从中国境外取得的所得，依照该所得来源国家或者地区的法律应当缴纳并且实际已经缴纳的税额。

税法允许扣除的境外已纳税额应是依照我国税法规定计算的应纳税额，即扣除限额。其扣除限额的计算公式为：

境外所得税款抵免限额 =（来源于某国家或者地区的应税所得—该章节应税所得按我国税法规定应扣除的标准费用）× 适用税率

在具体计算境外所得税款抵免限额时，应按以下规定处理：

1. 扣除限额须区别国家（地区）和不同应税章节计算。

由于我国个人所得税法采取分项所得税制，税法对各项应税所得分别规定了费用扣除标准和适用税率，因而对纳税人在境外不同国家取得的各项所得必须分别计算税额扣除限额。

2. 扣除境外税额时，以在一国缴纳的税额在该国各项所得的扣除限额总额中综合扣除。

由于许多国家对个人征收所得税是采取合并各项所得统一计税的综合税制，因此，不便将纳税人在一国缴纳的税额分解为各项所得应纳的税。所以，实施条例规定实际扣除境外税额时，采取分国综合扣除的方法。即同一国家或者地区内不同应税章节的应纳税额之和为该国或者地区的扣除限额。

3. 境外已纳税额低于或超过扣除限额的处理

纳税义务人在中国境外一个国家或者地区实际已经缴纳的个人所得税税额，低于依照规定计算出的该国家或者地区扣除限额的，应当在中国缴纳差额部分的税款；超过该国家或者地区扣除限额的，其超过部分不得在本纳税年度的应纳税额中扣除，但是可以在以后纳税年度的该国家或者地区扣除限额的余额中补扣，补扣期限最长不得超过 5 年。

4. 纳税义务人依照税法的规定申请扣除已在境外缴纳的个人所得税税额时，应当提供境外税务机关填发的完税凭证原件。不得以复印件申请税款扣除。

【例 5-16】某纳税人在 2012 纳税年度，从 A.B 两国取得应税收入。其中，在 A 国一公司任职，取得工资、薪金收入 69600 元（平均每月 5800 元），因提供一项专利技术使用权，一次取得特许权使用费收入 30000 元，该两项收入在 A

国缴纳个人所得税 5200 元；因在 B 国出版著作，获得稿酬收入（版税）15000 元，并在 B 国缴纳该项收入的个人所得税 1720 元。

其抵扣计算方法如下：

1. A 国所纳个人所得税的抵减

（1）工资、薪金所得每月应纳税额为：（5800 — 4800）× 3% = 30（元）

全年应纳税额为：30 × 12 = 360（元）

（2）特许权使用费所得 = 30000 ×（1 — 20%）× 20% = 4800（元）

根据计算结果，该纳税义务人从 A 国取得应税所得在 A 国缴纳的个人所得税额的抵减限额为 5160 元（360 + 4800）。其在 A 国实际缴纳个人所得税 5200 元，高于抵减限额，不需在中国补缴税款。

2. B 国所纳个人所得税的抵减

抵扣限额 =［15000 ×（1 — 20%）× 20%］×（1 — 30%）= 1680（元）

该纳税义务人的稿酬所得在 B 国实际缴纳个人所得税 1720 元，超出抵减限额 40 元，不能在本年度扣除，但可在以后 5 个纳税年度的该国减除限额的余额中补减。综合计算结果，该纳税义务人在本纳税年度中的境外所得，应在中国补缴个人所得税 500 元。

（三）多人取得同一章节收入的计税方法

两个或两个以上的个人共同取得同一章节收入的，应当对每个人取得的收入分别按照税法规定减除费用后计算纳税，即实行"先分、后扣、再税"的办法。

【例 5-17】某高校 5 位教师共同编写出版一本 50 万字的教材，共取得稿酬收入 21000 元。其中主编一人得主编费 1000 元，其余稿酬 5 人平分。计算各教师应缴纳的个人所得税。

解：

（1）扣除主编费后所得 = 21000 — 1000 = 20000（元）

（2）平均每人所得 = 20000 ÷ 5 = 4000（元）

（3）主编应纳税额 =【（1000 + 4000）×（1 — 20%）】× 20% ×（1 — 30%）= 560（元）

（4）其余四人每人应纳税额 =（4000 — 800）× 20% ×（1 — 30%）= 448（元）

5.4 个人所得税的征收管理

一、纳税申报

个人所得税的征收方式主要有两种：一是代扣代缴；二是自行纳税申报。此外，一些地方为了提高征管效率，方便纳税人，对个别应税所得章节，采取了委托代征的方式。

（一）源泉扣缴

1.扣缴义务人在向个人支付下列所得时，应代扣代缴个人所得税。这些章节是：工资、薪金所得；对企事业单位的承包经营、承租经营所得；劳务报酬所得；稿酬所得；特许权使用费所得；利息、股息、红利所得；财产租赁所得；财产转让所得；偶然所得，以及经国务院财政部门确定征税的其他所得。

2.扣缴义务人在向个人支付应纳税所得时，不论纳税人是否属于本单位人员，均应代扣代缴其应纳的个人所得税税款。

3.**法律责任**：扣缴义务人应扣未扣、应收而不收税款的，由税务机关向纳税人追缴税款，对扣缴义务人处应扣未扣、应收未收税款50%以上3倍以下的罚款；纳税人、扣缴义务人逃避、拒绝或者以其他方式阻挠税务机关检查的，由税务机关责令改正，可以处1万元以下的罚款；情节严重的，处1万元以上5万元以下的罚款。

4.代扣代缴税款的手续费（2%）

（二）自行申报纳税

1.凡有下列情形之一的，纳税人必须自行向税务机关申报所得并缴纳税款：

（1）年所得12万元以上的；

（2）在两处或两处以上取得工资、薪金所得的；

（3）从中国境外取得所得的；

（4）取得应纳税所得，没有扣缴义务人的，如个体工商户从事生产、经营的所得；

（5）国务院规定的其他情况。

2.主管税务机关的义务

（1）主管地税机关应当在每年法定申报期间，通过适当方式，提醒年所得

12 万元以上的纳税人办理自行纳税申报。

（2）受理纳税申报的主管地税机关根据纳税人的申报情况，按照规定办理税款的征、补、退、抵手续。

（3）主管地税机关按照规定为已经办理纳税申报并缴纳税款的纳税人开具完税凭证。

（4）税务机关依法为纳税人的纳税申报信息保密。

二、纳税期限

（一）代扣代缴期限。

扣缴义务人每月扣缴的税款，应当在次月 15 日内缴入国库。

（二）自行申报纳税期限。

1. 一般情况下，纳税人应在取得应纳税所得的次月 15 日内向主管税务机关申报所得并缴纳税款。

2. 对账册健全的个体工商户，其生产、经营所得应纳的税款实行按年计算、分月预缴，由纳税人在次月 15 日内申报预缴，年度终了后 3 个月汇算清缴，多退少补。账册不健全的，由税务机关按规定自行确定征收方式。

3. 纳税人年终一次性取得承包经营、承租经营所得的，自取得收入之日起 30 日内申报纳税；个人从中国境外取得所得的，其来源于境外的应纳税所得，在境外以纳税年度计算缴纳所得税的，应在所得来源国的纳税年度终了、结清税款后的 30 日内申报；在取得境外所得时结清税款的，或者在境外按所得来源国税法规定免予缴纳个人所得税的，应在次年 1 月 1 日起 30 日内申报。

三、纳税地点

1. 个人所得税自行申报的，其申报地点一般应为收入来源地的主管税务机关。

2. 纳税人从两处或两处以上取得工资、薪金的，可选择并固定在其中一地税务机关申报纳税。

3. 从境外取得所得的，应向其境内户籍所在地或经营居住地税务机关申报纳税。

4. 扣缴义务人应向其主管税务机关进行纳税申报。

5. 纳税人要求变更申报纳税地点的，须经原主管税务机关批准。

6. 个人独资企业和合伙企业投资者个人所得税纳税地点。

四、申报纳税方式

个人所得税的申报纳税方式主要有3种，即由本人直接申报纳税，委托他人代为申报纳税，以及采用邮寄方式在规定的申报期内申报纳税。

【技能提升】

个人所得税申报表

个人所得税申报表填表说明：

适用范围

本表适用于"从中国境内两处或者两处以上取得工资、薪金所得的"、"取得应纳税所得，没有扣缴义务人的"，以及"国务院规定的其他情形"的个人所得税申报。纳税人在办理申报时，须同时附报附件2—《个人所得税基础信息表（B表）》。

申报期限

次月十五日内。自行申报纳税人应在此期限内将每月应纳税款缴入国库，并向税务机关报送本表。纳税人不能按规定期限报送本表时，应当按照《中华人民共和国税收征收管理法》（以下简称税收征管法）及其实施细则有关规定办理延期申报。

本表各栏填写如下：

（一）表头项目

税款所属期：是指纳税人取得所得应纳个人所得税款的所属期间，应填写具体的起止年月日。

姓名：填写纳税人姓名。中国境内无住所个人，其姓名应当用中、外文同时填写。

国籍（地区）：填写纳税人的国籍或者地区。

身份证件类型：填写能识别纳税人唯一身份的有效证照名称。

在中国境内有住所的个人，填写身份证、军官证、士兵证等证件名称。

在中国境内无住所的个人，如果税务机关已赋予18位纳税人识别号的，填写"税务机关赋予"；如果税务机关未赋予的，填写护照、港澳居民来往内地通行证、台湾居民来往大陆通行证等证照名称。

身份证件号码：填写能识别纳税人唯一身份的号码。

在中国境内有住所的纳税人，填写身份证、军官证、士兵证等证件上的号码。

在中国境内无住所的纳税人，如果税务机关赋予18位纳税人识别号的，填写该号码；没有，则填写护照、港澳居民来往内地通行证、台湾居民来往大陆通行证等证照上的号码。

税务机关赋予境内无住所个人的18位纳税人识别号，作为其唯一身份识别码，由纳税人到主管税务机关办理初次涉税事项，或扣缴义务人办理该纳税人初次扣缴申报时，由主管税务机关赋予。

自行申报情形：纳税人根据自身情况在对应框内打"√"。

（二）表内各栏

纳税人在填报"从中国境内两处或者两处以上取得工资、薪金所得的"时，第1～4列需分行列示各任职受雇单位发放的工薪，同时，另起一行在第4列"收入额"栏填写上述工薪的合计数，并在此行填写第5～22列。

纳税人在填报"取得应纳税所得，没有扣缴义务人的"和"国务院规定的其他情形"时，需分行列示。

第1列"任职受雇单位名称"：填写纳税人任职受雇单位的名称全称。在多家单位任职受雇的，须分行列示。如果没有，则不填。

第2列"所得期间"：填写纳税人取得所得的起止时间。

第3列"所得项目"：按照税法第二条规定的项目填写。纳税人取得多项所得时，须分行填写。

第4列"收入额"：填写纳税人实际取得的全部收入额。

第5列"免税所得"：是指税法第四条规定可以免税的所得。

第6～13列"税前扣除项目"：是指按照税法及其他法律法规规定，可在税前扣除的项目。

第6～9列"基本养老保险费、基本医疗保险费、失业保险费、住房公积金"四项，是指按照国家规定，可在个人应纳税所得额中扣除的部分。

第10列"财产原值"：该栏适用于"财产转让所得"项目的填写。

第11列"允许扣除的税费"：该栏适用于"劳务报酬所得、特许权使用费所得、财产租赁所得和财产转让所得"项目的填写。

适用"劳务报酬所得"时，填写劳务发生过程中实际缴纳的税费；

适用"特许权使用费"时，填写提供特许权过程中发生的中介费和相关税费；

适用"财产租赁所得"时，填写修缮费和出租财产过程中发生的相关税费；

适用"财产转让所得"时，填写转让财产过程中发生的合理税费。

第 12 列"其他"：是指法律法规规定其他可以在税前扣除的项目。

第 13 列"合计"：为各所得项目对应税前扣除项目的合计数。

第 14 列"减除费用"：是指税法第六条规定可以在税前减除的费用。没有的，则不填。

第 15 列"准予扣除的捐赠额"：是指按照税法及其实施条例和相关税收政策规定，可以在税前扣除的捐赠额。

第 16 列"应纳税所得额"：根据相关列次计算填报。第 16 列＝第 4 列—第 5 列—第 13 列—第 14 列—第 15 列。

第 17 列"税率"及第 18 列"速算扣除数"：按照税法第三条规定填写。部分所得项目没有速算扣除数的，则不填。

第 19 列"应纳税额"：根据相关列次计算填报。第 19 列＝第 16 列 × 第 17 列—第 18 列。

第 20 列"减免税额"：是指符合税法规定可以减免的税额。其中，纳税人取得"稿酬所得"时，其根据税法第三条规定可按应纳税额减征的 30%，填入此栏。

第 21 列"已缴税额"：是指纳税人当期已实际被扣缴或缴纳的个人所得税税款。

第 22 列"应补（退）税额"：根据相关列次计算填报。第 22 列＝第 19 列—第 20 列—第 21 列。

扣缴个人所得税报告表

扣缴义务人编码：☐☐☐☐☐☐☐

扣缴义务人名称（公章）：

序号	纳税人姓名	身份证照类型	身份证照号码	国籍	所得章节	所得期间	收入额	免税收入额	允许扣除的税费	费用扣除标准	准予扣除的捐赠额	应纳税所得额	税率%	速算扣除数	应扣税额	已扣税额	备注
1	2	3	4	5	6	7	8	9	10	11	12	13	14	15	16	17	18
合计										—	—	—	—	—			
1																	
2																	
3																	

扣缴义务人声明	我声明：此扣缴报告表是根据国家税收法律、法规的规定填报的，我确定它是真实的、可靠的、完整的。 声明人签字：

会计主管签字：　　　　　　　　　　　　　　　　　　　　负责人签字：

扣缴单位（或法定代表人）（签章）：

受理人（签章）：　　　　　　　　　　　　　　受理日期：　年　月　日

受理税务机关（章）：

国家税务总局监制

本表一式二份，一份扣缴义务人留存，一份报主管税务机关。

《扣缴个人所得税报告表》填表说明

一、本表根据《中华人民共和国税收征收管理法》（以下简称征管法）及其实施细则、《中华人民共和国个人所得税法》（以下简称税法）及其实施条例制定。

二、本表适用于扣缴义务人申报扣缴的所得税额。扣缴义务人必须区分纳税人、所得章节逐人逐项明细填写本表。

三、扣缴义务人不能按规定期限报送本表时，应当在规定的报送期限内提出申请，经当地税务机关批准，可以适当延长期限。

四、扣缴义务人未按规定期限向税务机关报送本表的，依照征管法第六十二条的规定，予以处罚。

五、填写本表要用中文，也可用中、外两种文字填写。

六、表头章节的填写说明如下：

1. 扣缴义务人编码：填写税务机关为扣缴义务人确定的税务识别号。

2. 扣缴义务人名称：填写扣缴义务人单位名称全称并加盖公章，不得填写简称。

3. 填表日期：是指扣缴义务人填制本表的具体日期。

七、本表各栏的填写如下：

1. 纳税人姓名：纳税义务人如在中国境内无住所，其姓名应当用中文和外文两种文字填写。

2. 身份证照类型：填写纳税人的有效证件（身份证、户口簿、护照、回乡证等）名称。

3. 所得章节：按照税法规定章节填写。同一纳税义务人有多项所得时，应分别填写。

4. 所得期间：填写扣缴义务人支付所得的时间。

5. 收入额：如支付外币的，应折算成人民币。外币折合人民币时，如为美元、日元和港币，应当按照缴款上一月最后一日中国人民银行公布的人民币基准汇价折算；如为美元、日元和港币以外的其他外币的，应当按照缴款上一月最后一日中国银行公布的人民币外汇汇率中的现钞买入价折算。

6. 免税收入额：指按照国家规定，单位为个人缴付和个人缴付的基本养老保险费、基本医疗保险费、失业保险费、住房公积金，按照国务院规定发给的政府特殊津贴、院士津贴、资深院士津贴和其他经国务院批准免税的补贴、津贴等按照税法及其实施条例和国家有关政策规定免于纳税的所得。

此栏只适用于工资薪金所得章节，其他所得章节不得填列。

7. 允许扣除的税费：只适用劳务报酬所得、特许权使用费所得、财产租赁所得和财产转让所得章节。

（1）劳务报酬所得允许扣除的税费是指劳务发生过程中实际缴纳的税费；

（2）特许权使用费允许扣除的税费是指提供特许权过程中发生的中介费和相关税费；

（3）适用财产租赁所得时，允许扣除的税费是指修缮费和出租财产过程中发生的相关税费；

（4）适用财产转让所得时，允许扣除的税费是指财产原值和转让财产过程中发生的合理税费。

8. 除法律法规另有规定的外，准予扣除的捐赠额不得超过应纳税所得额的30%。

9. 已扣税额：是指扣缴义务人当期实际扣缴的个人所得税税款及减免税额。

10. 扣缴非本单位职工的税款，须在备注栏反映。

11. 表间关系：

（1）应纳税额 = 应纳税所得额 × 税率 − 速算扣除数

（2）应纳税所得额 = 收入额（人民币合计）− 免税收入额 − 允许扣除的税费 − 费用扣除标准 − 准予扣除的捐赠额

注：全年一次性奖金等特殊政策的应纳税所得额计算除外。

（3）收入额（人民币合计）= 收入额（人民币）+ 收入额（外币折合人民币）

12. 声明人：填写扣缴义务人名称。

【技能训练】

一、单项选择题

1. 我国目前个人所得税采用（　　）。

A. 分类征收制　　　　B. 综合征收制

C. 混合征收制　　　　D. 分类与综合相结合的模式

2. 根据个人所得税法律制度的规定，下列各项中，属于工资、薪金所得章节的是（　　）。

A. 年终加薪　　　　B. 托儿补助费

C. 独生子女补贴　　　　D. 差旅费津贴

3. 根据个人所得税法律的规定，在中国境内无住所但取得所得的下列外籍个人中，属于居民纳税人的是（　　）。

A.M 国甲，在华工作 6 个月

B.N 国乙，2009 年 1 月 10 日入境，2009 年 10 月 10 日离境

C.X 国丙，2008 年 10 月 1 日入境，2009 年 12 月 31 日离境，其间临时离境 28 天

D.Y 国丁，2009 年 3 月 1 日入境，2010 年 3 月 1 日离境，其间临时离境 100 天

4. 某个人独资企业 2009 年度销售收入为 272000 元，发生广告费和业务宣传费 50000 元，根据个人所得税法律的规定，该企业当年可以在税前扣除的广告费和业务宣传费最高为（　　）元。（2010 年）

A.30000　　　　B.38080　　　　C.40800　　　　D.50000

5. 某个人独资企业 2010 年的销售收入为 5000 万元，实际支出的业务招待费为 40 万元，根据个人所得税法律的规定，在计算应纳税所得额时允许扣除的业务招待费是（　　）万元。

A.18　　　　　B.24　　　　　C.25　　　　　D.30

6. 个人所得税法规定，自行申报纳税时在中国境内两处或两处以上取得应纳税所得的，其纳税地点的选择是（　　）。

A. 收入来源地　　　　　　B. 税务局指定地点

C. 纳税人户籍所在地　　　D. 纳税人选择一地申报纳税

7. 按照个人所得税法的有关规定，下列表述正确的是（　　）。

A. 个人发表一篇作品，出版单位分三次支付稿酬，则三次稿酬应合并为一次征税

B. 个人在两处或两处以上出版同一作品而分别取得稿酬，则应合并各处取得的所得纳税

C. 若因作品加印而获得稿酬，单独作为稿酬所得计税

D. 作者去世后，对取得其遗作稿酬的个人，不再征收个人所得税

8. 下列收入中，应按"劳务报酬所得"缴纳个人所得税的是（　　）。

A. 在其他单位兼职取得的收入

B. 退休后再受雇取得的收入

C. 在任职单位取得董事费收入

D. 个人购买彩票取得的中奖收入

9. 中国公民李某出版散文集取得稿酬收入 40000 元，将其中 6000 元通过民

政部门捐赠给当地教育事业。李某稿酬所得应缴纳个人所得税（ ）元。

A.3640   B.3808   C.4480   D.4760

10. 中国公民张某将位于某市的房屋出租给他人居住，月租金 4200 元，张某每月租金收入应缴纳个人所得税（ ）元。

A.311.47   B.316.27   C.294.00   D.266.50

二、多项选择题

1. 根据个人所得税法律制度的规定，下列个人所得中，应按"劳务报酬所得"章节征收个人所得税的有（ ）。

A. 某大学教授从甲企业取得咨询费

B. 某公司高管从乙大学取得的讲课费

C. 某设计院设计师从丙家装公司取得的设计费

D. 某编剧从丁电视剧制作单位取得的剧本使用费

2. 下列属于非居民纳税人的自然人有（ ）。

A. 在中国境内无住所且不居住，但有来源于中国境内所得   B. 在中国境内有住所

C. 在中国境内无住所，但居住时间不满 1 年   D. 在中国境内有住所，但目前在美国留学

3. 下列个人所得中，适用 20% 比例税率的有（ ）

A. 股息所得   B. 财产转让所得

C. 承租经营所得   D. 偶然所得

4. 下列个人所得中，适用累进税率的有（ ）

A. 工资薪金所得   B. 个体工商户的生产经营所得

C. 对企事业单位的承租经营承包经营所得   D. 股息所得

5. 下列各项中，免征或暂免征收个人所得税的有（ ）。

A. 个人取得的保险赔款

B. 军人的转业安置费

C. 国家金融债券利息收入

D. 外籍个人以现金形式取得的住房补贴和伙食补贴

6. 根据个人所得税法的规定，下列情形中，纳税人应当自行申报缴纳个人所得税的有（ ）。

A. 年所得 12 万元以上的

B. 从中国境外取得所得的

C.取得应税所得，没有扣缴义务人的

D.从中国境内两处或两处以上取得工资、薪金所得的

三、计算题

1.某演员李某进行演出，取得出场费 40000 元，（1）计算应纳个人所得税；（2）假如王某从其取得的出场费 40000 元中拿出 4000 元进行公益捐赠，则其应纳税额如何计算？

2.2012 年我国某作家出版一部长篇小说，2 月份收到预付稿酬 20000 元，4 月份小说正式出版又取得稿酬 20000 元；10 月份将小说手稿在境外某国公开拍卖，取得收入 100000 元，并按该国有关规定缴纳了个人所得税 10000 元。

要求：计算该作家上述所得在中国境内应缴纳的个人所得税税额。

中国公民文先生任职于境内某市 A 公司，同时还在 B 公司担任董事，2013 年个人收入如下：

（1）每月工资 18000 元，每个季度末分别获得季度奖金 5000 元；12 月份从 A 公司取得业绩奖励 50000 元，从 B 公司取得董事费 20000 元。

（2）应邀到 C 国某大学举行讲座，取得报酬折合人民币 14000 元，按 C 国税法缴纳的个人所得税折合人民币 2100 元；从 C 国取得特许权使用费 100000 元，按 C 国税法缴纳的个人所得税折合人民币 17000 元。

要求：试计算文先生 2013 年度应缴纳的个人所得税。

第六节　资源税

知识目标：了解资源税等税种的概念、特点，基本内容，理解并熟练掌握城镇土地使用税、土地增值税税制的基本内容。

能力目标：能够正确判断企业或个人是否承担资源税、耕地占用税、城镇土地使用税、土地增值税的纳税义务，能够对有纳税义务的税种熟练进行应纳税额的计算。

【小节分析】我们国家地大物博，拥有各种丰富的自然资源，但很多资源在地区的分布上，数量和质量并不均衡，那么对这些国有资源的占有使用，如何能尽可能的使其达到公平呢？通过学习资源税各税种的相关知识，我们可以感受到税收在这方面的调节作用。

【相关知识】

6.1　资源税

资源税是以各种应税自然资源为课税对象、为了调节资源级差收入并体现国有资源有偿使用而征收的一种税。

一、特点

（一）征税范围较窄

自然资源是生产资料或生活资料的天然来源，它包括的范围很广，如矿产资源、土地资源、水资源、动植物资源等。目前我国的资源税征税范围较窄，仅选择了部分级差收入差异较大，资源较为普遍，易于征收管理的矿产品和盐列为征税范围。随着我国经济的快速发展，对自然资源的合理利用和有效保护将越来越重要，因此，资源税的征税范围应逐步扩大。中国资源税征税范围包括矿产品和盐两大类。

（二）实行差别税额从量征收

我国现行资源税实行从量定额征收，一方面税收收入不受产品价格、成本和利润变化的影响，能够稳定财政收入；另一方面有利于促进资源开采企业降低成本，提高经济效益。同时，资源税按照"资源条件好、收入多的多征；资源条件差、收入少的少征"的原则，根据矿产资源等级分别确定不同的税额，以有效地调节资源级差收入。

（三）实行源泉课征

不论采掘或生产单位是否属于独立核算，资源税均规定在采掘或生产地源泉控制征收，这样既照顾了采掘地的利益，又避免了税款的流失。这与其他税种由独立核算的单位统一缴纳不同。

二、资源税税制的基本内容

（一）征税范围

资源税的征税范围主要分为矿产品和盐两大类，具体分为原油、天然气、盐、黑色金属矿原矿、有色金属矿原矿、煤炭、其他非金属矿原矿共七个税目。

资源税范围限定如下：

1.原油，指专门开采的天然原油，不包括人造石油。

2.天然气，指专门开采或与原油同时开采的天然气，暂不包括煤矿生产的天然气。海上石油、天然气也应属于资源税的征收范围，但考虑到海上油气资源的勘探和开采难度大、投入和风险也大，过去一直按照国际惯例对其征收矿区使用费，为了保持涉外经济政策的稳定性，对海上石油、天然气的开采仍然征收矿区使用费，暂不改为征收资源税。

3.煤炭，指原煤，不包括洗煤、选煤及其他煤炭制品。

4.其他非金属矿原矿，是指上列产品和井矿盐以外的非金属矿原矿。

5.黑色金属矿原矿，是指纳税人开采后自用、销售的，用于直接入炉冶炼或作为主产品先入选精矿、制造人工矿、再最终入炉冶炼的金属矿石原矿。

6.有色金属矿原矿，是指纳税人开采后自用、销售的，用于直接入炉冶炼或作为主产品先入选精矿、制造人工矿、再最终入炉冶炼的金属矿石原矿。

7.盐，包括固体盐和液体盐。固体盐是指海盐原盐、湖盐原盐和井矿盐。液体盐（俗称卤水）是指氯化钠含量达到一定浓度的溶液，是用于生产碱和其他产品的原料。

（二）纳税人

资源税的纳税人，是指在中华人民共和国境内开采应税矿产品或者生产盐的单位和个人。进口不缴税。

1. 中外合作开采石油、天然气的企业不是资源税的纳税义务人，按照现行规定只征收矿区使用费。

2. 收购未税矿产品的单位为资源税的扣缴义务人。

（三）资源税的税目与税率

资源税设计了七个税目，其中原油、天然气采用比例税率；煤炭、其他非金属矿原矿、黑色金属矿原矿、有色金属矿原矿、盐采用定额税率。

纳税人具体适用的税率，在资源税条例所附《资源税税目税率表》规定的税率幅度内，根据纳税人所开采或者生产应税产品的资源品位、开采条件等情况，由财政部等国务院有关部门确定；财政部未列举名称且未确定具体适用税率的其他非金属矿原矿和有色金属矿原矿，由省、自治区、直辖市人民政府根据实际情况确定，报财政部和国家税务总局备案。

纳税人开采或者生产不同税目应税产品的，应当分别核算不同税目应税产品的销售额或者销售数量；未分别核算或者不能准确提供不同税目应税产品的销售额或者销售数量的，从高适用税率。

资源税税目、税额的调整，由国务院决定。

资源税税目税率表	
税目	税率
一、原油	销售额的 5%–10%
二、天然气	销售额的 5%–10%
三、煤炭　焦煤	每吨 8–20 元
三、煤炭　其他煤炭	每吨 0.3–5 元
四、其他非金属矿原矿　普通非金属矿原矿	每吨或者每立方米 0.5–20 元
四、其他非金属矿原矿　贵重非金属矿原矿	每千克或者每克拉 0.5–20 元
五、黑色金属矿原矿	每吨 2–30 元
六、有色金属矿原矿　稀土矿	每吨 0.4–60 元
六、有色金属矿原矿　其他有色金属矿原矿	每吨 0.4–30 元

（续表）

七、盐	固体盐	每吨 10-60 元
	液体盐	每吨 2-10 元

本决定自 2011 年 11 月 1 日起施行。

（四）减免税

1. 开采原油过程中用于加热、修井的原油，免税。

2. 纳税人开采或者生产应税产品过程中，因意外事故或者自然灾害等原因遭受重大损失的，由省、自治区、直辖市人民政府酌情决定减税或者免税。

3. 自 2006 年 1 月 1 日起，取消对有色金属矿资源税减征 30% 的优惠政策，恢复按全额征收；对冶金矿山铁矿石资源税减征政策，暂按规定税额标准的 60% 征收。

4. 自 2007 年 2 月 1 日起，北方海盐资源税暂减按每吨 15 元征收；南方海盐、湖盐、井矿盐资源税暂减按每吨 10 元征收；液体盐资源税暂减按每吨 2 元征收。

5. 自 2007 年 1 月 1 日起，对地面抽采煤层气暂不征收资源税。

三、资源税的计算

（一）资源税从价定率的税额计算

应纳税额 = 销售额 × 比例税率

1. 销售额的确定

从价定率计算资源税的销售额为纳税人销售应税产品向购买方收取的全部价款和价外费用，但不包括收取的增值税销项税额。

纳税人以人民币以外的货币结算销售额的，应当折合成人民币计算。其销售额的人民币折合率可以选择销售额发生的当天或者当月 1 日的人民币汇率中间价。纳税人应在事先确定采用何种折合率计算方法，确定后 1 年内不得变更。

2. 视同销售的销售额

纳税人申报的应税产品销售额明显偏低并且无正当理由的、有视同销售应税产品行为而无销售额的，除财政部、国家税务总局另有规定外，按下列顺序确定销售额：

（1）按纳税人最近时期同类产品的平均销售价格确定；

（2）按其他纳税人最近时期同类产品的平均销售价格确定；

（3）按组成计税价格确定。组成计税价格为：

组成计税价格 = 成本 × （1 + 成本利润率）÷ （1 - 税率）

公式中的成本是指应税产品的实际生产成本。公式中的成本利润率由省、自治区、直辖市税务机关确定。

【例6-1】某油气田开采企业2012年9月开采天然气300万立方米，开采成本为400万元，全部销售给关联企业，价格明显偏低并且无正当理由。当地无同类天然气售价，主管税务机关确定的成本利润率为10%，则该油气田企业当月应纳资源税（　　）万元。（天然气资源税税率5%）

A.2　　　　B.20　　　　　　C.22　　　　　　D.23.16

『正确答案』D

『答案解析』该油气田企业销售给关联企业的天然气价格明显偏低且无正当理由，当地又无同类售价，所以应该按组成计税价格计征资源税。

该油气田企业当月应纳资源税 = 400 × （1 + 10%）÷ （1 - 5%）× 5% = 23.16（万元）

（二）资源税从量定额的税额计算

应纳税额 = 课税数量 × 适用的定额税率

所称销售数量，包括纳税人开采或者生产应税产品的实际销售数量和视同销售的自用数量。课税数量的确定分以下几种情况：

1.资源税课税数量确定的一般规定

（1）纳税人开采或者生产应税产品销售的，以销售数量为课税数量。

（2）纳税人开采或者生产应税产品自用的，以自用（非生产用）数量为课税数量。

2.资源税课税数量确定的特殊规定

（1）纳税人不能准确提供应税产品销售数量或移送使用数量的，以应税产品的产量或按主管税务机关确定的折算比，换算成的数量为课税数量。

（2）原油中的稠油、高凝油与稀油划分不清或不易划分的，一律按原油的数量课税。

（3）对于连续加工前无法正确计算原煤移送使用量的煤炭，可按加工产品的综合回收率，将加工产品实际销量和自用量折算成原煤数量，以此作为课税数量。

①综合回收率 = 加工产品实际销量和自用量 ÷ 耗用原煤数量

②原煤课税数量 = 加工产品实际销量和自用量 ÷ 综合回收率

（4）金属和非金属矿产品原矿，因无法准确掌握纳税人移送使用原矿数量的，可将其精矿按选矿比折算成原矿数量，以此作为课税数量。

①选矿比 = 精矿数量 ÷ 耗用原矿数量

②原矿课税数量 = 精矿数量 ÷ 选矿比

纳税人以自产的液体盐加工固体盐，按固体盐税额征税，以加工的固体盐数量为课税数量。纳税人以外购的液体盐加工成固体盐，其加工固体盐所耗用液体盐的已纳税额准予抵扣。

【例6-2】某盐场10月以自产液体盐50万吨和外购液体盐60万吨共加工成固体盐27万吨，生产的固体盐本月全部销售。该盐场液体盐和固体盐资源税税额分别为10元/吨和50元/吨，外购液体盐资源税税额为8元/吨。10月该盐场应纳资源税（　　）万元。

A.870　　　　　　　　B.1350　　　　　　　　C.1370　　　　　　　　D.750

『正确答案』A

『答案解析』该盐场应纳资源税 = 27 × 50 − 60 × 8 = 870（万元）

（6）纳税人的减税、免税章节，应当单独核算课税数量；未单独核算或者不能准确提供课税数量的，不予减税或者免税。

【例6-3】某油田3月份生产原油5000吨，当月销售3000吨，加热、修井自用100吨。已知该油田原油适用的资源税单位税额为8元/吨。该油田3月份应缴纳的资源税税额为（　　）元。

A.40000　　　　　　　B.24800　　　　　　　C.24000　　　　　　　D.23200

答案：C

解析：根据规定，开采原油过程中用于加热、修井的原油，免征资源税。纳税人开采或者生产资源税应税产品销售的，以销售数量为课税数量。应缴纳的资源税 = 3000 × 8 = 24000（元）。

（三）资源税应纳税额计算的特殊规定

1.纳税人开采或生产应税产品自用于连续生产应税产品的，不缴纳资源税；自用于其他方面的，视同销售，依法缴纳资源税。

2.纳税人自产自用应税产品，因无法准确提供移送使用量而采取折算比换算课税数量办法的，具体规定如下：

（1）煤炭。对于连续加工前无法正确计算原煤移送使用量的，可按加工产品的综合回收率，将加工产品实际销量和自用量折算成原煤数量作为课税数量。

（2）金属和非金属矿产品原矿。因无法准确掌握纳税人移送使用原矿数量的，可将其精矿按选矿比折算成原矿数量作为课税数量。

四、资源税的征收管理

（一）资源税纳税义务发生时间

根据纳税人的生产经营、货款结算方式和资源税征收的几种情况，其纳税义务的发生时间可分以下几种情况：

1 纳税人采取分期收款结算方式销售应税产品的，其纳税义务发生时间为销售合同规定的收款日期的当天。

2.纳税人采取预收货款结算方式销售应税产品的，其纳税义务发生时间为发出应税产品的当天。

3.纳税人采取除分期收款和预收货款以外的其他结算方式销售应税产品，其纳税义务发生时间为收讫销售款或者取得索取销售款凭证的当天。

4.纳税人自产自用应税产品的，其纳税义务发生时间为移送使用应税产品的当天。

5.扣缴义务人代扣代缴税款的，其纳税义务发生时间为支付货款的当天。

（二）代扣代缴

1.目前资源税代扣代缴的适用范围是指收购的除原油、天然气、煤炭以外的资源税未税矿产品。

2.代扣代缴资源税适用的单位税额规定如下：

（1）独立矿山、联合企业收购与本单位矿种相同的未税矿产品，按照本单位相同矿种应税产品的单位税额，依据收购数量代扣代缴资源税。

（2）独立矿山、联合企业收购与本单位矿种不同的未税矿产品，以及其他收购单位收购的未税矿产品，按照收购地相应矿种规定的单位税额，依据收购数量代扣代缴资源税。

（3）收购地没有相同品种矿产品的，按收购地主管税务机关核定的单位税额，依据收购数量代扣代缴资源税。

（4）其他收购单位收购未税矿产品，按主管税务机关核定的税额（率），依据收购数量代扣代缴资源税。

3.扣缴义务人代扣代缴税款，其纳税义务发生时间为支付首笔货款或首次开具支付货款凭据的当天。

4.扣缴义务人代扣代缴的资源税，应当向收购地主管税务机关缴纳。扣缴义务人代扣代缴资源税应纳税额的计算公式为：

代扣代缴税额 = 收购的未税矿产品数量 × 适用的单位税额

（三）资源税的纳税地点

纳税人应纳的资源税，应当向应税产品的开采或者生产所在地主管税务机关缴纳。

纳税人跨省开采资源税应税产品，其下属生产单位与核算单位不在同一省、自治区、直辖市的，对其开采的矿产品，一律在开采地纳税。

扣缴义务人代扣代缴的资源税，应当向收购地主管税务机关缴纳。

6.2　耕地占用税

耕地占用税是对占用耕地建房或从事其他非农业建设的单位和个人，就其实际占用的耕地面积征收的一种税，它属于对特定土地资源占用课税。

一、特点

耕地占用税作为一个出于特定目的、对特定的土地资源课征的税种，与其他税种相比，具有比较鲜明的特点，主要表现在：

（一）兼具资源税与特定行为税的性质

耕地占用税以占用农用耕地建房或从事其他非农用建设的行为为征税对象，以约束纳税人占用耕地的行为、促进土地资源的合理运用为课征目的，除具有资源占用税的属性外，还具有明显的特定行为税的特点。

（二）采用地区差别税率

耕地占用税采用地区差别税率，根据不同地区的具体情况，分别制定差别税额，以适应中国地域辽阔、各地区之间耕地质量差别较大、人均占有耕地面积相差悬殊的具体情况，具有因地制宜的特点。

（三）在占用耕地环节一次性课征

耕地占用税在纳税人获准占用耕地的环节征收，除对获准占用耕地后超过两年未使用者须加征耕地占用税外，此后不再征收耕地占用税。因而，耕地占用税具有一次性征收的特点。

（四）税收收入专用于耕地开发与改良

耕地占用税收入按规定应用于建立发展农业专项基金，主要用于开展宜耕土地开发和改良现有耕地之用，因此，具有"取之于地、用之于地"的补偿性特点。

二、耕地占用税税制的基本内容

（一）征税范围

耕地占用税的征税范围包括建房或从事其他非农业建设而占用的国家所有和集体所有的耕地。

1. "耕地"是指种植农业作物的土地，也包括菜地；花圃、苗圃、茶园、果园、桑园等园地和其他种植经济林木的土地；鱼塘。

2. 占用鱼塘及其他农用土地建房或从事其他非农业建设，也视同占用耕地，必须依法征收耕地占用税。

3. 对于专用已从事种植、养殖的滩涂、草场、水面和林地从事非农业建设，由省、自治区、直辖市确定是否征收耕地占用税。

4. 在占用之前三年内属于上述范围的耕地或农用土地，也视为耕地。

（二）纳税人

耕地占用税的纳税义务人，是占用耕地建房或从事非农业建设的单位和个人。具体可分为三类：企业、行政单位、事业单位；乡镇集体企业、事业单位；农村居民和其他公民。

（三）税率

由于在中国的不同地区之间人口和耕地资源的分布极不均衡，有些地区人烟稠密，耕地资源相对匮乏；而有些地区则人烟稀少，耕地资源比较丰富。各地区之间的经济发展水平也有很大差异。考虑到不同地区之间客观条件的差别以及与此相关的税收调节力度和纳税人负担能力方面的差别，耕地占用税在税率设计上采用了地区差别定额税率。税率规定如下：

1. 人均耕地不超过 1 亩的地区（以县级行政区域为单位，下同），每平方米为 10 ~ 50 元；

2. 人均耕地超过 1 亩但不超过 2 亩的地区，每平方米为 8 ~ 40 元；

3. 人均耕地超过 2 亩但不超过 3 亩的地区，每平方米 6 ~ 30 元；

4. 人均耕地超过 3 亩以上的地区，每平方米 5 ~ 25 元。

经济特区、经济技术开发区和经济发达、人均耕地特别少的地区，适用税额可以适当提高，但最多不得超过上述规定税额的 50%。

各地耕地占用税平均税额

各省、自治区、直辖市耕地占用税平均税额	
地区	每平方米平均税额（单位：元）
上海	45
北京	40
天津	35
江苏、浙江、福建、广东	30
辽宁、湖北、湖南	25
河北、安徽、江西、山东、河南、重庆、四川	22.5
广西、海南、贵州、云南、山西	20
山西、吉林、黑龙江	17.5
内蒙古、西藏、甘肃、青海、宁夏、新疆	12.5

（四）减免税

1. 下列情形免征耕地占用税：

（1）军事设施占用耕地；

（2）学校、幼儿园、养老院、医院占用耕地。

2. 减征规定：

（1）铁路线路、公路线路、飞机场跑道、停机坪、港口、航道占用耕地，减按每平方米2元的税额征收耕地占用税。

（2）农村居民占用耕地新建住宅，按照当地适用税额减半征收耕地占用税。

农村居民经批准搬迁，原住宅基地恢复耕种，凡新建住宅占用耕地不超过原住宅基地面积的，不征收耕地占用税；超过原住宅基地面积的，对超过部分按照当地适用税额减半征收耕地占用税。

农村烈士家属、残疾军人、鳏寡孤独以及革命老根据地、少数民族聚居区和边远贫困山区生活困难的农村居民，在规定用地标准以内新建住宅缴纳耕地占用税确有困难的，经所在地乡（镇）人民政府审核，报经县级人民政府批准后，可以免征或者减征耕地占用税。

（3）免征或者减征耕地占用税后，纳税人改变原占地用途，不再属于免征或者减征耕地占用税情形的，应当按照当地适用税额补缴耕地占用税。

【例6-4】2012年6月农村居民陈某因受灾住宅倒塌，经批准占用150平方米耕地新建住宅，当地耕地占用税税率为20元/平方米。陈某应缴纳耕地占用税（　　）元。

A.0　　　　　　B.1500　　　　　　C.3000　　　　　　D.4000

『正确答案』B

『答案解析』农村居民占用耕地新建住宅，按照当地适用税额减半征收耕地占用税。应缴纳耕地占用税 = 150 × 20 × 50% = 1500（元）

三、耕地占用税的计算

（一）计税依据
耕地占用税以纳税人占用耕地的面积为计税依据，以平方米为计量单位。

（二）税额计算

耕地占用税以纳税人实际占用的耕地面积为计税依据，以每平方米土地为计税单位，按适用的定额税率计税。其计算公式为：

应纳税额 = 实际占用耕地面积（平方米）× 适用定额税率

【例6-5】2013年1月某企业占用耕地5万平方米建造厂房，所占耕地适用的定额税率为20元/平方米。同年7月份该企业占用耕地1万平方米，为当地建设学校，所占耕地适用的定额税率为20元/平方米，计算2013年该企业应缴纳耕地占用税（　　）万元。

A.100　　　　　　B.14　　　　　　C.20　　　　　　D.28

『正确答案』A

『答案解析』占用林地、牧草地、农田水利用地、养殖水面以及渔业水域滩涂等其他农用地建房或者从事非农业建设的，按规定征收耕地占用税；学校占用耕地免征耕地占用税。该企业建造厂房占地属于从事非农业建设，应缴纳耕地占用税 = 5 × 20 = 100（万元）

四、耕地占用税的征收管理

（一）征收机关　耕地占用税由地方税务机关负责征收。

（二）纳税义务发生时间获准占用耕地的单位或者个人应当在收到土地管理部门的通知之日起30日内缴纳耕地占用税。

（三）其他：

1.纳税人临时占用耕地，应当依照本条例的规定缴纳耕地占用税。纳税人在批准临时占用耕地的期限内恢复所占用耕地原状的，全额退还已经缴纳的耕地占用税。

2.占用林地、牧草地、农田水利用地、养殖水面以及渔业水域滩涂等其他农用地建房或者从事非农业建设的，比照本条例的规定征收耕地占用税。

3.建设直接为农业生产服务的生产设施占用前款规定的农用地的，不征收耕地占用税。

耕地占用税由地方税务机关负责征收。土地管理部门在通知单位或者个人办理占用耕地手续时，应当同时通知耕地所在地同级地方税务机关。

6.3 城镇土地使用税

城镇土地使用税是以开征范围的土地为征税对象，以实际占用的土地面积为计税标准，按规定税额对拥有土地使用权的单位和个人征收的一种资源税。

一、城镇土地使用税的特点

（一）征税对象是国有土地

我国宪法明确规定，城镇土地的所有权归国家，单位和个人对占用的土地只有使用权而无所有权。国家既可以凭借财产权力对土地使用人获取的收益进行分配，又可以凭借政治权力对土地使用者进行征税。开征城镇土地使用税，实质上是运用国家政治权力，将纳税人获取的本应属于国家的土地收益集中到国家手中。

（二）征税范围广

现行城镇土地使用税对在我国境内使用土地的单位和个人征收，征税范围较广。

（三）实行差别幅度税额

为了有利于体现国家政策，城镇土地使用税实行差别幅度税额。对不同城镇适用不同税额，对同一城镇的不同地段，根据市政建设状况和经济繁荣程度也确定不同的负担水平。

开征城镇土地使用税，有利于通过经济手段，加强对土地的管理，变土地的无偿使用为有偿使用，促进合理、节约使用土地，提高土地使用效益；有利于适当调节不同地区，不同地段之间的级差收入，促进企业加强经济核算，理顺国家与土地使用者之间的分配关系。

二、城镇土地使用税的基本内容

（一）征税范围

城镇土地使用税的征税范围是税法规定的纳税区域内的土地。凡在城市、县城、建制镇、工矿区范围内的土地，不论是属于国家所有的土地，还是集体所有的土地，都属于城镇土地使用税的征税范围。

1. 建制镇的征税范围为镇人民政府所在地的地区，但不包括镇政府所在地所辖行政村，即征税范围不包括农村土地。

2. 建立在城市、县城、建制镇和工矿区以外的工矿企业则不需缴纳城镇土地使用税。

3. 自 2009 年 1 月 1 日起，公园、名胜古迹内的索道公司经营用地，应按规定缴纳城镇土地使用税。

（二）纳税人

现行《中华人民共和国城镇土地使用税暂行条例》规定，在城市、县城、建制镇、工矿区范围内使用土地的单位和个人，为城镇土地使用税（以下简称土地使用税）的纳税义务人（以下简称纳税人），应当依照本条例的规定缴纳土地使用税。

1. 城镇土地使用税由拥有土地使用权的单位或者个人缴纳；

2. 拥有土地使用权的纳税人不在土地所在地的，由代管人或者实际使用人缴纳；

3. 土地使用权未确定或者权属纠纷未解决的，由实际使用人纳税；

4. 土地使用权共有的，由共有各方分别缴纳。

（三）税率

城镇土地使用税采用定额税率，即采用有幅度的差别税额，按大、中、小城市和县城、建制镇、工矿区分别规定每平方米土地使用税年应纳税额。

每平方米土地年税额规定如下：

1. 大城市 1.5 元至 30 元；

2. 中等城市 1.2 元至 24 元；

3. 小城市 0.9 元至 18 元；

4.县城、建制镇、工矿区 0.6 元至 12 元。

省、自治区、直辖市人民政府，应当在规定的税额幅度内，根据市政建设状况、经济繁荣程度等条件，确定所辖地区的适用税额幅度。市、县人民政府应当根据实际情况，将本地区土地划分为若干等级，在省、自治区、直辖市人民政府确定的税额幅度内，制定相应的适用税额标准，报省、自治区、直辖市人民政府批准执行。

每个幅度税额的差距为 20 倍。经济落后地区，城镇土地使用税的适用税额标准可适当降低，但降低幅度不得超过上述规定最低税额的 30%。经济发达地区的适用税额标准可以适当提高，但须报财政部批准。

（四）减免税

1.一般规定

（1）国家机关、人民团体、军队自用的土地；

（2）由国家财政部门拨付事业经费的单位自用的土地；

（3）宗教寺庙、公园、名胜古迹自用的土地；

（4）市政街道、广场、绿化地带等公共用地；

（5）直接用于农、林、牧、渔业的生产用地；

（6）经批准开山填海整治的土地和改造的废弃土地，从使用的月份起免缴城镇土地使用税 5~10 年；

（7）由财政部另行规定免税的能源、交通、水利设施用地和其他用地。

2.特殊规定

主要注意的章节如下：

（1）城镇土地使用税与耕地占用税的征税范围衔接

凡是缴纳了耕地占用税的，从批准征用之日起满 1 年后征收城镇土地使用税；征用非耕地因不需要缴纳耕地占用税，应从批准征用之次月起征收城镇土地使用税。

（2）免税单位与纳税单位之间无偿使用的土地

对免税单位无偿使用纳税单位的土地（如公安、海关等单位使用铁路、民航等单位的土地），免征城镇土地使用税；对纳税单位无偿使用免税单位的土地，纳税单位应照章缴纳城镇土地使用税。

（3）房地产开发公司开发建造商品房的用地

房地产开发公司开发建造商品房的用地，除经批准开发建设经济适用房的用地外，对各类房地产开发用地一律不得减免城镇土地使用税。

（4）企业范围内的荒山、林地、湖泊等占地

对企业范围内的荒山、林地、湖泊等占地，尚未利用的，经各省、自治区、直辖市税务局审批，可暂免征收城镇土地使用税。

【例6-6】下列说法，符合城镇土地使用税税收政策的有（　　）。

A. 农副产品加工厂用地应征收城镇土地使用税

B. 公园里开办的照相馆用地应征收城镇土地使用税

C. 企业厂区以外的公共绿化用地应征收城镇土地使用税

D. 自收自支、自负盈亏的事业单位用地应征收城镇土地使用税

E. 直接从事饲养的专业用地免予征收城镇土地使用税

『正确答案』ABDE

『答案解析』企业厂区以外的公共绿化用地免征收城镇土地使用税。

三、城镇土地使用税的计算

（一）计税依据

城镇土地使用税以纳税人实际占用的土地面积为计税依据。

1. 凡由省级人民政府确定的单位组织测定土地面积的，以测定的土地面积为准。

2. 尚未组织测定，但纳税人持有政府部门核发的土地使用权证书的，以证书确定的土地面积为准。

3. 尚未核发土地使用权证书的，应当由纳税人据实申报土地面积，待核发土地使用权证书后再作调整。

（二）计税公式

年应纳税额 = 实际占用应税土地面积（平方米）× 适用税额

【例6-7】甲企业（国有企业）生产经营用地分布于A.B.C三个地域，A的土地使用权属于甲企业，面积10000平方米，其中幼儿园占地1000平方米，厂区绿化占地2000平方米；B的土地使用权属甲企业与乙企业共同拥有，面积5000平方米，实际使用面积各半；C面积3000平方米，甲企业一直使用但土地使用权未确定。

假设A.B.C的城镇土地使用税的单位税额为每平方米5元，甲企业全年应纳城镇土地使用税（　　）

A.57500元　　　　B.62500元　　　　　　C.72500元　　　　　D.85000元

『正确答案』C

『答案解析』（10000 — 1000 + 5000/2 + 3000）× 5 = 72500（元）

四、城镇土地使用税的征收管理

（一）纳税义务发生时间

1.纳税人购置新建商品房，自房屋交付使用之次月起，缴纳城镇土地使用税。

2.纳税人购置存量房，自办理房屋权属转移、变更登记手续，房地产权属登记机关签发房屋权属证书之次月起，缴纳城镇土地使用税。

3.纳税人出租、出借房产，自交付出租、出借房产之次月起，缴纳城镇土地使用税。

4.以出让或转让方式有偿取得土地使用权的，应由受让方从合同约定交付土地时间的次月起缴纳城镇土地使用税；合同未约定交付土地时间的，由受让方从合同签订的次月起缴纳城镇土地使用税。

5.纳税人新征用的耕地，自批准征用之日起满 1 年时开始缴纳城镇土地使用税。

6.纳税人新征用的非耕地，自批准征用次月起缴纳城镇土地使用税。

（二）纳税地点

城镇土地使用税在土地所在地缴纳。

纳税人使用的土地不属于同一省、自治区、直辖市管辖的，由纳税人分别向土地所在地税务机关缴纳城镇土地使用税；在同一省、自治区、直辖市管辖范围内，纳税人跨地区使用的土地，其纳税地点由各省、自治区、直辖市地方税务局确定。

（三）纳税期限

城镇土地使用税按年计算、分期缴纳，具体纳税期限由省、自治区、直辖市人民政府确定。

6.4 土地增值税

土地增值税是对有偿转让国有土地使用权及地上建筑物和其他附着物产权并取得增值性收入的单位和个人所征收的一种税。

一、土地增值税的特点

与其他税种相比，土地增值税具有以下四个特点：

（一）以转让房地产的增值额为计税依据

土地增值税的增值额是以征税对象的全部销售收入额扣除与其相关的成本、费用、税金及其他章节金额后的余额，与增值税的增值额有所不同。

（二）征税面比较广

凡在我国境内转让房地产并取得收入的单位和个人，除税法规定免税的外，均应依照土地增值税条例规定缴纳土地增值税。换言之，凡发生应税行为的单位和个人，不论其经济性质，也不分内、外资企业或中、外籍人员，无论专营或兼营房地产业务，均有缴纳增值税的义务。

（三）实行超率累进税率

土地增值税的税率是以转让房地产增值率的高低为依据来确认，按照累进原则设计，实行分级计税，增值率高的，税率高，多纳税；增值率低的，税率低，少纳税。

（四）实行按次征收

土地增值税在房地产发生转让的环节，实行按次征收，每发生一次转让行为，就应根据每次取得的增值额征一次税。

二、土地增值税的征税范围

（一）一般规定

1. 土地增值税只对转让国有土地使用权的行为课税，转让非国有土地和出让国有土地的行为均不征税。

2. 土地增值税既对转让土地使用权课税，也对转让地上建筑物和其他附着物的产权征税。

3. 土地增值税只对有偿转让的房地产征税，对以继承、赠与等方式无偿转让的房地产，则不予征税。

不征土地增值税的房地产赠与行为包括以下两种情况：

（1）房产所有人、土地使用权所有人将房屋产权、土地使用权赠予直系亲属或承担直接赡养义务人的行为。

（2）房产所有人、土地使用权所有人通过中国境内非营利的社会团体、国家机关将房屋产权、土地使用权赠予教育、民政和其他社会福利、公益事业的行为。

（二）特殊规定

1. 以房地产进行投资联营

以房地产进行投资联营一方以土地作价入股进行投资或者作为联营条件，免征收土地增值税。其中如果投资联营的企业从事房地产开发，或者房地产开发企业以其建造的商品房进行投资联营的就不能暂免征税。

2. 房地产开发企业将开发的房产转为自用或者用于出租等商业用途，如果产权没有发生转移，不征收土地增值税。

3. 房地产的互换，由于发生了房产转移，因此属于土地增值税的征税范围。但是对于个人之间互换自有居住用房的行为，经过当地税务机关审核，可以免征土地增值税。

4. 合作建房，对于一方出地，另一方出资金，双方合作建房，建成后按比例分房自用的，暂免征收土地增值税；但建成后转让的，应征收土地增值税。

5. 房地产的出租，指房产所有者或土地使用者，将房产或土地使用权租赁给承租人使用由承租人向出租人支付租金的行为。房地产企业虽然取得了收入，但没有发生房产产权、土地使用权的转让，因此，不属于土地增值税的征税范围。

6. 房地产的抵押，指房产所有者或土地使用者作为债务人或第三人向债权人提供不动产作为清偿债务的担保而不转移权属的法律行为。这种情况下房产的产权、土地使用权在抵押期间并没有发生权属的变更，因此对房地产的抵押，在抵押期间不征收土地增值税。

7. 企业兼并转让房地产，在企业兼并中，对被兼并企业将房地产转让到兼并企业中的，免征收土地增值税。

8. 房地产的代建行为，是指房地产开发公司代客户进行房地产的开发，开发完成后向客户收取代建收入的行为。对于房地产开发公司而言，虽然取得了收入，但没有发生房地产权属的转移，其收入属于劳务收性质，故不在土地增值税征税范围。

9. 房地产的重新评估，按照财政部门的规定，国有企业在清产核资时对房地产进行重新评估而产生的评估增值，因其既没有发生房地产权属的转移，房产产权、土地使用权人也未取得收入，所以不属于土地增值税征税范围。

10. 土地使用者处置土地使用权，土地使用者转让、抵押或置换土地，无论其是否取得了该土地的使用权属证书，无论其在转让、抵押或置换土地过程中是否与对方当事人办理了土地使用权属证书变更登记手续，只要土地使用者享有占用、使用收益或处分该土地的权利，具有合同等到证据表明其实质转让、抵押或置换了土地并取得了相应的经济利益，土地使用者及其对方当事人就应当依照税法规定缴纳营业税、土地增值税和契税等。

三、纳税人

土地增值税的纳税人是转让国有土地使用权及地上的一切建筑物和其他附着物产权，并取得收入的单位和个人。包括机关、团体、部队、企业事业单位、个体工商业户及国内其他单位和个人，还包括外商投资企业、外国企业及外国机构、华侨、港澳台同胞及外国公民等。

四、税率

土地增值税是以转让房地产取得的收入，减除法定扣除章节金额后的增值额作为计税依据，并按照四级超率累进税率进行征收。

土地增值税率表			
级数	计税依据	适用税率	速算扣除率
1	增值额未超过扣除章节金额50%的部分	30%	0
2	增值额超过扣除章节金额50%、未超过扣除章节金额100%的部分	40%	5%
3	增值额超过扣除章节金额100%、未超过扣除章节金额200%的部分	50%	15%
4	增值额超过扣除章节金额200%的部分	60%	35%

五、税收优惠

（一）法定减免

1. 纳税人建造普通标准住宅出售，增值额未超过扣除章节金额20%的，予以免税；超过20%的，应按全部增值额缴纳土地增值税。

2. 因国家建设需要依法征用、收回的房地产，免征土地增值税。

（二）其他相关规定

1. 企事业单位、社会团体以及其他组织转让旧房作为廉租住房、经济适用住房房源且增值额未超过扣除章节金额 20% 的，免征土地增值税。

2. 个人因工作调动或改善居住条件而转让原自用住房，凡居住满 5 年及以上的，免征土地增值税；居住满 3 年未满 5 年的，减半征收土地增值税。

3. 以房地产作价入股进行投资或联营的，转让到所投资、联营的企业中的房地产，免征土地增值税。

4. 对于一方出地，一方出资金，双方合作建房，建成后按比例分房自用的，暂免征土地增值税。

5. 个人之间互换自有居住用房地产的，经当地税务机关核实，免征土地增值税。

6. 对 1994 年 1 月 1 日以前已签订的房地产转让合同，不论何时转让其房地产，免征增值税。

7. 从 1999 年 8 月 1 日起，对居民个人转让其拥有的普通住宅，暂免征土地增值税。

8. 房产所有人、土地使用权所有人将房屋产权、土地使用权赠予直系亲属或承担直接赡养义务人的，不征收土地增值税。

9. 房产所有人、土地使用权所有人通过中国境内非营利社会团体、国家机关将房屋产权、土地使用权赠予教育、民政和其他社会福利、公益事业的，不征收土地增值税。

10. 房地产开发企业将开发的部分房地产转为企业自用或用于出租等商业用途时，如果产权未发生转移，不征收土地增值税，在税款清算时不列收入，不扣除相应的成本和费用。

六、土地增值税的计算

（一）计税依据

土地增值税的计税依据为转让国有土地使用权及地上附着物的单位或个人所获取的增值额

增值额 = 应税收入 — 允许扣除章节金额

1. 收入额的确定

纳税人转让房地产取得的收入，包括转让房地产取得的全部价款及有关的经济收益。从形式看，包括：货币收入、实物收入、其他收入。

实物收入：按收入时的市场价格折算成货币收入；

无形资产收入：专门评估确定其价值后折算成货币收入；

外币：按照取得收入的当天或当月 1 日国家公布的市场汇率折算。

2. 允许扣除章节及其金额

新建房产：

（1）取得土地使用权所支付的金额。包括两方面内容：

①纳税人为取得土地使用权支付的地价款：

以出让方式取得的地价款为支付的土地出让金；

以行政划拨方式取得的地价款为按规定补交的土地出让金；

以转让方式取得的地价款为向原土地使用权人实际支付的地价款。

②纳税人在取得土地使用权时国家统一规定交纳的有关费用，如登记、过户手续费和契税。

（2）开发土地和新建房及配套设施的成本（简称房地产开发成本）

是纳税人房地产开发章节实际发生的成本，包括：

①土地征用及拆迁补偿费，包括土地征用费、耕地占用税、劳动力安置费及有关地上、地下附着物拆迁补偿的净支出，安置动迁用房支出等。

②前期工程费，包括规划、设计、章节可行性研究和水文、地质、勘察、测绘、"三通一平"等支出。

③建筑安装工程费，是指以出包方式支付给承包单位的建筑安装工程费，以自营方式发生的建筑安装工程费。

④基础设施费，包括开发小区内道路、供水、供电、供气、排污、排洪、通讯、照明、环卫、绿化等工程发生的支出。

⑤公共配套设施费，包括不能有偿转让的开发小区内公共配套设施发生的支出。

⑥开发间接费用，是指直接组织、管理开发章节发生的费用，包括工资、职工福利费、折旧费、修理费、办公费、水电费、劳动保护费、周转房摊销等。

（3）开发土地和新建房及配套设施的费用（简称房地产开发费用）：销售费用、管理费用、财务费用。开发费用在从转让收入中减除时，不是按实际发生额，而是按标准扣除，标准的选择取决于财务费用中的利息支出。

①纳税人能够按转让房地产章节计算分摊利息支出，并能提供金融机构的贷款证明的，

房地产开发费用 = 利息 +（取得土地使用权所支付的金额 + 房地产开发成本）×

5% 以内

②纳税人不能按转让房地产章节计算分摊利息支出，或不能提供金额金融机构贷款证明的，

房地产开发费用 =（取得土地使用权所支付的金额 + 房地产开发成本）× 10% 以内

注意：①利息的上浮幅度按国家的有关规定执行，超过上浮幅度的部分不允许扣除。

②超过贷款期限的利息部分和加罚的利息不允许扣除。

③全部使用自有资金，没有利息支出的，按照以上方法扣除。

④房地产开发企业既向金融机构借款，又有其他借款的，其房地产开发费用计算扣除时不能同时适用上述所述两种办法。

⑤土地增值税清算时，已经计入房地产开发成本的利息支出，应调整至财务费用中计算扣除。

与转让房地产有关的税金：是指在转让房地产时缴纳的"三税一费"，即：营业税、城市维护建设税、印花税、教育费附加。

注意：在计算税金时要注意题目中给定的纳税人的情况：

①房地产开发企业在转让时缴纳的印花税因已纳入管理费用，因而不得在此扣除。（二税一费）

②其他纳税人缴纳的印花税允许扣除（按产权转移书据所载金额的 0.5‰贴花）。（三税一费）

（5）财政部规定的其他扣除章节。

加计 20% 的扣除，加计扣除费用 =（取得土地使用权支付的金额 + 房地产开发成本）× 20%

此项加计扣除针对房地产开发企业有效，非房地产开发企业不享受此项政策；取得土地使用权后未经开发就转让的，不得加计扣除。

3. 纳税人按县级以上人民政府的规定在售房时代收的各项费用，应区分不同情形分别处理：

（1）代收费用计入房价向购买方一并收取的，应将代收费用作为转让房地产所取得的收入计税。实际支付的代收费用，在计算扣除章节金额时，可予以扣除，但不允许作为加计扣除的基数。

（2）代收费用在房价之外单独收取且未计入房地产价格的，不作为转让房地产的收入，在计算增值额时不允许扣除代收费用。

旧房和建筑物的扣除章节的确定：

（1）房屋及建筑物的评估价格：评估价格 = 重置成本价 × 成新度折扣率（成新度不等同于会计的折旧）

纳税人转让旧房及建筑物，凡不能取得评估价格，但能提供购房发票的，经当地税务部门确认，可按发票所载金额并从购买年度起至转让年度止每年加计 5% 计算扣除。计算扣除章节时"每年"按购房发票所载日期起至售房发票开具之日止，每满 12 个月计一年；超过一年，未满 12 个月但超过 6 个月的，可以视同为一年。对纳税人购房时缴纳的契税，凡能提供契税完税凭证的，准予作为"与转让房地产有关的税金"予以扣除，但不作为加计 5% 的基数。

（2）取得土地使用权所支付的地价款（未支付或无凭据不扣）和国家统一规定交纳的有关费用（评估费可以扣除，但隐瞒、虚报情形下的评估费不得扣）。

（3）转让环节的税金：营业税、城建税、教育费附加、印花税

对于个人购入房地产再转让的，其在购入环节缴纳的契税，由于已经包含在旧房及建筑物的评估价格之中，故计征土地增值税时，不另作为与转让房地产有关的税金予以扣除。

【例 6-8】某国有企业 2009 年 5 月在市区购置一栋办公楼，支付 8000 万元价款。2013 年 5 月，该企业将办公楼转让，取得收入 10000 万元，签订产权转移书据。办公楼经税务机关认定的重置成本价为 12000 万元，成新率 70%。该企业在缴纳土地增值税时计算的增值额为（　　）

A.400 万元　　　　B.1485 万元　　　　C.1490 万元　　　　D.200 万元

『正确答案』B

『答案解析』评估价格 = 12000 × 70% = 8400（万元），

税金 =（10000 − 8000）× 5% ×（1 + 7% + 3%）+ 10000 × 0.05% = 115（万元），

增值额 = 10000 − 8400 − 115 = 1485（万元）

3. 评估价格的相关规定

纳税人有下列情况之一的，需要对房地产进行评估，并以评估价格确定转让房地产收入，扣除章节的金额：

（1）出售旧房及建筑物的；

（2）隐瞒、虚报房地产成交价格的；

市场比较法进行评估公式：

评估价格 = 交易实例房地产价格 × 实物状况因素修正 × 权益因素修正 × 区域因素修正 × 其他因素修正

（3）提供扣除章节金额不实的；

（4）转让房地产的成交价格低于房地产评估价格，又无正当理由的。（按照评估的市场交易价确定其实际成交价）

（二）应纳税额的计算

1.计算公式

增值率＝（增值额÷扣除章节金额）×100%

（1）分步计算法

应纳税额＝Σ（每级距的增值额×适用税率）

第一级增值额＝扣除章节金额×50%

第二级增值额＝扣除章节金额×（100%－50%）

第三级增值额＝扣除章节金额×（200%－100%）

第四级增值额＝全部应税增值额－以上各级增值额之和

（2）速算法

应纳税额＝增值额×该级适用税率－扣除章节金额×该级的速算扣除率

2.土地增值税的计算步骤如下：

（1）计算转让房地产取得的收入；

（2）计算扣除章节金额；

（3）计算增值额：

（4）计算增值额占扣除章节金额的比例，确定适用税率；

（5）计算应纳税额。

【例6-9】某房地产开发公司出售一幢写字楼，收入总额为10 000万元。开发该写字楼有关支出为：支付地价款及各种费用1 000万元；房地产开发成本3 000万元；财务费用中的利息支出为500万元（可按转让章节计算分摊并提供金融机构证明），但其中有50万元属加罚的利息；转让环节缴纳的有关税费共计为555万元；该单位所在地政府规定的其他房地产开发费用计算扣除比例为5%。试计算该房地产开发公司应纳的土地增值税。

解：（1）取得土地使用权支付的地价未及有关费用为1 000万元

（2）房地产开发成本为3 000万元

（3）房地产开发费用＝500－50＋（1 000＋3 000）×5%＝650（万元）

（4）允许扣除的税费为555万元

（5）从事房地产开发的纳税人加计扣除20%

加计扣除额＝（1 000＋3 000）×20%＝800（万元）

（6）允许扣除的章节金额合计 = 1 000 + 3 000 + 650 + 555 + 800 = 6 005（万元）

（7）增值额 = 10 000 − 6 005 = 3 995（万元）

（8）增值率 = 3 995 ÷ 6 005 × 100% = 66.53%

（9）应纳税额 = 3 995 × 40% − 6 005 × 5% = 1 297.75（万元）

【例6-10】某工业企业转让一幢20世纪90年代建造的厂房，当时造价100万元，无偿取得土地使用权。如果按现行市场价的材料、人工费计算，建造同样的房子需600万元，该房子为七成新，按500万元出售，支付有关税费共计27.5万元。计算企业转让旧房应缴纳的土地增值税额。

解：（1）评估价格 = 600 × 70% = 420（万元）

（2）允许扣除的税金27.5万元

（3）扣除章节金额合计 = 420 + 27.5 = 447.5（万元）

（4）增值额 = 500 − 447.5 = 52.5（万元）

（5）增值率 = 52.5 ÷ 447.5 × 100% = 11.73%

（6）应纳税额 = 52.5 × 30% − 447.5 × 0 = 15.75（万元）

（三）特殊售房方式应纳税额的计算方法

土地增值税以纳税人房地产成本核算的最基本的核算章节或核算对象为单位计算。

纳税人成片受让土地使用权后，分期分批开发、转让房地产的，对允许扣除章节的金额可按转让土地使用权的面积占总面积的比例计算分摊。若按此办法难以计算或明显不合理，也可按建筑面积或税务机关确认的其他方式计算分摊。

扣除章节金额 = 扣除章节总金额 × （转让土地使用权的总面积或建筑面积 / 受让土地使用权的总面积）

【例6-11】某房地产开发公司于2009年1月受让一宗土地使用权，根据转让合同支付转让方地价款6000万元，当月办好土地使用权权属证书。2009年2月至2010年3月中旬该房地产开发公司将受让土地70%（其余30%尚未使用）的面积开发建造一栋写字楼。在开发过程中，根据建筑承包合同支付给建筑公司的劳务费和材料费共计5800万元；发生的利息费用为300万元，不高于同期限贷款利率并能提供金融机构的证明。3月下旬该公司将开发建造的写字楼总面积的20%转为公司的固定资产并用于对外出租，其余部分对外销售。2010年4月~6月该公司取得租金收入共计60万元，销售部分全部售完，共计取得销售收入14000万元。该公司在写字楼开发和销售过程中，共计发生管理费用800万元、销售费用400万元。试计算该房地产开发公司应纳的土地增值税。

（说明：该公司适用的城市维护建设税税率为7%；教育费附加征收率为3%；契税税率为3%；其他开发费用扣除比例为5%.）

解：（1）土地成本 =（6000 + 6000 × 3%）× 70% × 80% = 3460.8（万元）

（2）开发成本 = 5800 × 80% = 4640（万元）

（3）开发费用 = 300 × 80% +（3460.8 + 4640）× 5% = 240 + 405.04 = 645.04（万元）

（4）税金 = 14000 × 5% ×（1 + 7% + 3%）= 770（万元）

（5）扣除章节金额 = 3460.8 + 4640 + 645.04 + 700 +（3460.8 + 4640）× 20% = 11136（万元）

（6）增值额 = 14000−11136 = 2864（万元）

（7）增值率 = 2864/11136 × 100% = 25.72%

（8）应缴纳的土地增值税 = 2864 × 30% = 859.2（万元）

七、土地增值税的征收管理

（一）纳税地点

土地增值税的纳税人应向房地产所在地主管税务机关办理纳税申报，并在税务机关核定的期限内缴纳。"房地产所在地"，是指房地产的坐落地。纳税人转让的房地产坐落在两个或以上地区的，应按房地产所在地分别申报纳税。

（二）纳税申报

土地增值税的纳税人应在转让房地产合同签订后的7日内，到房地产所在地主管税务机关办理纳税申报，并向税务机关提交房屋及建筑物产权、土地使用权证书，土地转让、房产买卖合同，房地产评估报告及其他与转让房地产有关的资料。

纳税人因经常发生转让房地产行为而难以在每次转让后申报的，可按月或税务机关规定期限缴纳。

纳税人采取预售方式销售房地产的，对在章节全部竣工结算前转让房地产取得的收入，税务机关可以预征土地增值税，之后办理纳税清算后，多退少补。

（三）土地增值税纳税清算

1.土地增值税的清算条件

（1）符合下列情形之一的，纳税人应当进行土地增值税的清算：

①房地产开发章节全部竣工、完成销售的；

②整体转让未竣工决算房地产开发章节的；

③直接转让土地使用权的。

（2）符合下列情形之一的，主管税务机关可以要求纳税人进行土地增值税清算：

①已竣工验收的房地产开发章节，已转让的房地产建筑面积占整个章节可售建筑面积的比例在85%以上，或该比例虽未超过85%，但剩余的可售建筑面积已经出租或自用的；

②取得销售（预售）许可证满三年仍未销售完毕的；

③纳税人申请注销税务登记但未办理土地增值税清算手续的；

④省级税务机关规定的其他情况。

【技能提升】

城镇土地使用税纳税申报表

计算单位：元、平方米、元/平方米

| 纳税人名称 | 纳税编码 | 身份证号码（个人） | | | | 电话 |
| | 主管税务机关 | 组织机构代码（单位） | | | | |

房地产证号	房地产位置	税款所属时期	房地产名称	实际占用土地面积	法定免税面积	应税面积	土地等级	适用税额	年税额	本期应缴税额	本期减免税额	本期实缴税额
合计												

（续表）

申报人声明	本人对所提交的文件、证件以及填写内容的真实性、有效性和合法性承担责任，如有虚假内容，申报人依法承担相关责任。 法定代表人（自然人申报人）签名（盖章）： 年 月 日	授权人声明	现授权为本申报人本次申报事项的代理人，其法人代表 ，电话 。若采取邮寄方式送达申报有关往来文件，请寄给下列收件人：□申报人；□代理人。 委托代理合同编号： 授权人（法定代表、自然人申报人）签名（盖章）： 年 月 日	代理人声明	本申报事项根据国家税收法律法规及国家、税务机关的有关规定填报，如有虚假内容，代理人依法承担相关责任。 代理人（法定代表、自然人申报人）签名（盖章）： 年 月 日	特别声明	本人同意按照税务机关登记的本申报人的房地产信息申报纳税。 法定代表人（自然人申报人）签名（盖章）： 年 月 日
受理税务机关（章）：			受理录入日期：			受理录入人：	

《城镇土地使用税纳税申报表》填表说明

1．"税款所属时期"：填写格式为"年月—年月"，跨度最长不超过半年。如纳税人申报 2008 年半年税款，则填写"200801 — 200806"或"200807-200812"；一次性申报全年税款，则分两个所属期填写。

2．"应税面积"：应税面积＝实际占用土地面积—法定免税面积

3．"年税额"：年税额＝应税面积 × 适用税额

4．"本期应缴税额"：本期应缴税额＝应税面积 × 适用税额 ×（终止月份—起始月份＋1）/12。终止月份、起始月份是指"税款所属时期"栏所填的月份。

【技能训练】

一、单选题

1.下列各项中，征收资源税的是（   ）。

A.人造石油　　　　　　　　B.洗煤

C.与原油同时开采的天然气　　D.地面抽采煤层气

2.某纳税人本期以自产液体盐 60000 吨和外购液体盐 10000 吨（每吨已缴纳资源税 2 元）加工固体盐 12000 吨对外销售，取得销售收入 600 万元。已知固体

盐税额为每吨 10 元，该纳税人本期应缴纳资源税（　　）万元。

    A.10   B.12   C.16   D.20

3. 下列各项中，不属于耕地占用税征税范围的有（　　）。

    A. 占用耕地开发食品加工厂   B. 占用农用土地建造住宅区

    C. 占用菜地开发花圃   D. 占用养殖的滩涂修建飞机场跑道

4.2013 年 1 月某企业占用耕地 5 万平方米建造厂房，所占耕地适用的定额税率为 20 元 / 平方米。同年 7 月份该企业占用耕地 1 万平方米，为当地建设学校，所占耕地适用的定额税率为 20 元 / 平方米，计算 2013 年该企业应缴纳耕地占用税（　　）万元。

    A.100   B.14   C.20   D.28

5. 下列选项不属于土地使用税纳税人的是（　　）。

    A. 县城的个人独资企业   B. 农村的股份制企业

    C. 城市、县镇、工矿区内的工矿企业   D. 市区的集体企业

6. 某市肉制品加工企业 2013 年占地 40000 平方米，其中办公楼占地 3000 平方米，生猪养殖基地占地 20000 平方米，肉制品加工车间占地 16000 平方米，企业内部道路及绿化占地 1000 平方米。企业所在地城镇土地使用税年单位税额每平方米 5 元。该企业全年应缴纳城镇土地使用税（　　）元。

    A.65000   B.100000   C.120000   D.950000

7. 根据城镇土地使用税的规定，下列说法正确的是（　　）。

    A. 城镇土地使用税实行分级幅度税额

    B. 城镇土地使用税的纳税人是所有占用土地的单位和个人

    C. 城镇土地使用税的计税依据是纳税人用于生产经营活动的土地面积

    D. 企业内的广场、道路占地免征城镇土地使用税

8. 经省级人民政府批准，经济落后地区税额标准可适当降低，但不超过规定最低税额的（　　）。

    A.20%   B.30%   C.50%   D.100%

9. 根据土地增值税的相关规定，下列行为中，需要缴纳土地增值税的是（　　）。

    A. 某房地产企业以开发的商品房抵偿债务

    B. 企业兼并中，被兼并企业将房地产转让到兼并企业中的

    C. 某工业企业以自建厂房作价投入某生产企业进行联营

    D. 某人将自己一套闲置的住房出租

10. 下列章节中，属于土地增值税中房地产开发成本的是（　　）。

A. 土地出让金　　　　　　B. 管理费用

C. 前期工程费　　　　　　D. 借款利息费用

二、多选题

1. 关于资源税的课税数量的下列陈述，正确的有（　　　）。

A. 纳税人开采或者生产应税产品销售的，以销售数量为课税数量

B. 纳税人开采或者生产应税产品自用的，以自用数量为课税数量

C. 对于连续加工前无法正确计算原煤移送使用数量的煤炭，可按加工产品的综合回收率，将加工产品实际销量和自用量折算成原煤数量，以此作为课税数量

D. 金属和非金属矿产品原矿，因无法准确掌握纳税人移送使用原矿数量的，可按生产矿产品数量作为课税数量

E. 金属冶炼厂以收购的铁矿铸成铁工艺品，按收购的铁矿石数量代扣代缴资源税

2. 根据相关规定，下列关于资源税的纳税地点，表述正确的有（　　　）。

A. 资源税纳税人应向开采或生产所在地主管税务机关纳税

B. 跨省开采的，在开采所在地纳税

C. 扣缴义务人应向收购地税务机关缴纳

D. 省内开采的，在机构所在地主管税务机关缴纳

E. 纳税人在本省、自治区、直辖市范围内开采或者生产应税产品，应一律向开采所在地主管税务机关纳税

3. 关于耕地占用税的说法，正确的有（　　　）。

A. 耕地占用税收入专用耕地开发与改良

B. 耕地占用税采用地区差别税率，按年课征

C. 耕地占用税的适用税额可以适当提高，但最多不得超过规定税额的 50%

D. 占用鱼塘及其他农用土地建房或从事其他非农业建设，视同占用耕地

E. 纳税人在批准临时占用耕地的期限内恢复所占用耕地原状的，已缴纳的耕地占用税不再退还

4. 关于耕地占用税的说法，正确的有（　　　）。

A. 军事设施占用耕地免征耕地占用税

B. 铁路线路占用耕地经国家税务总局批准后可以免征或者减征耕地占用税

C. 农村烈士家属在规定用地标准以内新建住宅缴纳耕地占用税确有困难的，报经县级人民政府批准后，可以免征或者减征耕地占用税

D. 医院占用耕地免征耕地占用税

E. 飞机场跑道、停机坪、港口、航道占用耕地，减按每平方米 3 元的税额征收耕地占用税

5. 下列可以成为城镇土地使用税的纳税人有（　　　）。

A. 拥有土地使用权的单位和个人

B. 出租房屋的承租方

C. 对外出租房屋的出租方

D. 共有土地使用权的各方

E. 未确定土地使用权的房屋的实际使用人

6. 按照城镇土地使用税的规定，对纳税人实际占用的土地面积，可以按照下列（　　　）方法确定。

A. 房地产管理部门核发的土地使用证书确认的土地面积

B. 纳税人实际使用的建筑面积

C. 尚未核发土地使用证书的纳税人据实申报的面积

D. 尚未核发土地使用证书的纳税人以税务机关核定的土地面积

E. 尚未核发土地使用证书的纳税人不需申报纳税

7. 下列说法不符合城镇土地使用税税率规定的是（　　　）。

A. 有幅度差别的比例税率

B. 有幅度差别的定额税率

C. 全国统一定额

D. 由各地税务机关确定所辖地区适用的税额幅度

E. 经济发达地区城镇土地使用税的适用税额标准可以适当提高，但须报经财政部批准

8. 下列各项中，属于土地增值税免税或不征税的有（　　　）。

A. 国家依法征用、收回的房地产

B. 房地产开发企业将开发产品转为自用，且产权未发生转移

C. 房地产开发企业将开发产品对外投资

D. 合作建房建成后分房自用的

E. 企业出租给个人用于经营的房屋

9. 下列章节中属于房地产开发成本的有（　　　）。

A. 土地征用及拆迁补偿费　　　　　　B. 公共配套设施费

C. 销售过程中发生的销售费用　　　　D. 开发小区内的道路建设费用

E. 周转房摊销

三、计算题

某市房地产企业 2012 年发生以下转让房地产业务：

（1）转让 10 年前建成的旧办公楼，签订合同，取得收入 1200 万元，该办公楼的原值为 1000 万元，已提取折旧 6000 万元。该办公楼经有关机构评估，成新度为 30%，目前建造同样的办公楼需要 1500 万元；转让旧办公楼时向政府补缴土地出让金 80 万元，发生其他相关费用 20 万元。

（2）转让一块土地使用权，签订合同，取得收入 560 万元。去年取得该土地使用权时支付金额 420 万元，并支付发生相关费用 6 万元。

要求：根据以上资料回答下列问题：

（1）2012 年转让环节需要缴纳的税费；

（2）转让旧办公楼计算土地增值税可以扣除的金额；

（3）转让土地使用权计算土地增值税可以扣除的金额；

（4）该企业转让业务合计应纳的土地增值税；

第七节　财产税

知识目标：掌握财产税所包含的税种，理解开征各税种的目的及用途，能够熟练掌握各税种的特点及税制的基本内容。

能力目标：通过学习房产税、契税、车船使用税的相关知识，能够正确判断企业在经营过程中或个人在日常生活中所应承担的纳税义务，并能熟练进行应纳税额计算和申报。

【小节分析】

前面我们学习税收基本理论时提到税收的三大基本职能，财政、经济、社会职能，例如，如何通过税收的调节来限制不必要的财产占有量？房产税在部分城市的试点为什么会引起房地产市场的强烈反响？通过本小节的学习，我们对此类问题会有更深刻的理解。

【相关知识】

7.1　房产税

房产税是以房屋为征税对象，按房屋的计税余值或租金收入为计税依据，向产权所有人征收的一种财产税。

1986 年 9 月 15 日，国务院正式发布了《中华人民共和国房产税暂行条例》（以下简称《房产税暂行条例》），从当年 10 月 1 日开始施行。各省、自治区、直辖市政府根据条例规定制定了实施细则。

一、房产税的特点

（一）房产税属于财产税中的个别财产税，其征税对象只是房屋；

（二）征收范围限于城镇的经营性房屋；

（三）区别房屋的经营使用方式规定征税办法，对于自用的按房产计税余值征收，对于出租房屋按租金收入征税。

二、房产税税制的基本内容

（一）征税范围

房产税的征税对象是房产。所谓房产，是指有屋面和围护结构，能够遮风避雨，可供人们在其中生产、学习、工作、娱乐、居住或储藏物资的场所。但独立于房屋的建筑物如围墙、暖房、水塔、烟囱、室外游泳池等不属于房产。但室内游泳池属于房产。

由于房地产开发企业开发的商品房在出售前，对房地产开发企业而言是一种产品，因此，对房地产开发企业建造的商品房，在售出前，不征收房产税；但对售出前房地产开发企业已使用或出租、出借的商品房应按规定征收房产税。

房产税暂行条例规定，房产税在城市、县城、建制镇和工矿区征收。城市、县城、建制镇、工矿区的具体征税范围，由各省、自治区、直辖市人民政府确定。

山东省相关规定如下：

城市：为市区和郊区；

县城：为县人民政府所在地；

镇：为镇人民政府所在地（包括镇政府所在的行政村）；

工矿区：是指工商业比较发达，人口比较集中，符合国务院规定的建制镇标准，但尚未设立镇建制的大中型工矿企业所在地。开征房产税的工矿区须经省、自治区、直辖市人民政府批准。

（二）纳税人

负有缴纳房产税义务的单位与个人。房产税由产权所有人缴纳。产权属于全民所有的，由经营管理单位缴纳。产权出典的，由承典人缴纳。产权所有人、承典人不在房产所在地的，或者产权未确定及租典纠纷未解决的，由房产代管人或使用人缴纳。因此，上述产权所有人，经营管理单位、承典人、房产代管人或者使用人，统称房产税的纳税人。

1.产权属国家所有的，由经营管理单位纳税；产权属集体和个人所有的，由集体单位和个人纳税；

2.产权出典的，由承典人纳税；

3. 产权所有人、承典人不在房屋所在地的，由房产代管人或者使用人纳税；

4. 产权未确定及租典纠纷未解决的，亦由房产代管人或者使用人纳税；

5. 无租使用其他房产的问题。纳税单位和个人无租使用房产管理部门、免税单位及纳税单位的房产，应由使用人代为缴纳房产税；

6. 产权属于集体所有制的，由实际使用人纳税。

外商投资企业和外国企业、外籍个人、海外华侨、港澳台同胞所拥有的房产不征收房产税

（三）计税依据及税率

房产税征收标准分从价或从租两种情况：

1. 从价计征的，其计税依据为房产原值一次减去 10%~30% 后的余值；

2. 从租计征的（即房产出租的），以房产租金收入为计税依据。

从价计征 10%~30% 的具体减除幅度由省、自治区、直辖市人民政府确定。如山东省规定具体减除幅度为 30%。

房产税税率采用比例税率。按照房产余值计征的，年税率为 1.2%；按房产租金收入计征的，年税率为 12%。

从 2001 年 1 月 1 日起，对个人按市场价格出租的居民住房，用于居住的，可暂减按 4% 的税率征收房产税。

对企事业单位、社会团体以及其他组织按市场价格向个人出租用于居住的住房，减按 4% 的税率征收。

（四）减免税

1. 国家机关、人民团体、军队自用的房产免征房产税，但上述免税单位的出租房产不属于免税范围；

2. 由国家财政部门拨付事业经费的单位自用的房产免征房产税，但如学校的工厂、商店、招待所等应照章纳税；

3. 宗教寺庙、公园、名胜古迹自用的房产免征房产税，但经营用的房产不免；

4. 个人所有非营业用的房产免征房产税，但个人拥有的营业用房或出租的房产，应照章纳税；

5. 对行使国家行政管理职能的中国人民银行总行所属分支机构自用的房地产，免征房产税；

6. 经财政部批准免税的其他房产；

7. 老年服务机构自用的房产免税；

8. 损坏不堪使用的房屋和危险房屋，经有关部门鉴定，在停止使用后，可免

征房产税；

9. 纳税人因房屋大修导致连续停用半年以上的，在房屋大修期间免征房产税，免征税额由纳税人在申报缴纳房产税时自行计算扣除，并在申报表附表或备注栏中做相应说明；

10. 在基建工地为基建工地服务的各种工棚、材料棚、休息棚和办公室、食堂、茶炉房、汽车房等临时性房屋，在施工期间，一律免征房产税。但工程结束后，施工企业将这种临时性房屋交还或估价转让给基建单位的，应从基建单位减收的次月起，照章纳税；

11. 为鼓励地下人防设施，暂不征收房产税；

12. 从 1988 年 1 月 1 日起，对房管部门经租的居民住房，在房租调整改革之前收取租金偏低的，可暂缓征收房产税。对房管部门经租的其他非营业用房，是否给予照顾，由各省、自治区、直辖市根据当地具体情况按税收管理体制的规定办理；

13. 对高校后勤实体免征房产税；

14. 对非营利性的医疗机构、疾病控制机构和妇幼保健机构等卫生机构自用的房产，免征房产税；

15. 从 2001 年 1 月 1 日起，对按照政府规定价格出租的公有住房和廉租住房，包括企业和自收自支的事业单位向职工出租的单位自有住房，房管部门向居民出租的私有住房等，暂免征收房产税；

16. 对邮政部门坐落在城市、县城、建制镇、工矿区范围内的房产，应当依法征收房产税；对坐落在城市、县城、建制镇、工矿区范围以外的上在县邮政局内核算的房产，在单位财务账中划分清楚的，从 2001 年 1 月 1 日起不再征收房产税；

17. 向居民供热并向居民收取采暖费的供热企业的生产用房，暂免征收房产税。这里的"供热企业"不包括从事热力生产但不直接向居民供热的企业；

18. 自 2006 年 1 月 1 日起至 2008 年 12 月 31 日，对位高校学生提供住宿服务并按高教系统收费标准收取租金的学生公寓，免征房产税。对从原高校后勤管理部门剥离出来而成立的进行独立和选并有法人资格的高校后勤经济实体自用的房产，免征房产税。

三、房产税的计算

（一）从价计征

按照房产余值征税的，称为从价计征

房产税依照房产原值一次减除 10% ~ 30% 后的余值计算缴纳。

扣除比例由省、自治区、直辖市人民政府在税法规定的减除幅度内自行确定。这样规定，既有利于各地区根据本地情况，因地制宜地确定计税余值，又有利于平衡各地税收负担，简化计算手续，提高征管效率。

应纳税额 = 应税房产原值 ×（1− 扣除比例）× 年税率 1.2%

注意事项：

（1）房产原值是指纳税人按照会计制度规定，在账簿"固定资产"科目中记载的房屋原价。

（2）房产原值应包括与房屋不可分割的各种附属设备或一般不单独计算价值的配套设施。

（3）纳税人对原有房屋进行改建、扩建的，要相应增加房屋的原值。

（4）更换房屋附属设施和配套设施的，在将其价值计入房产原值时，可扣减原来相应设备和设施的价值；对附属设备和配套设施中易损坏，需要经常更换的零配件，更新后不再计入房产原值，原零配件的原值也不扣除。

（5）自 2006 年 1 月 1 日起，凡在房产税征收范围内的具备房屋功能的地下建筑，包括与地上房屋相连的地下建筑以及完全建在地面以下的建筑、地下人防设施等，均应当依据有关规定征收房产税。

对于与地上房屋相连的地下建筑，如房屋的地下室、地下停车场、商场的地下部分等，应将地下部分与地上房屋视为一个整体按照地上房屋建筑的有关规定计算征收房产税。

（6）对出租房产，租赁双方签订的租赁合同约定有免收租金期限的，免收租金期间由产权所有人按照房产原值缴纳房产税。

（7）对按照房产原值计税的房产，无论会计上如何核算，房产原值均应包含地价，包括为取得土地使用权支付的价款、开发土地发生的成本费用等。宗地容积率低于 0.5 的，按房产建筑面积的 2 倍计算土地面积并据此确定计入房产原值的地价。

（8）产权出典的房产，由承典人按余值缴纳房产税。

（9）在确定计税余值时，房产原值的具体减除比例，由省、自治区、直辖市人民政府在税法规定的减除幅度内自行确定。

如果纳税人未按会计制度规定记载原值，在计征房产税时，应按规定调整房产原值。

（二）从租计征

按照房产租金收入计征的，称为从租计征，房产出租的，以房产租金收入为房产税的计税依据。

其公式为：应纳税额 = 租金收入 × 12%

1.房产出租的，以房产租金收入为房产税的计税依据。对投资联营的房产，在计征房产税时应予以区别对待。共担风险的，按房产余值作为计税依据，计征房产税；对收取固定收入，应由出租方按租金收入计缴房产税。

2.对融资租赁房屋的情况，在计征房产税时应以房产余值计算征收，租赁期内房产税的纳税人，由当地税务机关根据实际情况确定。

【例 7-1】李某拥有三套房产，一套供自己和家人居住；另一套于 2013 年 7 月 1 日出租给王某居住，每月租金收入 1200 元：还有一套于 9 月 1 日出租给李某用于生产经营，每月租金 5 000 元。2013 年李某应缴纳房产税（　　）元。

A.1088　　　　　B.1664　　　　　C.2688　　　　　D.3264

『正确答案』A

『答案解析』应缴纳房产税 = 1200 × 6 × 4% + 5000 × 4 × 4% = 1088（元）

【例 7-2】某企业 2013 年初委托施工企业建造仓库一幢，9 月末办理验收手续，仓库入账原值 400 万元：9 月 30 日将原值 300 万元的旧车间对外投资联营，当年收取固定利润 10 万元。当地政府规定房产计税余值扣除比例为 30%。2013 年度该企业上述房产应缴纳房产税（　　）万元。

A.3.60　　　　　B.3.93　　　　　C.4.14　　　　　D.6.25

『正确答案』B

『答案解析』以房产进行投资，收取固定收入，不承担投资风险，按租金收入计算缴纳房产税。

应缴房产税 = 400 ×（1 − 30%）× 1.2% ÷ 12 × 3 + 300 ×（1 − 30%）× 1.2% ÷ 12 × 9 + 10 × 12% = 3.93（万元）

四、申报缴纳

（一）纳税义务发生时间

1.原有房产用于生产经营的，从生产经营之月起缴纳房产税。

2. 纳税人自建房屋用于生产经营，自建成次月起缴纳房产税。

3. 纳税人委托施工企业建房的，从办理验收手续次月起纳税；在办理验收手续前已使用的，从使用当月起计征房产税。

4. 纳税人购置新建商品房，自房屋交付使用次月起缴纳房产税。

5. 纳税人购置存量房地产，自房产证签发次月起缴纳房产税。

6. 纳税人出租、出借房产，自交付出租、出借房产之次月起缴纳房产税。

7. 房地产开发企业自用出租、出借本企业建造的商品房，自房产使用或交付次月起缴纳房产税。

（二）纳税期限

房产税实行按年计算、分期缴纳的征收方法，具体纳税期限由省、自治区、直辖市人民政府确定。

（三）纳税地点

在房产所在地缴纳。房产不在同一地方的纳税人，应按房产的坐落地点分别向房产所在地的税务机关缴纳。

7.2　契税

契税是以所有权发生转移变动的不动产为征税对象，向产权承受人征收的一种财产税。在中国境内取得土地、房屋权属的企业和个人，应当依法缴纳契税。

中国契税起源于东晋时期的"估税"，至今已有 1600 多年的历史。当时规定，凡买卖田宅、奴婢、牛马，立有契据者，每一万钱交易额官府征收四百钱即税率为 4%，其中卖方缴纳 3%，买方缴纳 1%。北宋开宝二年（公元 969 年），开始征收印契钱（性质上是税，只是名称为钱）。这是不再由买卖双方分摊，而是由买方缴纳了。并规定缴纳期限为两个月。从此，开始以保障产权为由征收契税。以后历代封建王朝对土地、房屋的买卖、典当等产权变动都征收契税，但税率和征收范围不完全相同。现行的《中华人民共和国契税暂行条例》于 1997 年 10 月 1 日起施行。

一、契税的特点

（一）契税属于财产转移税

契税以发生转移的不动产，即土地和房屋为征税对象，具有财产转移课税性质。土地、房屋产权未发生转移的，不征契税。

（二）契税由财产承受人缴纳

一般税种都确定销售者为纳税人，即卖方纳税。契税则属于土地、房屋产权发生交易过程中的财产税，由承受人纳税，即买方纳税。对买方征税的主要目的，在于承认不动产转移生效，承受人纳税以后，便可拥有转移过来的不动产产权或使用权，法律保护纳税人的合法权益。（一般实行先税后证）

二、契税税制的基本内容

（一）征税范围

契税的征税范围为发生土地使用权和房屋所有权权属转移的土地和房屋。其具体征税范围包括：

1. 国有土地使用权出让

2. 土地使用权转让，包括出售、赠予和交换

3. 房屋买卖

视同买卖房屋的情况：

（1）以房产抵债或实物交换房屋

经当地政府和有关部门批准，以房抵债和实物交换房屋，均视同房屋买卖，应由产权承受人按房屋现值缴纳契税。

（2）以房产作投资或作股权转让

这种交易业务属房屋产权转移，应根据国家房地产管理的有关规定，办理房屋产权交易和产权变更登记手续，视同房屋买卖，由产权承受方按投资房产价值或房产买价缴纳契税。

以自有房产作股投入本人经营企业，免纳契税。因为以自有的房地产投入本人独资经营的企业，房屋产权所有人和土地使用权人未发生变化，不需办理房产变更手续，也不办理契税手续。

（3）买房拆料或翻建新房应照章征收契税

4. 房屋赠予

以获奖方式取得房屋产权的，其实质是接受赠予房产，应照章缴纳契税。

5.房屋交换

房屋产权相互交换，双方交换价值相等，免纳契税，办理免征契税手续。其价值不相等的，按超出部分由支付差价方缴纳契税。

6.企业改制重组中的契税政策

（1）企业公司制改造

非公司制企业，按照《中华人民共和国公司法》的规定，整体改建为有限责任公司（含国有独资公司）或股份有限公司，或者有限责任公司整体改建为股份有限公司的，对改建后的公司承受原企业土地、房屋权属，免征契税。

（2）企业股权转让

在股权转让中，单位、个人承受企业股权，企业土地、房屋权属不发生转移，不征收契税。

（3）企业合并

两个或两个以上的企业，依据法律规定、合同规定，合并改建为一个企业，且原投资主体存续的，对其合并后的企业承受原合并方的土地、房屋权属的，免征契税。

（4）企业分立

企业依照法律规定、合同约定分设为两个或两个以上投资主体相同的企业，对派生方、新设方承受原企业的土地、房屋权属，不征收契税。

（5）企业出售

国有、集体企业出售，被出售企业法人予以注销，并且买受人按照《劳动法》等国家有关法律法规政策妥善安置原企业全部职工，其中与原企业30%以上职工签订服务年限不少于3年的劳动用工合同的，对其承受所购企业的土地、房屋权属，减半征收契税；与原企业全部职工签订服务年限不少于3年的劳动用工合同的，免征契税。

（6）企业注销、破产

企业依照有关法律、法规的规定实施注销、破产后，债权人（包括注销、破产企业职工）承受注销、破产企业土地、房屋权属以抵偿债务的，免征契税；对非债权人承受注销、破产企业土地、房屋权属，凡按照《劳动法》等国家有关法律法规政策妥善安置原企业全部职工，其中与原企业30%以上职工签订服务年限不少于3年的劳动用工合同的，对其承受所购企业的土地、房屋权属，减半征收契税；与原企业全部职工签订服务年限不少于3年的劳动用工合同的，免征契税。

（7）其他情形

经国务院批准实施债权转股权的企业，对债权转股权后新设立的公司承受原企业的土地、房屋权属，免征契税。政府主管部门对国有资产进行行政性调整和划转过程中发生的土地、房屋权属转移，不征收契税。

企业改制重组过程中，同一投资主体内部所属企业之间土地、房屋权属的无偿划拨，包括母公司与其全资子公司之间，同一公司所属全资子公司之间，同一自然人与其设立的个人独资企业、一人有限公司之间土地、房屋权属的无偿划转，不征收契税。

7. 房屋附属设施有关契税政策

（1）对于承受与房屋相关的附属设施（包括停车位、汽车库、自行车库、顶层阁楼以及储藏室，下同）所有权或土地使用权的行为，征收契税；对于不涉及土地使用权和房屋所有权转移的，不征收契税。

（2）采取分期付款方式购买房屋附属设施土地使用权、房屋所有权的，应按合同规定的总价款计征契税。

（3）承受的房屋附属设施权属如为单独计价的，按照当地确定的适用税率征收契税；如与房屋统一计价的，适用与房屋相同的契税税率。

（4）对承受国有土地使用权应支付的土地出让金，要征收契税。不得因减免出让金而减免契税。

（5）对纳税人因改变土地用途而签订土地使用权出让合同变更协议或者重新签订土地使用权出让合同的，应征收契税。计税依据为因改变土地用途应补缴的土地收益金及应补缴政府的其他费用。

（6）土地使用者将土地使用权及所附建筑物、构筑物等（包括在建的房屋、其他建筑物、构筑物和其他附着物）转让给他人的，应按照转让的总价款计征契税。

（7）土地使用者转让、抵押或置换土地，无论其是否取得了该土地的使用权属证书，无论其在转让、抵押或置换土地过程中是否与对方当事人办理了土地使用权属证书变更登记手续，只要土地使用者享有占有、使用、收益或处分该土地的权利，且有合同等证据表明其实质转让、抵押或置换了土地并取得了相应的经济利益，土地使用者及其对方当事人应当依照税法规定缴纳契税。

（二）纳税人

在中华人民共和国境内转移土地、房屋权属，承受的单位和个人为契税的纳税人。

（三）税率

1. 契税实行幅度比例税率，税率幅度为 3% ~ 5%。具体执行税率，由各省，自治区，直辖市人民政府在规定的幅度内，根据本地区的实际情况确定。

2. 对个人首次购买 90 平方米及以下且属于家庭唯一住房的普通住房的，从 2008 年 11 月 1 日起税率为 1%。

（四）减、免税

1. 国家机关、事业单位、社会团体、军事单位承受土地、房屋用于办公、教学、医疗、科研和军事设施的，免征契税。

2. 城镇职工按规定第一次购买公有住房的，免征契税。

3. 因不可抗力丧失住房而重新购买住房的，酌情准予减征或者免征契税。

4. 土地、房屋被县级以上人民政府征用、占用后，重新承受土地、房屋权属的，由省级人民政府确定是否减免。

5. 承受荒山、荒沟、荒丘、荒滩土地使用权，并用于农、林、牧、渔业生产的，免征契税。

6. 依照我国有关法律规定以及我国缔结或参加的双边和多边条约或协定，应当予以免税的外国驻华使馆、领事馆、联合国驻华机构及其外交代表、领事官员和其他外交人员承受土地、房屋权属的，免征契税。

7. 对拆迁居民因拆迁重新购置住房的，对购房成交价格中相当于拆迁补偿款的部分免征契税，成交价格超过拆迁补偿款的，对超过部分征收契税。

8. 承受国有土地使用权支付的土地出让金，要计征契税。不得因减免土地出让金而减免契税。

9. 对国家石油储备基地第一期章节建设过程中涉及的契税予以免征。

10. 对廉租住房经营管理单位购买住房作为廉租住房、经济适用住房经营管理单位回购经济适用住房继续作为经济适用住房房源的，免征契税。

11. 自 2011 年 8 月 31 日起，婚姻关系存续期间，房屋、土地权属原归夫妻一方所有，变更为夫妻双方共有的，免征契税。

12. 对已缴纳契税的购房单位和个人，在未办理房屋权属变更登记前退房的，退还已纳契税；在办理房屋权属变更登记后退房的，不予退还已纳契税。

13. 对公租房经营管理单位购买住房作为公租房，免征契税。

三、契税的计算

（一）计税依据

1. 国有土地使用权出售、房屋买卖，其计税依据为成交价格。

2. 土地使用权赠予、房屋赠予，其计税依据由征收机关参照土地使用权出售、房屋买卖的市场价格核定。

3. 土地使用权交换、房屋交换，其计税依据是所交换的土地使用权、房屋的价格差额。

4. 国有土地使用权出让，其计税依据为承受人为取得该土地使用权而支付的全部经济利益。

（1）以协议方式出让的，其契税计税价格为成交价格。

（2）以竞价方式出让的，其契税计税价格，一般应确定为竞价的成交价格，土地出让金、市政建设配套费以及各种补偿费用应包括在内。

（3）先以划拨方式取得土地使用权，后经批准改为出让方式取得该土地使用权的，应依法缴纳契税，其计税依据为应补缴的土地出让金和其他出让费用。

（4）已购公有住房经补缴土地出让金和其他出让费用成为完全产权住房的，免征土地权属转移的契税。

5. 房屋买卖的契税计税价格为房屋买卖合同的总价款，买卖装修的房屋，装修费用应包括在内。

（二）应纳税额的计算

应纳税额 = 计税依据 × 税率

【例7-3】居民王某共有三套房产，2012年将第一套市价为80万元的房产与李某交换，并支付给李某15万元；将第二套市价为60万元的房产折价给丁某抵偿了50万元的债务；将第三套市价为30万元的房产作股投入本人独资经营的企业。若当地确定的契税税率为3%，王某应缴纳契税（　）。

A.0.45万元　　　　B.1.95万元　　　C.2.25万元　　　D.2.85万元

【答案】A

【解析】以房屋抵债的，承受房屋的丁某缴纳契税，王某不纳税。以自有房产作股投入本人独资经营企业，免纳契税。房屋交换的，支付补价的一方按照支付的差价纳税。王某应纳契税 = 15 × 3% = 0.45（万元）。

四、契税的征收管理

（一）纳税义务发生时间

契税的纳税义务发生时间是纳税人签订土地、房屋权属转移合同的当天，或者纳税人取得其他具有土地、房屋权属转移合同性质凭证的当天。

（二）纳税期限

纳税人应当自纳税义务发生之日起 10 日内，向土地、房屋所在地的契税征收机关办理纳税申报，并在契税征收机关核定的期限内缴纳税款。

（三）纳税地点

契税在土地、房屋所在地的征收机关缴纳。

7.3 车船税

车船税是对在中华人民共和国境内应税的车辆、船舶（以下简称车船）的所有人或者管理人征收的一种税。车船税具有涉及面广、税源流动性强、纳税人多为个人等特点。

一、车船税的作用

（一）为地方政府筹集财政资金

开征车船税能够将分散在车船人手中的部分资金集中起来，增加地方财源，增加地方政府的财政收入。

（二）有利于车船管理与合理配置

随着经济发展，社会拥有车船的数量急剧增加，开征车船税后购置、使用车船越多应缴纳的车船税越多，促使纳税人加强对自己拥有的车船管理和核算改善资源配置合理使用车船。

（三）有利于调节财富差异

在国外，车船税属于对不动产的征税范围，这类税收除了筹集地方财政收入外，另一重要功能是对个人拥有的财产或财富（如轿车、游艇等）进行调节缓解财富分配不公。随着我国经济增长，部分先富起来的个人拥有私人轿车、游艇及其他车船的情况将会日益增加，我国征收车船税的财富再分配作用亦会更加重要。

二、车船税的基本内容

（一）征税范围

车船税的征税范围是指在中华人民共和国境内属于《车船税法》所附《车船税税目税额表》规定的车辆、船舶。车辆、船舶，是指：

（1）依法应当在车船管理部门登记的机动车辆和船舶；

（2）依法不需要在车船管理部门登记、在单位内部场所行驶或者作业的机动车辆和船舶。

（二）车船税的纳税义务人

在中华人民共和国境内属于《车船税法》所附《车船税税目税额表》规定的车辆、船舶的所有人或者管理人，为车船税的纳税人，应当依照《车船税法》缴纳车船税。

所称"管理人"是指对车船具有管理权或使用权，不具有所有权的单位和个人。

从事机动车第三者责任强制保险业务的保险机构为机动车车船税的扣缴义务人，应当依法代收代缴车船税。

上述机动车车船税的扣缴义务人依法代收代缴车船税时，纳税人不得拒绝。

（三）车船税的适用税额

车船的适用税额，依照《车船税法》所附《车船税税目税额表》执行。

《车船税税目税额表》中车辆、船舶的税目适用范围由财政部、国家税务总局参照国家相关标准确定。

车辆的具体适用税额由省、自治区、直辖市人民政府依照《车船税税目税额表》规定的税额幅度和国务院的规定确定，报国务院备案。

车船税采用定额税率，即对征税的车船规定单位固定税额。

1.机动船舶，以净吨位为单位计税

特殊：拖船按照发动机功率每2马力折合净吨位1吨计算征收车船税。

2.游艇，以艇身长度为计税单位

游艇艇身长度是指游艇的总长。

3.车辆整备质量尾数不超过0.5吨的，按照0.5吨计算；超过0.5吨的，按照1吨计算。整备质量不超过1吨的车辆，按照1吨计算。

4.船舶净吨位尾数不超过0.5吨的不予计算，超过0.5吨的，按照1吨计算。净吨位不超过1吨的船舶，按照1吨计算。

5.《车船税法》及其实施条例所涉及的排气量、整备质量、核定载客人数、净吨位、千瓦、艇身长度，以车船管理部门核发的车船登记证书或者行驶证相应章节所载数据为准。

依法不需要办理登记、依法应当登记而未办理登记或者不能提供车船登记证书、行驶证的，以车船出厂合格证明或者进口凭证相应章节标注的技术参数、所载数据为准；不能提供车船出厂合格证明或者进口凭证的，由主管税务机关参照国家相关标准核定，没有国家相关标准的参照同类车船核定。

（四）减免税

1.法定减免车船税

（1）捕捞、养殖渔船。是指在渔业船舶管理部门登记为捕捞船或者养殖船的船舶。

（2）军队、武装警察部队专用的车船。是指按照规定在军队、武装警察部队车船管理部门登记，并领取军队、武警牌照的车船。

（3）警用车船。是指公安机关、国家安全机关、监狱、劳动教养管理机关和人民法院、人民检察院领取警用牌照的车辆和执行警务的专用船舶。

（4）依照法律规定应当予以免税的外国驻华使领馆、国际组织驻华代表机构及其有关人员的车船。

（5）对节约能源、使用新能源的车船可以减征或者免征车船税；对受严重自然灾害影响纳税困难以及有其他特殊原因确需减税、免税的，可以减征或者免征车船税。

节约能源、使用新能源的车辆包括纯电动汽车、燃料电池汽车和混合动力汽车。纯电动汽车、燃料电池汽车和插电式混合动力汽车免征车船税，其他混合动力汽车按照同类车辆适用税额减半征税。

（6）省、自治区、直辖市人民政府根据当地实际情况，可以对公共交通车船，农村居民拥有并主要在农村地区使用的摩托车、三轮汽车和低速载货汽车定期减征或者免征车船税。

2.特定减免车船税

（1）经批准临时入境的外国车船和香港特别行政区、澳门特别行政区、台湾地区的车船，不征收车船税。

（2）按照规定缴纳船舶吨税的机动船舶，自《车船税法》实施之日起5年内免征车船税。

（3）机场、港口内部行驶或作业的车船，自《车船税法》实施之日起5年内免征车船税。

某省车船税税目税额表

税目		计税单位	年税额	备注
乘用车〔按发动机汽缸容量（排气量）分档〕	1.0升（含）以下的	每辆	240	核定载客人数9人（含）以下
	1.0升以上至1.6升（含）的		360	
	1.6升以上至2.0升（含）的		420	
	2.0升以上至2.5升（含）的		900	
	2.5升以上至3.0升（含）的		1800	
	3.0升以上至4.0升（含）的		3000	
	4.0升以上的		4500	
商用车	客车（核定载客人数9人以上，包括电车）	每辆	720（大型）	大型客车【核定载客人数20人（含）以上，包括电车】
			600（中型）	中型客车（核定载客人数9人以上，20人以下，包括电车）
	货车	整备质量每吨	72	包括半挂牵引车、三轮汽车和低速载货汽车等
挂车		整备质量每吨	36	
其他车辆	专用作业车	整备质量每吨	72	不包括拖拉机
	轮式专用机械车		72	
摩托车		每辆	60	
船舶	机动船舶 净吨位小于或等于200吨	净吨位每吨	3	拖船、非机动驳船分别按照机动船舶税额的50%计算
	机动船舶 净吨位201吨至2000吨	净吨位每吨	4	

（续表）

船舶	机动船舶	净吨位 2001 吨至 10000 吨	净吨位每吨	5	拖船、非机动驳船分别按照机动船舶税额的 50% 计算
		净吨位 10001 吨及其以上	净吨位每吨	6	
	游艇	艇身长度不超过 10 米	艇身长度每米	600	
		艇身长度超过 10 米但不超过 18 米	艇身长度每米	900	
		艇身长度超过 18 米但不超过 30 米	艇身长度每米	1300	
		艇身长度超过 30 米	艇身长度每米	2000	
		辅助动力帆艇	艇身长度每米	600	

三、车船税应纳税额的计算

纳税人按照纳税地点所在的省、自治区、直辖市人民政府确定的具体适用税额缴纳车船税。车船税由地方税务机关负责征收。

1. 购置的新车船，购置当年的应纳税额自纳税义务发生的当月起按月计算。计算公式为：应纳税额 =（年应纳税额 ÷ 12）× 应纳税月份数。

2. 在一个纳税年度内，已完税的车船被盗抢、报废、灭失的，纳税人可以凭有关管理机关出具的证明和完税证明，向纳税所在地的主管税务机关申请退还自被盗抢、报废、灭失月份起至该纳税年度终了期间的税款。

3. 已办理退税的被盗抢车船，失而复得的，纳税人应当从公安机关出具相关证明的当月起计算缴纳车船税。

4. 在一个纳税年度内，纳税人在非车辆登记地由保险机构代收代缴机动车车船税，且能够提供合法有效完税证明的，纳税人不再向车辆登记地的地方税务机关缴纳车辆的车船税。

5. 已缴纳车船税的车船在同一纳税年度内办理转让过户的，不另纳税，也不退税。

四、保险机构代收代缴车船税

1. 从事机动车第三者责任强制保险业务的保险机构为机动车车船税的扣缴义

务人，应当在收取保险费时依法代收车船税，并出具代收税款凭证。

2. 保险机构在代收车船税时，应当在机动车交通事故责任强制保险的保险单以及保费发票上注明已收税款的信息和减免税信息，作为代收税款凭证。

3. 纳税人在应当购买交通事故责任强制保险截止日期以后购买的，或以前年度没有缴纳车辆车船税的，保险机构在代收代缴税款的同时，还应代收代缴欠缴税款的滞纳金。

4. 已完税或者按照《车船税法》第三条第（四）项、第五条规定减税免税的车船，纳税人应当向扣缴义务人提供登记地主管税务机关出具的减免税证明。扣缴义务人凭主管税务机关出具的减免税证明或者完税凭证，依法办理相关手续。

5. 不能提供完税凭证或者减免税证明，且拒绝扣缴义务人代收代缴车船税的纳税人，扣缴义务人不得出具保单、保险标志和保费发票等，同时报告主管税务机关处理。

6. 扣缴义务人应当及时解缴代收代缴的税款，并向地方税务机关申报。扣缴义务人向税务机关解缴税款时，应当同时报送明细的税款扣缴报告。扣缴义务人解缴税款的具体期限，由各省、自治区、直辖市地方税务机关依照法律、行政法规的规定确定。

五、车船税的征收管理

（一）车船税的纳税期限

车船税纳税义务发生时间为取得车船所有权或者管理权的当月，这又分三种情况：

1. 车船税的纳税义务发生时间，应为车船管理部门核发的车船登记证书或者行驶证书所记载日期的当月。

2. 纳税人未按照规定到车船管理部门办理应税车船登记手续的，以车船购置发票所载开具时间的当月作为车船税的纳税义务发生时间。

3. 对未办理车船登记手续且无法提供车船购置发票的，由主管地方税务机关核定纳税义务发生时间。

（二）车船税的纳税地点

车船税的纳税地点为车船的登记地或者车船税扣缴义务人所在地。依法不需要办理登记的车船，车船税的纳税地点为车船的所有人或者管理人所在地。

（三）车船税的申报缴纳

车船税按年申报，分月计算，一次性缴纳。纳税年度为公历1月1日至12

月 31 日。车船税按年申报缴纳。具体纳税申报期限由省、自治区、直辖市人民政府规定。

【技能提升】

填报说明

一、本表适用于中国境内各类车船使用税纳税人填报。

二、纳税人识别号填写微机编码或纳税人税务登记字号。

三、车船类别依照车船使用税税额表列举的不同车船种类分别填列。车辆部分应详细填列至章节。

四、本表一式三联，第一联（黑色）纳税人留存；第二联（红色）用于税务会计核算；第三联（蓝色）主管税务机关存档。

五、纳税人不能按规定期限报送本表时，应当在规定的报送期限内提交延期申报申请审批表，经税务机关批准，可以适当延长期限。

六、不按照规定期限报送本表及其他有关资料的，依照税收征管法第三十九条的规定予以处罚。

七、本表有关内容按以下要求填写。

1. 纳税人识别号：填写办理税务登记时，由税务机关确定的税务登记号。

2. 纳税人名称：填写企业全称或业户字号，无字号的填业主姓名，并应与工商登记或主管部门批准的名称一致。

3. 计税吨位（座位）：船舶和载货汽车依照不同吨位的车船分别填列。其他车辆依照车船使用税税额表规定的不同税额标准分别填列。

4. 年应纳税额＝计税吨位 × 数量 × 单位税额或＝计税车辆数 × 单位税额

车船使用税纳税申报表

填表日期： 年 月 日　　　　　开户银行：
　　　　　　　　　　　　　　　　　　帐　　号：

纳税人识别号 ☐☐☐☐☐☐☐☐☐☐☐☐☐☐

金额单位：人民币元（列至角分）

纳税人名称				纳税人地址			
税款所属时间		年　月　日至　年　月　日					
车船种类及名称	乘人座位（个）	净吨位	计税吨位	计税辆数（只）	单位税额	全年应纳税额	本期应纳税额
合　计							

如纳税人填报，由纳税人填写以下各栏			如委托代理人填报，由代理人填写以下各栏		
纳税人（签章）	主管会计（签章）	经办人（签章）	代理人名称		代理人（签章）
			代理人地址		
			经办人		
			电话		
以 下 由 地 方 税 务 机 关 填 写					

收到申报表日期	接收人签章	地方税务机关签章	备　注

【技能训练】

一、单选题

1. 下列属于房产税征税对象的是（　　）。

A. 室外游泳池　　　　　　　B. 水塔

C. 工厂围墙　　　　　　　　D. 房地产公司出租的写字楼

2. 下列房产中，不需要缴纳房产税的是（　　）。

A. 政府机关自用的房产　　　B. 宗教寺庙出租的房产

C. 事业单位的经营性房产　　D. 个人所有的经营性房产

3. 2013 年某企业拥有房产原值共计 8000 万元，其中生产经营用房原值 6500 万元、内部职工医院用房原值 500 万元、托儿所用房原值 300 万元、超市用房原值 700 万元。当地政府规定计算房产余值的扣除比例为 20%，2013 年该企业应缴纳房产税（   ）万元。

A.62.4   B.69.12   C.76.8   D.77.92

4. 某个体工商户 2013 年 4 月 12 日购小轿车 1 辆并取得购置发票，到当年 12 月 31 日未到车辆管理部门登记。已知小轿车年单位税额 480 元。该个体工商户 2013 年应缴纳车船税（   ）元。

A.0   B.320   C.360   D.480

5. 车船税法规定，车辆的具体适用税额由（   ）依据《车船税税目税额表》规定的税额幅度和国务院的规定确定。

A. 省、自治区、直辖市人民政府   B. 省、自治区、直辖市国家税务局

C. 省、自治区、直辖市地方税务局   D. 省、自治区、直辖市财政局

6. 车辆适用的车船税税率形式是（   ）。

A. 比例税率   B. 超额累进税率

C. 超率累进税率   D. 定额税率

7. 根据契税现行政策的规定，下列表述正确的是（   ）。

A. 不动产成交价格明显低于市场价格且无正当理由的，税务机关可参照市场价格核定契税的计税依据

B. 某事业单位受让一企业，将一处房产转让用于办公，应缴纳契税

C. 已购公有住房经补缴土地出让金和其他出让费用成为完全产权住房的，应征土地权属转移的契税

D. 债权人承受破产企业土地，房屋权属的，征收契税

8. 发生下列活动的单位和个人中，应缴纳契税的是（   ）。

A. 将房产用于偿债的张先生

B. 以房屋权属作价投资的某企业集团

C. 将房产投资于本人经营企业的李先生

D. 购买房产用于翻建新房的马太太

9. 某公司购买写字楼时应缴纳的税金是（   ）。

A. 土地增值税   B. 契税

C. 营业税   D. 城市维护建设税

10. 居民甲 2013 年购置了一套价值 100 万元的新住房，同时对原有的两套住房处理如下：一套出售给居民乙，成交价格 50 万元；另一套市场价格 80 万元的住房与居民丙进行等价交换。假定当地省政府规定的契税税率为 4%，则居民甲

2013 年应缴纳的契税为（　　）万元。

A.4　　　　　　　B.6　　　　　　　C.7.2　　　　　　D.9.2

二、多选题

1. 下列情况可以免征房产税的有（　　　）。

A. 对停止使用的毁损不堪居住的房屋和危险房屋

B. 按政府规定价格出租的公有住房和廉租住房

C. 房地产开发企业建造的商品房在出售前出租的

D. 企业办的各类学校、医院、托儿所、幼儿园自用的房产

E. 个人拥有的非营业用的房产

2. 下列有关房产税的纳税义务发生时间，表述正确的有（　　　）。

A. 纳税人自建房屋用于生产经营的，自房屋建成之日起缴纳房产税

B. 纳税人委托施工企业建设的房屋，自办理验收手续之日起缴纳房产税

C. 纳税人将原有房产用于生产经营，从生产经营之月起缴纳房产税

D. 纳税人将房屋出租的，自房屋使用或交付的当月起缴纳房产税

E. 购置存量房，自办理房屋权属转移、变更登记手续，房地产权属登记机关签发房屋权属证书之次月起计征房产税

3. 下列各项中，符合房产税纳税人规定的是（　　　）。

A. 房屋出典的由出典人纳税

B. 房屋出租的由承租人纳税

C. 融资租赁的房产，由承租人缴纳房产税

D. 个人无租使用纳税单位的房产，由纳税单位缴纳房产税

E. 租赁双方签订的合同有免收租金期限的，免收租金期间由产权所有人缴纳房产税

4. 根据车船税法规定，下列属于车船税的征税范围包括（　　　）。

A. 临时入境的外国车船

B. 依法应当在车船管理部门登记的车船

C. 香港特别行政区的车船

D. 依法不需要在车船登记管理部门登记的车船在单位内部场所行驶或者作业的机动车辆和船舶

E. 依法在中国境内购买的车船

5. 下列说法符合车船税规定的有（　　　）。

A. 完税船舶被盗抢、报废而申请车船税退税的，由海事管理机构按照有关

规定办理

B.机场、港口内部行驶或作业的车船，自《车船税法》实施之日起 5 年内免征车船税

C.对节约能源、使用新能源的车船可以减征或者免征车船税

D.车船税采用定额税率

E.车船税的纳税地点为车船的登记地或者车船税扣缴义务人所在地

6.下列拥有车船，不缴纳车船税的有（　　　）。

A.在农业（农业机械）部门登记为拖拉机的车辆

B.被盗的车辆

C.拥有运输车的农民

D.拥有小汽车的某省省长

E.报废的车辆

7.根据车船税法的规定，下列属于法定减免车船税的有（　　　）。

A.捕捞、养殖渔船

B.军队武警部队专用的车船

C.经批准临时入境的外国车船

D.按规定缴纳船舶吨税的机动船舶

E.机场、港口内部行使或作业的车船

8.关于契税的计税依据，下列表述正确的有（　　　）。

A.以协议方式出让国有土地使用权的，仅以土地出让金作为计税依据

B.房屋赠予的，由征收机关参照房屋买卖的市场价格核定计税依据

C.买卖已装修的房屋，契税计税依据中应包括装修费用

D.土地使用权出售的，以评估价格为计税依据

E.土地使用权交换的，以所交换的土地使用权的价格差额为计税依据

9.下列关于契税的陈述正确的有（　　　）。

A.契税应当自纳税义务发生之日起 7 日内缴纳

B.契税应该在纳税人机构所在地的征收机关缴纳

C.契税应当在土地、房屋所在地的征收机关缴纳

D.纳税人应该先办理权属变更登记手续再缴纳契税

E.契税的纳税义务发生时间是纳税人签订土地、房屋权属转移合同的当天，或者纳税人取得其他具有土地、房屋权属转移合同性质凭证的当天

10.下列各项中，可以享受契税免税优惠的有（　　　）。

A. 合伙企业的合伙人将其名下的房屋、土地权属转移至合伙企业名下，免征契税

B. 对公租房经营管理单位购买住房作为公租房，免征契税

C. 遭受自然灾害后重新购买住房

D. 婚姻关系存续期间，房屋、土地权属原归夫妻一方所有，变更为夫妻双方共有的，免征契税

E. 承受荒山、荒沟、荒丘、荒滩土地使用权用于渔业生产的

第八节　行为目的税

知识目标：掌握印花税、城建税、车辆购置税的基本内容，理解并能熟练运用各税种的计算方法完成应纳税额的计算。

能力目标：学生通过学习可以正确判断哪些企业或个人需要缴纳印花税，城建税及教育费附加、车辆购置税，能够根据企业或个人发生的相关行为熟练进行各税种应纳税额的计算，能够完成各税种的纳税申报工作。

【小节分析】

行为税是国家为了对某些特定行为进行限制或为了特定目的开辟某些财源而课征的一类税收。如针对一些奢侈性的社会消费行为，征收娱乐税、宴席税；针对牲畜交易和屠宰等行为，征收交易税、屠宰税；针对财产和商事凭证贴花行为，征收印花税，等等。行为税收入零星分散，一般作为地方政府筹集地方财政资金的一种手段，行为课税的最大特点是征纳行为的发生具有偶然性或一次性。

那么，我们国家现在开征有哪些行为税税种？具体调节哪些行为或为了达到什么样的目的？

【相关知识】

8.1　烟叶税

2006 年 4 月 28 日，《中华人民共和国烟叶税暂行条例》（中华人民共和国国务院令第 464 号）公布施行。《烟叶税暂行条例条例》的指导思想是：按照国家农村税费改革和税制建设的总体要求，通过征收烟叶税取代原烟叶特产农业税，实现烟叶税制的转变，完善烟草税制体系，保证地

方财政收入稳定，引导烟叶种植和烟草行业健康发展。

一、基本内容

征税对象：

烟叶税的纳税对象是指晾晒烟叶和烤烟叶。

纳税人：

在中华人民共和国境内收购烟叶（指晾晒烟叶、烤烟叶）的单位为烟叶税的纳税人，应当依法缴纳烟叶税。

计税依据：

烟叶税的计税依据是烟叶收购金额（收购金额＝收购价款×（1＋10%），税率为20%；

应纳税额＝烟叶收购金额×税率。

征收机关：

烟叶税的征收机关是地方税务机关，烟叶税的征收管理，依照《中华人民共和国税收征收管理法》执行。

纳税义务发生时间：

纳税义务发生时间为纳税人收购烟叶的当天（指纳税人向烟叶销售者付讫收购烟叶款项或者开具收购烟叶凭证的当天），纳税人应当自纳税义务发生之日起30日内申报纳税。关于烟叶税的纳税申报时间，由各烟叶收购地主管税务机关在不迟于次月末的期限内，在不影响税款征收的情况下自主核定。

二、烟叶收购环节的涉税会计处理

按现行的企业会计制度规定，涉及核算烟叶收购环节业务的会计科目主要有"材料采购"、"材料成本差异"、"在途物资"、"原材料"、"库存商品"、"银行存款"和"应交税费"等。由于烟草公司从烟农那里收购烟叶时无法取得增值税专用发票，因此烟草公司在进行会计处理时要注意进项税额是根据烟叶收购金额和烟叶税及法定扣除率（13%）加以确定的。

【例8-1】某烟草公司系增值税一般纳税人，7月末收购烟叶20000斤，烟叶收购价格3.5元/斤（含支付价外补贴10%），总计70000元，货款已全部支付。8月初商品提回并验收入库，则相关账务处理如下：

烟叶准予抵扣的增值税进项税额＝【70000＋70000×20%】×13%＝10920

1.7月末，烟叶尚未提回时，根据有关收购凭证等作账务处理：

借：在途物资　73080

应交税费 – 应交增值税（进项税额）10920

贷：银行存款　70000

应交税费 – 烟叶税 14000

2.8 月初，烟叶提回入库时，根据收货单等凭证作账务处理：

借：库存商品　73080

贷：在途物资　73080

8.2　印花税

印花税是对经济活动和经济交往中书立、领受具有法律效力的凭证的行为所征收的一种税。因采用在应税凭证上粘贴印花税票作为完税的标志而得名。

一、性质特点

（一）兼有凭证税和行为税性质

印花税是单位和个人书立、领受的应税凭证征收的一种税，具有凭证税性质。另一方面，任何一种应税经济凭证反映的都是某种特定的经济行为，因此，对凭证征税，实质上是对经济行为的课税。

（二）征税范围广泛

印花税的征税对象包括了经济活动和经济交往中的各种应税凭证，凡书立和领受这些凭证的单位和个人都要缴纳印花税，其征税范围是极其广泛的。随着市场经济的发展和经济法制的逐步健全，依法书立经济凭证的现象将会愈来愈普通。因此，印花税的征收面将更加广阔。

（三）税率低、负税轻

印花税与其他税种相比较，税率要低得多，其税负较轻，具有广集资金、积少成多的财政效应。

（四）由纳税人自行完成纳税义务

纳税人通过自行计算、购买并粘贴印花税票的方法完成纳税义务，并在印花税票和凭证的骑缝处自行盖戳注销或画销。这也与其他税种的缴纳方法存在较大区别。

二、基本内容

（一）征税对象及纳税人

在中华人民共和国境内书立、领受《中华人民共和国印花税暂行条例》所列举凭证的单位和个人，都是印花税的纳税义务人，应当按照规定缴纳印花税。

具体有：1. 立合同人 2. 立据人 3. 立账簿人 4. 领受人 5. 使用人。

现行印花税只对《印花税暂行条例》列举的凭证征收，没有列举的凭证不征税。具体征税范围如下：

具体有五类：

1. 经济合同

购销、加工承揽、建设工程勘察设计、建设工程承包、财产租赁、货物运输、仓储保管、借款、财产保险、技术合同或者具有合同性质的凭证；

2. 产权转移书据

产权转移即财产权利关系的变更行为，表现为产权主体发生变更。产权转移书据是在产权的买卖、交换、继承、赠予、分割等产权主体变更过程中，由产权出让人与受让人之间所订立的民事法律文书。

我国印花税税目中的产权转移书据包括财产所有权、版权、商标专用权、专利权、专有技术使用权共5项产权的转移书据。其中，财产所有权转移书据，是指经政府管理机关登记注册的不动产、动产所有权转移所书立的书据，包括股份制企业向社会公开发行的股票，因购买、继承、赠予所书立的产权转移书据。其他4项则属于无形资产的产权转移书据。

另外，土地使用权出让合同、土地使用权转让合同、商品房销售合同按照产权转移书据征收印花税。

3. 营业账簿

按照营业账簿反映的内容不同，在税目中分为记载资金的账簿（简称资金账簿）和其他营业账簿两类，以便于分别采用按金额计税和按件计税两种计税方法。

（1）资金账簿。

（2）其他营业账簿。

4. 房屋产权证、工商营业执照、商标注册证、专利证、土地使用证、许可证照。

5. 经财政部确定征税的其他凭证。

（二）税目税率

印花税的税目，指印花税法明确规定的应当纳税的章节，它具体划定了印花税的征税范围。一般地说，列入税目的就要征税，未列入税目的就不征税。印花税共有 13 个税目。

印花税的税率设计，遵循税负从轻、共同负担的原则。所以，税率比较低；凭证的当事人，即对凭证有直接权利与义务关系的单位和个人均应就其所持凭证依法纳税。

印花税的税率有 2 种形式，即比例税率和定额税率。

印花税税目税率表

税目	范围	税率	纳税人	说明
1. 购销合同	包括供应、预购、采购、购销、结合及协作、调剂、补偿、易货等合同	按购销金额 0.3‰ 贴花	立合同人	
2. 加工承揽合同	包括加工、定作、修缮、修理、印刷广告、测绘、测试等合同	按加工或承揽收入 0.5‰ 贴花	立合同人	
3. 建设工程勘察设计合同	包括勘察、设计合同	按收取费用 0.5‰ 贴花	立合同人	
4. 建筑安装工程承包合同	包括建筑、安装工程承包合同	按承包金额 0.3‰ 贴花	立合同人	
5. 财产租赁合同	包括租赁房屋、船舶、飞机、机动车辆、机械、器具、设备等合同	按租赁金额 1‰ 贴花。税额不足 1 元，按 1 元贴花	立合同人	
6. 货物运输合同	包括民用航空运输、铁路运输、海上运输、内河运输、公路运输和联运合同	按运输费用 0.5‰ 贴花	立合同人	单据作为合同使用的，按合同贴花
7. 仓储保管合同	包括仓储、保管合同	按仓储保管费用 1‰ 贴花	立合同人	仓单或栈单作为合同使用的，按合同贴花
8. 借款合同	银行及其他金融组织和借款人（不包括银行同业拆借）所签订的借款合同	按借款金额 0.05‰ 贴花	立合同人	单据作为合同使用的，按合同贴花

（续表）

9.财产保险合同	包括财产、责任、保证、信用等保险合同	按保险费收入1‰贴花	立合同人	单据作为合同使用的，按合同贴花
10.技术合同	包括技术开发、转让、咨询、服务等合同	按所载金额0.3‰贴花	立合同人	
11.产权转移书据	包括财产所有权和版权、商标专用权、专利权、专有技术使用权等转移书据、土地使用权出让合同、土地使用权转让合同、商品房销售合同	按所载金额0.5‰贴花	立据人	
12.营业账簿	生产、经营用账册	记载资金的账簿，按实收资本和资本公积的合计金额0.5‰贴花。其他账簿按件贴花5元	立账簿人	
13.权利、许可证照	包括政府部门发给的房屋产权证、工商营业执照、商标注册证、专利证、土地使用证	按件贴花5元	领受人	

（三）减免税

1.下列凭证可以免征印花税：

（1）已经缴纳印花税的凭证的副本、抄本，但是视同正本使用者除外；

（2）财产所有人将财产赠给政府、抚养孤老伤残人员的社会福利单位、学校所立的书据；

（3）国家指定的收购部门与村民委员会、农民个人书立的农副产品收购合同；

（4）无息、贴息贷款合同；

（5）外国政府、国际金融组织向中国政府、国家金融机构提供优惠贷款所书立的合同；

（6）企业因改制而签订的产权转移书据；

（7）农民专业合作社与本社成员签订的农业产品和农业生产资料购销合同；

（8）个人出租、承租住房签订的租赁合同，廉租住房、经济适用住房经营管理单位与廉租住房、经济适用住房有关的凭证，廉租住房承租人、经济适用住房购买人与廉租住房、经济适用住房有关的凭证。

2.下列章节可以暂免征收印花税：

（1）农林作物、牧业畜类保险合同；

（2）书、报、刊发行单位之间，发行单位与订阅单位、个人之间书立的凭证；

（3）投资者买卖证券投资基金单位；

（4）经国务院和省级人民政府决定或者批准进行政企脱钩、对企业（集团）进行改组和改变管理体制、变更企业隶属关系，国有企业改制、盘活国有企业资产，发生的国有股权无偿划转行为；

（5）个人销售、购买住房。

三、印花税的计算

印花税以应纳税凭证所记载的金额、费用、收入额和凭证的件数为计税依据，按照适用税率或者税额标准计算应纳税额。

应纳税额计算公式：

应纳数额＝应纳税凭证记载的金额（费用、收入额）× 适用税率

或

应纳税额＝应纳税凭证的件数 × 适用税额标准

印花税根据不同征税章节，分别实行从价计征和从量计征两种征收方法。

（一）从价计税情况下计税依据的确定

实行从价计税的凭证，以凭证所载金额为计税依据。具体规定如下：

1.各类经济合同，以合同上所记载的金额、收入或费用为计税依据。

（1）购销合同的计税依据为购销金额，不得作任何扣除，特别是调剂合同和易货合同，均应包括调剂、易货的全额。

在商品购销活动中，采用以货换货方式进行商品交易签订的合同，是反映既购又销双重经济行为的合同。对此，应按合同所载的购、销金额合计数计税贴花。合同未列明金额的。应按合同所载购、销数量，依照国家牌价或市场价格计算应纳税额。

（2）加工承揽合同的计税依据是加工或承揽收入的金额。

对于由受托方提供原材料的加工、定做合同，凡在合同中分别记载加工费金额和原材料金额的，应分别按"加工承揽合同"、"购销合同"计税，两项税额

相加数，即为合同应贴印花；若合同中未分别记载，则应就全部金额依照加工承揽合同计税贴花。

对于由委托方提供主要材料或原料，受托方只提供辅助材料的加工合同，无论加工费和辅助材料金额是否分别记载，均以辅助材料与加工费的合计数，依照加工承揽合同计税贴花。对委托方提供的主要材料或原料金额不计税贴花。

【例8-2】甲公司与乙公司签订一份加工合同，甲公司提供价值30万元的辅助材料并收取加工费25万元，乙公司提供价值100万元的原材料。

加工承揽合同印花税的计税依据为受托方收取的加工费和提供的辅助材料金额之和。则甲公司应纳印花税 = （30 + 25）× 0.5‰ × 10000 = 275（元）

（3）建设工程勘察设计合同的计税依据为勘察、设计收取的费用（即勘察、设计收入）。

（4）建筑安装工程承包合同的计税依据为承包金额，不得剔除任何费用。如果施工单位将自己承包的建设章节再分包或转包给其他施工单位，其所签订的分包或转包合同，仍应按所载金额另行贴花。

【例8-3】某建筑公司与甲企业签订一份建筑承包合同，合同金额6000万元（含相关费用50万元）。施工期间，该建筑公司又将其中价值800万元的安装工程转包给乙企业，并签订转包合同。

施工企业将承包工程分包或转包所签合同，应根据分包合同或转包合同计载金额计算应纳税额，则该建筑公司此项业务应纳印花税 = （6000 + 800）* 0.3‰ = 2.04（万元）。

（5）财产租赁合同的计税依据为租赁金额（即租金收入）。

【例8-4】A公司向汽车运输公司租入5辆载重汽车，双方签订的合同规定，5辆载重汽车的总价值为240万元，租期3个月，租金合计为1.28万元。

租赁合同以租赁金额为计税依据，则A公司应缴印花税额 = 1.28 * 1‰ * 10000 = 12.8（元）

由于税额不足1元的，按1元贴花，实际贴花13元。

（6）货物运输合同的计税依据为取得的运输费金额（即运费收入），不包括所运货物的金额、装卸费和保险费等。

对国内各种形式的货物联运，凡在起运地统一结算全程运费的，应以全程运费为计税依据，由起运地运费结算双方缴纳印花税；凡分程结算运费的，应以分程的运费作为计税依据。分别由办理运费结算的各方缴纳印花税。

对国际货运，凡由我国运输企业运输的，运输企业所持的运费结算凭证，以本程运费为计税依据计算应纳税额；托运方所持的运费结算凭证，以全程运费为计税依据计算应纳税额。由外国运输企业运输进出口货物的，运输企业所持的运费结算凭证免纳印花税，托运方所持的运费结算凭证，应以运费金额为计税依据缴纳印花税。

【例8-5】某企业与货运公司签订运输合同，载明运输费用8万元（其中含装卸费0.5万元）。

则：货运合同应纳印花税=（8万元－0.5万元）×0.5‰×10000=37.5（元）

（7）仓储保管合同的计税依据为仓储保管的费用（即保管费收入）。

（8）借款合同的计税依据为借款金额。针对实际借贷活动中不同的借款形式，税法规定了不同的计税方法：

①凡是一项信贷业务既签订借款合同，又一次或分次填开借据的，只以借款合同所载金额为计税依据计税贴花；凡是只填开借据并作为合同使用的，暄以借据所载金额为计税依据计税贴花。

②借贷双方签订的流动资金周转性借款合同，一般按年（期）签订，规定最高限额，借款人在规定的期限和最高限额内随借随还，为避免加重借贷双方的负担，对这类合同只以其规定的最高额为计税依据，在签订时贴花一次，在限额内随借随还不签订新合同的，不再另贴印花。

③对借款方以财产作抵押，从贷款方取得一定数量抵押贷款的合同，应按借款合同贴花；在借款方因无力偿还借款而将抵押财产转移给贷款方时，应再就双方书立的产权书据，按产权转移书据的有关规定计税贴花。

④对银行及其他金融组织的融资租赁业务签订的融资租赁合同，应按合同所载租金总额，暂按借款合同计税。

⑤在贷款业务中，如果贷方系由若干银行组成的银团，银团各方均承担一定的贷款数额，借款合同由借款方与银团各方共同书立，各执一份合同正本，对这类合同，借款方与贷款银团各方应分别在所执的合同正本上，按各自的借款金额计税贴花。

⑥在基本建设贷款中，如果按年度用款计划分年签订借款合同，在最后一年按总概算签订借款总合同，且总合同的借款金额包括各个分合同的借款金额的，对这类基建借款合同，应按分合同分别贴花，最后签订的总合同，只就借款总额扣除分合同借款金额后的余额计税贴花。

【例8-6】某钢铁厂与机械进出口公司签订购买价值2000万元设备合同，为购买此设备向商业银行签订借款2000万元的借款合同。后因故购销合同作废，改签融资租赁合同，租赁费 1000 万元。

根据上述情况，该厂一共涉及三项应税行为：

购销合同应纳税额 = 2000 万 × 0.3‰ = 0.6（万元），产生纳税义务后合同作废不能免税；

借款合同应纳税额 = 2000 万 × 0.05‰ = 0.1（万元）；

融资租赁合同属于借款合同，应纳税额 = 1000 万 × 0.05‰ = 0.05（万元）。

则该厂应纳税额 = 0.6 + 0.1 + 0.05 = 0.75（万元）= 7500（元）。

（9）财产保险合同的计税依据为支付（收取）的保险费金额，不包括所保财产的金额。

（10）技术合同的计税依据为合同所载的价款、报酬或使用费。为了鼓励技术研究开发，对技术开发合同，只就合同所载的报酬金额计税，研究开发经费不作为计税依据。单对合同约定按研究开发经费一定比例作为报酬的，应按一定比例的报酬金额贴花。

【例 8-7】甲企业与丙企业签订一份技术开发合同。记载金额共计 500 万元，其中研究开发费用为 100 万元。该合同甲乙各持一份。

则甲乙一共应缴纳的印花税税额 =（500 – 100）× 0.3‰ × 2 = 0.24（万元）

2.产权转移书据以书据中所载的金额为计税依据。

3.记载资金的营业账簿，以实收资本和资本公积的两项合计金额为计税依据。

对跨地区经营的分支机构的营业账簿在计税贴花时，为了避免对同一资金重复计税，规定上级单位记载资金的账簿，应按扣除拨给下属机构资金数额后的其余部分计算贴花。

企业启用新账簿后，其实收资本和资本公积两项的合计金额大于原已贴花资金的，就增加的部分补贴印花。凡"资金账簿"在次年度的实收资本和资本公积未增加的，对其不再计算贴花。

4.在确定合同计税依据时应当注意的一个问题是，有些合同在签订时无法确定计税金额，如技术转让合同中的转让收入，是按销售收入的一定比例收取或是按实现利润分成；财产租赁合同只是规定了月（天）租金标准而无期限。对于这类合同，可在签订时先按定额 5 元贴花，以后结算时再按实际金额计税，补贴印花。

（二）从量计税情况下计税依据的确定

实行从量计税的其他营业账簿和权利、许可证照，以计税数量为计税依据

四、缴纳方法

印花税实行由纳税人根据规定自行计算应纳税额，购买并一次贴足印花税票（以下简称贴花）的缴纳办法。

为简化贴花手续，应纳税额较大（超过 500 元）或者贴花次数频繁的，纳税人可向税务机关提出申请，采取以缴款书代替贴花或者按期汇总缴纳的办法。

印花税票应当粘贴在应纳税凭证上，并由纳税人在每枚税票的骑缝处盖戳注销或者画销。已贴用的印花税票不得重用。

应纳税凭证应当于书立或者领受时贴花。同一凭证，由两方或者两方以上当事人签订并各执一份的，应当由各方就所执的一份各自全额贴花。已贴花的凭证，修改后所载金额增加的，其增加部分应当补贴印花税票。

印花税还可以委托代征，税务机关委托经由发放或者办理应税凭证的单位代为征收印花税税款。

8.3 车辆购置税

车辆购置税是对在境内购置规定车辆的单位和个人征收的一种税，它由车辆购置附加费演变而来。现行车辆购置税法的基本规范，是从 2001 年 1 月 1 日起实施的《中华人民共和国车辆购置税暂行条例》。

一、特点

车辆购置税除具有税收的共同特点外，还有其自身独立的特点：

（一）征收范围单一

作为财产税的车辆购置税，是以购置的特定车辆为课税对象，而不是对所有的财产或消费财产征税，范围窄，是一种特种财产税。

（二）征收环节单一

车辆购置税实行一次课征制，它不是在生产、经营和消费的每一环节实行道道征收，而只是在退出流通进入消费领域的特定环节征收。

（三）税率单一

车辆购置税只确定一个统一比例税率征收，税率具有不随课税对象数额变动的特点，计征简便、负担稳定，有利于依法治税。

（四）征收方法单一

车辆购置税根据纳税人购置应税车辆的计税价格实行从价计征，以价格为计税标准，课税与价值直接发生关系，价值高者多征税，价值低者少征税。

（五）征税具有特定目的

车辆购置税具有专门用途，由中央财政根据国家交通建设投资计划，统筹安排。这种特定目的的税收，可以保证国家财政支出的需要，既有利于统筹合理地安排资金，又有利于保证特定事业和建设支出的需要。

（六）价外征收，税负不发生转嫁

车辆购置税的计税依据中不包含车辆购置税税额，车辆购置税税额是附加在价格之外的，且纳税人即为负税人，税负不发生转嫁。

二、车辆购置税的基本内容

（一）纳税人

车辆购置税的纳税人是指境内购置应税车辆的单位和个人。其中购置是指购买使用行为、进口使用行为、受赠使用行为、自产自用行为、获奖使用行为以及以拍卖、抵债、走私、罚没等方式取得并使用的行为，这些行为都属于车辆购置税的应税行为。

所称单位，包括国有企业、集体企业、私营企业、股份制企业、外商投资企业、外国企业以及其他企业，事业单位、社会团体、国家机关、部队以及其他单位。所称个人，包括个体工商户及其他个人，既包括中国公民又包括外国公民。

（二）征税对象

征收对象车辆购置税以列举的车辆作为征税对象，未列举的车辆不纳税。其征税范围包括汽车、摩托车、电车、挂车、农用运输车，具体规定如下：

车辆购置税征收范围表

应税车辆	具体范围	注释
汽车	各类汽车	
摩托车	轻便摩托车	最高设计时速不大于 50km／h，发动机汽缸总排量不大于 50cm3 的两个或者三个车轮的机动车
	二轮摩托车	最高设计车速大于 50km／h，或者发动机汽缸总排量大于 50cm3 的两个车轮的机动车
	三轮摩托车	最高设计车速大于 50km／h，或者发动机汽缸总排量大于 50cm3，空车重量不大于 400kg 的三个车轮的机动车
电车	无轨电车	以电能为动力，由专用输电电缆线供电的轮式公共车辆
	有轨电车	以电能为动力，在轨道上行驶的公共车辆
挂车	全挂车	无动力设备，独立承载，由牵引车辆牵引行驶的车辆
	半挂车	无动力设备，与牵引车辆共同承载，由牵引车辆牵引行驶的车辆
农用运输车	三轮农用运输车	柴油发动机，功率不大于运输车 7.4kw，载重量不大于 500kg，最高车速不大于 40km／h 的三个车轮的机动车
	四轮农用运输车	柴油发动机，功率不大于运输车 28kw，载重量不大于 1500kg，最高车速不大于 50km／h 的四个车轮的机动车

车辆购置税征收范围的调整，由国务院决定并公布。

（三）税率

车辆购置税的税率为 10％。车辆购置税税率的调整，由国务院决定并公布。

（四）减免税

车辆购置税的免税、减税，按照下列规定执行：

1. 外国驻华使馆、领事馆和国际组织驻华机构及其外交人员自用的车辆，免税；

2. 中国人民解放军和中国人民武装警察部队列入军队武器装备订货计划的车辆，免税；

3. 设有固定装置的非运输车辆，免税；

4. 有国务院规定予以免税或者减税的其他情形的，按照规定免税或者减税。

三、辆购置税的计算

车辆购置税实行一次征收制度。购置已征车辆购置税的车辆，不再征收车辆购置税。

车辆购置税实行从价定率的办法计算应纳税额。应纳税额的计算公式为：

应纳税额 = 计税价格 × 税率

车辆购置税的计税价格根据不同情况，按照下列规定确定：

（一）纳税人购买自用的应税车辆的计税价格，为纳税人购买应税车辆而支付给销售者的全部价款和价外费用，不包括增值税税款。

因为机动车销售专用发票的购车价中均含增值税税款，所以在计征车辆购置税税额时，必须先将17%的增值税剔除，即车辆购置税计税价格 = 发票价 ÷ 1.17，然后再按10%的税率计征车辆购置税。

【例8-8】某消费者购买一辆10万元的国产车，按10%纳税，则应缴纳的车辆购置税为100000 ÷ 1.17 × 10% = 8547元。

（二）纳税人进口自用的应税车辆的计税价格的计算公式为：

计税价格 = 关税完税价格 + 关税 + 消费税

（三）纳税人自产、受赠、获奖或者以其他方式取得并自用的应税车辆的计税价格，由主管税务机关参照应税车辆市场平均交易价格，规定不同类型应税车辆的最低计税价格。

纳税人购买自用或者进口自用应税车辆，申报的计税价格低于同类型应税车辆的最低计税价格，又无正当理由的，按照最低计税价格征收车辆购置税。

四、车辆购置税的征收管理

（一）车辆购置税由国家税务局征收。

（二）纳税地点

纳税人购置应税车辆，应当向车辆登记注册地的主管税务机关申报纳税；购置不需要办理车辆登记注册手续的应税车辆，应当向纳税人所在地的主管税务机关申报纳税。

（三）纳税期限

纳税人购买自用应税车辆的，应当自购买之日起 60 日内申报纳税；进口自用应税车辆的，应当自进口之日起60日内申报纳税；自产、受赠、获奖或者以其他方式取得并自用应税车辆的，应当自取得之日起60日内申报纳税。

车辆购置税税款应当一次缴清。

（四）已缴车购税的车辆，发生下列情形之一的，准予纳税人申请退税：

1.因质量原因，车辆被退回生产企业或者经销商的；

2.应当办理车辆登记注册的车辆，公安机关车辆管理机构不予办理车辆登记注册的。

五、申报办法

免税、减税车辆因转让、改变用途等原因不再属于免税、减税范围的，应当在办理车辆过户手续前或者办理变更车辆登记注册手续前缴纳车辆购置税。

纳税人办理纳税申报时应如实填写《车辆购置税纳税申报表》，同时提供以下资料的原件和复印件。复印件和《机动车销售统一发票》（以下简称统一发票）报税联由主管税务机关留存，其他原件经主管税务机关审核后退还纳税人。

（一）车主身份证明

1.内地居民，提供内地《居民身份证》（含居住、暂住证明）或《居民户口簿》或军人（含武警）身份证明；

2.香港、澳门特别行政区、台湾地区居民，提供入境的身份证明和居留证明；

3.外国人，提供入境的身份证明和居留证明；

4.组织机构，提供《组织机构代码证书》。

（二）车辆价格证明

1.境内购置车辆，提供统一发票（发票联和报税联）或有效凭证；

2.进口自用车辆，提供《海关关税专用缴款书》《海关代征消费税专用缴款书》或海关《征免税证明》。

（三）车辆合格证明

1.国产车辆，提供整车出厂合格证明（以下简称合格证）；

2.进口车辆，提供《中华人民共和国海关货物进口证明书》或《中华人民共和国海关监管车辆进（出）境领（销）牌照通知书》或《没收走私汽车、摩托车证明书》。

（四）税务机关要求提供的其他资料

8.4　城市维护建设税

城市维护建设税，简称城建税，是我国为了加强城市的维护建设，扩大和稳定城市维护建设资金的来源，对有经营收入的单位和个人征收的一个税种。它是 1984 年工商税制全面改革中设置的一个新税种。1985 年 2 月 8 日，国务院发布《中华人民共和国城市维护建设税暂行条例》，从 1985 年度起施行。1994 年税制改革时，保留了该税种，作了一些调整，并准备适时进一步扩大征收范围和改变计征办法。

一、城建税的特点

（一）税款专款专用，具有受益税性质

按照财政的一般性要求，税收及其他政府收入应当纳入国家预算，根据需要统一安排其用途，并不规定各个税种收入的具体使用范围和方向，否则也就无所谓国家预算。但是作为例外，也有个别税种事先明确规定使用范围与方向，税款的缴纳与受益更直接地联系起来，我们通常称其为受益税。城市维护建设税专款专用，用来保证城市的公共事业和公共设施的维护和建设，就是一种具有受益税性质的税种。

（二）属于一种附加税

城市维护建设税与其他税种不同，没有独立的征税对象或税基，而是以增值税、消费税、营业税"三税"实际缴纳的税额之和为计税依据，随"三税"同时附征，本质上属于一种附加税。

（三）根据城建规模设计税率

一般来说，城镇规模越大，所需要的建设与维护资金越多。与此相适应，城市维护建设税规定，纳税人所在地为城市市区的，税率为 7%；纳税人所在地为县城、建制镇的，税率为 5%；纳税人所在地不在城市市区、县城或建制镇的，税率为 1%。这种根据城镇规模不同。差别设置税率的办法，较好地照顾了城市建设的不同需要。

（四）征收范围较广

鉴于增值税、消费税、营业税在我国现行税制中属于主体税种，而城市维护建设税又是其附加税，原则上讲，只要缴纳增值税、消费税、营业税中任一税种的纳税人都要缴纳城市维护建设税。这也就等于说，除了减免税等特殊情况以外，任何从事生产经营活动的企业单位和个人都要缴纳城市维护建设税，这个征税范围当然是比较广的。

二、基本内容

（一）纳税义务人

按照现行税法的规定，城市维护建设税的纳税人是在征税范围内从事工商经营，缴纳"三税"（即增值税、消费税和营业税，下同）的单位和个人。任何单位或个人，只要缴纳"三税"中的一种，就必须同时缴纳城市维护建设税。

（二）征税范围

城市维护建设税的征税范围包括城市、县城、建制镇以及税法规定征税的其他地区。城市、县城、建制镇的范围应根据行政区划作为划分标准，不得随意扩大或缩小各行政区域的管辖范围。

（三）税率

根据《中华人民共和国城市维护建设税暂行条例》及其《实施细则》有关规定，城建税是根据城市维护建设资金的不同层次的需要而设计的，实行分区域的差别比例税率，即按纳税人所在城市、县城或镇等不同的行政区域分别规定不同的比例税率。具体规定为：

1. 纳税人所在地在市区的，税率为 7%。这里称的"市"是指国务院批准市建制的城市，"市区"是指省人民政府批准的市辖区（含市郊）的区域范围。

2. 纳税人所在地在县城、镇的税率为 5%。这里所称的"县城、镇"是指省人民政府批准的县城、县属镇（区级镇），县城、县属镇的范围按县人民政府批准的城镇区域范围。

3. 纳税人所在地不在市区、县城、县属镇的，税率为 1%。

纳税人在外地发生缴纳增值税、消费税、营业税的，按纳税发生地的适用税率计征城建税。

（四）减免规定

城市维护建设税由于是以纳税人实际缴纳的增值税、消费税、营业税为计税依据，并随同增值税、消费税、营业税征收购，因此减免增值税、消费税、营业税也就意味着减免城市维护建设税，所以城市维护建设税一般不能单独减免。但是如果纳税人确有困难需要单独减免的，可以由省级人民政府酌情给予减税或者免税照顾。

城建税以"三税"的实缴税额为计税依据征收，一般不规定减免税，但对下列情况可免征城建税：

1. 免征章节：

（1）海关对进口产品代征的流转税，免征城建税；

（2）从 1994 年起，对三峡工程建设基金，免征城建税；

（3）2010 年 12 月 1 日前，对中外合资企业和外资企业暂不征收城建税。

2. 对出口产品退还增值税、消费税的，不退还已缴纳的城市维护建设税。

3. 海关对进口产品代征的增值税、消费税，不征收城市维护建设税。

4. 对"三税"实行先征后返、先征后退、即征即退办法的，除另有规定外，对随"三税"附征的城市维护建设税，一律不予退（返）还。

三、城建税的计算

城市维护建设税是以纳税人实际缴纳的流通转税额为计税依据征收的一种税，纳税环节确定在纳税人缴纳的增值税、消费税、营业税的环节上，从商品生产到消费流转过程中只要发生增值税、消费税、营业税的当中一种税的纳税行为，就要以这种税为依据计算缴纳城市维护建设税。

如果纳税人违反了增值税、消费税、营业税三税条例的有关规定，税务部门对其追收应纳税款，加收滞纳金、罚款时，亦应追征其应纳的城建税，并相应加收滞纳金或罚款。

应纳税额 =（实际缴纳增值税 + 消费税 + 营业税税额）× 适用税率

【例 8-9】地处市区的某内资企业为增值税一般纳税人，主要从事货物的生产与销售。2010 年 1 月按规定缴纳增值税 100 万元，同时补交上一年增值税 10 万元及相应的滞纳金 1.595 万元、罚款 20 万元。该企业本月应缴纳城市维护建设税（ ）万元。

A.5.50   B.7.00   C.7.70   D.9.17

『正确答案』C

『答案解析』城市维护建设税以"三税"为计税依据，但不包括加收的滞纳金和罚款。本月应缴纳城市维护建设税 =（100 + 10）× 7% = 7.7（万元）

【例 8-10】某生产企业为增值税一般纳税人（位于市区），主要经营内销和出口业务，2013 年 4 月实际缴纳增值税 40 万元，出口货物免抵税额 4 万元。另外，进口货物缴纳增值税 17 万元，缴纳消费税 30 万元。该企业 2013 年 4 月应纳城市维护建设税（ ）万元。

A.2.80   B.3.08   C.2.52   D.5.81

『正确答案』B

『答案解析』出口免抵的增值税应计缴城建税，进口环节不缴纳城建税。应纳城建税 =（40 + 4）× 7% = 3.08（万元）

四、城建税的缴纳方法

（一）城市维护建设税的纳税期限和纳税地点 按照规定，城市维护建设税应当与"三税"同时缴纳，自然其纳税期限和纳税地点也与"三税"相同。比如，某施工企业所在地在 A 市，而本期它在 B 市承包工程，按规定应当就其工程结算收入在 B 市缴纳营业税，相应地，也应当在 B 市缴纳与营业税相应的城市维护建设税。

（二）预缴税款

对于按规定以 1 日、3 日、5 日、10 日、15 日为一期缴纳"三税"的纳税人，应在按规定预缴"三税"的同时，预缴相应的城市维护建设税。

（三）纳税申报

企业应当于月度终了后在进行"三税"申报的同时，进行城市维护建设税的纳税申报。

8.5　教育费附加

教育费附加是国家为扶持教育事业发展，计征用于教育的政府性基金。1986年，国务院颁布《征收教育费附加的暂行规定》从 1986 年 7 月起，以各单位和个人实际缴纳的增值税、营业税、消费税总额的 2% 计征。2005 年国务院《关于修改〈征收教育费附加的暂行规定〉的决定》规定从 2005 年 10 起，教育费附加率提高为 3%，分别与增值税、营业税、消费税同时缴纳。教育附加费作为专项收入，由教育部门统筹安排使用。根据 2011 年 1 月 8 日《国务院关于废止和修改部分行政法规的决定》，国务院对〈征收教育费附加的暂行规定〉进行了第三次修订。此外，一些地方政府为发展地方教育事业，还根据教育法的规定，开征了"地方教育附加费"。

一、基本内容

（一）纳费人

凡缴纳增值税、消费税、营业税的单位和个人，均为教育费附加的纳费义务人（简称纳费人）。凡代征增值税、消费税、营业税的单位和个人，亦为代征教育费附加的义务人。农业、乡镇企业，由乡镇人民政府征收农村教育事业附加，不再征收教育费附加。

国务院（国发【2010】35号）和财政部、国家税务总局（财税【2010】103号）文件明确了外商投资企业、外国企业和外籍人员适用于现行有效的城市维护建设税和教育费附加政策规定，凡是缴纳增值税、消费税和营业税的外商投资企业、外国企业和外籍人员纳税人均需按规定缴纳城市维护建设税和教育费附加。

（二）征费范围

征费范围同增值税、消费税、营业税的征收范围相同。

（三）征收率

教育费附加征收率：根据国务院《关于教育费附加征收问题的紧急通知》的精神，教育费附加征收率为"三税"税额的3%。

（四）减免规定

1. 对海关进口的产品征收的增值税、消费税，不征收教育费附加。

2. 对由于减免增值税、消费税、营业税而发生退税的，可以同时退还已征收的教育费附加。但对出口产品退还增值税、消费税的。不退还已征的教育费附加。

3. 对机关服务中心为机关内部提供的后勤服务所取得的收入，在2003年12月31当前，暂免征收教育费附加。

4. 对新办的商贸企业（从事批发、批零兼营以及其他非零售业务的商贸企业除外），当年新招用下岗失业人员达到职工总数30%以上（含30%），并与其签订1年以上期限劳动合同的，经劳动保障部门认定，税务机关审核，3年内免征教育费附加。

5. 对下岗失业人员从事个体经营（除建筑业、娱乐业以及广告业、桑拿、按摩、网吧、氧吧外）的，自领取税务登记证之日起，3年内免征教育费附加。

6. 自2004年1月1日起；对为安置自谋职业的城镇退役士兵就业而新办的服务型企业（除广告业、桑拿、按摩、网吧、氧吧外）当年新安置自谋职业的城镇退役士兵达到职工总数30%以上。并与其签订1年以上期限劳动合同的，经县以上民政部门认定，税务机关审核，3年内免征教育费附加。

对自谋职业的城镇退役士兵，在国办发【2004】10号文下发后从事个体经营（除建筑业、娱乐业以及广告业、桑拿、按摩、网吧、氧气吧）的，自领取税务登记证之日起，3年内免征教育费附加。

7. 经中国人民银行依法决定撤销的金融机构及其分设于各地的分支机构

（包括被依法撤销的商业银行、信托投资公司、财务公司、金融租赁公司、城市信用社和农村信用社），用其财产清偿债务时，免征被撤销金融机构转让货物、不动产、无形资产、有价证券、票据等应缴纳的教育费附加。

8. 从 2006 年 1 月 1 日起至 2008 年 12 月 31 日止，对中国证券投资者保护基金有限责任公司根据《证券投资者保护基金管理办法》取得的证券交易所按其交易经手费 20% 和证券公司按其营业收入 0.5% 缴纳 t 的证券投资者保护基金收入和申购冻结资金利息收入、依法向有关责任方追偿所得收入以及从证券公司破产清算中受偿收入，暂免征教育费附加。

二、费额计算

1. 计费依据

以纳税人实际缴纳的增值税、消费税、营业税的税额为计费 依据。

2. 计算公式

应纳教育费附加 =（实际缴纳的增值税、消费税、营业税三税税额）× 3%

三、征收管理

1. 纳费期限

纳费人申报缴纳增值税、消费税、营业税的同时，申报、缴纳教育费附加。

2. 其他规定

（1）教育费附加由地方税务局负责征收，也可委托国家税务局征收。

（2）纳费人不按规定期限缴纳教育费附加，需处以滞纳金和罚款的，由县、市人民政府规定。

（3）海关进口产品征收的增值税、消费税、不征收教育费附加。

【趣味税收】

印花税（Stamp duty）是一个很古老的税种，人们比较熟悉，但对它的起源却鲜为人知。从税史学理论上讲，任何一种税种的"出台"，都离不开当时的政治与经济的需要，印花税的产生也是如此。且其间有不少趣闻。

公元 1624 年，荷兰政府发生经济危机，财政困难，当时执掌政权的统治者摩里（Maurs）为了解决财政上的需要问题，拟提出要用增加税收的办法来解决支出的困难，但又怕人民反对，便要求政府的大臣们出谋献策。众大臣议来议去，就是想不出两全其美的妙法来。于是，荷兰的统治阶级就采用公开招标办法，以重赏来寻求新税设计方案，谋求敛财之妙策。印花税，就是从千万个应征者设计的方案中精选出来的"杰作"。可见，印花税的产生较之其他税种，更具有传奇色彩。

印花税的设计者可谓独具匠心。他观察到人们在日常生活中使用契约、借贷凭证之类的单据很多，连绵不断，所以，一旦征税，税源将很大；而且，人们还有一个心理，认为凭证单据上由政府盖个印，就成为合法凭证，在诉讼时可以有法律保障，因而对交纳印花税也乐于接受。正是这样，印花税被资产阶级经济学家誉为税负轻微、税源畅旺、手续简便、成本低廉的"良税"。英国的哥尔柏（Kolebe）说过："税收这种技术，就是拔最多的鹅毛，听最少的鹅叫"。印花税就是这种具有"听最少鹅叫"特点的税种。

从 1624 年世界上第一次在荷兰出现印花税后，由于印花税"取微用宏"，简便易行，欧美各国竞相效法。丹麦在 1660 年、法国在 1665 年、部分北美地区在 1671 年、奥地利在 1686 年、英国在 1694 年先后开征了印花税。它在不长的时间内，就成为世界上普遍采用的一个税种，在国际上盛行。

【技能提升】

车辆购置税纳税申报表

填表日期：年月日 行业代码：注册类型代码：

纳税人名称：金额单位：元

纳税人证件名称		证件号码		
联系电话	邮政编码		地址	
车辆基本情况				
车辆类别	1.汽车□；2.摩托车□；3.电车□；4.挂车□；5.农用运输车□。			
生产企业名称		厂牌型号		
车辆识别代号（车架号码）		发动机号码		
车辆购置信息				
机动车销售统一发票（或有效凭证）号码		机动车销售统一发票（或有效凭证）价格	价外费用	
关税完税价格		关税	消费税	

（续表）

购置日期				免（减）税条件		
申报计税价格	计税价格	税率		应纳税额	免（减）税额	实纳税额
		10%				

申报人声明	授权声明
此纳税申报表是根据《中华人民共和国车辆购置税暂行条例》、《车辆购置税征收管理办法》的规定填报的，是真实、可靠、完整的。	如果您已委托代理人办理申报，请填写以下资料：为代理车辆购置税涉税事宜，现授权（　）为本纳税人的代理申报人，任何与本申报表有关的往来文件，都可交予此人。
声明人（签名或盖章）：	授权人（签名或盖章）：

纳税人签名或盖章	如委托代理人的，代理人应填写以下各栏		代理人（签名或盖章）
	代理人名称		
	经办人		
纳税人签名或盖章	经办人证件名称		代理人（签名或盖章）
	经办人证件号码		

接收人：接收日期：	主管税务机关（章）：
备注：	

《车辆购置税纳税申报表》填表说明

1. 本表由车辆购置税纳税人（或代理申报人）在办理纳税申报时填写。本表可由车辆购置税征收管理系统打印，交纳税人签章确认。

2. "纳税人名称"，填写纳税人名称。

3. "纳税人证件名称"栏，单位纳税人填写《组织机构代码证》或《税务登记证》；个人纳税人填写《居民身份证》或其他身份证明名称。

4. "证件号码"栏，填写《组织机构代码证》或《税务登记证》、《居民身份证》或其他身份证件的号码。

5. "车辆类别"栏，在表中所列章节中划√。

6. "生产企业名称"栏，国产车辆填写国内生产企业名称，进口车辆填写国外生产企业名称。

7. "厂牌型号"、"发动机号码"、"车辆识别代号（车架号码）"栏，分别填写车辆整车出厂合格证或《中华人民共和国海关货物进口证明书》或《中华人民共和国海关监管车辆进（出）境领（销）牌照通知书》或《没收走私汽车、摩托车证明书》中注明的车辆品牌和车辆型号、发动机号码、车辆识别代号（VIN，车架号码）。

8. "机动车销售统一发票（或有效凭证）号码"栏，填写机动车销售统一发票（或有效凭证）上注明的号码。

9. "机动车销售统一发票（或有效凭证）价格"栏，填写机动车销售统一发票（或有效凭证）上注明的含税价金额。

10. "价外费用"填写销售方价外向购买方收取的基金、集资费、违约金（延期付款利息）和手续费、包装费、储存费、优质费、运输装卸费、保管费以及其他各种性质的价外收费，但不包括销售方代办保险等而向购买方收取的保险费，以及向购买方收取的代购买方缴纳的车辆购置税、车辆牌照费。

11. 下列栏次由进口自用车辆的纳税人填写：

（1）"关税完税价格"栏，通过《海关进口关税专用缴款书》、《海关进口消费税专用缴款书》、《海关进口增值税专用缴款书》或其他资料进行采集，顺序如下：

① 《海关进口关税专用缴款书》中注明的关税完税价格；

② 在免关税的情况下，通过《海关进口消费税专用缴款书》中注明的完税价格和消费税税额计算关税完税价格；

③ 在免关税和免或不征消费税的情况下，采用《海关进口增值税专用缴款书》中注明的完税价格；

④ 在关税、消费税和增值税均免征或不征的情况下，通过其他资料采集关税完税价格。

（2）"关税"栏，填写《海关进口关税专用缴款书》中注明的关税税额；

（3）"消费税"栏，填写《海关进口消费税专用缴款书》中注明的消费税税额。

12. "购置日期"栏，购买自用填写《机动车销售统一发票》（以下简称统一发票）或者其他有效凭证的开具日期；进口自用填写《海关进口增值税专用缴款书》或者其他有效凭证的开具日期；自产、受赠、获奖或以其他方式取得并自用的，填写合同、法律文书或者其他有效凭证的生效或开具日期。

13. "免（减）税条件"栏，按下列章节选择字母填写：

A. 外国驻华使馆、领事馆和国际组织驻华机构的车辆

B. 外交人员自用车辆

C. 中国人民解放军和中国人民武装警察部队列入军队武器装备订货计划的车辆

D. 设有固定装置的非运输车辆（列入免税图册车辆）

E. 防汛车辆

F. 森林消防车辆

G. 留学人员购买车辆

H. 来华专家购置车辆

I. 农用三轮运输车

G. 新能源车辆

K. "母亲健康快车"章节专用车辆

L. 芦山地震灾后恢复重建

M. 计划生育流动服务车

N. 城市公交企业购置公共汽电车辆

O. 其他车辆

14. "申报计税价格"栏，分别按下列要求填写：

（1）境内购置车辆，按"机动车销售统一发票（或有效凭证）价格"与"价外费用"合计填写；

（2）进口自用车辆，按计税价格填写，计税价格 = 关税完税价格 + 关税 + 消费税；

（3）自产、受赠、获奖或者以其他方式取得并自用的车辆，按机动车销售统一发票（不含税价栏）或有效凭证注明的价格填写。

15. "计税价格"栏，填写按规定确定的（核定）计税价格。

16. "应纳税额"栏，计算公式为：应纳税额 = 计税价格 × 税率。

17. "免（减）税额"栏，填写根据相关的车辆购置税优惠政策计算的免（减）税额。

18. "实纳税额"栏，计算公式为：实纳税额 = 应纳税额 - 免（减）税额。

19. "申报计税价格"、"计税价格"、"应纳税额"、"免（减）税额"、"实纳税额"栏，由税务机关填写。

20. 本表一式二份（一车一表），一份由纳税人留存，一份由主管税务机关留存。

【技能训练】

一、单项选择题

1.某企业 2013 年实收资本为 1000 万元，资本公积为 4000 万元。该企业 2012 年资金账簿上已按规定贴印花 8500 元。该企业 2013 年应纳印花税为（   ）。

A.5000 元　　　　B.7500 元　　　　C.16500 元　　　　D.25000 元

2.按照印花税的有关规定，下列各项中，正确的涉税处理是（   ）。

A.对技术开发合同，以合同所载的报酬金额和研究开发经费作为计税依据

B.货物运输合同，以收取的全部运费、装卸费和保险费为计税依据

C.财产租赁合同，以收取的租赁金额为计税依据

D.财产保险合同的计税依据中包含所保财产的金额

3.下列关于印花税计税依据的表述中，符合印花税条例规定的是（   ）。

A.对于一项信贷业务，如果只填开借据并作为合同使用的，应以借据所载金额为计税依据

B.技术开发合同就合同所载的报酬以及研究开发经费作为计税依据

C.建筑安装工程承包合同的计税依据是承包总额扣除分包或转包金额后的余额

D.对于由受托方提供原材料的加工合同，原材料和加工费金额按照加工承揽合同计税

4.根据《车辆购置税暂行条例》的规定，下列人员中不属于车辆购置税纳税义务人的是（   ）。

A.应税车辆的馈赠人　　　　　　B.应税车辆的购买使用者

C.免税车辆的受赠使用者　　　　D.应税车辆的进口使用者

5.关于车辆购置税的计算，下列说法正确的是（   ）。

A.进口自用的应税小汽车的计税价格包括关税完税价格和关税，不包括消费税

B.底盘发生更换的车辆，计税依据为最新核发的同类型车辆最低计税价格

C.销售汽车的纳税人代收的保险费，不应计入计税依据中征收车辆购置税

D.进口自用的应税小汽车，其计税价格 = 关税完税价格 + 关税 + 消费税

6.依据车辆购置税的有关规定，下列说法中正确的是（   ）。

A.车辆购置税价内征收，不转嫁税负

B.车辆购置是一种特种财产税

C.车辆购置税是对所有新购置车辆的使用行为征税

D. 车辆购置税的征税环节为车辆的出厂环节

7. 根据规定，现行教育费附加的征收率为（　　）。

A.1%　　　　　B.2%　　　　　C.3%　　　　　D.5%

8. 根据现行规定，关于城建税和教育费附加的减免规定，下列表述正确的是（　　）。

A. 对海关进口产品征收的增值税、消费税和营业税，应征收城建税

B. 对"三税"实行先征后返、先征后退、即征即退办法的，除另有规定外，对随同"三税"附征的城市维护建设税，一律不予退（返）还

C. 对出口产品退还增值税、消费税的，可以同时退还已征的城建税

D. 对因减免税而需要进行增值税、消费税退库的，不可以同时退还已征的城建税

9. 以下各个章节中，可以作为计算城市维护建设税及教育费附加的依据的是（　　）。

A. 补缴的消费税税款　　　　　B. 因漏缴营业税而缴纳的滞纳金

C. 因漏缴营业税而缴纳的罚款　　D. 进口货物缴纳的增值税税款

10. 某企业地处市区，2012年5月被税务机关查补增值税90000元、消费税50000元、所得税60000元；还被加收滞纳金40000元、被处罚款80000元。该企业应补缴城市维护建设税和教育费附加（　　）元。

A.10000　　　　　B.14000　　　　　C.16000　　　　　D.20000

二、多项选择题

1. 下列属于印花税纳税义务人的表述中，正确的有（　　）。

A. 各类合同的纳税义务人是立合同人包括保人，但不包括证人、鉴定人

B. 在国外书立在国内使用的应税凭证其纳税人是使用人

C. 电子形式签订的各类应税凭证的当事人

D. 凡由两方或两方以上当事人共同书立的应税凭证，由双方协商确定纳税义务人，协商不成的双方各缴纳应税额的50%（当事人各方都是印花税的纳税人）

E. 在中国境内书立、使用、领受税法所列举凭证应履行纳税义务的单位和个人

2. 下列说法中，符合印花税计税依据的有（　　）。

A. 购销合同的计税依据为购销金额，不得扣除任何费用

B. 流动资金周转性借款合同，规定最高限额，借款人在规定的期限和最高限额内随借随还的，以总借款金额为计税依据

C. 由委托方提供主要材料的加工合同，以加工费和主要材料金额合计为计税依据

D. 对技术开发合同，只就合同所载的报酬金额计税，研究开发经费不作为计税依据

E. 记载资金的营业账簿，以实收资本和资本公积的两项合计金额为计税依据

5. 下列属于印花税的简化纳税方法有（   ）。

A. 自行贴花   B. 以缴款书代替贴花

C. 以完税凭证代替贴花   D. 按期汇总缴纳印花税

E. 代扣税款汇总缴纳

4. 按照现行政策规定，下列属于车辆购置税免税章节的有（   ）。

A. 外国驻华使馆、领事馆和国际组织驻华机构及其外交人员自用的车辆

B. 中国人民解放军和中国人民武装警察部队列入军队武器装备订货计划的车辆

C. 设有固定装置的非运输车辆

D. 防汛部门购置的由指定厂家生产的用于报汛的专用车辆

5. 根据相关规定，下列属于城市维护建设税的特点的有（   ）。

A. 税款专款专用，具有受益税性质   B. 实行从量定额征收

C. 征收范围广   D. 属于一种附加税

E. 根据城建规模设计税率

6. 根据现行规定，下列关于城市维护建设税的说法中正确的有（   ）。

A. 海关对进口产品代征消费税的，不代征城市维护建设税

B. 对于因减免税而需要进行"三税"退库的，城市维护建设税可同时退库

C. 对增值税、消费税、营业税"三税"实行先征后返、先征后退、即征即退办法的，除另有规定外，对随"三税"附征的城市维护建设税和教育费附加，一律不予退（返）还

D. 对下岗失业人员从事个体经营（除建筑业、娱乐业以及广告业、桑拿、按摩、网吧、氧吧外）的，自领取税务登记证之日起，3年内免征城建税

E. 流动经营无固定纳税地点的单位和个人，不缴纳城市维护建设税

第三章

税收程序法

【章节简介】

本章节主要介绍税收程序法的内容，税收程序法是税收实体法的对称，指以国家税收活动中所发生的程序关系为调整对象的税法，是规定国家征税权行使程序和纳税人纳税义务履行程序的法律规范的总称。其内容主要包括税收确定程序、税收征收程序、税收检查程序和税务争议的解决程序等。

第一节 税收征收管理

知识目标：理解、掌握税务登记、账簿、凭证、发票管理等税务管理的内容以及税款的征收方法；纳税人违反税务管理的相关规定所应承担的法律责任等。

能力目标：通过学习税务管理的相关知识，能够在实际工作中进行相关的税务登记，正确地对与纳税相关的凭证、账簿、发票等资料进行管理，以避免出现违法违规行为而造成企业不必要的损失。

【小节分析】

案例链接：

鑫兴餐厅（系有证个体户），经税务机关核定实行定期定额税收征收方式，核定月均应纳税额 500 元。2013 年 5 月 6 日，因店面装修向税务机关提出自 5 月 10 日至 6 月 30 日申请停业的报告，税务机关经审核后，在 5 月 12 日做出同意核准停业的批复，并下达了《核准停业通知书》，并在办税服务厅予以公示。6 月 20 日，税务机关接到群众举报，称该餐厅一直仍在营业中。6 月 21 日，税务机关派员实地检查，发现该餐厅仍在营业，确属虚假停业，遂于 6 月 22 日送达《复业通知书》，并告知需按月均定额纳税。7 月 12 日，税务机关下达《限期改正通知书》，责令限期申报并缴纳税款，但截至 7 月 30 日该餐厅仍未申报缴纳相关税金。

问：鑫兴餐厅的行为属于哪种税收违法行为？税务机关应对该餐厅的违法行为如何进行处理？

答：鑫兴餐厅的行为属于偷税行为，所以税务机关对该餐厅应做出除补缴 5 月份税款 500 元及滞纳金外，并可按《税收征管法》第 63 条规定，处以所偷税款 50% 以上 5 倍以下的罚款。

在实际工作中，企业除了要根据经营范围确定自己负有哪些纳税义务，根据账簿资料进行各税种应纳税额的计算等工作外，还要解决纳税程序的问题。例如开业要进行税务登记，停业复业也要去税务局进行相应登记，销售中涉及的重要纳税资料发票、账簿等如何进行管理，因过失或主观故意造成的税款少缴等行为要接受什么样的处罚等，这些问题都要依赖税收征管法及其实施细则以及相关的税收征收管理的法律制度来进行约束。

【相关知识】

1.1 税收征收管理概述

《税收征管法》实施的主要目的是为了加强税收征收管理，规范税收征收和缴纳行为，保障国家税收收入，保护纳税人的合法权益，促进经济和社会发展。

凡依法由税务机关征收的各种税收的征收管理，均适用税收征管法及其实施细则。本法所称税务机关是指各级税务局、税务分局、税务所和按照国务院规定设立的并向社会公告的税务机构。关税及海关代征税收的征收管理，依照《海关法》等法律、行政法规的有关规定执行。

一、税务机关和税务人员的权利与义务

（一）税务机关应当广泛宣传税收法律、行政法规，普及纳税知识，无偿地为纳税人提供纳税咨询服务。

（二）税务机关应当加强队伍建设，提高税务人员的政治业务素质。

税务机关、税务人员必须秉公执法，忠于职守，清正廉洁，礼貌待人，文明服务，尊重和保护纳税人、扣缴义务人的权利，依法接受监督。

税务人员不得索贿受贿、徇私舞弊、玩忽职守、不征或者少征应征税款；不得滥用职权多征税款或者故意刁难纳税人和扣缴义务人。

（三）各级税务机关应当建立、健全内部制约和监督管理制度。

上级税务机关应当对下级税务机关的执法活动依法进行监督。

各级税务机关应当对其工作人员执行法律、行政法规和廉洁自律准则的情况进行监督检查。

（四）税务机关负责征收、管理、稽查、行政复议的人员的职责应当明确，并相互分离、相互制约。

（五）税务人员征收税款和查处税收违法案件，与纳税人、扣缴义务人或者税收违法案件有利害关系的，应当回避。

二、纳税义务人、扣缴义务人的权利和义务

（一）法律、行政法规规定负有纳税义务的单位和个人为纳税人。

法律、行政法规规定负有代扣代缴、代收代缴税款义务的单位和个人为扣缴义务人。

纳税人、扣缴义务人必须依照法律、行政法规的规定缴纳税款、代扣代缴、代收代缴税款。

（二）纳税人、扣缴义务人有权向税务机关了解国家税收法律、行政法规的规定以及与纳税程序有关的情况。

（三）纳税人、扣缴义务人有权要求税务机关为纳税人、扣缴义务人的情况保密。税务机关应当依法为纳税人、扣缴义务人的情况保密。

（四）纳税人依法享有申请减税、免税、退税的权利。

（五）纳税人、扣缴义务人对税务机关所做出的决定，享有陈述权、申辩权；依法享有申请行政复议、提起行政诉讼、请求国家赔偿等权利。

（六）纳税人、扣缴义务人有权控告和检举税务机关、税务人员的违法违纪行为。

三、相关单位和个人的权利与义务

（一）税收的开征、停征以及减税、免税、退税、补税，依照法律的规定执行；法律授权国务院规定的，依照国务院制定的行政法规的规定执行。任何机关、单位和个人不得违反法律、行政法规的规定，擅自做出税收开征、停征以及减税、免税、退税、补税和其他同税收法律、行政法规相抵触的决定。

（二）国务院税务主管部门主管全国税收征收管理工作。各地国家税务局和地方税务局应当按照国务院规定的税收征收管理范围分别进行征收管理。地方各级人民政府应当依法加强对本行政区域内税收征收管理工作的领导或者协调，支持税务机关依法执行职务，依照法定税率计算税额，依法征收税款。各有关部门和单位应当支持、协助税务机关依法执行职务。税务机关依法执行职务，任何单位和个人不得阻挠。

（三）任何单位和个人都有权检举违反税收法律、行政法规的行为。收到检举的机关和负责查处的机关应当为检举人保密。税务机关应当按照规定对检举人给予奖励。

1.2 税务管理

一、税务登记

（一）税务登记概述

1.税务登记人

为了规范税务登记管理，加强税源监控，企业，企业在外地设立的分支机构和从事生产、经营的场所，个体工商户和从事生产、经营的事业单位，均应当按照《税收征管法》及《实施细则》的规定办理税务登记。

前款规定以外的纳税人，除国家机关、个人和无固定生产、经营场所的流动性农村小商贩外，也应当办理税务登记。

根据税收法律、行政法规的规定负有扣缴税款义务的扣缴义务人（国家机关除外），应当按照规定办理扣缴税款登记。

2.税务登记机关

县以上（含本级，下同）国家税务局（分局）、地方税务局（分局）是税务登记的主管税务机关，负责税务登记的设立登记、变更登记、注销登记和税务登记证验证、换证以及非正常户处理、报验登记等有关事项。

国家税务局（分局）、地方税务局（分局）按照国务院规定的税收征收管理范围，实施属地管理，采取联合登记或分别登记的方式办理税务登记。有条件的城市，国家税务局（分局）、地方税务局（分局）可以按照"各区分散受理、全市集中处理"的原则办理税务登记。

国家税务局（分局）、地方税务局（分局）联合办理税务登记的，应当对同一纳税人核发同一份加盖国家税务局（分局）、地方税务局（分局）印章的税务登记证。

国家税务局（分局）、地方税务局（分局）之间对纳税人税务登记的主管税务机关发生争议的，由其上一级国家税务局、地方税务局共同协商解决。

国家税务局（分局）、地方税务局（分局）应定期相互通报税务登记情况，相互及时提供纳税人的登记信息，加强税务登记管理。

3.税务登记证件

税务登记证件包括税务登记证及其副本、临时税务登记证及其副本。

扣缴税款登记证件包括扣缴税款登记证及其副本。

税务机关应当加强税务登记证件的管理，采取实地调查、上门验证等方法，或者结合税务部门和工商部门之间，以及国家税务局（分局）、地方税务局（分局）之间的信息交换比对进行税务登记证件的管理。

税务登记证式样改变，需统一换发税务登记证的，由国家税务总局确定。

纳税人、扣缴义务人遗失税务登记证件的，应当自遗失税务登记证件之日起15日内，书面报告主管税务机关，如实填写《税务登记证件遗失报告表》，并将纳税人的名称、税务登记证件名称、税务登记证件号码、税务登记证件有效期、发证机关名称在税务机关认可的报刊上作遗失声明，凭报刊上刊登的遗失声明向主管税务机关申请补办税务登记证件。

纳税人办理下列事项时，必须提供税务登记证件：（1）开立银行账户；（2）领购发票。纳税人办理其他税务事项时，应当出示税务登记证件，经税务机关核准相关信息后办理手续。

（二）税务登记类型

1. 设立登记

（1）登记时间

1）从事生产、经营的纳税人领取工商营业执照（含临时工商营业执照）的，应当自领取工商营业执照之日起30日内申报办理税务登记，税务机关核发税务登记证及副本（纳税人领取临时工商营业执照的，税务机关核发临时税务登记证及副本）；

2）从事生产、经营的纳税人未办理工商营业执照但经有关部门批准设立的，应当自有关部门批准设立之日起30日内申报办理税务登记，税务机关核发税务登记证及副本；

3）从事生产、经营的纳税人未办理工商营业执照也未经有关部门批准设立的，应当自纳税义务发生之日起30日内申报办理税务登记，税务机关核发临时税务登记证及副本；

4）有独立的生产经营权、在财务上独立核算并定期向发包人或者出租人上交承包费或租金的承包承租人，应当自承包承租合同签订之日起30日内，向其承包承租业务发生地税务机关申报办理税务登记，税务机关核发临时税务登记证及副本；

5）从事生产、经营的纳税人外出经营，自其在同一县（市）实际经营或提供劳务之日起，在连续的12个月内累计超过180天的，应当自期满之日起30日内，向生产、经营所在地税务机关申报办理税务登记，税务机关核发临时税务登记证及副本；

6）境外企业在中国境内承包建筑、安装、装配、勘探工程和提供劳务的，应当自章节合同或协议签订之日起 30 日内，向章节所在地税务机关申报办理税务登记，税务机关核发临时税务登记证及副本。

7）其他纳税人，除国家机关、个人和无固定生产、经营场所的流动性农村小商贩外，均应当自纳税义务发生之日起 30 日内，向纳税义务发生地税务机关申报办理税务登记，税务机关核发税务登记证及副本。

（2）提交的证件和资料

纳税人在申报办理税务登记时，应当根据不同情况向税务机关如实提供以下证件和资料：

1）工商营业执照或其他核准执业证件；

2）有关合同、章程、协议书；

3）组织机构统一代码证书；

4）法定代表人或负责人或业主的居民身份证、护照或者其他合法证件。

其他需要提供的有关证件、资料，由省、自治区、直辖市税务机关确定。

（3）登记内容

税务登记的主要内容包括：

1）单位名称、法定代表人或者业主姓名及其居民身份证、护照或者其他合法证件的号码；住所、经营地点；

2）登记类型；

3）核算方式；

4）生产经营方式；

5）生产经营范围；

6）注册资金（资本）、投资总额；

7）生产经营期限；

8）财务负责人、联系电话；

9）国家税务总局确定的其他有关事项。

（4）审核发放

纳税人提交的证件和资料齐全且税务登记表的填写内容符合规定的，税务机关应及时发放税务登记证件。纳税人提交的证件和资料不齐全或税务登记表的填写内容不符合规定的，税务机关应当场通知其补正或重新填报。纳税人提交的证件和资料明显有疑点的，税务机关应进行实地调查，核实后予以发放税务登记证件。

税务登记证件的主要内容包括：纳税人名称、税务登记代码、法定代表人或负责人、生产经营地址、登记类型、核算方式、生产经营范围（主营、兼营）、发证日期、证件有效期等。

（5）扣缴义务人的登记

已办理税务登记的扣缴义务人应当自扣缴义务发生之日起 30 日内，向税务登记地税务机关申报办理扣缴税款登记。税务机关在其税务登记证件上登记扣缴税款事项，税务机关不再发给扣缴税款登记证件。

根据税收法律、行政法规的规定可不办理税务登记的扣缴义务人，应当自扣缴义务发生之日起 30 日内，向机构所在地税务机关申报办理扣缴税款登记。税务机关核发扣缴税款登记证件。

2. 变更登记

纳税人税务登记内容发生变化的，应当向原税务登记机关申报办理变更税务登记。

（1）纳税人已在工商行政管理机关办理变更登记的，应当自工商行政管理机关变更登记之日起 30 日内，向原税务登记机关如实提供下列证件、资料，申报办理变更税务登记：

1）工商登记变更表及工商营业执照；

2）纳税人变更登记内容的有关证明文件；

3）税务机关发放的原税务登记证件（登记证正、副本和登记表等）；

3）其他有关资料。

纳税人按照规定不需要在工商行政管理机关办理变更登记，或者其变更登记的内容与工商登记内容无关的，应当自税务登记内容实际发生变化之日起 30 日内，或者自有关机关批准或者宣布变更之日起 30 日内，持下列证件到原税务登记机关申报办理变更税务登记：

纳税人变更登记内容的有关证明文件；

税务机关发放的原税务登记证件（登记证正、副本和税务登记表等）；

其他有关资料。

纳税人提交的有关变更登记的证件、资料齐全的，应如实填写税务登记变更表，经税务机关审核，符合规定的，税务机关应予以受理；不符合规定的，税务机关应通知其补正。

税务机关应当自受理之日起 30 日内，审核办理变更税务登记。纳税人税务登记表和税务登记证中的内容都发生变更的，税务机关按变更后的内容重新核发税务登记证件；纳税人税务登记表的内容发生变更而税务登记证中的内容未发生变更的，税务机关不重新核发税务登记证件。

3. 停业、复业登记

实行定期定额征收方式的个体工商户需要停业的，应当在停业前向税务机关申报办理停业登记。纳税人的停业期限不得超过一年。

纳税人在申报办理停业登记时，应如实填写停业申请登记表，说明停业理由、停业期限、停业前的纳税情况和发票的领、用、存情况，并结清应纳税款、滞纳金、罚款。税务机关应收存其税务登记证件及副本、发票领购簿、未使用完的发票和其他税务证件。

纳税人在停业期间发生纳税义务的，应当按照税收法律、行政法规的规定申报缴纳税款。

纳税人应当于恢复生产经营之前，向税务机关申报办理复业登记，如实填写《停、复业报告书》，领回并启用税务登记证件、发票领购簿及其停业前领购的发票。

纳税人停业期满不能及时恢复生产经营的，应当在停业期满前向税务机关提出延长停业登记申请，并如实填写《停、复业报告书》。

4. 注销登记

（1）纳税人发生解散、破产、撤销以及其他情形，依法终止纳税义务的，应当在向工商行政管理机关或者其他机关办理注销登记前，持有关证件和资料向原税务登记机关申报办理注销税务登记；按规定不需要在工商行政管理机关或者其他机关办理注册登记的，应当自有关机关批准或者宣告终止之日起 15 日内，持有关证件和资料向原税务登记机关申报办理注销税务登记。

（2）纳税人被工商行政管理机关吊销营业执照或者被其他机关予以撤销登记的，应当自营业执照被吊销或者被撤销登记之日起 15 日内，向原税务登记机关申报办理注销税务登记。

（3）纳税人因住所、经营地点变动，涉及改变税务登记机关的，应当在向工商行政管理机关或者其他机关申请办理变更、注销登记前，或者住所、经营地点变动前，持有关证件和资料，向原税务登记机关申报办理注销税务登记，并自注销税务登记之日起 30 日内向迁达地税务机关申报办理税务登记。

（4）境外企业在中国境内承包建筑、安装、装配、勘探工程和提供劳务的，应当在章节完工、离开中国前 15 日内，持有关证件和资料，向原税务登记机关申报办理注销税务登记。

纳税人办理注销税务登记前，应当向税务机关提交相关证明文件和资料，结清应纳税款、多退（免）税款、滞纳金和罚款，缴销发票、税务登记证件和其他税务证件，经税务机关核准后，办理注销税务登记手续。

5. 外出经营报验登记

纳税人到外县（市）临时从事生产经营活动的，应当在外出生产经营以前，持税务登记证向主管税务机关申请开具《外出经营活动税收管理证明》（以下简称《外管证》）。

税务机关按照一地一证的原则，核发《外管证》，《外管证》的有效期限一般为 30 日，最长不得超过 180 天。

纳税人应当在《外管证》注明地进行生产经营前向当地税务机关报验登记，并提交下列证件、资料：

（1）税务登记证件副本；

（2）《外管证》。纳税人在《外管证》注明地销售货物的，除提交以上证件、资料外，应如实填写《外出经营货物报验单》，申报查验货物。

纳税人外出经营活动结束，应当向经营地税务机关填报《外出经营活动情况申报表》，并结清税款、缴销发票。

纳税人应当在《外管证》有效期届满后 10 日内，持《外管证》回原税务登记地税务机关办理《外管证》缴销手续。

（三）非正常户处理

已办理税务登记的纳税人未按照规定的期限申报纳税，在税务机关责令其限期改正后，逾期不改正的，税务机关应当派员实地检查，查无下落并且无法强制其履行纳税义务的，由检查人员制作非正常户认定书，存入纳税人档案，税务机关暂停其税务登记证件、发票领购簿和发票的使用。

纳税人被列入非正常户超过三个月的，税务机关可以宣布其税务登记证件失效，其应纳税款的追征仍按《税收征管法》及其《实施细则》的规定执行。

二、账簿、凭证、发票管理

（一）账簿、凭证管理

1. 从事生产、经营的纳税人应当自领取营业执照或者发生纳税义务之日起 15 日内，按照国家有关规定设置账簿。

前款所称账簿，是指总账、明细账、日记账以及其他辅助性账簿。总账、日记账应当采用订本式。

2.生产、经营规模小又确无建账能力的纳税人，可以聘请经批准从事会计代理记账业务的专业机构或者经税务机关认可的财会人员代为建账和办理账务；聘请上述机构或者人员有实际困难的，经县以上税务机关批准，可以按照税务机关的规定，建立收支凭证粘贴簿、进货销货登记簿或者使用税控装置。

3.从事生产、经营的纳税人应当自领取税务登记证件之日起15日内，将其财务、会计制度或者财务、会计处理办法报送主管税务机关备案。

纳税人使用计算机记账的，应当在使用前将会计电算化系统的会计核算软件、使用说明书及有关资料报送主管税务机关备案。

4.纳税人建立的会计电算化系统应当符合国家有关规定，并能正确、完整核算其收入或者所得。

5.扣缴义务人应当自税收法律、行政法规规定的扣缴义务发生之日起10日内，按照所代扣、代收的税种，分别设置代扣代缴、代收代缴税款账簿。

6.纳税人、扣缴义务人会计制度健全，能够通过计算机正确、完整计算其收入和所得或者代扣代缴、代收代缴税款情况的，其计算机输出的完整的书面会计记录，可视同会计账簿。

纳税人、扣缴义务人会计制度不健全，不能通过计算机正确、完整计算其收入和所得或者代扣代缴、代收代缴税款情况的，应当建立总账及与纳税或者代扣代缴、代收代缴税款有关的其他账簿。

7.账簿、会计凭证和报表，应当使用中文。民族自治地方可以同时使用当地通用的一种民族文字。外商投资企业和外国企业可以同时使用一种外国文字。

8.纳税人应当按照税务机关的要求安装、使用税控装置，并按照税务机关的规定报送有关数据和资料。

9.账簿、记账凭证、报表、完税凭证、发票、出口凭证以及其他有关涉税资料应当合法、真实、完整。

10.账簿、记账凭证、报表、完税凭证、发票、出口凭证以及其他有关涉税资料应当保存10年；但是，法律、行政法规另有规定的除外。

（二）发票管理

1.发票的管理

国家税务总局统一负责全国发票管理工作。国家税务总局省、自治区、直辖市分局和省、自治区、直辖市地方税务局依据各自的职责，共同做好本行政区域内的发票管理工作。

财政、审计、工商行政管理、公安等有关部门在各自职责范围内，配合税务机关做好发票管理工作。

发票的种类、联次、内容及使用范围由国家税务总局规定。

对违反发票管理法规的行为，任何单位和个人可以举报。税务机关应当为检举人保密，并酌情给予奖励。

2. 发票的印制

发票由省、自治区、直辖市税务机关指定的企业印制；增值税专用发票由国家税务总局统一印制。禁止私印、伪造、变造发票。

发票防伪专用品由国家税务总局指定的企业生产。禁止非法制造发票防伪专用品。

省、自治区、直辖市税务机关对发票印制实行统一管理的原则，严格审查印制发票企业的资格，对指定为印制发票的企业发给发票准印证。

发票应当套印全国统一发票监制章。全国统一发票监制章的式样和发票版面印刷的要求，由国家税务总局规定。发票监制章由省、自治区、直辖市税务机关制作。禁止伪造发票监制章。

发票实行不定期换版制度。

印制发票的企业按照税务机关的统一规定，建立发票印制管理制度和保管措施。

发票监制章和发票防伪专用品的使用和管理实行专人负责制度。

印制发票的企业应当按照税务机关批准的式样和数量印制发票。

发票应当使用中文印制。民族自治地方的发票，可以加印当地一种通用的民族文字。有实际需要的，也可以同时使用中外两种文字印制。

各省、自治区、直辖市内的单位和个人使用的发票，除增值税专用发票外，应当在本省、自治区、直辖市范围以内印制；确有必要到外省、自治区、直辖市印制的，应当由省、自治区、直辖市税务机关商印制地省、自治区、直辖市税务机关同意，由印制地省、自治区、直辖市税务机关指定的印制发票的企业印制。禁止在境外印制发票。

3. 发票的领购

依法办理税务登记的单位和个人，在领取税务登记证件后，向主管税务机关申请领购发票。

申请领购发票的单位和个人应当提出购票申请，提供经办人身份证明、税务登记证件或者其他有关证明，以及财务印章或者发票专用章的印模，经主管税务机关审核后，发给发票领购簿。

领购发票的单位和个人应当凭发票领购簿核准的种类、数量以及购票方式，向主管税务机关领购发票。

需要临时使用发票的单位和个人，可以直接向税务机关申请办理。

临时到本省、自治区、直辖市行政区域以外从事经营活动的单位或者个人，应当凭所在地税务机关的证明，向经营地税务机关申请领购经营地的发票。临时在本省、自治区、直辖市以内跨市、县从事经营活动领购发票的办法，由省、自治区、直辖市税务机关规定。

税务机关对外省、自治区、直辖市来本辖区从事临时经营活动的单位和个人申请领购发票的，可以要求其提供保证人或者根据所领购发票的票面限额及数量交纳不超过 1 万元的保证金，并限期缴销发票。按期缴销发票的，解除保证人的担保义务或者退还保证金；未按期缴销发票的，由保证人或者以保证金承担法律责任。

4. 发票的开具和保管

销售商品、提供服务以及从事其他经营活动的单位和个人，对外发生经营业务收取款项，收款方应向付款方开具发票；特殊情况下由付款方向收款方开具发票。

所有单位和从事生产、经营活动的个人在购买商品、接受服务以及从事其他经营活动支付款项时，应当向收款方取得发票。取得发票时，不得要求变更品名和金额。

不符合规定的发票，不得作为财务报销凭证，任何单位和个人有权拒收。

开具发票应当按照规定的时限、顺序，逐栏、全部联次一次性如实开具，并加盖单位财务印章或者发票专用章。

使用电子计算机开具发票，须经主管税务机关批准，并使用税务机关统一监制的机外发票，开具后的存根联应当按照顺序号装订成册。

任何单位和个人不得转借、转让、代开发票；未经税务机关批准，不得拆本使用发票；不得自行扩大专业发票使用范围。

禁止倒买倒卖发票、发票监制章和发票防伪专用品。发票限于领购单位和个人在本省、自治区、直辖市内开具。省、自治区、直辖市税务机关可以规定跨市、县开具发票的办法。

任何单位和个人未经批准，不得跨规定的使用区域携带、邮寄、运输空白发票。禁止携带、邮寄或者运输空白发票出入境。

开具发票的单位和个人应当建立发票使用登记制度，设置发票登记簿，并定期向主管税务机关报告发票使用情况。

开具发票的单位和个人应当在办理变更或者注销税务登记的同时，办理发票和发票领购簿的变更、缴销手续。

开具发票的单位和个人应当按照税务机关的规定存放和保管发票，不得擅自损毁。已开具的发票存根联和发票登记簿，应当保存五年。保存期满，报经税务机关查验后销毁。

5. 发票的检查

税务机关在发票管理中有权进行下列检查：

（1）检查印制、领购、开具、取得和保管发票的情况；

（2）调出发票查验；

（3）查阅、复制与发票有关的凭证、资料；

（4）向当事各方询问与发票有关的问题和情况；

（5）在查处发票案件时，对与案件有关的情况和资料，可以记录、录音、录像、照相和复制。

印制、使用发票的单位和个人，必须接受税务机关依法检查，如实反映情况，提供有关资料，不得拒绝、隐瞒。税务人员进行检查时，应当出示税务检查证。

税务机关需要将已开具的发票调出查验时，应当向被查验的单位和个人开具发票换票证。发票换票证与所调出查验的发票有同等的效力。被调出查验发票的单位和个人不得拒绝接受。税务机关需要将空白发票调出查验时，应当开具收据；经查无问题的，应当及时发还。

单位和个人从中国境外取得的与纳税有关的发票或者凭证，税务机关在纳税审查时有疑义的，可以要求其提供境外公证机构或者注册会计师的确认证明，经税务机关审核认可后，方可作为计账核算的凭证。

税务机关在发票检查中需要核对发票存根联与发票联填写情况时，可以向持有发票或者发票存根联的单位发出发票填写情况核对卡，有关单位应当如实填写，按期报回。

三、纳税申报管理

纳税申报是指纳税人、扣缴义务人按照法律、行政法规规定，在申报期限内就纳税事项向税务机关提出书面申报的一种法定手续。

1. 纳税申报的对象

纳税义务人必须在法律、行政法规规定或税务机关依照法律、行政法规的规定确定的申报期限内办理纳税申报。

临时取得应税收入或发生应税行为的纳税人，在发生纳税义务之后，应立即向经营地税务机关办理纳税申报和缴纳税款。

扣缴义务人应当在规定的申报期限内办理代扣代缴、代收代缴税款的申报手续。

纳税人在纳税期内没有应纳税款的，也应当按照规定办理纳税申报。

纳税人享受减税、免税待遇的，在减税、免税期间应当按照规定办理纳税申报。

2. 纳税申报的内容

纳税人、扣缴义务人的纳税申报或者代扣代缴、代收代缴税款报告表的主要内容包括：税种、税目，应纳税章节或者应代扣代缴、代收代缴税款章节，计税依据，扣除章节及标准，适用税率或者单位税额，应退税章节及税额、应减免税章节及税额，应纳税额或者应代扣代缴、代收代缴税额，税款所属期限、延期缴纳税款、欠税、滞纳金等。

3. 纳税申报的方式

（1）直接申报

纳税人直接到税务机关办理纳税申报，直接申报是一种传统申报方式。

（2）数据电文方式

是指税务机关确定的电话语音、电子数据交换和网络传输等电子方式。

（3）邮寄申报

纳税人采取邮寄方式办理纳税申报的，应当使用统一的纳税申报专用信封，并以邮政部门收据作为申报凭据。邮寄申报以寄出的邮戳日期为实际申报日期。

纳税人采取电子方式办理纳税申报的，应当按照税务机关规定的期限和要求保存有关资料，并定期书面报送主管税务机关。

实行定期定额缴纳税款的纳税人，可以实行简易申报、简并征期等申报纳税方式。

4. 纳税申报资料

纳税人办理纳税申报时，应当如实填写纳税申报表，并根据不同的情况相应报送下列有关证件、资料：

（1）财务会计报表及其说明材料；

（2）与纳税有关的合同、协议书及凭证；

（3）税控装置的电子报税资料；

（4）外出经营活动税收管理证明和异地完税凭证；

（5）境内或者境外公证机构出具的有关证明文件；

（6）税务机关规定应当报送的其他有关证件、资料。

扣缴义务人办理代扣代缴、代收代缴税款报告时，应当如实填写代扣代缴、代收代缴税款报告表，并报送代扣代缴、代收代缴税款的合法凭证以及税务机关规定的其他有关证件、资料。

5. 延期申报的管理

纳税人、扣缴义务人按照规定的期限办理纳税申报或者报送代扣代缴、代收代缴税款报告表确有困难，需要延期的，应当在规定的期限内向税务机关提出书面延期申请，经税务机关核准，在核准的期限内办理。

纳税人、扣缴义务人因不可抗力，不能按期办理纳税申报或者报送代扣代缴、代收代缴税款报告表的，可以延期办理；但是，应当在不可抗力情形消除后立即向税务机关报告。税务机关应当查明事实，予以核准。

1.3 税款征收

税款征收制度是指税务机关按照税法规定将纳税人应纳的税款收缴入库的法定制度。它是税收征收管理的中心环节，直接关系到国家税收能及时、足额入库。

税款征收是税务机关依照税收法律、法规规定将纳税人应当缴纳的税款组织征收入库的一系列活动的总称，是税收征收管理的核心内容，是税务登记、账簿票证管理、纳税申报等税务管理工作的目的和归宿。税款征收的主要内容包括税款征收的方式、程序，减免税的核报，核定税额的几种情况，税收保全措施和强制执行措施的设置与运用以及欠缴、多缴税款的处理等。

一、征收方式

科学合理的税款征收方式是确保税款顺利足额征收的前提条件。由于各类纳税人的具体情况不同，因而税款的征收方式也应有所区别。中国现阶段可供选择的税款征收方式主要有以下几种：

（一）查账征收

查账征收，是指纳税人在规定的期限内根据自己的财务报告表或经营成果，向税务机关申报应税收入或应税所得及纳税额，并向税务机报送有关账册和资料，经税务机关审查核实后，填写纳税缴款书，由纳税人到指定的银行缴纳税款的一种征收方式。因此，这种征收方式比较适用于对企业法人的征税。

（二）查定征收

查定征收，是指由税务机关通过按期查实纳税人的生产经营情况则确定其应纳税额，分期征收税款的一种征收方式。这种征收方式主要适用于对生产经营规模小，财务会计制度不够健全、账册不够完备的小型企业和个体工商户的征税。

（三）查验征收

查验征收，是指税务机关对某些难以进行源泉控制的征税对象，通过查验证照和实物，据以确定应征税额的一种征收方式。在实际征管工作中，这种方式又分就地查验征收和设立检查站两种形式。对财务会计制度不健全和生产经营不固定的纳税人，可选择采用这种征收方式。

（四）定期定额征收

定期定额征收，是指税务机关根据纳税人的生产经营情况，按税法规定直接核定其应纳税额，分期征收税款的一种征收方式。这种征收方式主要适用于一些没有记账能力，无法查实其销售收入或经营收入和所得额的个体工商户。

（五）自核自缴

自核自缴，是指纳税人在规定的期限内依照税法的规定自行计算应纳税额，自行填开税款缴纳书，自己直接到税务机关指定的银行缴纳税款的一种征收方式。这种方式只限于经县、市税务机关批准的会财务计制度健全，账册齐全准确，依法纳税意识较强的大中型企业和部分事业单位。

（七）代扣代缴、代收代缴

代扣代缴、代收代缴，是指依照税法规定负有代扣代缴、代收代缴税款义务的单位和个人，按照税法规定对纳税人应当缴纳的税款进行扣缴或代缴的征收方式。这种方式有利于加强的对税收的源泉控制，减少税款流失，降低税收成本，手续也比较简单。

（八）委托征收

委托征收，是指税务机关委托有关单位或个人代为征收税款的征收方式。

这种方式主要适用于一些零星、分散难以管理的税收。

二、税款征收措施

为确保税款征收顺利进行而采取的措施称之为税款征收措施。

（一）核定征收制度

1. 核定征收适用的情形

《税收征管法》第三十五条规定：纳税人有下列情形之一的，税务机关有权核定其应纳税额：

（1）依照法律、行政法规的规定可以不设置账簿的；

（2）依照法律、行政法规的规定应当设置但未设置账簿的；

（3）擅自销毁账簿或者拒不提供纳税资料的；

（4）虽设置账簿，但账目混乱或者成本资料、收入凭证、费用凭证残缺不全，难以查账的；

（5）发生纳税义务，未按照规定的期限办理纳税申报，经税务机关责令限期申报，逾期仍不申报的；

（6）纳税人申报的计税依据明显偏低，又无正当理由的。

《税收征管法》第三十七条规定：对未按照规定办理税务登记的从事生产、经营的纳税人以及临时从事经营的纳税人，由税务机关核定其应纳税额，责令缴纳。

2. 核定征收方式

包括定额征收和核定应纳税所得率征收两种办法：

（1）定额征收：直接核定所得税额；

（2）核定应税所得率征收：按照收入总额或成本费用等章节的实际发生额，按预先核定的应税所得率计算缴纳所得税。

纳税人有上述情形之一的，税务机关有权采用下列一种或者几种方法核定其应纳税额：

（1）参照当地同类行业或者类似行业中经营规模和收入水平相近的纳税人的税负水平核定；

（2）按照营业收入或者成本加合理的费用和利润的方法核定；

（3）按照耗用的原材料、燃料、动力等推算或者测算核定；

（4）按照其他合理方法核定。

（二）责令缴纳和加收滞纳金制度

纳税人未按照规定期限缴纳税款的，扣缴义务人未按照规定期限解缴税款的，税务机关除责令限期缴纳外，从滞纳税款之日起，按日加收滞纳税款万分之五的滞纳金。

（三）纳税担保制度

1.适用纳税担保的情形

（1）税务机关有根据认为从事生产、经营的纳税人有逃避纳税义务行为，在规定的纳税期之前经责令其限期缴纳应纳税款，在限期内发现纳税人有明显的转移、隐匿其应纳税的商品、货物以及其他财产或者应纳税收入的迹象，责成纳税人提供纳税担保的；

（2）欠缴税款、滞纳金的纳税人或者其法定代表人需要出境的；

（3）纳税人同税务机关在纳税上发生争议而未缴清税款，需要申请行政复议的；

（4）税收法律、行政法规规定可以提供纳税担保的其他情形。

2.纳税担保的范围：包括税款、滞纳金和实现税款、滞纳金的费用。

（四）税收保全措施

所谓税收保全措施，是指为确保国家税款不受侵犯而由税务机关采取的行政保护手段。税收保全措施通常是在纳税人法定的缴款期限之前税务机关所做出的行政行为。实际上就是税款征收的保全，以保护国家税款及时足额入库。

在国际上，许多国家的法律都规定了必要的税收保全措施，并由税务机关直接行使。

参照国际通行做法，中国现行《税收征管法》第38条明确规定了税收保全措施，即：税务机关有根据认为从事生产、经营的纳税人有逃避纳税义务行为的，可以在规定的纳税期之前，责令限期缴纳应纳税款；限期内发现纳税人有明显的转移、隐匿其应纳税的商品、货物以及其他财产或者应纳税的收入的迹象的，税务机关可以责成纳税人提供纳税担保。如果在纳税人不能提供纳税担保，经县以上税务局（分局）局长批准，税务机关可以采取下列税收保全措施：

（1）书面通知纳税人开户银行或者其他金融机构冻结纳税人的金额相当于应纳税款的存款；

（2）扣押、查封纳税人的价值相当于应纳税款的商品、货物或者其他财产。

但是，个人及其所抚养的家属维持生活必需的住房和用品，不在税收保全措施的范围之内。

《税收征管法》规定上述税收保全措施，旨在预防偷逃税，保护国家税款不受侵犯，赋予税务机关必要的执法权。但是，税务机关必须严格按规定的条件和程序执行，严禁随意行使。如果税务机关滥用职权，违法采取税收保全措施或采取税收保全措施不当，使纳税人、扣缴义务人或者纳税担保人的合法权益遭受损失，应当依法承担赔偿责任。

税收保全措施在于促使纳税人依法及时足额缴纳税款，因此，纳税人在规定的期限内缴纳税款的，税务机关必须立即解除税收保全措施。如果税务机关未立即解除保全措施，使纳税人的合法权益遭受损失的，税务机关应当承担赔偿责任。

【案例分析1】2012年6月23日某地方税务局接到群众电话举报：某私营企业，已中途终止与某公司的《承包协议》，银行账号也已注销，准备于近日转移他县。该局立即派员对该企业进行了调查，核准了上述事实，于是检查人员对该企业当月已实现的应纳税额5263.13元，做出责令其提前到6月25日前缴纳的决定。

问：该地方税务局提前征收税款的行为是否合法？为什么？

答：该地方税务局提前征收税款的行为合法。根据《税收征管法》第38条规定："税务机关有根据认为从事生产、经营的纳税人有逃避纳税义务行为的，可以在规定的纳税期之前，责令限期缴纳应纳税款。"，本案中，该私营企业已终止了承包协议，注销了银行账号，并准备于近日转移他县，却未依法向税务机关办理相关手续，可以认定为逃避纳税义务行为。该局采取提前征收税款的行为，是有法可依的。企业应按该地方税务局做出的决定提前缴纳应纳税款。

（五）税收强制执行措施

所谓税收强制执行措施，是指税务机关在采取一般税收管理措施无效的情况下，为了维护税法的严肃性和国家征税的权利所采取的税收强制手段。这不仅是税收的无偿性和固定性的内在要求，也是税收强制性的具体表现。当今各国都在税收法律或行政法规中赋予了税务机关必要的税收强制执行权，以确保国家征税的有效行使。

《税收征管法》第40条赋予了税务机关必要的强制执行权。根据此条规定，从事生产、经营的纳税人、扣缴义务人未按照规定的期限缴纳或者解缴的税款，纳税担保人未按照规定的期限缴纳所担保的税款，由税务机关责令限期缴纳，逾期仍未缴纳的，经县以上税务局（分局）局长批准，税务机关可以采取下列强制执行措施：

（1）书面通知其开户银行或者其他金融机构从其存款中扣缴税款；

（2）扣缴、查封、依法拍卖或者变卖起价值相当于应纳税款的商品、货物或者其他财产，以拍卖或者变卖所得抵缴税款。个人及其所抚养家属维持生活所必需的住房和用品，不在强制执行措施的范围内。

　　税务机关采取强制执行措施时，对上述所列纳税人、扣缴义务人、纳税担保人未缴纳的滞纳金同时强制执行。但是，税务机关在采取强制执行措施时，要有确切的证据并严格按法律规定的条件和程序进行，决不能随意行使强制执行权。

（六）欠税清缴制度

　　欠税是指纳税人未按照规定期限缴纳税款，扣缴义务人未按照规定期限解缴税款的行为。欠税清缴制度包括：

　　1. 阻止出境

　　《征管法》第四十四条规定：欠缴税款的纳税人及其法定代表需要出境的，应当在出境前向税务机关结清应纳税款或者提供担保。未结清税款，又不提供担保的，税务机关可以通知出境管理机关阻止其出境。

　　2. 改制纳税人欠税的清缴

　　《征管法》第四十八条规定："纳税人有合并、分立情形的，应当向税务机关报告，并依法缴清税款。纳税人合并时未缴清税款的，应当由合并后的纳税人继续履行未履行的纳税义务；纳税人分立时未缴清税款的，分立后的纳税人对未履行的纳税义务应当承担连带责任。"

　　3. 大额欠税处分财产报告

　　根据《征管法》第四十九条和《细则》七十七条的规定：欠缴税款数额在5万元以上的纳税人，在处分其不动产或者大额资产之前，应当向税务机关报告。这一规定有利于税务机关及时掌握欠税企业处置不动产和大额资产的动向。税务机关可以根据其是否侵害了国家税收，是否有转移资产、逃避纳税义务的情形，决定是否行使税收优先权，是否采取税收保全措施或者强制执行措施。

　　4. 行使代位权、撤销权

　　税务机关可以对欠缴税款的纳税人行使代位权、撤销权，即对纳税人的到期债权等财产权利，税务机关可以依法向第三者追索以抵缴税款。《征管法》第五十条规定了在哪些情况下税务机关可以依据《中华人民共和国合同法》行使代位权、撤销权。税务机关代表国家，拥有对欠税的债权，是纳税人应该偿还国家的债务。

　　5. 欠税公告

　　根据《征管法》第四十五条和《细则》第七十六条规定：税务机关应当对

纳税人欠缴税款的情况，在办税场所或者广播、电视、报纸、期刊、网络等新闻媒体上定期予以公告。定期公告是指税务机关定期向社会公告纳税人的欠税情况。同时税务机关还可以根据实际情况和实际需要，制定纳税人的纳税信用等级评比制度。

（七）减税免税制度

1.减免税必须有法律、行政法规的明确规定。地方各级人民政府、各级人民政府主管部门、单位和个人违反法律、行政法规规定，擅自做出的减税、免税决定无效，税务机关不得执行，并向上级税务机关报告。

2.纳税人申请减免税，应向主管税务机关提出书面申请，并按规定附送有关资料。

3.减免税的申请须经法律、行政法规规定的减税、免税审查批准机关审批。

4.纳税人在享受减免税待遇期间，仍应按规定办理纳税申报。

5.纳税人享受减税、免税的条件发生变化时，应当自发生变化之日起15日内向税务机关报告，经税务机关审核后，停止其减税、免税；对不报告的，又不再符合减税、免税条件的，税务机关有权追回已减免的税款。6.减税、免税期满，纳税人应当自期满次日起恢复纳税。

（八）延期缴纳税款制度

纳税人确有特殊困难，不能按照法定期限缴纳税款的，必须在法律、行政法规规定或者税务机关依照法律、行政法规的规定确定的申报期之前，以书面形式，向县及县以上税务局（分局）提出延期缴纳税款申请，载明延期缴纳的税种、税额、税款所属时间和申请延期缴纳税款的期限，以及申请延期缴纳税款的理由。

"特殊困难"是指水、火、风、雹、海潮、地震等人力不可抗拒的自然灾害；可供纳税的现金、支票以及其他财产等遭遇偷盗、抢劫等意外事故；国家调整经济政策的直接影响；短期货款拖欠等。

延期最长不得超过3个月，同一纳税人应纳的同一个税种的税款，符合延期缴纳法定条件的，在一个纳税年度内只能申请延期缴纳一次；需要再次延期缴纳的，必须逐级报经省、自治区、直辖市国家税务局、地方税务局局长批准。

纳税人经批准延期缴纳税款的，在批准的期限内，不加收滞纳金；逾期未缴的，税务机关应当从批准的期限届满次日起，按日加收未缴税款千分之二的滞纳金，并发出催缴税款通知书，责令其在最长不超过15日的限期内缴纳；逾期仍不缴纳的，依照《中华人民共和国税收征收管理法》第二十七条的规定，将应缴未缴的税款连同滞纳金一并强制执行。

三、税款的退还与追征

（一）税款的退还

依《税收征管法》第51条的规定，纳税人不论何种原因超过应纳税额多缴纳的税款，税务机关发现后应当立即退还；纳税人自结算缴纳税款之日起3年内发现的，可以向税务机关要求退还多缴的税款并加算银行同期存款利息，税务机关及时查实后应立即退还；涉及从国库中退库的，依照法律、行政法规有关国库管理的规定退还。如果纳税人在结清缴纳税款之日起3年后才向税务机关提出退还多缴税款要求的，税务机关将不予受理。

（二）税款的追征

《税收征管法》第52条规定，税务机关对超过纳税期限未缴或少缴税款的纳税人可以在规定的期限内予以追征。根据该条规定，税款的追征具体有以下三种情形：

（1）因税务机关的责任，致使纳税人、扣缴义务人未缴或者少缴款的，税务机关在3年内可以要求纳税人、扣缴义务人补缴税款，但是不得加收滞纳金。

（2）因纳税人、扣缴义务人计算错误等失误，未缴或者少缴款的，税务机关在3年内可以追征税款，并加收滞纳金；有特殊情况的（即数额在10万元以上的），追征期可以延长到5年。

（3）对因纳税人、扣缴义务人和其他当事人偷税、抗税、骗税等原因而造成未缴或者少缴的税款，或骗取的退税款，税务机关可以无限期追征。

【案例分析2】

某企业财务人员2007年7月采取虚假的纳税申报手段少缴营业税5万元。2012年6月，税务人员在检查中发现了这一问题，要求追征这笔税款。该企业财务人员认为时间已过3年，超过了税务机关的追征期，不应再缴纳这笔税款。

问：税务机关是否可以追征这笔税款？为什么？

答：税务机关可以追征这笔税款。《税收征管法》第52条规定，对偷税、抗税、骗税的，税务机关可以无限期追征其未缴或者少缴的税款、滞纳金或者所骗取的税款。从案情可以看出，该企业少缴税款并非是计算失误，而是违反税法，采取虚假纳税申报，其行为在性质上已构成偷税。因此，税务机关可以无限期追征。

1.4 税务检查

税务检查是税收征收管理的重要内容，也是税务监督的重要组成部分。搞好税务检查，对于加强依法治税，保证国家财政收入，有着十分重要的意义。通过税务检查，既有利于全面贯彻国家的税收政策，严肃税收法纪，加强纳税监督，查处偷税、漏税和逃骗税等违法行为，确保税收收入足额入库，也有利于帮助纳税人端正经营方向，促使其加强经济核算，提高经济效益。

一、税务检查的内容

税务检查的内容主要包括以下几个方面：

（一）检查纳税人执行国家税收政策和税收法规的情况。

（二）检查纳税人遵守财经纪律和财会制度的情况。

（三）检查纳税人的生产经营管理和经济核算情况。

（四）检查纳税人遵守和执行税收征收管理制度的情况，查其有无不按纳税程序办事和违反征管制度的问题。

二、税务检查的方法

税务机关进行税务检查，一般采用以下三种方法：

（一）税务查账

税务查账是对纳税人的会计凭证、账簿、会计报表以及银行存款账户等核算资料所反映的纳税情况所进行的检查。这是税务检查中最常用的方法。

（二）实地调查

实地调查是对纳税人账外情况进行的现场调查。

（三）税务稽查

税务稽查是对纳税人的应税货物进行的检查。

三、税务检查中征纳双方的权利与义务

根据《税收征收管理法》的规定，税务机关有权进行下列税务检查：

（一）检查纳税人的账簿、计账凭证、报表和有关资料；检查扣缴义务人代扣代缴、代收代缴税款账簿、计账凭证和有关资料。税务机关在检查上述纳税资

料时，可以在纳税人、扣缴义务人的业务场所进行，必要时经县以上税务局（分局）局长批准，也可以将纳税人、扣缴义务人以前年度的账簿、凭证、报表以及其他有关资料调出检查，但须向纳税人、扣缴义务人开付清单，并在 3 个月内完整归还。

（二）到纳税人的生产、经营场所和货物存放地检查纳税人应纳税的商品、货物或其他财产；检查扣缴义务人与代扣代缴、代收代缴税款有关的经营情况。

（三）责成纳税人、扣缴义务人提供与纳税或者代扣代缴、代收代缴税款有关的文件、证明材料和有关资料。

（四）询问纳税人、扣缴义务人与纳税或者代扣代缴、代收代缴税款有关的问题和情况。

（五）到车站、码头、机场、邮政企业及其分支机构检查纳税人托运、邮寄应纳税的商品、货物或者其他财产的有关单据、凭证和有关资料。

（六）经县以上税务局（分局）局长批准，凭全国统一格式的检查存款账户许可证明，查询从事生产、经营的纳税人、扣缴义务人在银行或其他金融机构的存款账户。税务机关在调查税收违法案件时，经设区的市、自治州以上税务局（分局）局长批准，可以查询案件涉嫌人员的储蓄存款。税务机关查询所获得的资料，不得用于税收以外的用途。

税务机关对从事生产、经营的纳税人以前纳税期的纳税情况依法进行税务检查时，发现纳税人有逃避纳税义务行为，并明显的转移、隐匿其纳税的商品、货物以及其他财产或者应纳税的收入迹象的，可以按照《税收征管法》规定的批准权限采取税收保全措施或者强制执行措施。

税务机关依法进行上述税务检查时，纳税人、扣缴义务人必须接受检查，如实反映情况，提供有关资料，不得拒绝、隐瞒；税务机关有权向有关单位和个人调查纳税人、扣缴义务人和其他当事人与纳税或者代扣代缴、代收代缴税款有关情况，有关部门和个人有义务向税务机关如实提供有关材料及证明材料。税务机关调查税务违法案件时，对与案件有关的情况和资料，可以进行记录、录音、录像、照相和复制。但是，税务人员在进行税务检查时，必须出示税务检查证，并有责任为被检查人保守秘密；未出示税务检查证和税务检查通知书的，纳税人、扣缴义务人及其他当事人有权拒绝检查。

1.5　法律责任

所谓税收法律责任，是指税收法律关系的主体因违反税收法律规范所应承担的法律后果。税收法律责任依其性质和形式的不同，可分为经济责任、行政责任和刑事责任；依承担法律责任主体的不同，可分为纳税人的责任、扣缴义务人的责任、税务机关及其工作人员的责任。

明确规定税收法律责任，不仅有利于维护正常的税收征纳秩序，确保国家的税收收入及时足额入库，而且有利于增强税法的威慑力，为预防和打击税收违法犯罪行为提供有力的法律武器，也有利于维护纳税人的合法权益。

一、税收法律责任的形式

所谓税收法律责任的形式，是指纳税人因不履行或不完全履行税法规定的义务所应承担的法律后果的类型。根据现行规定，税收法律责任的形式主要有三种，即经济责任、行政责任和刑事责任。

（一）经济责任

所谓经济责任，是指对违反税法的行为人在强制其补偿国家经济损失的基础上给予的经济制裁。

追究经济责任的主要形式有两种：

1. 罚款；

2. 加收滞纳金。所谓滞纳金，是指税务机关对违反税法的规定，不按期缴纳税款或未能及时、足额缴纳税款的当事人加收的处罚。

（二）行政责任

所谓行政责任，是指对违反税法的当事人，由税务机关或由税务机关提请有关部门依照行政程序所给予的一种税务行政制裁。行政责任的追究一般以税务违法行为发生为前提，这种税务违法行为不一定造成直接的经济损失。对违反税法的当事人追究行政责任，通常是在运用经济制裁还不足以消除其违法行为的社会危害性的情况下采取的。

追究行政责任的方式具体有以下两种：

1. 行政处罚；

2. 行政处分。

（三）刑事责任

刑事责任是对违反税法行为情节严重，已构成犯罪的当事人或直接责任人所给予的刑事制裁。追究刑事责任以税务违法行为情节严重、构成犯罪为前提。经济责任和行政责任通常是由税务机关依法追究的，而刑事责任则是由司法机关追究。刑事责任是税收法律责任中最严厉的一种制裁措施。

二、税收法律责任的规定

（一）纳税人违反税法的行为及其法律责任

1.纳税人违反税收征收管理法规的行为及其法律责任

纳税人有下列行为之一的，由税务机关责令限期改正，可以处2000元以下的罚款；情节严重的，处2000元以上10000元以下的罚款：

（1）未按照规定的期限申报办理税务登记、变更或者注销登记的；

（2）未按照规定设置、保管账簿或者保管记账凭证和有关资料的；

（3）未按照规定将财务、会计制度或者财务、会计处理办法和会计核算软件报送税务机关备查的；

（4）未按照规定将其全部银行账号向税务机关报告的；

（5）未按照规定安装、使用税控装置，或者损毁或者擅自改动税控装置的。

纳税人不办理税务登记的，由税务机关责令限期改正；逾期不改正的，经税务机关提请，由工商行政管理机关吊销其营业执照。

纳税人未按照规定使用税务登记证件，或者转借、涂改、损毁、买卖、伪造税务登记证件的，处2000元以上10000元以下的罚款；情节严重的，处10000元以上50000元以下的罚款。

【案例分析3】

某税务所2011年5月12日接到群众举报，辖区内兴盛服装厂（系个体）开业近两个月尚未办理税务登记。5月14日，该税务所对服装厂进行税务检查。经查，该服装厂2011年3月24日办理工商营业执照，3月26日正式投产，没有办理税务登记。根据检查情况，税务所于5月16日做出责令为民服装厂于5月23日前办理税务登记并处以500元罚款的决定。

问：本处理决定是否有效？为什么？

答：本处理决定有效。根据《税收征管法》的有关规定："未按照规定期限申报办理税务登记、变更或者注销税务登记的，由税务机关责令限期改正，可以处2000元以下的罚款；情节严重的，处2000元以上10000元以下的罚款。"

2. 偷税行为及其法律责任

纳税人伪造、变造、隐匿、擅自销毁账簿、记账凭证，或者在账簿上多列支出或者不列、少列收入，或者经税务机关通知申报而拒不申报或者进行虚假的纳税申报，不缴或者少缴应纳税款的，是偷税。

对纳税人偷税的，由税务机关追缴其不缴或者少缴的税款、滞纳金，并处不缴或者少缴的税款百分之五十以上五倍以下的罚款；构成犯罪的，依法追究刑事责任。

3. 欠税行为及其法律责任

纳税人欠缴应纳税款，采取转移或者隐匿财产的手段，妨碍税务机关追缴欠缴的税款的，由税务机关追缴欠缴的税款、滞纳金，并处欠缴税款百分之五十以上五倍以下的罚款；构成犯罪的，依法追究刑事责任。

4. 抗税行为及其法律责任

以暴力、威胁方法拒不缴纳税款的，是抗税，除由税务机关追缴其拒缴的税款、滞纳金外，依法追究刑事责任。情节轻微，未构成犯罪的，由税务机关追缴其拒缴的税款、滞纳金，并处拒缴税款一倍以上五倍以下的罚款。

5. 骗取出口退税行为及其法律责任

以假报出口或者其他欺骗手段，骗取国家出口退税款的，由税务机关追缴其骗取的退税款，并处骗取税款一倍以上五倍以下的罚款；构成犯罪的，依法追究刑事责任。

对骗取国家出口退税款的，税务机关可以在规定期间内停止为其办理出口退税。

6. 纳税人违反纳税申报规定行为的法律责任

（1）纳税人未按照规定的期限办理纳税申报和报送纳税资料的，或者扣缴义务人未按照规定的期限向税务机关报送代扣代缴、代收代缴税款报告表和有关资料的，由税务机关责令限期改正，可以处 2000 元以下的罚款；情节严重的，可以处 2000 元以上 10000 元以下的罚款。

纳税人、扣缴义务人编造虚假计税依据的，由税务机关责令限期改正，并处五万元以下的罚款。

（2）纳税人不进行纳税申报，不缴或者少缴应纳税款的，由税务机关追缴其不缴或者少缴的税款、滞纳金，并处不缴或者少缴的税款百分之五十以上五倍以下的罚款。

（3）纳税人、扣缴义务人在规定期限内不缴或者少缴应纳或者应解缴的税款，经税务机关责令限期缴纳，逾期仍未缴纳的，税务机关除依照本法第四十条的规定采取强制执行措施追缴其不缴或者少缴的税款外，可以处不缴或者少缴的税款百分之五十以上五倍以下的罚款。

此外，我国新《刑法》还规定了虚开增值税专用发票罪和虚开用于骗取出口退税、抵扣税款的其他发票罪，伪造或出售伪造的增值税专用发票罪，非法出售增值税专用发票罪，非法购买增值税专用发票或购买伪造的增值税专用发票罪，非法制造、出售其他发票罪，以及上述各罪的刑事责任。

（二）扣缴义务人的违法行为及其法律责任

根据《税收征管法》的规定，扣缴义务人的违法行为及其法律责任具体包括：

1. 扣缴义务人未按规定设置、保管代扣代缴、代收代缴税款账簿或者保管代扣代缴、代收代缴税款记账凭证及有关资料的，由税务机关责令限期改正，可处以 2000 元以下的罚款；情节严重的，处以 2000 元以上 5000 元以下的罚款。

2. 扣缴义务人未按规定的期限向税务机关报送代扣代缴、代收代缴税款报告表和有关资料的，由税务机关责令限期改正，可以处以 2000 元以下的罚款；情节严重的，可以处以 2000 元以上 1 万元以下的罚款。

3. 扣缴义务人采取偷税手段，不缴或少缴已扣、已收税款，由税务机关追缴其不缴或者少缴的税款、滞纳金，并处不缴或者少缴的税款 50% 以上 5 倍以下的罚款；构成犯罪的，依法追究刑事责任。

4. 扣缴义务人在规定期限内不缴或者少缴应解缴税款，经税务机关责令限期缴纳，逾期仍未缴纳的，税务机关除依照《税收征管法》第 40 条的规定采取强制执行措施追缴其不缴或者少缴的税款外，可以处不缴或者少缴的税款 50% 以上 5 倍一下的罚款。

5. 扣缴义务人应扣未扣、应收而不收税款的，由税务机关向纳税人追缴税款，对扣缴义务人处应扣未扣、应收未收税款 50% 以上 3 倍以下的罚款。

6. 扣缴义务人逃避、拒绝或者以其他方式阻挠税务机关检查的，由税务机关责令改正，可以处 1 万以下的罚款；情节严重的，处 1 万以上 5 万以下的罚款。

（三）税务机关及税务人员的违法行为及其法律责任

1. 税务机关违反规定擅自改变税收征收管理范围和税款入库预算级次的，责令限期改正，对直接负责的主管人员和其他直接责任人员依法给予降级或者撤职的行政处分。

2. 税务机关、税务人员查封、扣押纳税人个人及其所扶养家属维持生活必需的住房和用品的，责令退还，依法给予行政处分；构成犯罪的，依法追究刑事责任。

3.税务人员与纳税人、扣缴义务人勾结，唆使或者协助纳税人、扣缴义务人有本法第六十三条、第六十五条、第六十六条规定的行为，构成犯罪的，依法追究刑事责任；尚不构成犯罪的，依法给予行政处分。

4.税务人员利用职务上的便利，收受或者索取纳税人、扣缴义务人财物或者谋取其他不正当利益，构成犯罪的，依法追究刑事责任；尚不构成犯罪的，依法给予行政处分。

5.税务人员徇私舞弊或者玩忽职守，不征或者少征应征税款，致使国家税收遭受重大损失，构成犯罪的，依法追究刑事责任；尚不构成犯罪的，依法给予行政处分。

6.税务人员滥用职权，故意刁难纳税人、扣缴义务人的，调离税收工作岗位，并依法给予行政处分。

7.税务人员对控告、检举税收违法违纪行为的纳税人、扣缴义务人以及其他检举人进行打击报复的，依法给予行政处分；构成犯罪的，依法追究刑事责任。

8.违反法律、行政法规的规定提前征收、延缓征收或者摊派税款的，由其上级机关或者行政监察机关责令改正，对直接负责的主管人员和其他直接责任人员依法给予行政处分。

9.违反法律、行政法规的规定，擅自做出税收的开征、停征或者减税、免税、退税、补税以及其他同税收法律、行政法规相抵触的决定的，除依照本法规定撤销其擅自做出的决定外，补征应征未征税款，退还不应征收而征收的税款，并由上级机关追究直接负责的主管人员和其他直接责任人员的行政责任；构成犯罪的，依法追究刑事责任。

10.税务人员在征收税款或者查处税收违法案件时，未按照本法规定进行回避的，对直接负责的主管人员和其他直接责任人员，依法给予行政处分。

11.未按照本法规定为纳税人、扣缴义务人、检举人保密的，对直接负责的主管人员和其他直接责任人员，由所在单位或者有关单位依法给予行政处分。

四、其他相关规定

（一）纳税人、扣缴义务人逃避、拒绝或者以其他方式阻挠税务机关检查的，由税务机关责令改正，可以处一万元以下的罚款；情节严重的，处一万元以上五万元以下的罚款。

（二）非法印制发票的，由税务机关销毁非法印制的发票，没收违法所得和作案工具，并处一万元以上五万元以下的罚款；构成犯罪的，依法追究刑事责任。

（三）从事生产、经营的纳税人、扣缴义务人有本法规定的税收违法行为，拒不接受税务机关处理的，税务机关可以收缴其发票或者停止向其发售发票。

（四）纳税人、扣缴义务人的开户银行或者其他金融机构拒绝接受税务机关依法检查纳税人、扣缴义务人存款账户，或者拒绝执行税务机关做出的冻结存款或者扣缴税款的决定，或者在接到税务机关的书面通知后帮助纳税人、扣缴义务人转移存款，造成税款流失的，由税务机关处十万元以上五十万元以下的罚款，对直接负责的主管人员和其他直接责任人员处一千元以上一万元以下的罚款。

（五）未经税务机关依法委托征收税款的，责令退还收取的财物，依法给予行政处分或者行政处罚；致使他人合法权益受到损失的，依法承担赔偿责任；构成犯罪的，依法追究刑事责任。

纳税人、扣缴义务人、纳税担保人同税务机关在纳税上发生争议时，必须先依照税务机关的纳税决定缴纳或者解缴税款及滞纳金或者提供相应的担保，然后可以依法申请行政复议；对行政复议决定不服的，可以依法向人民法院起诉。

当事人对税务机关的处罚决定、强制执行措施或者税收保全措施不服的，可以依法申请行政复议，也可以依法向人民法院起诉。

当事人对税务机关的处罚决定逾期不申请行政复议也不向人民法院起诉、又不履行的，做出处罚决定的税务机关可以采取规定的强制执行措施，或者申请人民法院强制执行。

【技能训练】

一、单项选择题

1.从事生产、经营的纳税人领取工商营业执照的，应当自领取工商营业执照（　　）申报办理税务登记。

A.之日起 30 日内　　　　　　B.次日起 30 日内

C.之日起 3 个月内　　　　　　D.次日起 3 个月内

2.下列不属于变更税务登记的事项是（　　）。

A.纳税人因经营地点的迁移而要改变原主管税务机关的

B.改变法定代表人

C.增减注册资金

D. 改变开户银行账号

3.《税务登记管理办法》规定，停业后要求恢复经营的纳税人应当于（　）向税务机关申报办理复业登记。

A. 恢复生产经营后 30 日之内　　　　　　B. 恢复生产经营后 15 日之内

C. 恢复生产经营后 10 日之内　　　　　　D. 恢复生产经营之前

4. 纳税人到外县（市）从事生产经营活动的，应当向（　）税务机关报验登记。

A. 所在地　　　　　B. 主管地　　　　　C. 营业地　　　　　D. 注册地

5. 税务登记证每（　）更换一次。

A.3 年　　　　　B.5 年　　　　　C.2 年　　　　　D.1 年

6. 纳税人未按照规定的纳税期限申报办理税务登记、变更或者注销税务登记的，税务机关应当向纳税人发出责令限期改正通知书，限期改正。逾期不改的处以（　）罚款，情节严重的处以（　）罚款。

A.2000 元以下 2000 元到 10000 元　　　B. 2000 元以下 2000 元到 20000 元

C.5000 元以下 5000 元到 20000 元　　　D. 3000 元以下 3000 元到 50000 元

7. 发票的种类、联次、内容及使用范围由（　）规定。

A. 财政部　　　　　　　　B. 国家税务总局

C. 省税务局　　　　　　　D. 县级以上税务局

8. 增值税专用发票的印刷权属于（　）。

A. 国务院财政部门　　　　B. 国务院税务主管部门

C. 省级税务机关　　　　　D. 国务院工商部门

9. 已开具的发票存根联和发票登记簿，应当保存（　）。

A.3 年　　　　　B.5 年　　　　　C.15 年　　　　　D. 永久

10. 税务机关对外省、自治区、直辖市来本辖区从事临时经营活动的单位和个人申请领购发票的，可以要求其提供保证人或者根据所领购发票的票面限额及数量交纳不超过（　）元的保证金并限期缴销

A.10000 元　　　B.50000 元　　　C.30000 元　　　D.1000 元

11. 下列不属于纳税申报对象的是（　）。

A. 从事生产经营活动的个人

B. 不从事生产活动，但有纳税义务

C. 在免税期间的纳税人

D. 有固定工作应按工资收入缴纳个人所得税的职工

12. 根据《征管法实施细则》，邮寄申报以下列哪个日期为实际申报日期。（　　）

A. 寄出的邮戳日期　　　　　　B. 到达的邮戳日期

C. 税务机关实际收到的日期　　D. 填制纳税申报表的日期

13. 纳税人未按照规定期限缴纳税款的，税务机关除责令限期缴纳税款外，从滞纳税款之日起，按日加收滞纳税款（　　）的滞纳金。

A. 千分之五　　B. 千分之十　　C. 万分之五　　D. 万分之十

14. 根据《税收征管法》规定，对经营规模较大、会计制度健全、会计核算准确及能够认真履行纳税义务的纳税人，税务机关可以采取的税款征收方式是（　　）。

A. 查账征收　　B. 查定征收　　C. 查验征收　　D. 定期定额征收

15. 根据《税收征管法》规定，对经营规模较小、产品零星、税源分散、会计账册不健全、财务管理和会计核算水平较低的纳税人，税务机关可以采取的税款征收方式是（　　）。

A. 查账征收　　B. 查定征收　　C. 查验征收　　D. 定期定额征收

二、多项选择题

1. 下列应当办理税务登记的是（　　　）。

A. 国家机关

B. 个体工商户

C. 企业在外地设立的分支机构

D. 税法规定应纳税但暂享受免税待遇的单位和个人

2. 纳税人办理税务登记后，应当办理税务变更登记的情况是（　　　）。

A. 名称的改变　　　　　　　　B. 增加注册资本

C. 经营地点迁出原登记的县（市）　　D. 改变生产经营范围

3. 下列对违反税务登记管理规定的行为，处理正确的是（　　　）。

A. 对未按规定办理税务登记变更手续的纳税人，责令限期改正，并处 1000 元罚款

B. 纳税人不办理税务登记的，由税务机关责令限期改正，逾期不改正的，经税务机关提请，由工商行政管理机关吊销其营业执照

C. 对伪造税务登记证件，情节严重的，处 30000 元罚款

D. 对买卖税务登记证件的纳税人，处 6000 元罚款

4. 除按照规定不需要发给税务登记证件的外，纳税人必须持税务登记证件办

理的事项是（   ）。

　　A. 开立银行账户　　　　　　　B. 领购发票

　　C. 法人营业执照年检　　　　　D. 申请免税

5. 关于发票的开具和保管，下列说法正确的是（   ）。

　　A. 不符合规定的发票，任何单位和个人有权拒收

　　B. 使用电子计算机开具发票，须经主管税务机关批准

　　C. 发票限于领购单位和个人在本省、自治区、直辖市内开具

　　D. 已开具的发票存根联和发票登记簿在保存期满后可以自行销毁

6. 纳税申报的方法有（   ）。

　　A. 直接申报　　　　　　　B. 邮寄申报

　　C. 数据电文申报　　　　　D. 委托申报

7. 纳税人有下列情形之一的，税务机关有权核定其应纳税额的是（   ）。

　　A. 依法可以不设置会计账簿

　　B. 有偷税、骗税前科的

　　C. 纳税人申报的计税依据明显偏低，又无正当理由的

　　D. 未按规定办理税务登记的

8. 根据《税收征收管理法实施细则》规定，税务机关核定应纳税额的方法有（   ）。

　　A. 参照当地同行业中经营规模和收入水平相近的纳税人的税务水平核定

　　B. 按照营业收入或者成本加合理费用、利润的方法核定

　　C. 按照耗用的原材料、燃料、动力等推算核定

　　D. 其他合理方法

9. 下列哪些税务违法行为，税务机关除追缴税款、滞纳金外，处百分之五十以上五倍以下的罚款。（   ）

　　A. 采取多列支出或少列收入方式偷税的

　　B. 不进行纳税申报而不缴税款的

　　C. 欠缴税款，并采取转移财产手段，妨碍税务机关追缴欠税款的

　　D. 假报出口，骗取出口退税款的

10. 税务检查人员在进行税务检查时应遵守的规定有（   ）。

　　A. 必须出示税务检查证和税务检查通知书

　　B. 为纳税人保密

　　C. 查询纳税人银行存款时，须经县以上税务局（分局）局长批准

D. 询问的问题及情况应与纳税或代扣代缴税款有关

三、案例分析题

1. 案情：某税务局 2012 年 8 月 15 日在实施税务检查中发现，辖区内大众饭店（系私营企业）自 2012 年 5 月 10 日办理工商营业执照以来，一直没有办理税务登记证，也没有申报纳税。根据检查情况，该饭店应纳未纳税款 1500 元，税务所于 8 月 18 日做出如下处理决定：

（1）责令大众饭店 8 月 20 日前申报办理税务登记并处以 500 元罚款。

（2）补缴税款、加收滞金，并处不缴税款 1 倍，即 1500 元的罚款。

问：本处理决定是否正确？为什么？

2. 案情：2012 年 7 月 12 日，某厂张会计在翻阅 5 月份账簿时，发现多缴税款 15000 元，于是该厂向税务机关提出给予退还税款并加算银行同期存款利息的请求。

问：税务机关是否应当给予退还，如果可以退还税款，应如何计算利息？为什么？

第二节　税务行政法制

知识目标：理解、掌握税务行政处罚的流程、内容以及税收征管过程中税务争议的处理程序、税务机关应承担的行政赔偿责任等。

能力目标：通过学习税务行政法制的相关知识，能够在实际工作中判断税务机关的行政处罚是否合法、与税务机关出现争议时应选择什么样的渠道和方法来解决争议等。

【小节分析】

企业和税务机关作为税收工作的纳税方和征收方，一方负有单方面的无偿纳税义务，另一方代表国家享有强制征收的权利。实际工作中，纳税人会因主观或过失出现一些违法违规行为，那么税务机关应按照什么样的程序进行处罚？处罚过程中双方可能会在一些税款的计算、申报、缴纳以及其他纳税资料的管理等方面出现争议，出现争议以后如何进行解决争议？税务机关及税务人员在执法过程中如果违反程序和规定给纳税人造成损失如何进行赔偿？通过本小节的完成我们可以来学习如何解决上述问题。

【相关知识】

2.1　税务行政处罚

税务行政处罚是税务机关依照税收法律、法规有关规定，依法对纳税人、扣缴义务人、纳税担保人以及其他与税务行政处罚有直接利害关系的当事人（以下简称当事人）违反税收法律、法规、规章的规定进行处罚的具体行政行为。包括各类罚款以及税收法律、法规、规章规定的其他行政处罚，都属于税务行政处罚的范围。

一、税务行政处罚的权限

根据《中华人民共和国税收征收管理法》第七十四条的规定，罚款额在二千元以下的，可以由税务所决定。其他税务行政处罚由县以上税务机关决定。

二、税务行政处罚的时效

根据《中华人民共和国税收征收管理法》第八十六条的规定，违反税收法律、行政法规应当给予行政处罚的行为，在五年内未被发现的，不再给予行政处罚。

上述规定的期限，从违法行为发生之日起计算，违法行为有连续或者继续状态的，从行为终了之日起计算。

三、税务行政处罚程序

（一）简易程序

税务行政处罚的简易程序是税务机关对公民个人处以50元以下罚款、对法人和其他组织处以1000元以下罚款适用的程序，也称"当场处罚"。

1.税务机关对公民个人处以50元以下罚款、对法人和其他组织处以1000元以下罚款的，在做出行政处罚决定之前，应当当场告知当事人做出行政处罚决定的事实、理由及依据，并告知当事人依法享有的权利。税务机关的执法人员应当场听取当事人的陈述、申辩，对当事人提出的事实、理由和证据，应当进行复核；当事人提出的事实、理由或者证据成立的，应当采纳。

2.执法人员当场做出税务行政处罚决定的，应当向当事人出示执法身份证件，填写预定格式、编有号码的税务行政处罚决定。税务行政处罚决定应当载明当事人的违法行为、行政处罚依据、罚款数额、时间、地点以及税务机关名称，并由执法人员签名或者盖章。税务行政处罚决定应当当场交付当事人。

3.当事人应当自收到税务行政处罚决定之日起按照税务机关规定的期限到指定的银行缴纳罚款。

有下列情形之一的，执法人员可以当场收缴罚款：

（1）依法给予二十元以下的罚款的；

（2）不当场收缴事后难以执行的；

（3）在边远、水上、交通不便地区，当事人向指定的银行缴纳罚款有困难，经当事人提出当场缴纳的。

（二）一般程序

税务机关对公民个人处以 50 元以下罚款、对法人和其他组织处以 1000 元以下罚款之外的其他处罚适用一般程序。

1. 税务机关对公民、法人和其他组织处以一般程序的行政处罚时，在做出行政处罚决定之前，应当告知当事人做出行政处罚决定的事实、理由及依据，并告知当事人享有陈述、申辩的权利。

2. 当事人要求陈述、申辩的，应在收到税务行政处罚告知事项之日起 3 日内向税务机关陈述、申辩，进行陈述、申辩可以采取口头形式或书面形式。采取口头形式进行陈述、申辩的，税务机关可以记录。当事人对《听取陈述申辩笔录》审核无误后应签字或者盖章。

3. 税务机关应当对当事人提出的事实、理由和证据进行复核；当事人提出的事实、理由或者证据成立的，应当采纳。税务机关不能因当事人的陈述或申辩而加重处罚。

4. 在听取当事人的陈述、申辩并复核后，或当事人表示放弃陈述、申辩权后，税务机关应当做出税务行政处罚决定，并送达当事人签收。税务行政处罚决定应当载明下列事项：

（1）当事人的姓名或者名称、地址；

（2）违反法律、法规或者规章的事实和证据；

（3）行政处罚的种类和依据；

（4）行政处罚的履行方式和期限；

（5）不服行政处罚决定，申请行政复议或者提起行政诉讼的途径和期限；

（6）做出处罚决定的税务机关名称和做出决定的日期。

（7）行政处罚决定必须盖有做出行政处罚决定的税务机关的印章。

5. 当事人应当自收到税务行政处罚决定之日起按照税务机关规定的期限到指定的银行缴纳罚款。当事人向指定的银行缴纳罚款有困难的，经当事人提出，税务机关及其执法人员可以当场收缴罚款。

四、听证程序

（一）听证的条件

税务机关对公民处以 2000 元以上（含本数）罚款、对法人或者其他组织处以 10000 元以上（含本数）罚款，适用听证程序，当事人有权要求听证。

税务机关对公民处以 2000 元以上罚款、对法人或者其他组织处以 10000 元以上罚款的行政处罚时，在做出行政处罚决定之前，应当告知当事人做出行政处罚决定的事实、理由及依据，并告知当事人享有要求听证的权利。

（二）听证的申请

当事人要求听证的，应在收到税务行政处罚告知事项之日起 3 日内向税务机关书面提出听证申请。逾期不提出的，视为放弃听证权利。当事人由于不可抗力或者其他特殊情况而耽误提出听证期限的，在障碍消除后 5 日以内可以申请延长期限。申请是否准许，由税务机关决定。

（三）听证申请应当载明以下内容

1. 当事人名称、住所、税务登记号、法人代表姓名、职务；当事人为公民个人的，应当载明当事人姓名、住所、身份证号码；

2. 有代理人的，应当载明代理人单位、姓名、联系方法（地址、电话）、代理权限并应附代理委托书；

3. 案由及要求听证的理由；

4. 声明本案是否涉及国家秘密、商业秘密或个人隐私；

5. 当事人签章。

（四）听证的举行

税务机关应当在收到当事人听证申请后 15 日内举行听证，并在举行听证的 7 日前将《听证通知》送达当事人，告知当事人举行听证的时间、地点、听证主持人的姓名及有关事项。听证公开举行。因案件涉及国家机密、商业秘密或个人隐私，当事人要求不公开举行的，可以不公开举行。当事人认为听证主持人与本案有直接利害关系的，有权申请回避。回避申请应当在举行听证的 3 日前向税务机关提出，并说明理由。听证主持人是否回避，由组织听证的税务机关负责人决定。对驳回申请回避的决定，当事人可以申请复核一次。公开进行的听证，允许群众旁听。经听证主持人许可，旁听群众可以发表意见。当事人或者其代理人应当按照税务机关的通知参加听证，无正当理由不参加的，视为放弃听证权利。听证终止。

（五）决定和执行

1. 听证后，税务机关应当对当事人提出的事实、理由和证据进行复核；当事人提出的事实、理由或者证据成立的，应当采纳。税务机关不能因当事人要求听证而加重处罚。

2. 对听证当事人的陈述、申辩复核后，或当事人表示放弃陈述、申辩权后，税务机关应当做出税务行政处罚决定，并送达当事人签收。当事人在听证中的权

利义务

（六）当事人在听证中的权利和义务

1.权利

（1）有参加听证和委托 1～2 名代理人参加听证的权利。

当事人委托代理人参加听证应当出具代理委托书，并应注明代理权限和期限；听证过程中当事人认为委托代理人不能正确履行代理责任时，有权中止委托代理，中止委托代理应向主持人声明；

（2）有就与案件有关的事实与证据充分发表意见的权利。可以出示有关证据，要求己方证人出席做证，并可要求质证；

（3）当事人有放弃听证的权利，当事人要求放弃听证的，应提前一日书面通知税务机关；

（4）听证过程中当事人认为必要时可以要求中止听证或延期听证，是否允许，由主持人决定；当事人有放弃申辩权和质证权的权利。当事人放弃申辩权和质证权应向主持人声明。当事人未经主持人允许擅自退出听证的，视同放弃权利；

（5）当事人对听证记录认为有遗漏或有差错，可以请求补充或改正，并可以注明意见。

2.当事人在听证中有下列义务：

（1）遵守会场纪律；

（2）尊重服从主持人，未经主持人允许不得擅自发言、提问或打断对方发言；

（3）有回答主持人询问和出示有关证据的义务；

（4）发言应语言文明，尊重对方，不得带有污秽语言，不得带有诬蔑、侮辱或对他人进行人身攻击的言论；

（5）对听证记录在确认没有遗漏或差错后，应签字或盖章。

（6）税务机关认为需要对本案的事实与证据补充调查的，当事人有义务配合与支持。

五、执行方法

（一）到银行缴纳罚款

根据《中华人民共和国行政处罚法》的规定，做出罚款决定的税务机关应当与收缴罚款的机构分离。做出税务行政处罚决定的税务机关及其执法人员不得自行收缴罚款。当事人应当自收到税务行政处罚决定之日起按照税务机关规定的期限到指定的银行缴纳罚款。指定的银行可以是当事人的开户银行，也可以是税务机关指定的银行。

（二）当场收缴罚款

有下列情形之一的，税务机关执法人员可以当场收缴罚款：

1. 适用简易程序当场处罚，依法给予二十元以下的罚款的；

2. 适用简易程序当场处罚，不当场收缴事后难以执行的；

3. 在边远、水上、交通不便地区，当事人向指定的银行缴纳罚款有困难，经当事人申请当场缴纳的。

执法人员当场收缴罚款的，必须向当事人出具省、自治区、直辖市财政部门统一制发的罚款收据；不出具财政部门统一制发的罚款收据的，当事人有权拒绝缴纳罚款。

六、法律责任

当事人逾期不履行行政处罚决定的，做出行政处罚决定的税务机关可以采取下列措施：

1. 到期不缴纳罚款的，每日按罚款数额的百分之三加处罚款；

2. 根据法律规定，将查封、扣押的财物拍卖或者将冻结的存款划拨抵缴罚款；

3. 申请人民法院强制执行。

2.2　税务行政复议

为了进一步发挥行政复议解决税务行政争议的作用，保护公民、法人和其他组织的合法权益，监督和保障税务机关依法行使职权，根据《中华人民共和国行政复议法》(以下简称行政复议法)、《中华人民共和国税收征收管理法》和《中华人民共和国行政复议法实施条例》(以下简称行政复议法实施条例)，结合税收工作实际，国家税务总局制定了税务行政复议规则并自 2010 年 4 月 1 日起施行。

一、税务行政复议的概念及特点

（一）概念

税务行政复议，是纳税人、扣缴义务人或者其他当事人认为税务机关的侵犯其合法权益，而依法请求上一级税务机关或者法定复议机关依照行政复议程序重新审查原具体行政行为是否合法、适当，并由有权机关做出裁决的活动。

（二）特点

1. 税务行政复议以当事人不服税务机关及其工作人员做出的税务具体行政行为为前提。这是由行政复议对当事人进行行政救济的目的所决定的。如果当事人认为税务机关的处理合法、适当，或税务机关还没有做出处理，当事人的合法权益没有受到侵害，就不存在税务行政复议。

2. 税务行政复议因当事人的申请而产生。当事人提出申请是引起税务行政复议的重要条件之一。当事人不申请，就不可能通过行政复议这种形式获得救济。

3. 税务行政复议案件的审理一般由原处理税务机关的上一级税务机关进行。

4. 税务行政复议与行政诉讼相衔接。根据《中华人民共和国行政诉讼法》（以下简称《行政诉讼法》）和《行政复议法》的规定，对于大多数行政案件来说，当事人都可以选择行政复议或者行政诉讼程序解决，当事人对行政复议决定不服的，还可以向法院提起行政诉讼。在此基础上，两个程序的衔接方面，税务行政案件的适用还有其特殊性。根据《征管法》第八十八条的规定，对于因纳税问题引起的争议，税务行政复议是税务行政诉讼的必经前置程序，未经复议不能向法院起诉，经复议仍不服的，才能起诉；对于因处罚、保全措施及强制执行引起的争议，当事人可以选择适用复议或诉讼程序，如选择复议程序，对复议决定仍不服的，可以向法院起诉。

二、税务行政复议的受案范围

（一）征税行为，包括确认纳税主体、征税对象、征税范围、减税、免税、退税、抵扣税款、适用税率、计税依据、纳税环节、纳税期限、纳税地点和税款征收方式等具体行政行为，征收税款、加收滞纳金，扣缴义务人、受税务机关委托的单位和个人做出的代扣代缴、代收代缴、代征行为等。

（二）行政许可、行政审批行为。

（三）发票管理行为，包括发售、收缴、代开发票等。

（四）税收保全措施、强制执行措施。

（五）行政处罚行为：

1. 罚款；

2. 没收财物和违法所得；

3. 停止出口退税权。

（六）不依法履行下列职责的行为：

1. 颁发税务登记证；

2. 开具、出具完税凭证、外出经营活动税收管理证明；

3. 行政赔偿；

4. 行政奖励；

5. 其他不依法履行职责的行为。

（七）资格认定行为。

（八）不依法确认纳税担保行为。

（九）政府信息公开工作中的具体行政行为。

（十）纳税信用等级评定行为。

（十一）通知出入境管理机关阻止出境行为。

（十二）其他具体行政行为。

三、税务行政复议管辖

（一）一般管辖

1. 对各级国家税务局的具体行政行为不服的，向其上一级国家税务局申请行政复议。

2. 对各级地方税务局的具体行政行为不服的，可以选择向其上一级地方税务局或者该税务局的本级人民政府申请行政复议。

省、自治区、直辖市人民代表大会及其常务委员会、人民政府对地方税务局的行政复议管辖另有规定的，从其规定。

3. 对国家税务总局的具体行政行为不服的，向国家税务总局申请行政复议。对行政复议决定不服，申请人可以向人民法院提起行政诉讼，也可以向国务院申请裁决。国务院的裁决为最终裁决。

（二）特殊管辖

对下列税务机关的具体行政行为不服的，按照下列规定申请行政复议：

1. 对计划单列市税务局的具体行政行为不服的，向省税务局申请行政复议。

2. 对税务所（分局）、各级税务局的稽查局的具体行政行为不服的，向其所属税务局申请行政复议。

3. 对两个以上税务机关共同做出的具体行政行为不服的，向共同上一级税务机关申请行政复议；对税务机关与其他行政机关共同做出的具体行政行为不服的，向其共同上一级行政机关申请行政复议。

4. 对被撤销的税务机关在撤销以前所做出的具体行政行为不服的，向继续行使其职权的税务机关的上一级税务机关申请行政复议。

5. 对税务机关做出逾期不缴纳罚款加处罚款的决定不服的，向做出行政处罚决定的税务机关申请行政复议。但是对已处罚款和加处罚款都不服的，一并向做出行政处罚决定的税务机关的上一级税务机关申请行政复议。

有前款 2.3.4.5 项所列情形之一的，申请人也可以向具体行政行为发生地的县级地方人民政府提交行政复议申请，由接受申请的县级地方人民政府依法转送。

四、税务行政复议申请

（一）申请人与被申请人

1. 申请人

（1）合伙企业申请行政复议的，应当以工商行政管理机关核准登记的企业为申请人，由执行合伙事务的合伙人代表该企业参加行政复议；其他合伙组织申请行政复议的，由合伙人共同申请行政复议。

不具备法人资格的其他组织申请行政复议的，由该组织的主要负责人代表该组织参加行政复议；没有主要负责人的，由共同推选的其他成员代表该组织参加行政复议。

（2）股份制企业的股东大会、股东代表大会、董事会认为税务具体行政行为侵犯企业合法权益的，可以以企业的名义申请行政复议。

（3）有权申请行政复议的公民死亡的，其近亲属可以申请行政复议；有权申请行政复议的公民为无行为能力人或者限制行为能力人，其法定代理人可以代理申请行政复议。

（4）有权申请行政复议的法人或者其他组织发生合并、分立或终止的，承受其权利义务的法人或者其他组织可以申请行政复议。

（5）行政复议期间，行政复议机关认为申请人以外的公民、法人或者其他组织与被审查的具体行政行为有利害关系的，可以通知其作为第三人参加行政复议。

行政复议期间，申请人以外的公民、法人或者其他组织与被审查的税务具体行政行为有利害关系的，可以向行政复议机关申请作为第三人参加行政复议。

第三人不参加行政复议，不影响行政复议案件的审理。

（6）非具体行政行为的行政管理相对人，但其权利直接被该具体行政行为所剥夺、限制或者被赋予义务的公民、法人或其他组织，在行政管理相对人没有申请行政复议时，可以单独申请行政复议。

（7）同一行政复议案件申请人超过5人的，应当推选1至5名代表参加行政复议。

2. 被申请人

（1）申请人对具体行政行为不服申请行政复议的，做出该具体行政行为的税务机关为被申请人。

（2）申请人对扣缴义务人的扣缴税款行为不服的，主管该扣缴义务人的税务机关为被申请人；对税务机关委托的单位和个人的代征行为不服的，委托税务机关为被申请人。

（3）税务机关与法律、法规授权的组织以共同的名义做出具体行政行为的，税务机关和法律、法规授权的组织为共同被申请人。

税务机关与其他组织以共同名义做出具体行政行为的，税务机关为被申请人。

（4）税务机关依照法律、法规和规章规定，经上级税务机关批准做出具体行政行为的，批准机关为被申请人。

（5）申请人对经重大税务案件审理程序做出的决定不服的，审理委员会所在税务机关为被申请人。

（6）税务机关设立的派出机构、内设机构或者其他组织，未经法律、法规授权，以自己名义对外做出具体行政行为的，税务机关为被申请人。

申请人、第三人可以委托1至2名代理人参加行政复议。申请人、第三人委托代理人的，应当向行政复议机构提交授权委托书。授权委托书应当载明委托事项、权限和期限。公民在特殊情况下无法书面委托的，可以口头委托。口头委托的，行政复议机构应当核实并记录在卷。申请人、第三人解除或者变更委托的，应当书面告知行政复议机构。

被申请人不得委托本机关以外人员参加行政复议。

（二）行政复议申请

申请人可以在知道税务机关做出具体行政行为之日起60日内提出行政复议申请。因不可抗力或者被申请人设置障碍等原因耽误法定申请期限的，申请期限的计算应当扣除被耽误时间。

申请人对税务机关的征税行为不服的，应当先向行政复议机关申请行政复议；对行政复议决定不服的，可以向人民法院提起行政诉讼。

申请人按照前款规定申请行政复议的，必须依照税务机关根据法律、法规确定的税额、期限，先行缴纳或者解缴税款和滞纳金，或者提供相应的担保，才可以在缴清税款和滞纳金以后或者所提供的担保得到做出具体行政行为的税务机关确认之日起 60 日内提出行政复议申请。

申请人提供担保的方式包括保证、抵押和质押。做出具体行政行为的税务机关应当对保证人的资格、资信进行审查，对不具备法律规定资格或者没有能力保证的，有权拒绝。做出具体行政行为的税务机关应当对抵押人、出质人提供的抵押担保、质押担保进行审查，对不符合法律规定的抵押担保、质押担保，不予确认。

申请人对税务机关征税行为以外的其他具体行政行为不服，可以申请行政复议，也可以直接向人民法院提起行政诉讼。

申请人对税务机关做出逾期不缴纳罚款加处罚款的决定不服的，应当先缴纳罚款和加处罚款，再申请行政复议。

行政复议申请期限的计算，依照下列规定办理：

1. 当场做出具体行政行为的，自具体行政行为做出之日起计算。

2. 载明具体行政行为的法律文书直接送达的，自受送达人签收之日起计算。

3. 载明具体行政行为的法律文书邮寄送达的，自受送达人在邮件签收单上签收之日起计算；没有邮件签收单的，自受送达人在送达回执上签名之日起计算。

4. 具体行政行为依法通过公告形式告知受送达人的，自公告规定的期限届满之日起计算。

5. 税务机关做出具体行政行为时未告知申请人，事后补充告知的，自该申请人收到税务机关补充告知的通知之日起计算。

6. 被申请人能够证明申请人知道具体行政行为的，自证据材料证明其知道具体行政行为之日起计算。

税务机关做出具体行政行为，依法应当向申请人送达法律文书而未送达的，视为该申请人不知道该具体行政行为。

申请人依照行政复议法规定申请税务机关履行法定职责，税务机关未履行的，行政复议申请期限依照下列规定计算：

1. 有履行期限规定的，自履行期限届满之日起计算。

2. 没有履行期限规定的，自税务机关收到申请满 60 日起计算。

税务机关做出的具体行政行为对申请人的权利、义务可能产生不利影响的，应当告知其申请行政复议的权利、行政复议机关和行政复议申请期限。

申请人书面申请行政复议的，可以采取当面递交、邮寄或者传真等方式提出行政复议申请。

有条件的行政复议机关可以接受以电子邮件形式提出的行政复议申请。

对以传真、电子邮件形式提出行政复议申请的，行政复议机关应当审核确认申请人的身份、复议事项。

申请人书面申请行政复议的，应当在行政复议申请书中载明下列事项：

（1）申请人的基本情况，包括公民的姓名、性别、出生年月、身份证件号码、工作单位、住所、邮政编码、联系电话；法人或者其他组织的名称、住所、邮政编码、联系电话和法定代表人或者主要负责人的姓名、职务。

（2）被申请人的名称。

（3）行政复议请求、申请行政复议的主要事实和理由。

（4）申请人的签名或者盖章。

（5）申请行政复议的日期。

申请人口头申请行政复议的，行政复议机构应当依照规定的事项，当场制作行政复议申请笔录，交申请人核对或者向申请人宣读，并由申请人确认。

有下列情形之一的，申请人应当提供证明材料：

（1）认为被申请人不履行法定职责的，提供要求被申请人履行法定职责而被申请人未履行的证明材料。

（2）申请行政复议时一并提出行政赔偿请求的，提供受具体行政行为侵害而造成损害的证明材料。

（3）法律、法规规定需要申请人提供证据材料的其他情形。

申请人提出行政复议申请时错列被申请人的，行政复议机关应当告知申请人变更被申请人。申请人不变更被申请人的，行政复议机关不予受理，或者驳回行政复议申请。

申请人向行政复议机关申请行政复议，行政复议机关已经受理的，在法定行政复议期限内申请人不得向人民法院提起行政诉讼；申请人向人民法院提起行政诉讼，人民法院已经依法受理的，不得申请行政复议。

五、税务行政复议受理

（一）行政复议申请符合下列规定的，行政复议机关应当受理：

1. 属于本规则规定的行政复议范围。

2. 在法定申请期限内提出。

3. 有明确的申请人和符合规定的被申请人。

4. 申请人与具体行政行为有利害关系。

5. 有具体的行政复议请求和理由。

6. 申请人申请行政复议的，必须依照税务机关根据法律、法规确定的税额、期限，先行缴纳或者解缴税款和滞纳金，或者提供相应的担保，才可以在缴清税款和滞纳金以后或者所提供的担保得到做出具体行政行为的税务机关确认之日起60日内提出行政复议申请。

7. 属于收到行政复议申请的行政复议机关的职责范围。

8. 其他行政复议机关尚未受理同一行政复议申请，人民法院尚未受理同一主体就同一事实提起的行政诉讼。

（二）受理

行政复议机关收到行政复议申请以后，应当在5日内审查，决定是否受理。对不符合本规则规定的行政复议申请，决定不予受理，并书面告知申请人。对不属于本机关受理的行政复议申请，应当告知申请人向有关行政复议机关提出。行政复议机关收到行政复议申请以后未按照前款规定期限审查并做出不予受理决定的，视为受理。对符合规定的行政复议申请，自行政复议机构收到之日起即为受理；受理行政复议申请，应当书面告知申请人。

行政复议申请材料不齐全、表述不清楚的，行政复议机构可以自收到该行政复议申请之日起5日内书面通知申请人补正。补正通知应当载明需要补正的事项和合理的补正期限。无正当理由逾期不补正的，视为申请人放弃行政复议申请。补正申请材料所用时间不计入行政复议审理期限。

上级税务机关认为行政复议机关不予受理行政复议申请的理由不成立的，可以督促其受理；经督促仍然不受理的，责令其限期受理。上级税务机关认为行政复议申请不符合法定受理条件的，应当告知申请人。上级税务机关认为有必要的，可以直接受理或者提审由下级税务机关管辖的行政复议案件。

对应当先向行政复议机关申请行政复议，对行政复议决定不服再向人民法院提起行政诉讼的具体行政行为，行政复议机关决定不予受理或者受理以后超过行政复议期限不作答复的，申请人可以自收到不予受理决定书之日起或者行政复议期满之日起15日内，依法向人民法院提起行政诉讼。

依照规定延长行政复议期限的，以延长以后的时间为行政复议期满时间。

行政复议期间具体行政行为不停止执行；但是有下列情形之一的，可以停止执行：

1. 被申请人认为需要停止执行的。

2. 行政复议机关认为需要停止执行的。

3. 申请人申请停止执行，行政复议机关认为其要求合理，决定停止执行的。

4. 法律规定停止执行的。

六、调查、取证

行政复议机关应当依法全面审查相关证据。行政复议机关审查行政复议案件，应当以证据证明的案件事实为依据。定案证据应当具有合法性、真实性和关联性。在行政复议中，被申请人对其做出的具体行政行为负有举证责任。

（一）审查

1. 相关证据

（1）书证。

（2）物证。

（3）视听资料。

（4）证人证言。

（5）当事人陈述。

（6）鉴定结论。

（7）勘验笔录、现场笔录。

2. 下列证据材料不得作为定案依据：

（1）违反法定程序收集的证据材料。

（2）以偷拍、偷录和窃听等手段获取侵害他人合法权益的证据材料。

（3）以利诱、欺诈、胁迫和暴力等不正当手段获取的证据材料。

（4）无正当事由超出举证期限提供的证据材料。

（5）无正当理由拒不提供原件、原物，又无其他证据印证，且对方不予认可的证据的复制件、复制品。

（6）无法辨明真伪的证据材料。

（7）不能正确表达意志的证人提供的证言。

（8）不具备合法性、真实性的其他证据材料。

在行政复议过程中，被申请人不得自行向申请人和其他有关组织或者个人收集证据。行政复议机构认为必要时，可以调查取证。行政复议工作人员向有关组织和人员调查取证时，可以查阅、复制和调取有关文件和资料，向有关人员询问。调查取证时，行政复议工作人员不得少于2人，并应当向当事人和有关人员出示证件。被调查单位和人员应当配合行政复议工作人员的工作，不得拒绝、阻挠。需要现场勘验的，现场勘验所用时间不计入行政复议审理期限。申请人和第三人可以查阅被申请人提出的书面答复、做出具体行政行为的证据、依据和其他有关材料，除涉及国家秘密、商业秘密或者个人隐私外，行政复议机关不得拒绝。

七、审查和决定

（一）审查

行政复议机构应当自受理行政复议申请之日起 7 日内，将行政复议申请书副本或者行政复议申请笔录复印件发送被申请人。被申请人应当自收到申请书副本或者申请笔录复印件之日起 10 日内提出书面答复，并提交当初做出具体行政行为的证据、依据和其他有关材料。

对国家税务总局的具体行政行为不服申请行政复议的案件，由原承办具体行政行为的相关机构向行政复议机构提出书面答复，并提交当初做出具体行政行为的证据、依据和其他有关材料。

行政复议机构审理行政复议案件，应当由 2 名以上行政复议工作人员参加。

行政复议原则上采用书面审查的办法，但是申请人提出要求或者行政复议机构认为有必要时，应当听取申请人、被申请人和第三人的意见，并可以向有关组织和人员调查了解情况。

（二）听证

对重大、复杂的案件，申请人提出要求或者行政复议机构认为必要时，可以采取听证的方式审理。行政复议机构决定举行听证的，应当将举行听证的时间、地点和具体要求等事项通知申请人、被申请人和第三人。第三人不参加听证的，不影响听证的举行。听证应当公开举行，但是涉及国家秘密、商业秘密或者个人隐私的除外。行政复议听证人员不得少于 2 人，听证主持人由行政复议机构指定。听证应当制作笔录。申请人、被申请人和第三人应当确认听证笔录内容。行政复议听证笔录应当附卷，作为行政复议机构审理案件的依据之一。

行政复议机关应当全面审查被申请人的具体行政行为所依据的事实证据、法律程序、法律依据和设定的权利义务内容的合法性、适当性。

申请人在行政复议决定做出以前撤回行政复议申请的，经行政复议机构同意，可以撤回。申请人撤回行政复议申请的，不得再以同一事实和理由提出行政复议申请。但是，申请人能够证明撤回行政复议申请违背其真实意思表示的除外。行政复议期间被申请人改变原具体行政行为的，不影响行政复议案件的审理。但是，申请人依法撤回行政复议申请的除外。

申请人在申请行政复议时，依据规定一并提出对有关规定的审查申请的，行政复议机关对该规定有权处理的，应当在 30 日内依法处理；无权处理的，应当在 7 日内按照法定程序逐级转送有权处理的行政机关依法处理，有权处理的行政机关应当在 60 日内依法处理。处理期间，中止对具体行政行为的审查。

行政复议机关审查被申请人的具体行政行为时，认为其依据不合法，本机关有权处理的，应当在 30 日内依法处理；无权处理的，应当在 7 日内按照法定程序逐级转送有权处理的国家机关依法处理。处理期间，中止对具体行政行为的审查。

（三）决定

行政复议机构应当对被申请人的具体行政行为提出审查意见，经行政复议机关负责人批准，按照下列规定做出行政复议决定：

1.具体行政行为认定事实清楚，证据确凿，适用依据正确，程序合法，内容适当的，决定维持。

2.被申请人不履行法定职责的，决定其在一定期限内履行。

3.具体行政行为有下列情形之一的，决定撤销、变更或者确认该具体行政行为违法；决定撤销或者确认该具体行政行为违法的，可以责令被申请人在一定期限内重新做出具体行政行为：

（1）主要事实不清、证据不足的；

（2）适用依据错误的；

（3）违反法定程序的；

（4）超越职权或者滥用职权的；

（5）具体行政行为明显不当的。

4.被申请人不按照本规则第六十二条的规定提出书面答复，提交当初做出具体行政行为的证据、依据和其他有关材料的，视为该具体行政行为没有证据、依据，决定撤销该具体行政行为。

5.行政复议机关责令被申请人重新做出具体行政行为的，被申请人不得以同一事实和理由做出与原具体行政行为相同或者基本相同的具体行政行为；但是行政复议机关以原具体行政行为违反法定程序决定撤销的，被申请人重新做出具体行政行为的除外。

行政复议机关责令被申请人重新做出具体行政行为的，被申请人不得做出对申请人更为不利的决定；但是行政复议机关以原具体行政行为主要事实不清、证据不足或适用依据错误决定撤销的，被申请人重新做出具体行政行为的除外。

6.有下列情形之一的，行政复议机关可以决定变更：

（1）认定事实清楚，证据确凿，程序合法，但是明显不当或者适用依据错误的。

（2）认定事实不清，证据不足，但是经行政复议机关审理查明事实清楚，证据确凿的。

7.有下列情形之一的，行政复议机关应当决定驳回行政复议申请：

（1）申请人认为税务机关不履行法定职责申请行政复议，行政复议机关受理以后发现该税务机关没有相应法定职责或者在受理以前已经履行法定职责的。

（2）受理行政复议申请后，发现该行政复议申请不符合行政复议法及其实施条例和本规则规定的受理条件的。

上级税务机关认为行政复议机关驳回行政复议申请的理由不成立的，应当责令限期恢复受理。行政复议机关审理行政复议申请期限的计算应当扣除因驳回耽误的时间。

8.行政复议期间，有下列情形之一的，行政复议中止：

（1）作为申请人的公民死亡，其近亲属尚未确定是否参加行政复议的。

（2）作为申请人的公民丧失参加行政复议的能力，尚未确定法定代理人参加行政复议的。

（3）作为申请人的法人或者其他组织终止，尚未确定权利义务承受人的。

（4）作为申请人的公民下落不明或者被宣告失踪的。

（5）申请人、被申请人因不可抗力，不能参加行政复议的。

（6）行政复议机关因不可抗力原因暂时不能履行工作职责的。

（7）案件涉及法律适用问题，需要有权机关做出解释或者确认的。

（8）案件审理需要以其他案件的审理结果为依据，而其他案件尚未审结的。

（9）其他需要中止行政复议的情形。

行政复议中止的原因消除以后，应当及时恢复行政复议案件的审理。行政复议机构中止、恢复行政复议案件的审理，应当告知申请人、被申请人、第三人。

9.行政复议期间，有下列情形之一的，行政复议终止：

（1）申请人要求撤回行政复议申请，行政复议机构准予撤回的。

（2）作为申请人的公民死亡，没有近亲属，或者其近亲属放弃行政复议权利的。

（3）作为申请人的法人或者其他组织终止，其权利义务的承受人放弃行政复议权利的。

（4）申请人与被申请人依照规定，经行政复议机构准许达成和解的。

（5）行政复议申请受理以后，发现其他行政复议机关已经先于本机关受理，或者人民法院已经受理的。

依照规定中止行政复议，满60日行政复议中止的原因未消除的，行政复议终止。

行政复议机关责令被申请人重新做出具体行政行为的，被申请人应当在60日内重新做出具体行政行为；情况复杂，不能在规定期限内重新做出具体行政行为的，经行政复议机关批准，可以适当延期，但是延期不得超过30日。公民、法人或者其他组织对被申请人重新做出的具体行政行为不服，可以依法申请行政复议，或者提起行政诉讼。

申请人在申请行政复议时可以一并提出行政赔偿请求，行政复议机关对符合国家赔偿法的规定应当赔偿的，在决定撤销、变更具体行政行为或者确认具体行政行为违法时，应当同时决定被申请人依法赔偿。

申请人在申请行政复议时没有提出行政赔偿请求的，行政复议机关在依法决定撤销、变更原具体行政行为确定的税款、滞纳金、罚款和对财产的扣押、查封等强制措施时，应当同时责令被申请人退还税款、滞纳金和罚款，解除对财产的扣押、查封等强制措施，或者赔偿相应的价款。

行政复议机关应当自受理申请之日起60日内做出行政复议决定。情况复杂，不能在规定期限内做出行政复议决定的，经行政复议机关负责人批准，可以适当延期，并告知申请人和被申请人；但是延期不得超过30日。行政复议机关做出行政复议决定，应当制作行政复议决定书，并加盖行政复议机关印章。行政复议决定书一经送达，即发生法律效力。

（四）履行

被申请人不履行、无正当理由拖延履行行政复议决定的，行政复议机关或者有关上级税务机关应当责令其限期履行。

申请人、第三人逾期不起诉又不履行行政复议决定的，或者不履行最终裁决的行政复议决定的，按照下列规定分别处理：

1. 维持具体行政行为的行政复议决定，由做出具体行政行为的税务机关依法强制执行，或者申请人民法院强制执行。

2. 变更具体行政行为的行政复议决定，由行政复议机关依法强制执行，或者申请人民法院强制执行。

八、和解与调解

（一）对下列行政复议事项，按照自愿、合法的原则，申请人和被申请人在行政复议机关做出行政复议决定以前可以达成和解，行政复议机关也可以调解：

1.行使自由裁量权做出的具体行政行为，如行政处罚、核定税额、确定应税所得率等。

2.行政赔偿。

3.行政奖励。

4.存在其他合理性问题的具体行政行为。

申请人和被申请人达成和解的，应当向行政复议机构提交书面和解协议。和解内容不损害社会公共利益和他人合法权益的，行政复议机构应当准许。

经行政复议机构准许和解终止行政复议的，申请人不得以同一事实和理由再次申请行政复议。

（二）调解应当符合下列要求：

1.尊重申请人和被申请人的意愿。

2.在查明案件事实的基础上进行。

3.遵循客观、公正和合理原则。

4.不得损害社会公共利益和他人合法权益。

（三）行政复议机关按照下列程序调解：

1.申请人和被申请人同意。

2.申请人和被申请人的意见。

3.调解方案。

4.调解协议。

5.行政复议调解书。

行政复议调解书应当载明行政复议请求、事实、理由和调解结果，并加盖行政复议机关印章。行政复议调解书经双方当事人签字，即具有法律效力。调解未达成协议，或者行政复议调解书不生效的，行政复议机关应当及时做出行政复议决定。申请人不履行行政复议调解书的，由被申请人依法强制执行，或者申请人民法院强制执行。

2.3 税务行政诉讼

一、税务行政诉讼的概念和特点

（一）概念

税务行政诉讼是纳税人或者其他税务当事人认为税务机关及其工作人员的具体行政行为侵犯其合法权益，依法向人民法院提起诉讼，人民法院依法受理并做出裁决的活动。

（二）特点

1. 税务行政诉讼的原告是认为税务行政机关的具体行政行为侵犯其合法权益的税务行政相对人

2. 税务行政诉讼的被告是税务行政机关 税务行政诉讼中被告只能是做出具体税务行政行为的税务机关，以及依法成立并经授权的派出机构或是做出复议决定的税务机关。

3. 税务行政诉讼以税务行政争议为内容 税务行政诉讼要解决的问题是具体税务行政行为是否侵犯了税务管理相对人的利益。如果是因为税务争议以外的其他争议引发的诉讼，就不能称其为税务行政诉讼。

4. 税务行政诉讼的客体是具体税务行政行为 具体行政行为是我国行政诉讼的受案范围，作为行政诉讼的一种，税务行政诉讼自然也不例外。

5. 税务行政诉讼的裁判者是具有管辖权的人民法院 税务行政诉讼是一种司法制度，是由人民法院适用司法程序解决税务行政争议的活动。在税务行政诉讼的过程中，做出的具体行政行为的税务机关作为被告，与原告在法律上的地位是平等的。整个诉讼的审理裁判等均应按照司法程序进行，由人民法院主持进行。

（三）原则

1. 人民法院特定主管原则。即人民法院对税务行政案件只有部分管辖权。根据《行政诉讼法》第十一条的规定，人民法院只能受理因具体行政行为引起的税务行政争议案。

2. 合法性审查原则。除审查税务机关是否滥用权力、税务行政处罚是否显失公正外，人民法院只对具体税务行为是否合法予以审查，并不审查具体税务行为的适当性。与此相适应，人民法院原则上不直接判决变更。

3.不适用调解原则。税收行政管理权是国家权力的重要组成部分，税务机关无权依自己意愿进行处置，因此，人民法院也不能对税务行政诉讼法律关系的双方当事人进行调解。

4.起诉不停止执行原则。即当事人不能以起诉为理由而停止执行税务所做出的具体行政行为，如税收保全措施和税收强制执行措施。

5.税务机关负举证责任原则。由于税务行政行为是税务机关单方依一定事实和法律做出的，只有税务机关最了解做出该行为的证据。如果税务机关不提供或不能提供证据，就可能败诉。

6.由税务机关负责赔偿的原则。依据《中华人民共和国国家赔偿法》（以下简称《国家赔偿法》）的有关规定，税务机关及其工作人员因执行职务不当，给当事人造成人身及财产损害，应负担赔偿责任。

二、税务行政诉讼的受案范围

税务行政诉讼的受案范围，是指人民法院对税务机关的哪些行为拥有司法审查权。换言之，公民、法人或者其他组织对税务机关的哪些行为不服可以向人民法院提起税务行政诉讼。税务行政诉讼案件的受案范围除受《行政诉讼法》有关规定的限制外，也受《征管法》及其他相关法律、法规的调整和制约。具体说来，税务行政诉讼的受案范围与税务行政复议的受案范围基本一致，包括：

（一）税务机关做出的征税行为：一是征收税款、加收滞纳金；二是扣缴义务人、受税务机关委托的单位做出代扣代缴、代收代缴行为及代征行为。

（二）税务机关做出的责令纳税人提交纳税保证金或者纳税担保行为。

（三）税务机关做出的行政处罚行为：一是罚款；二是没收违法所得；三是停止出口退税权；四是收缴发票和暂停供应发票。

（四）税务机关做出的通知出境管理机关阻止出境行为。

（五）税务机关做出的税收保全措施：一是书面通知银行或者其他金融机构冻结存款；二是扣押、查封商品、货物或者其他财产。

（六）税务机关做出的税收强制执行措施：一是书面通知银行或者其他金融机构扣缴税款；二是拍卖所扣押、查封的商品、货物或者其他财产抵缴税款。

（七）认为符合法定条件申请税务机关颁发税务登记证和发售发票，税务机关拒绝颁发、发售或者不予答复的行为。

（八）税务机关的复议行为：一是复议机关改变了原具体行政行为；二是期限届满，税务机关不予答复。

三、税务行政诉讼的管辖

税务行政诉讼的管辖分为级别管辖、地域管辖和裁定管辖。

（一）级别管辖

级别管辖是上下级人民法院之间受理第一审税务案件的分工和权限。根据《行政诉讼法》的规定，基层人民法院管辖一般的税务行政诉讼案件；中高级人民法院管辖本辖区内重大、复杂的税务行政诉讼案件；最高人民法院管辖全国范围内重大、复杂的税务行政诉讼案件。

（二）地域管辖

地域管辖是同级人民法院之间受理第一审行政案件的分工和权限，分一般地域管辖和特殊地域管辖两种。

1. 一般地域管辖。指按照最初做出具体行政行为的机关所在地来确定管辖法院。凡是未经复议直接向人民法院提起诉讼的，或者经过复议，复议裁决维持原具体行政行为，当事人不服向人民法院提起诉讼的，根据《行政诉讼法》第十七条的规定，均由最初做出具体行政行为的税务机关所在地人民法院管辖。

2. 特殊地域管辖。指根据特殊行政法律关系或特殊行政法律关系所指的对象来确定管辖法院。税务行政案件的特殊地域管辖主要是指：经过复议的案件，复议机关改变原具体行政行为的，由原告选择最初做出具体行政行为的税务机关所在地的人民法院，或者复议机关所在地人民法院管辖。原告可以向任何一个有管辖权的人民法院起诉，最先收到起诉状的人民法院为第一审法院。

（三）裁定管辖

裁定管辖是指人民法院依法自行裁定的管辖，包括移送管辖、指定管辖及管辖权的转移三种情况。

1. 移送管辖。是指人民法院将已经受理的案件，移送给有管辖权的人民法院审理。根据《行政诉讼法》第二十一条的规定，移送管辖必须具备三个条件：一是移送人民法院已经受理了该案件；二是移送法院发现自己对该案件没有管辖权；三是接受移送的人民法院必须对该案件确有管辖权。

2. 指定管辖。指上级人民法院以裁定的方式，指定某下一级人民法院管辖某一案件。根据《行政诉讼法》第二十二条的规定，有管辖权的人民法院因特殊原因不能行使对行政诉讼的管辖权的，由其上级人民法院指定管辖；人民法院对管辖权发生争议或协商不成的，由它们共同的上级人民法院指定管辖。

3. 管辖权的转移。根据《行政诉讼法》第二十三条的规定，上级人民法院有权审理下级人民法院管辖的第一审税务行政案件，也可以将自己管辖的第一审行政案件移交下级人民法院审判；下级人民法院对其管辖的第一审税务行政案件，认为需要由上级人民法院审判的，可以报请上级人民法院决定。

四、起诉和受理

（一）起诉

税务行政诉讼起诉，是指公民、法人或者其他组织认为自己的合法权益受到税务机关具体行政行为的侵害，而向人民法院提出诉讼请求，要求人民法院行使审判权，依法予以保护的诉讼行为。起诉，是法律赋予税务行政管理相对人、用以保护其合法权益的权利和手段。在税务行政诉讼等行政诉讼中，起诉权是单向性的权利，税务机关不享有起诉权，只有应诉权，即税务机关只能作为被告；与民事诉讼不同，作为被告的税务机关不能反诉。

纳税人、扣缴义务人等税务管理相对人在提起税务行政诉讼时，必须符合下列条件：

1. 原告是认为具体税务行为侵犯其合法权益的公民、法人或者其他组织。

2. 有明确的被告。

3. 有具体的诉讼请求和事实、法律根据。

4. 属于人民法院的受案范围和受诉人民法院管辖。

此外，提起税务行政诉讼，还必须符合法定的期限和必经的程序。根据《征管法》第八十八条及其他相关规定，对税务机关的征税行为提起诉讼，必须先经过复议；对复议决定不服的，可以在接到复议决定书之日起 15 日内向人民法院起诉。对其他具体行政行为不服的，当事人可以在接到通知或者知道之日起15 日内直接向人民法院起诉。

税务机关做出具体行政行为时，未告知当事人诉权和起诉期限，致使当事人逾期向人民法院起诉的，其起诉期限从当事人实际知道诉权或者起诉期限时计算。但最长不得超过 2 年。

（二）受理

原告起诉，经人民法院审查，认为符合起诉条件并立案审理的行为，称为受理。对当事人的起诉，人民法院一般从以下几方面进行审查并做出是否受理的决定：一是审查是否属于法定的诉讼受案范围；二是审查是否具备法定的起诉条件；三是审查是否已经受理或者正在受理；四是审查是否有管辖权；五是审查是否符合法定的期限；六是审查是否经过必经复议程序。

根据法律规定，人民法院接到诉状，经过审查，应当在 7 日内立案或者做出裁定不予受理。原告对不予受理的裁定不服的，可以提起上诉。

五、审理和判决

（一）审理

人民法院审理行政案件实行合议、回避、公开审判和两审终审的审判制度。审理的核心是审查被诉具体行政行为是否合法，即做出该行为的税务机关是否依法享有该税务行政管理权；该行为是否依据一定的事实和法律做出；税务机关做出该行为是否遵照必备的程序等。

根据《行政诉讼法》第五十二条、第五十三条的规定，人民法院审查具体行政行为是否合法，依据法律、行政法规和地方性法规（民族自治地方的自治条例和单行条例）；参照部门规章和地方性规章。

（二）判决

人民法院对受理的税务行政案件。经过调查、收集证据、开庭审理之后。分别做出如下判决：

1. 维持判决。适用于具体行政行为证据确凿，适用法律、法规正确，符合法定程序的案件。

2. 撤销判决。被诉的具体行政行为主要证据不足，适用法律、法规错误，违反法定程序，或者超越职权、滥用职权，人民法院应判决撤销或部分撤销，同时可判决税务机关重新做出具体行政行为。

3. 履行判决。税务机关不履行或拖延履行法定职责的，判决其在一定期限内履行。

4. 变更判决。税务行政处罚显失公正的，可以判决变更。

对一审人民法院的判决不服，当事人可以上诉。对发生法律效力的判决，当事人必须执行，否则人民法院有权依对方当事人的申请予以强制执行。

2.4　税务行政赔偿

税务行政赔偿，是指税务机关和税务机关工作人员违法行使税收征管职权，对公民、法人和其他组织的合法权益造成损害的，由国家承担赔偿责任，并由税务机关具体履行义务的一项法律制度。

一、赔偿条件

税务行政机关及其税务人员在行使行政职权时有下列侵犯财产权情形之一的，受害人有取得赔偿的权利：

1. 违法实施罚款等行政处罚的；
2. 违法对财产采取查封、扣押、冻结等行政强制措施的；
3. 造成财产损害的其他违法行为。

二、赔偿责任的构成要件

税务行政赔偿责任的构成必须同时具备以下五个必要条件：

（一）侵权主体是行使国家税收征管职权的税务机关及其工作人员

构成税务行政赔偿责任的侵权主体是行使国家税收征管职权的税务机关和税务机关的工作人员。赔偿义务机关是行使税收征管职权的税务机关或行使税收征管职权的税务人员所在的税务机关。这里所说的税务机关的工作人员是指在税务机关内行使税收管理职权的税务人员，而不包括勤杂工、服务人员，如司机、炊事员等，因为这些人通常不行使国家赋予的税收征管职权。例如：税务机关的司机违反交通规则撞伤行人导致的赔偿，不能从国家财政列支的国家赔偿费用章节中支付，而由其所在单位或者其本人负责，适用民法调整。同时，也只有税务机关及其工作人员行使税收征管职权时造成的损害，才有可能导致税务行政赔偿。如果税务机关或者税务机关工作人员作为民事主体从事民事活动时侵犯了他人的合法权益，对于因此造成的损害，就构不成税务行政赔偿责任，国家不负责赔偿，而应由税务机关以自己的经费予以赔偿，或者由税务人员以自己的收入予以赔偿，独立承担民事责任。

（二）必须是税务机关及其工作人员行使税收征管职权的行为

所谓行使税收征管职权的行为，就是指在行使税收征管职权时，实施的一切活动，这里的"时"并非指时间，更不能解释为上班时间行使税收征管职权国家负责，下班时间国家不负责，而是指关联，即在客观上足以确认为与税收征管职权相关的行为。

（三）必须是行使税收征管职权的行为具有违法性

这里所说的违法，不仅包括违反法律、法规，还应当包括不行使法定职权的不作为行为而造成的侵权，不仅包括程序上的违法，而且还包括实体上的违法，具体是指没有事实根据或没有法律依据，适用法律或法规错误，违反法定程序，超越职权以及拒不履行法定职责等形式。

（四）必须有公民、法人和其他组织的合法权益受到损害的事实

所谓有公民、法人和其他组织的合法权益受到损害的事实是指损害后果已经发生，之所以强调损害后果已经发生是因为税务机关和税务机关工作人员的违法行为并不一定会导致损害的后果，例如：县税务局未查明偷税事实就决定对纳税人处以 5000 元的罚款，所有手续已经办妥但没有去实际执行，或者在未实际执行前被复议机关复议撤销或人民法院判决撤销了，这种情况下就无所谓损害的发生，自然就不产生损害赔偿问题，而只有在损害后果已经发生的情况下，国家才有可能承担赔偿责任。所谓损害后果已经发生，既包括确已存在的现实的损害，也包括已经十分清楚的在将来不可避免地必然发生的损害。同时所损害的必须是纳税人合法财产权和人身权，而非其他权利。如政治权利等。

（五）必须是违法行为与损害后果有因果关系

只有在税务机关及其工作人员做出的违法的税务具体行政行为同纳税人已经发生的损害后果之间存在因果关系时，税务行政赔偿责任才能构成。这个因果关系就是行为与结果之间的必然联系，即纳税人合法权益的损害后果必然是税务机关及其工作人员行使职权时做出的违反具体行政行为所造成的，而非其他。如果此行为与彼结果之间没有这种紧密的、必然的联系，因果关系就不能存在，也就不能构成税务行政赔偿责任。因此，确认税务机关为某一合法权益损害后果的赔偿义务机关，必须要有证据证明损害后果是由税务机关及其工作人员做出的违反具体行政行为造成的，且举证责任一般要由赔偿请求人即纳税人承担。

三、赔偿范围

（一）违反国家税法规定做出征税行为损害纳税人合法财产权的征税行为

是指税务机关及其工作人员以及由税务机关委托的单位和个人依据税收法律、法规和规章的规定向纳税人征收税款的行为，包括征收税款行为，加收滞纳金行为，审批减免税和出口退税行为，审批抵扣动用期初存货已征税款和进项税行为，以及税务机关根据法律行政法规规定委托扣缴义务人做出的代扣代收税款的行为。征税行为直接关系到纳税人义务的增减，因此必须严格依法办事，依率计征。违法做出征税行为，要求公民、法人和其他组织在履行法定义务之外，再额外承担义务；造成管理相对人合法权益损害的就要负责赔偿。

（二）违反国家法律做出税务行政处罚行为损害纳税人合法财产权的

税务机关做出的行政处罚行为包括：罚款；销毁非法印制的发票，没收非法所得；对纳税人、扣缴义务人非法提供银行账户、发票、证明或者其他方便，导致未缴、少缴税款或者骗取国家出口退税的，没收其非法所得等。这里所称的行政处罚，是指税务机关对违反税收法律、法规，尚未构成犯罪的人的惩戒性制裁。从权利而言，行政处罚使纳税人的财产权利受到影响，就义务而言，行政处罚将使纳税人承担新的义务。因此，行政处罚是使纳税人的财产权直接受到影响的行为，必须依法而行，最基本的要求，税务机关在做出行政处罚前必须掌握有能证明纳税人已经实施了违法行为的确实、充分的证据，所没收的财产必须是非法的，否则就是处罚无凭或者证据不足，因此给纳税人合法权益造成损害的，就会导致税务行政赔偿。

（三）违法做出责令纳税人提供纳税保证金或纳税担保行为给纳税人的合法财产造成损害的

根据征管法及其实施细则的规定，对未取得营业执照从事工程承包或者提供劳务的单位和个人，税务机关可以责令其提供纳税保证金。税务机关有根据认为从事生产、经营的纳税人有逃避纳税义务行为的，可以在规定的纳税期之前，责令限额缴纳税款，在限期内发生纳税人有明显的转移、隐匿其纳税的货物以及其他财产或者应纳税的收入的迹象的，税务机关可以责成纳税人提供纳税担保。法律在赋予税务机关上述职权时是附加了条件的，税务机关丢开这些条件行使，就属违法，给纳税人的合法权益造成损害的，就须予以赔偿。

（四）违法做出税收保全措施给纳税人的合法财产权造成损害的

税收保全措施实质上是一种行政强制措施，很类似于诉讼保全。它是税务机关对明显的转移、隐瞒应纳税的商品、货物以及其他财产或应纳税收入迹象，但又不能提供纳税担保的，经县以上税务局（分局）局长批准而采取的一种强制措施。包括书面通知银行或者其他金融机构暂停支付存款，扣押、查封商品、货物或者其他财产。税收保全措施是由于纳税人欲逃避纳税的一种紧急情况处理，税务机关根据纳税人的违法程度和违法性质而对纳税人的货币和实物采取的限制其处理和转移的强制措施，不属于对纳税人财产的终结处理，但也必须遵循一定的程序，并掌握一定的证据材料，使认为或发觉的迹象有据，同时如纳税人在规定的限期内缴纳税款，紧急情况消失后应立即解除，滥用和乱用税收保全措施给纳税人造成不应有的损害的，纳税人有权取得税务行政赔偿。

（五）违法做出通知出入境管理机关阻止纳税人出境给纳税人的合法权益造成损害的

根据征管法的规定，欠缴税款的纳税人在出境前应按税法规定结清应纳税款或者提供纳税担保，否则税务机关可以通知出入境管理机关阻止其出境。因此，税务机关有权做出此决定的前提条件是纳税人在出境前既未结清所欠缴的税款又不提供担保，随意阻止纳税人出境造成纳税人合法权益损害的，纳税人有权求偿。

（六）违法做出税收强制执行措施造成纳税人合法财产权损害的

税收强制执行措施是指国家税务机关为了保障税收征收管理权的有效行使和税收征管活动的正常进行。对不履行纳税义务的纳税人，依法采取强制措施，使其履行义务或达到与履行义务相同状态的法律制度。它主要包括书面通知银行或者其他金融机构扣缴税款，拍卖所扣押、查封的商品、货物或者其他财产以抵缴税款。由于税务行政强制执行措施的运用会直接影响到纳税人的权益，使用不当会造成行政专横。因而法律在为税务机关设定此项权利时也规定了防范措施，以约束对这项权利的行使。如征管法第40条规定，从事生产、经营的纳税人、扣缴义务人未按照规定的期限缴纳或者解缴税款，纳税担保人未按照规定的期限缴纳所担保的税款，由税务机关责令限期缴纳，逾期仍未缴纳的，经县以上税务局（分局）局长批准，税务机关可以采取上述强制执行措施。税务机关在采取强制执行措施时，必须有不缴纳或解缴税款的事实，并已经先行催告，如采取强制执行措施不合法或没有遵循法定程序给纳税人合法权益造成损害的，受害纳税人有权索赔。

（七）违法拒绝颁发税务登记证、审批认定为一般纳税人、发售发票或不予答复造成纳税人合法财产权损害的

向纳税人颁发税务登记证、认定其为一般纳税人、发售发票等行为，类似于行政许可行为，它既是税务机关的一项权利，也是税务机关的一种义务。对于符合法定条件的申请人，税务机关置之不理，不予颁发、审批、拒绝发售或不予答复，不仅是一种失职行为，而且由此造成纳税人合法权益损害的还应予以赔偿。

四、受理时限

赔偿请求人请求税务行政赔偿的时效为2年，自税务行政人员行使职权时的行为被依法确认为违法之日起计算。

赔偿请求人在赔偿请求时效的最后六个月内，因不可抗力或者其他障碍不能行使请求权的，时效中止。从中止时效的原因消除之日起，赔偿请求时效期间继续计算。

赔偿义务机关应当自收到申请之日起两个月内依照法律规定给予赔偿；逾期不予赔偿或者赔偿请求人对赔偿数额有异议的，赔偿请求人可以自期间届满之日起三个月内向人民法院提起诉讼。

五、受理程序

（一）受理环节

1.审核纳税人提出的税务行政赔偿是否在规定时限，申请赔偿的主体是否合法；符合条件的，受理纳税人的税务行政赔偿申请；不符合受理条件的当场告知纳税人不予受理的理由。

2.审查环节

接收受理环节转来的资料进行审查，主要审查以下内容：

法制部门对受理环节转来的申请资料中赔偿申请的具体要求、事实和理由进行审查，确定税务机关具体行政行为是否违法、是否给赔偿请求人造成损害等，审查完毕后制作《赔偿申请书审查表》。赔偿申请及审查表经审理完毕后制作《行政赔偿决定书》，《行政赔偿决定书》经审批后送赔偿请求人。

3.履行

依据《国家赔偿法》的规定，作为履行赔偿义务的税务机关在赔偿损失后，应当责令有故意或者重大过失的工作人员承担全部或者部分赔偿费用。

六、赔偿方式

赔偿方式是指国家承担赔偿责任的各种形式。依据《国家赔偿法》规定，国家赔偿以支付赔偿金为主要方式，赔偿义务机关能够通过返还财产或者恢复原状实施国家赔偿的，应当返还财产或者恢复原状。

（一）支付赔偿金

这是最主要的赔偿形式。支付赔偿金简便易行，适用范围广，它可以使受害人的赔偿要求迅速得到满足。

（二）返还财产

这是对财产所有权造成损害后的赔偿方式。返还财产要求财产或者原物存在，只有这样才谈得上返还财产。返还财产所指的财产一般是特定物，但也可以是种类物，如罚款所收缴的货币。

（三）恢复原状

这是指对受到损害的财产进行修复，使之恢复到受损前的形状或者性能。使用这种赔偿方式必须是受损害的财产确能恢复原状且易行。

七、赔偿标准

（一）侵犯纳税人和其他涉税当事人人身权的赔偿

1.侵犯公民人身自由的，每日赔偿金按照国家上年度职工日平均工资计算。

2.造成公民身体伤害的，应当支付医疗费，以及赔偿因误工减少的收入。减少的收入每日赔偿金按照国家上年度职工日平均工资计算，最高限额为国家上年度职工平均工资的5倍。

3.造成部分或者全部丧失劳动能力的，应当支付医疗费，以及残疾赔偿金，最高额为国家上年度职工平均工资的10倍，全部丧失劳动能力的为国家上年度职工平均工资的20倍，造成全部丧失劳动能力的，对其抚养的无劳动能力的人，还应当支付生活费。

4.造成死亡的，应当支付死亡赔偿金、丧葬费，总额为国家上年度职工平均工资的20倍。对死者生前抚养的无劳动能力的人，还应当支付生活费。

上述规定的生活费发放标准参照当地民政部门有关生活救济的规定办理。被抚养的人是未成年人的，生活费给付至18周岁为止；其他无劳动能力的人，生活费给付至死亡时为止。

（二）侵犯财产权的赔偿

1.违反征收税款，加收滞纳金的，应当返还税款及滞纳金。

2.违法对应予出口退税而未退税的，由赔偿义务机关办理退税。

3.处罚款、没收非法所得或者违反国家规定征收财物、摊派费用的，返还财产。

4.查封、扣押、冻结财产的，解除对财产的查封、扣押、冻结，造成财产损坏或者灭失的，应当恢复原状或者给付相应赔偿金。

5.应当返还的财产损坏的，能恢复原状的恢复原状，不能恢复原状的，按照损害程序给付赔偿金。

6.应当返还财产丢失的，给付相应的赔偿金。

7.财产已经拍卖的，给付拍卖所得的款项。

8.对财产权造成损害的，按照直接损失给予赔偿。

按照《国家赔偿法》和国家赔偿费用管理办法的规定，税务行政赔偿费用列入各级财政预算，由各级财政按照财政管理体制分级负担。

【技能训练】

一、单项选择题

1.根据税务行政复议法律制度的规定，纳税人对税务机关作出的下列具体行政行为不服时，可以选择申请行政复议或者直接提起行政诉讼的是（　　）。

A.确认适用税率　　　　　B.收缴发票

C.确认计税依据　　　　　D.加收税收滞纳金

2.纳税人违反税收法律、行政法规应当给予行政处罚的行为在（　　）年内未被发现的，税务机关不再给予行政处罚。

A.2　　　　　　B.3　　　　　　C.4　　　　　　D.5

3.要求听证的当事人，应当在收到《税务行政处罚事项告知书》后，（　　）内向税务机关提出听证要求，逾期不提出的，视为放弃听证。

A.3 日　　　　　B.5 日　　　　　C.7 日　　　　　D.15 日

4.根据行政处罚法规定，当事人逾期不缴纳罚款，行政机关可以每日按罚款额的（　　）加处罚款。

A.3%　　　　　B.50%　　　　　C.1%　　　　　D.5%

5.下列税务行政复议受理案件中，必须经复议程序的是（　　）。

A.因税务机关做出行政处罚引起争议的案件

B.因不予代开发票引起争议的案件

C.因停止出口退税权引起争议的案件

D.因不予审批减免税或者出口退税引起争议的案件

6.根据税收征收管理法及其他相关规定，对税务机关的征税行为提起诉讼，必须先经过复议，对复议决定不服的，可以在接到复议决定书之日起的一定时限内向人民法院起诉。下列各项中，符合上述时限规定的是（　　）。

A.15 日　　　　　B.30 日　　　　　C.60 日　　　　　D.90 日

7.同级人民法院之间受理第一审行政案件的分工和权限，这属于（　　）。

A.属地管辖　　　　　　　B.级别管辖

C. 地域管辖　　　　　　　D. 裁定管辖

8. 税务所可以实施罚款额在（　　）元以下的税务行政处罚。

A.200　　　　　B.2000　　　　　C.500　　　　　D.1000

9. 对税务行政复议相关规定表述不正确的是（　　）。

A. 因征税问题引起的争议，税务行政复议是税务行政诉讼的必经前置程序，未经复议不能向法院起诉，经复议仍不服的，才能起诉

B. 税务行政复议的受案范围仅限于税务机关做出的税务具体行政行为

C. 有权申请行政复议的法人或者其他组织发生合并、分立或终止的，承受其权利义务的法人或者其他组织可以申请行政复议

D. 申请人、第三人、被申请人可以委托代理人代为参加行政复议

10. 依据国家赔偿法的规定，请求税务行政赔偿的时效为（　　），自税务机关及其工作人员行使职权时的行为被依法确认为违法之日起计算。

A.1 年　　　　　B.2 年　　　　　C.3 年　　　　　D.4 年

二、多项选择题

1. 纳税人对税务机关的下列行为不服时，可以申请行政复议的有（　　）。

A. 税务机关为其核定应纳税额

B. 税务机关对其作出的加收滞纳金的决定

C. 税务机关关于具体贯彻落实税收法规的规定

D. 税务机关责令其提供纳税担保

2. 纳税人对税务机关（　　）的行为不服，可以不经行政复议，直接向人民法院提起行政诉讼。

A. 不予核准延期申报、批准延期缴纳税款

B. 不予审批减免税或者出口退税

C. 不予抵扣税款或者退还税款

D. 不予颁发税务登记证、发售发票

3. 下列各项中，属于税收行政处罚的有（　　）。

A. 税务机关作出的责令限期改正行为

B. 税务机关作出的收缴发票的行为

C. 税务机关依法作出的停止办理出口退税行为

D. 税务机关作出的罚款行为

E. 税务机关作出的取消一般纳税人资格的行为

4. 下列可以属于税务行政处罚种类的是（　　）。

A. 罚款 B. 没收违法所得、没收非法财物

C. 责令停产停业 D. 吊销营业执照

5. 以下何种情形符合适用行政处罚简易程序的条件（　　　）。

A. 对公民（包括个体工商户）处以 50 元以下罚款

B. 对法人或者其他组织处以 1000 元以下罚款

C. 对相对人处以警告的行政处罚

D. 违法情节轻微，但执法人员与行政处罚相对人对违法的事实存在争议

6. 当事人逾期不履行行政处罚决定的，做出行政处罚决定的行政机关可以采取下列措施（　　　）。

A. 每日按罚款数额的百分之一加处罚款

B. 每日按罚款数额的百分之三加处罚款

C. 根据法律规定，将查封、扣押的财物拍卖或者将冻结的存款划拨抵缴罚款

D. 申请人民法院强制执行

7. 申请人和被申请人在行政复议机关做出行政复议决定以前可以达成和解，行政复议机关也可以调解，下列选项中可以和解与调解的有（　　　）。

A. 行使自由量裁权作出的具体行政行为　　　　　　B. 行政赔偿

C. 行政奖励　　　　　　　　　　　　　　　　　　D. 确定应税所得率

8. 下列属于税务行政处罚听证案件范围的有（　　　）。

A. 对公民作出 2000 元以上罚款的案件

B. 对公民作出 1000 元以上罚款的案件

C. 对法人作出 10000 元以上罚款的案件

D. 对法人作出 5000 元以上罚款的案件

9. 下列各项中，符合税务行政复议相关规定的有（　　　）。

A. 对国务院的行政复议裁决不服的，可以向人民法院提出行政诉讼

B. 对国家税务总局作出的具体行政行为不服的，向国家税务总局申请行政复议

C. 对税务机关做出逾期不缴纳罚款加处罚款的决定不服的，向做出行政处罚决定的税务机关申请行政复议

D. 对被撤销的税务机关在撤销以前所做出的具体行政行为不服的，向继续行使其职权的税务机关申请行政复议

10. 税务行政赔偿方式包括（　　　）。

A. 支付赔偿金　　　　　　　　B. 返还财产

C. 恢复原状　　　　　　D. 排除妨碍

三、案例分析

1. 案情简介：

2011 年 10 月 9 日，A 市（县级市）国税局对本辖区内经营者进行日常执法检查时发现，B 建筑材料商店从 2009 年 3 月办理税务登记，进行建筑材料销售业务。在长达 2 年多的时间里，既未建立账簿，进行会计核算，也未向税务机关申报纳税。经多方调查取证，查实确认 B 建筑材料商店期间未申报缴纳增值税 69112 万元。2011 年 11 月 1 日，A 市国税局向 B 建筑材料商店送达了《责令限期改正通知书》，责令其于 2011 年 11 月 9 日按照规定设置账簿，将财务会计制度或者财务会计处理办法报送备查，前来办理纳税申报，缴纳税款，并处罚款 3000 元，限 11 月 10 日前缴纳。B 建筑材料商店遂以纳税争议为由，向 A 市国税局的上一级国税局书面申请税务行政复议。

请问：（1）B 建筑材料商店可否提出复议申请？为什么？

（2）B 建筑材料商店的复议请求能否被受理？为什么？

（3）复议机关收到复议申请后应如何办理？

2. 案情简介：

2012 年 9 月，B 市国税局综合业务科 2 名工作人员在发票检查过程中，发现 A 电器厂已开具的发票存根联缺失，并且有未按规定开具发票的行为，即售出价值 10000 元的货物，却开具货值 11000 元的发票，以便购货方采购人员报销时牟利。A 电器厂进行纳税申报时按 11000 元申报并缴税。2 名工作人员随即向科长汇报，经科长同意，制作《税务行政处罚决定书》，并加盖综合业务科印章，对 A 电器厂违反发票管理规定的行为，依照《中华人民共和国税收征收管理法》第三十七条，处以 1800 元罚款，限 10 日内到指定银行缴清。《税务行政处罚决定书》附《税务文书送达回证》送达 A 电器厂，A 电器厂法定代表人签收，并在规定期限内交纳了罚款。

请对本案涉及的税务行政处罚问题作简要分析：

（1）该综合业务科是否有执法主体资格？

（2）执法程序是否合法？

（3）处罚证据和依据是否合适？

参考文献

［1］ 宋剑茹，王磊.《新编税收实务》［M］.大连：大连理工大学出版社，2016.7.

［2］ 国家税务总局.《中华人民共和国税收基本法规》［M］.北京：中国税务出版社，2016.1.

［3］ 何珍芳，邓冬青.《税收基础》［M］.北京：高等教育出版社，2015.7.

［4］ 全国注册税务师执业资格考试教材编写组.《税法》［M］.北京：中国税务出版社，2017.1.

［5］ 财政部会计资格评价中心.《经济法》［M］.北京：中国财政经济出版社，2015.5.

［7］ 财政部会计资格评价中心.《经济法基础》［M］.北京：经济科学出版社，2017.4.